崇文書局及晚清官書局研究論集

范军 主编

长江出版传媒 | 崇文书局

◀ 美国圣路易斯万国博览会特等奖

▶ 美国国会图书馆中国政府赠书藏书票

▲《崇文书局汇刻书》

▲《子书百家》书衣、书根

▲《楚北水利堤防纪要》卷一《武昌图》

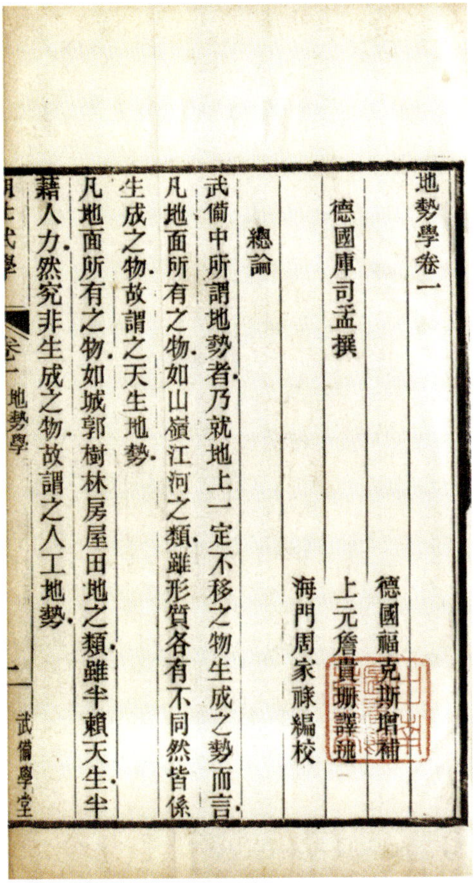

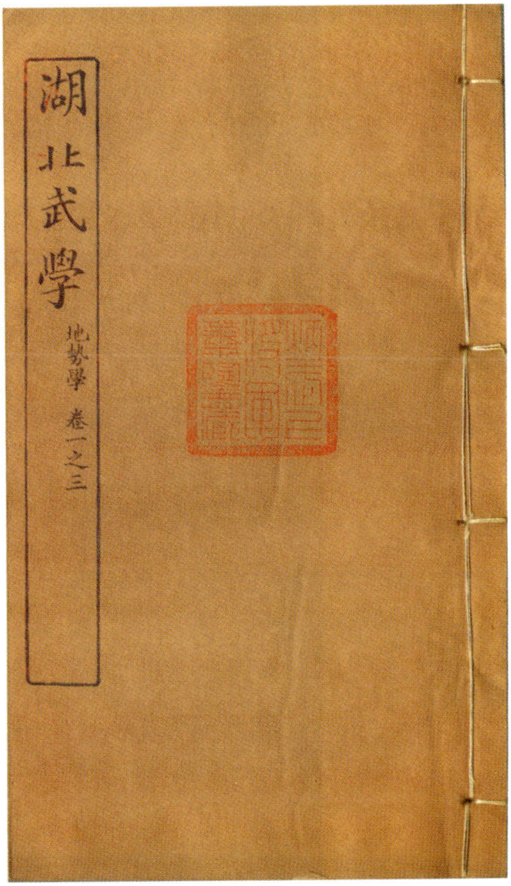

▲《地势学》（《湖北武学》丛书之一种）

▲ 李鸿章与李瀚章

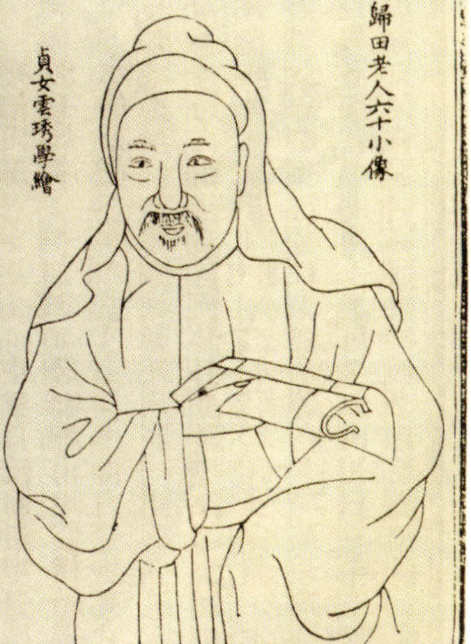

貌亦魁頎心亦質樸口無囁嚅性更堅卓當卅歲之韶華歷九州之水陸燕楚廿年清風一握六十歸田鬓毛半秃問吾生之嗜好惟曰耕而曰讀以仁義為菑畬以詩書為菽粟吾守吾真吾行吾素際此暮年依然韋布

歸田老人自贊金華黃世瑩述齋甫書

▲ 胡凤丹六十小像并赞

▲黄嗣艾像

出版说明

清同治六年(1867),湖广总督李瀚章、湖北巡抚曾国荃于武昌设立湖北官书局,后将楚北崇文书局收并,遂沿用“崇文”之名。崇文书局以其所出图书种类多、数量大、流通广为世人所重,从而跻身“五大书局”之列,在湖北出版史,乃至在中国近现代出版史与刻书史上都具有重要的地位。

为“振兴文教”,身为官书局的崇文书局整理刻印了大量四部典籍,如《御纂七经》《史记》《百子全书》《李太白文集》等;此外,还刊刻了许多新学书籍,如《湖北武学》《连环帐谱》《传音快字》《警察新法》等。此举既保护了民族传统文化,也顺应了时代发展,促进了西方文化在中国的传播。

清光绪三十年(1904),清政府首次派代表参加美国圣路易斯万国博览会。在此次展会上,崇文书局刻书179种荣获特等奖,展示了中国传统学术成就与湖北地方文化特色,对促进中西方文化交流起到了积极作用。

“崇尚文化,传播书香”是当代崇文人秉持的出版理念。2017年适逢清崇文书局成立150周年,我们特邀约范军教授组织编写该论文集,既是对昔日崇文书局的追忆与纪念,也是对“崇文”精神的继承与发扬。

崇文书局

2017年10月

目　录

附录

加强对湖北官书局的深入研究

阳海清

晚清谕示各省设局刻书，虽然朝廷是从维护自身统治地位出发而做出的决策，但在客观上却起到了传承古代文明、弘扬民族文化、保护古代典籍的作用。由各官书局刻印的“局本”，成为民族文化遗产中一笔不容忽视的财富。不说别的，仅举由经学大师、浙江省局总办俞樾倡议，两江总督李鸿章奏请，湖广总督李瀚章联络，金陵、淮南、湖北（崇文）、浙江、江苏五局合刻并由湖北官书局汇印成《二十四史》一例，便称得上功德无量，足以彪炳千秋。

湖北官书局，又名崇文书局，既以参与合刻《二十四史》而名震全国，更以其创办时间早（清同治六年）、存世时间长（七十年）、刻印书籍多（达五百余种）为世人所重，成为“四大书局”之一，在晚清官书局刻书事业上占有重要地位。1904 年，清政府特选该局 190 余种图书作为专题，参加在美国圣路易斯举办的万国博览会，展示中国文化的博大精深。众所周知，一个地区文化的繁荣和发展，离不开对当地优秀文化遗产的传承和借鉴。因此，我们立足本职，对此进行专题研究，本着“提高与普及相结合”的原则与“古为今用”的方针，编纂了这本《湖北官书局版刻图录》，供专家学者和广大民众欣赏、参考，冀对湖北文化之大繁荣、大发展做出贡献。

本项专题研究，进行了将近一年。通过广泛搜罗，纵横比较，至少在以下四个方面对湖北官书局刻书之认识有所完善和突破：

一是于其设局史实作了梳理。通过梳理，弄清了一些问题。比如：过去学者对其创办时间有同治六年、七年、八年之说，而六年又有“六月十五日”与“十月十五日”之别。其实李鸿章于同治八年接替其兄李瀚章担任湖广总督后所写《设局刊书折》言之甚明：“嗣于六年十月十五日开设书局，委派候补道张炳堃、补用道胡凤丹妥为经理。”胡凤丹及后续主持人黄嗣艾等所言与此一致。

二是于其刻印书籍数量之统计接近真实。过去有二百多、三百多、四百多等各种说法，言人人殊，莫衷一是。今次我们知、见相加，依单书统计，共得537种。在搜访、编目中，特别注意三种特殊情况：

1.“湖北官书局”与民办“楚北崇文书局”刻书的联系与区别。根据文献记载，同治六年湖北官书局成立后，即将先前之民办“楚北崇文书局”并入，自己亦雅称“崇文书局”，见诸刻书牌记，从而导致二者难以区分。问题集中在同治六年至十年刻有“楚北崇文书局”或“崇文书局”名称之书上。虑及事出同年，而“刻”与“印”原本就有时间距离，我们决定：凡历代公、私书目认定为官书局刻、印者，从之。如此处理，或无大碍，因为一则数量无多，二则“民办”确已并入“官办”。

2.“湖北官书局”与其首任经理人胡凤丹“退补斋”刻书之联系与区别。原来，“官书局”与“退补斋”同设一处，理事者同为一人，且“退补斋”之多数书籍与“官书局”于同一时段、同一地点刻成，是以有人便将所有“退补斋”在湖北刊印之百余种书一概记在“湖北官书局”账上。经过比勘，我们以为如此做法不妥，遂只收录有明确牌记、题识或其他依据者。

3. 湖北官书局自身各种经营方式之间的联系与区别。其经营方式很多，大体可以归纳为自刻自印、购版刷印、代刻代印、自销代销。我们认为，销售自不待言；单就刻印来说，皆可列入官书局刻印范畴，唯代刻代印宜据实著录。有此三方面考辨，所编《湖北官书局刻印图书总目》，庶几合乎实情。

三是于其刻印品质之评估回归实事求是。往日，对湖北官书局刻印书籍之品质褒贬兼具。一般说来，版本学家责难尤甚，且集中在行距过密、字体扁平。此次，我们检视了馆藏各书，又浏览了他局所刻，得出的印象是：其所指责之弊病确乎存在，但并非普遍现象，亦非鄂局一家独有。究其原因，大概皆系经费困难所致。就其整体而言，湖北官书局之刻印品质可与一般水准齐肩，而且，还有一些书刻印俱精。这一点，读者一看后边的书影，便可不言自明。

四是于其刻书特点之认识较前明晰。湖北官书局刻印之书籍，不唯数量大，位居诸官书局前列，而且形成了自己的特色，有的竟“为他局所不及”。比如：刻印了近二百种子书和三部大型丛书，极便学子；刻印了若干种未刊书和稀见书，章宗源《隋经籍志考证》和桂馥《说文解字义证》，便是著名的例子；刻印了多种湖北舆地书籍，在保存乡邦文献上，为功甚巨；刻印了大量蒙学读物，为发展教育事业多所贡献；刊印了一批医学和新学著作，切合实用……

获取了这些认识，也就获取了情感和动力上的支撑。凭着对乡邦的热爱和对事业的追求，一种责任感油然而生。终于鼓起勇气来进行尝试，编纂这本《湖北官书局版刻图录》，借以让更多的人认识湖北的传统文化，也给相关科研人员提供具体、准确的参考依据。

本书由三个部分组成：一为“概况”，简明介绍湖北官书局之始末。二为“图录”，选用300余幅书影，让读者一睹湖北官书局刻印书籍之风采；同时配以简要说明文字，让读者获取更多的资讯。三为“资料”，包括书目、资料择录、最新论文，可以帮助读者从更广范围、更深层次上了解湖北官书局。

如前所说，单就一个官书局刻印之书籍来编纂“图录”，尚是一种尝试。既是尝试，其稚嫩、疵谬在所难免，也易获谅宥。这是我们走出的第一步，相信后来的步子会迈得更好。

本书在编纂过程中，得到武汉大学冯天瑜、宗福邦、曹之三位教授的指点，得到武汉大学图书馆特藏部和武汉图书馆张颖副馆长及特藏部同仁的支持，得到湖北教育出版社蔡夏初副社长和湖北人民出版社王皓先生的鼎力帮助。特别是王皓先生作为特聘责编，从策划到编纂多有操劳，几近跟班推进。已故湖北省图书馆特藏部李天翔主任，参与了早期策划。倘若没有他们的指点、支持和帮助，便难以推出这份成果。在此，谨致谢忱！

（原载《图书情报论坛》2015 年第 1 期，
原题为《〈湖北官书局版刻图录〉前言》，此题为编者所改）

《崇文书局版刻丛刊》序

汤旭岩

清同治三年（1864），有鉴于历经兵燹文物荡然，两江总督曾国藩创办金陵书局，重刊经史之书以供学子肄习诵读。经江苏学政鲍源深上疏陈请、清廷诏准支持推广，东南诸省奉旨踵起，书局之设遂蔚然成风。据初步统计，迄至清末，全国各地先后成立官书局四十余家，其中以金陵（江宁）、江苏、浙江、崇文和广雅（广东）五局最为著名。

崇文书局原为湖北耆绅所办民营书坊。清同治六年（1867），署理湖广总督李瀚章、湖北巡抚曾国荃于武昌设立湖北官书局，不久又将崇文书局收并，因袭用“崇文”之称。

为官办宗旨所决定，崇文书局首刻《御纂七经》《御批历代通鉴辑览》《钦定明鉴》《圣谕广训》以及《十三经》古注读本等，以仰副朝廷敦尚实学、振兴文教之意；继之因地制宜，逐步扩大选题范围，以有裨经济致治并满足一般读者之需求。前后所刊诸书，四部兼赅，以注重文献传承、讲求实用、顺应时势、价廉易购而流传甚广、声名远播。

草创之初，李瀚章、李鸿章交互督鄂，均颇重局务，校理选任、经费筹措、上折奏设而外，书目遴选、底本寻访等亦每出其手。时楚地遭逢连年战乱，公私书板全毁、书肆无从购求，然书局慎举得人，凡里居显宦所庋、侨寓幕宾所储以及江浙旧家所藏，资源能尽所用，故所刊不仅切合世之所需，且多纯儒鲜见之书、精善罕传之本，挽坠继绝，搜残存佚，于古今文献的抢救保存、流通使用甚为有功。尤为时人瞩目者，如黄氏影严州本《仪礼》、卢氏抱经堂本《经典释文》、王氏翻黄善夫本

《史记》、胡氏影元本《资治通鉴》、黄氏仿明道本《国语》、黄氏影梁溪高氏本《战国策》、缪氏仿宋本《李太白文集》以及《佐治药言》、《学治一得编》、《庸吏庸言》、《读律心得》、《重修名法指掌图》、《读史兵略》、《徐氏医书六种》、《沈氏尊生书》、《医宗备要》等，一印再印，不绝于市；《崇文书局汇刻书》（三十三种）、《正觉楼丛刻》（二十九种）、《子书百家》（一百零一种）等，则以所收之书多属案头必备或流播绝少而遍行天下，以致板印邋遢、难以修补，其需求尤旺者后又部分重付剞劂。

清同治八年（1869），浙江、金陵、江苏、崇文、淮南五局公议合刻《二十四史》。此役由浙江巡抚李瀚章倡议、浙江书局坐办俞樾斡旋，经湖广总督李鸿章奏请而施，至光绪四年（1878）蒇事。其中《十七史》用明末毛氏汲古阁本，《旧唐书》用道光江都岑氏惧盈斋本，《旧五代史》《宋史》《辽史》《金史》《元史》《明史》用武英殿本，底本抉择十分审慎。为保证质量，精心校勘，各局延聘积学之士分司其务；为降低成本，尽人可购，各史仿照汲古阁本《十七史》版式，行款、字数较为紧密。全书刻竣板片集中于武昌，统一印制，发往各学书院及南北书林，备受欢迎而称“局本”。直至二十世纪三十年代商务印书馆“百衲本”和中华书局“聚珍本”面世，局本才逐渐淡出一般学子的视线。在中国近代出版史上，五局声气相通，共襄盛举，对《二十四史》的传播、普及所起作用极大。而崇文书局参与策划并分刻《旧五代史》《新五代史》与《明史》三种，且承担全书的汇印和发行，故得膺“大书局”之誉。

崇文书局的持续发展，也得益于张之洞的支持帮助。清同治六年（1867），时方三十岁的张之洞出任湖北学政。在鄂三年，标榜致用，除商请李鸿章增设文昌书院（后改经心书院）以广青年才俊培育之途，对书局业务亦颇为关注。时崇文议刻段玉裁《说文解字注》，张氏以为段书原板未燬且为《学海堂经解》所收，不必重复，而桂馥《说文解字义证》虽入《连筠簃丛书》，然书板竣后旋毁、传本甚尠，故宜先刻。湖北布政使何璟因以家藏原本付局重雕，该书始得广为流传。

清光绪三年（1877），经理局务的胡凤丹解组告归，崇文书局改称湖北官书处，后新书选题一度萎缩。十五年（1889），张之洞调任湖广总督重返武昌。督鄂十八年，兴实业、办文教、练新军，风生水起，成就卓著。在前后大力推动洋务实践及“湖北新政”的进程中，其文化理念由“通经致用”到“中体西用”的转变，也为书局带来新的气息。

清光绪十七年（1891），湖北学政赵尚辅三年任满，其捐俸所刊《湖北丛书》方成三十一种。张之洞认为“表彰文献，治化攸关”，湖北历代明贤通儒著述不少，其余应刻者尚多，因命湖北善后局核计工价，如数拨银四千两，将已镌各书板片及所裒未刊各书原本，均留存湖北书局，俟陆续汇刻完备，即名《江汉丛书》，以广流布而裨士林。是编所收多明清鄂籍知名学者代表之作，如明陈士元《孟子杂记》《江汉丛谈》，陈大中《四书逸笺》，钟惺《史怀》，郝敬《易领》，清胡承诺《绎志》《读书说》，李道平《周易集解纂疏》，陈大章《诗传名物集览》，秦笃辉《读史剩言》《平书》，熊赐履《学统》，陈士珂《孔子家语疏证》，易本烺《春秋楚地答问》《云杜故事》，李元《蠕范》，王柏心《导江三议》《枢言》等等，在所属领域皆为文献与学术价值兼具的重要著述。全书虽稿未竟而挂漏实多，然网罗嘉惠之心足启来者，对于乡邦文献的保存、光大以及荆楚文脉的梳理、传承，大有裨助。

清光绪二十二年（1896），张之洞创办湖北武备学堂。学堂选收文武举贡生员及文监生、文武候补员弁以及世家子弟之有志向者，以“教育将材为首务”；教学延聘德国专家，效法“西国军制”，讲习体操、军械、打靶、爆破、侦查、救护、地势、测绘、营垒、路桥、运输、电报以及步、马、炮队诸战法。与此相配合，又组织编译德国军事著作二十四种，总名之《湖北武学》，交由湖北官书处梓行。全书对当时欧洲先进军事理论及其陆军组织编制、武器装备、战术训练、技术工程等作系统介绍，对促进近代化陆军建设，尤其是湖北新军的编练等，具有重要作用。在实行新政的背景下，官书处所刊《国朝柔远记》《传音快字》《连环帐谱》《教育学》《学校制度》等书，也为因应时势、助推改革之作。

官书局所刻书之传播，除颁发本地各级官学外，还有其他地区官府机构咨调和向皇帝或中央政府进呈等途径。在官方渠道的流通中，湖北刻书表现稳健，遂渐居上游。如清同治十年（1871），为解士子寒畯者得书之难，江宁惜阴书院咨取江宁、江苏、浙江、湖北四局新刊经籍一百一十六种，其中江宁三十八种，江苏三十种，浙江十三种，湖北三十五种；光绪七年（1881），直隶官书局转运南方各局之书平价发售，时直隶总督李鸿章饬所属府州县书院各择要采备一份，其中江西三十种，江宁四十种，淮南四十四种，浙江六十三种，江苏七十一种，湖北一百九十五种；光绪十五年（1889），广西巡抚马丕瑶奏请饬调江宁、浙江、广东、湖南、湖北、四川等局所刊各书，以俾其府厅州书院寒士获资借阅，得旨"如所请行"，计湖南巡抚十六种，江西巡抚十八种，浙江巡抚二十种，两江总督三十二种，江苏巡抚六十五种，广东督抚六十七种，湖北巡抚一百七十三种。又光绪二十二年（1896）贵州巡抚嵩昆、二十三年（1897）陕甘总督陶模等奏请，二十七年（1901）礼部及政务处、二十八年（1902）京师大学堂等征调，湖北所送（呈）也每居前列，屡现大局之风。

清光绪三十年（1904），清廷以官方形式组团赴美，参加圣路易斯万国博览会。此次参展的一大亮点，是湖北所送"湖北官书局及译书局出版物"和海关总署所送"中华帝国海关出版物"分获特等奖，显示了中国潜在的文化软实力。

"湖北官书局及译书局出版物"由"湖北崇文书局/湖北官书处"版刻和《武昌洋务译书局丛书》组成：

"湖北崇文书局/湖北官书处"版刻共一百七十九种。送展书以该局（处）历年所刻为主，兼取稍早或同期湖北节署、藩司、善后总局、舆图局等所刊《鄂省全图》、《湖北汉口镇街道图》、《湖北省城内外街道总图》、[光绪]《湖北舆地图》及《鄂省满绿营汛州县驿传全图》等，内容广泛，涵盖古今，反映了中国传统文化特色与湖北地方学术成就；线装各书以手工纸刷印，外加蓝（青）色布面函套珍护，别致典雅，风格独特，展示了中国雕版印刷与书籍装帧的古老技艺，对促进西方于中国文化的了解起到了积极作用。

《武昌洋务译书局丛书》共二十二种，包括“湖北洋务译书局”与“湖北翻译学塾”（牌记或题“武昌翻译学塾”）编译之书。除译书局和翻译学塾章程、已印待印书目及在任人员名录以外，所收《交涉要览类编》《英国黄皮书》《亚东各国属地志略》《亚东各国税则商埠章程》《比利时国法条论》《英德学制比较》《欧西学校规制纪略》《格物课程》《西电辑要》《时事问答》等，或为有关外交条约选译，或为欧亚诸国政治、法律、经济、教育、科技以及风土人情介绍，或为欧亚北美时事电讯辑录，或为中外时事、中外异同以及游学欧美学生选派等宜知问题之选编。各书主要供湖北新式学堂教学参考之用，反映了湖北以至中国对世界大势的了解，以及教育向西方接轨的愿景和努力。

据光绪二十九年（1903）六月署理湖广总督端方《进呈书籍折》，是年闰五月外务部曾电传军机大臣所奉谕旨：“所有江宁、江苏、江西、浙江、湖北、广东、四川各省官书局刊刻书籍，着各该督抚择要刷印进呈。”（《端忠敏公奏稿》卷三）知清廷于博览会有关展书之征集，非限一地。但海关总署《一九〇四年圣路易斯博览会中国展品目录》所载，唯见海关、湖北及汉口（通商口岸）所送而江苏、浙江诸省阙如，则参展书籍显经清廷有关部门比较权衡、慎加选择。

湖北进呈之书得以参展，除书局历年所刊书对保存传统文化类多贡献这一原因，与湖北新式教育之盛也紧密相关。兴办新式教育是洋务事业的重要组成部分。经张之洞倡导擘画，一批新式学堂陆续创办，在湖北构建了从低到高、普通与专业相结合的教育体系，同时派遣海外游学，培养了大批所需人才。清光绪二十九年（1903），由张百熙、荣庆、张之洞拟订的《奏定学堂章程》颁行，内容涉及普通教育、师范教育、实业教育及学务管理等。其立学宗旨、学制框架等，也体现了张之洞督鄂期推动教育改革的理念和实践经验。在此大背景下，端方适时调整张之洞出洋游学首选日本、翻译西书“取径东洋”的教育方针，改以多派学生留学欧美、直接翻译西书以供学堂使用，踵事增华，巩固了湖北之为全国新式教育中心的地位。

万博会结束后，湖北参展书由时驻美大使代表清廷赠予美国政府，至今保存于美国国会图书馆，成为中美早期文化交流的见证。

1936 年，湖北官书处撤销。其所存板片七万五千四百六十七块、书籍一万零一百八十六部移交湖北省图书馆，原址改名湖北省立图书馆崇文书局保管处。1953 年，经中南行政委员会文化局批准，湖北省图书馆将所藏崇文书局各书复本二百八十六种、三千一百六十九部、一万一千五百一十六册，分别赠予北京图书馆、上海图书馆、武汉大学图书馆等十余家大型文献收藏单位，使物得其所，各尽其用。

一个文化大省，要有标志性人物，湖北因有屈原、孟浩然、陆羽、米芾、袁宏道、李时珍、杨守敬等享誉中外的文化名人，故而被公认为文化大省。但一个文化大省还应有标志性的事件，而崇文书局的创办及其所刻书参展万博会并荣获大奖，即属一例。

为加强湖北优秀文化遗产的保护传承，助力湖北文化强省的建设，湖北省图书馆立足本职，曾利用馆藏崇文书局图书版本较丰的条件，特编撰《湖北官书局版刻图录》（湖北教育出版社，2014 年 3 月），以供广大读者阅览参考。该书收录湖北崇文书局/湖北官书处所刻图书及其有关文献资料，分为“书影”“资料”“书目”三部分。“书影”还收有代表性的图书一百五十余种，每书选录书叶一至数帧，并配以简要说明文字，以展示有关版刻之特色；“资料”包括史料选摘、旧目选录、论文选辑三类，内容涉及书局创设、变迁、经营及评价等；“书目”为新编总目，共收录“知”“见”之书五百三十九种，较过往“二百多”“三百多”之说庶几接近真实。通过对书局有关史料的爬梳、出书品类的考察及其刻印质量的评估，对还原崇文书局的历史风貌作了初步的尝试。

明年是崇文书局创设 150 周年。为绍述前修、推陈出新，长江出版传媒股份有限公司崇文书局有出版《崇文书局版刻丛刊》之议，适逢湖北省图书馆于书局历史档案之整理、相关展览之筹划也提上日程。两家取径虽异而殊致同归，故凝心聚力，携手同行，以为弘扬湖北优秀历史文化、强化湖北现存古籍的保护利用聊尽绵薄。兹应今崇文书局社长韩敏先生之邀，濡笔略述崇文书局史事一二如上。

2016 年 8 月 1 日于武昌沙湖湖北省图书馆

湖北官书局（崇文书局）考略

方振益

官府刻书，始自后唐长兴（930－934），明宗李亶时，将官刻之书发往各地，敕读书人“依之以习”。北宋熙宁（1068－1078）以后，逐渐出现私人刻书。然而私刻无论在人力或财力方面均不及官刻。清代康熙、雍正、乾隆三朝经济繁荣、国力强盛，这为官府刻书提供了雄厚的财力。清政府在大兴文字狱、对人民进行残酷的阶级压迫和民族压迫的同时，还把官府刻书作为实行笼络汉民族知识分子的一种政策。而在清代官府刻书机构中以武英殿最负盛名。

继武英殿刻书允许各省翻版之后，湖北的地方官刻遂油然而生。净雨《清代印刷史小纪》云：“官书之风，开自朝廷”，“红羊之后，各省官书局先后创立”。所谓“红羊之后”，是指太平天国农民运动失败之后。

清同治二年，太平天国十三年（1863），镇压太平军的湘军首领、两江总督曾国藩与其弟曾国荃刊刻《船山遗书》，在安庆首创官书局。次年，清军攻下太平天国的天京后，曾国藩将官书局迁至南京，定名金陵书局（光绪初年，金陵书局更名为江南书局）。以此发端，浙、鄂、湘、赣、渝、粤等省相继设局刊书。正如王汉章《刊印总述》所云：“官刻之书，自曾文正金陵设局以后，浙、粤、鄂等七省官书局踵兴，今多犹存焉。”（张静庐辑注《中国近代出版史料二编》）

与江浙官书局齐名的湖北官书局，又名崇文书局，是晚清著名的四大书局之一。由于它有七十年的历史，其所刻之书不仅数量较大，质量亦精，且流传甚广，影响很大。在客观上它对祖国的历史、文学等方面的研究和教育事业的发展多有贡献，特别是在保存和传播湖北古代文化典籍方面起了巨大作用。

一

湖北官书局（崇文书局）建立于何时？研究者说法不一。至少有四种说法：

一说建立于清同治八年（1869）。张静庐在《中国近代出版史料二编》之“出版大事年表”云：“1869 年（同治八年）江宁、苏州、武昌相继设立官书局。”又孙毓修《中国雕版源流考》云：“自同治己巳（按：即同治八年），江宁、苏州、杭州、武昌同时设局后，淮南、南昌、长沙、福州、广雅、济南、成都继起。”再如《清朝续文献通考》卷一百一《学校八》记述：同治“八年奏准湖北省开设书局，重刊《四书》《十三经》原注读本，为蒙童肄业之资，其余访觅善本，次第开雕”。

二说建立于同治末年或同治七年（1868）。吴家驹在《清季各省官书局考略》（载《文献》1989 年第 1 期）一文中说：“湖北书局又称崇文书局，局址武昌巡道岭。《中国古籍印刷史》云设于同治末年，但据书目记载，同治七年（1868）已刊有《仪礼注疏》（见邵懿辰《增订四库简明目录标注》）。可见至迟在同治七年已经设局。”

三说建立于同治九年（1870）。1984 年湖北人民出版社出版的《湖北历史人物辞典》之“附录：湖北地区古今大事述略”说：“1870 年（清同治九年）武昌崇文书局创建。”

四说建立于同治六年（1867）。黄嗣艾在《湖北公藏版刻提要》中《湖北省立官书处本末记》（后简称《本末记》）一文说：“考官书处初名官书局，清同治六年十月十五日，在候补街正觉寺内开设。”又如宋原放、李白坚在《中国出版史》之“中国出版史大事年表”中说：“1867 年（清同治六年）李瀚章设崇文书局于武昌。”（《中国出版史》，中国书籍出版社，1991 年版）再如曹之说：“湖北崇文书局于同治六年（1867）

6 月 15 日在武昌候补街正觉寺正式成立。”（《中国古籍版本学》，武汉大学出版社，1992 年版）

上述四种说法，我认为第四种说法最为准确。

至于湖北官书局（崇文书局）何人创办？也有研究者提出疑问。吴家驹在《清季各省官书局考略》中说：湖北书局“创办人不详，《官书局书目汇编·引言》云创于左宗棠之手，但纵观各省官书局之创始者，均为当地军政大员（总督、巡抚等），而左氏此间督陕甘（前推则总闽浙），为何去湖北设局，尚不解”。其实，湖北官书局创办人问题，在黄嗣艾的《本末记》中已有明确记述。

二

“动议”设立湖北官书局的是湖北巡抚胡林翼（益阳胡文忠公），而“实业其事”的却是湖广总督兼湖北巡抚李瀚章（合肥李文忠公）①。

太平天国农民运动猛烈冲击封建宗法制度和封建文化时，儒家经书及典籍亦被扫荡和毁弃。在太平天国农民运动的整个战争过程中，湖北是太平军与清军较量的主战场之一。曾国藩的湘军和胡林翼的黔勇与太平军在湖北武昌、汉口、金口、黄州、兴国（今湖北阳新）等地历经数战，烽火不断，因而官方和民间的经籍荡然无存。湖北学界甚感书荒。天京陷落后，湖北巡抚胡林翼即实施清政府的“右文政策”，重振儒学，“动议”设立官书局，此事曾得到曾国藩的支持和赞许。同治初，胡林翼病逝，设立书局之事直至同治六年（1867）由湖广总督兼湖北巡抚李瀚章（李鸿章之兄）奏设，遂得以实施。这在 1925 年任湖北省立官书处经理黄嗣艾的《本末记》中明确记述道：“当初议开设书局，动自胡文忠公，而湘乡曾文正公赞之，曾忠襄公渐行之，至李文忠公实业其事。”“考官书处初名官书局，清同治六年十月十五日，在候补街正觉寺

①作者此说有误：“李文忠公”是李鸿章，李鸿章卒后的谥号为“文忠”。李瀚章卒后的谥号为“勤恪”。

内开设。合肥李文忠公方为湖广总督兼湖北巡抚，奏派候补道平湖张炳垄、补用道金华胡凤丹经理之。”

李瀚章，安徽合肥人。1865年（同治四年）任湖南巡抚，1867年授江苏巡抚，未任。旋署湖广总督。1868年任浙江巡抚，再署湖广总督。关于李瀚章创办湖北官书局崇文书局，《湖北通志·宦绩传》也有所记述：“李瀚章，同治初，再署湖广总督，旋实任。奏设崇文书局刊刻经籍。”

湖北官书局开设之初，局务无甚进展。李瀚章既是地方军政大吏，又是研究“舆地历史”的学者。在他再署湖广总督时，为推进湖北官书局的局务进展而采取了一些积极措施：一是将“湖北绅耆原设之崇文书局”，“收并”于官书局。所谓“湖北绅耆原设之崇文书局”，系指原设在汉口花楼街一带的“楚北崇文书局”。现湖北省图书馆藏有清张伯行撰《小学集解》（6卷），其扉页上署有“同治六年楚北崇文书局刻本”字样。湖北官书局取雅号为崇文书局，盖源于此；二是效仿江浙书局的管理体制，实行“绅督官佐制”。为把崇文书局办成具有商业赢利性和有现代化色彩的书局，有关经费筹措，校雠人选，官员提调，均由李瀚章直接督办。为办好崇文书局，他遴选、奏请名士胡凤丹（月樵）任书局编校兼主管经营；三是由李瀚章与“同事诸公”搜集古籍善本，并动员地方官吏和社会名流向书局捐送善本书，以便刊刻。“如江夏彭廉使嵩毓、张尚书凯嵩等，监司如南海张侍郎荫桓等，莫不取私刻善本，送储局毅然规划之。”（黄嗣艾《本末记》）

在李瀚章的督办下，崇文书局首刻《四书》、《十三经》原注读本、《钦定七经》、《御批通鉴辑览》等书；续刊《说文》《文选》《资治通鉴》《百子全书》和《正觉楼丛刻》28种。《正觉楼丛刻》系总督李瀚章与在事诸公所搜集之古书28种所刊。由于书局设于正觉寺，寺内有楼名正觉，故名《正觉楼丛刻》。崇文书局所刻之书，由胡凤丹精选精审，详加校勘。经其精审精校的经、史类书达60余种，因而在读者中产生了一定的影响。是时前往购书的读者络绎不绝，一时崇文书局门庭若市。黄嗣艾在《本末记》中记述：“相传初时民间购读官本者，门无停轨，今尚可想见承平之风焉。”

三

清同治八年（1869），湖广总督李瀚章[①]与江浙地方官吏联系，并奏请合刻《二十四史》，此事曾得到调任直隶总督曾国藩的赞赏和支持。曾国藩曾致两江总督马新贻函称：“顷见李少帅奏牍湖北书局与苏、浙、金陵各书局合刊《二十四史》，诚属善举。”（《国学书局本末》）是年，湖北崇文书局与金陵书局、苏州书局（李鸿章创办）、浙江书局议定合刊《二十四史》。金陵书局承担《史记》至《隋书》十五种，后淮南书局分担其《隋书》一种；浙江书局刻《唐书》《新唐书》《宋史》；苏州书局刻《辽史》《金史》《元史》；湖北崇文书局承担刊刻《新五代史》《旧五代史》和《明史》。

同治十一年（1872），湖北崇文书局刊印汲古阁本《新五代史》（74卷）和武英殿本《旧五代史》(150卷)，蔚为大观。光绪三年（1877），崇文书局刊印《明史》(332卷)。湖北书局与江浙书局合刊《二十四史》，此种和衷共济、协同刊刻史书之壮举，曾传为书林佳话。而崇文书局因刊印弘扬文化与益世之作，在全国亦产生很大影响。

光绪三年，崇文书局不仅刊印了《明史》，还随之刊印了《水经注》（40卷)、《意林》（5卷)、《阙史》（2卷)、《世说新语》（6卷)、《楚辞集注　楚辞辩证》（11卷)、《离骚集传》（1卷)、《文心雕龙》（10卷)、《尚书大传》（4卷)、《制义体要》（19卷)、《人谱类记增订》（6卷）等20余种，其中有些堪称善本。

崇文书局的经费来源，由于得到总督李瀚章的特别关注和地方官吏及学士乡绅的支持、赞助，加之书局经营管理得法，故能源源不竭。因此，崇文书局按“凡一切有用之载籍，补残而印，求善而刻，不惜乎度

---

①同治八年奏合刻《二十四史》者，系李鸿章，而非李瀚章。请见李鸿章《设局刊书合刻〈二十四史〉折》。

支之繁费”的宗旨实施，事业发展很快。是时，崇文书局颇具规模，其刻印和装订作坊就有十间房屋，日有六七十名手民缮刻刷印。由于书局对刻工选择严格，故而板片雕刻工艺甚为精致，并有“镌工精雅，为各省官书之冠”（见《最近湖北教育一览》，民国二十一年十一月版，汉口新昌印书馆印行）的美称。这一点，黄嗣艾在《本末记》中亦有记述：“湖北官本，以仿清初期钞写本为多，以影宋本为尤多。至体质笨拙之元代本、明嘉靖后之重眉密行钩勒圈批，今方局则俱无有。”

崇文书局刻本，在全国流布甚广。“同治十年（1871）七月，江南盐巡道孙公衣言以江宁士子寒畯者多难于得书，请于总督曾文正公取江宁、江苏、浙江、湖北四书局新刊经籍，每部四分，藏于惜阴书院。”（《续纂江宁府志·实政》）左宗棠在西北任职时，曾专门订购崇文书局刻本发往西北。他如上海、天津、吉林、河南、四川等地也常有汇款崇文书局索书者。

四

崇文书局的兴旺发展，还有一个很重要的条件和优势，就是得力于洋务派首领张之洞的大力支持和帮助。

张之洞对于书籍的刊刻有独到见解。他曾在《书目答问》中说：“刻书必须不惜重费，延聘通人，甄择秘籍，详校精雕。”“且刻书者，传先哲之精蕴，启后学之困蒙，亦利济之先务，积善之雅谈也。”同治六年，湖北官书局建立之时，亦是张之洞出任湖北学政之时。张之洞从办洋务之需要，深感人才之绌，“尝谓中国不贫于财，而贫于人才”（《张文襄公治鄂记》）。所以，在其任湖北学政时，就奏请废八股，兴学校，极力推行教育改制和兴办文化设施。同治八年（1869），张之洞创建经心书院（设外政、天文、格致、制造四门课程）。经心书院主讲应山左绍佐将该院肄业士子课卷，仿广东学海堂及浙江诂经精舍体例选编《经心书院集》（4卷），由崇文书局刊印。光绪十四年（1888），经心书院主讲谭献选编《经心书院续集》，亦交崇文书局刊行。正如《湖北通志·宦绩传》中所记载的：张之洞任湖北学政，“仿浙之诂经，粤之学海，创建经心书院，择岁科高等生肄业其中，人文兴起，学业臻盛”。这为崇文书局发展刻书事业，创造了一个良好的社会环境。

光绪十五年（1889），学者型的官吏张之洞调署湖广总督，其对崇文书局的刻书事业，尤为重视和支持。张之洞采取结纳文人，宏奖士流，鼓励刻书的政策。对崇文书局每月从善后局拨银数千两予以补贴，作崇文书局的坚强后盾。与此同时，他积极结纳主持局务的名士胡凤丹，与之交往甚密，支持其工作。

光绪十六年（1890），总督张之洞将前任湖北学政、四川万县赵侍读尚辅三余草堂搜集校刊之《湖北历代名贤著述》的板片，包括《周易集解纂疏》《毛诗原解》《春秋楚地答问》《孟子要略》《论语类考》《江汉丛谈》等31种，287卷，以白银四千两购回，交崇文书局陆续汇刊，并改称《湖北丛书》，后又易名为《江汉丛书》，由崇文书局刊印。其后，张之洞还将其科试湖北各府州员生的佳作汇编成《江汉炳灵集》（5集），交付崇文书局刊印。

五

九十年代初，张之洞一跃成为仅次于李鸿章的洋务派首领。其任总督后，督办南段卢汉铁路（由卢沟桥至汉口），开办汉阳铁厂和湖北枪炮厂，设立织布、纺纱、缫丝、制麻四局，使武汉继上海、天津后成为重要的洋务基地。张之洞为了大力培养适应洋务需要之人才，积极发展新兴教育事业。而崇文书局亦适应时代潮流刊刻新书，以推动新兴教育事业的发展。在这方面，崇文书局“贡献尤多”。

光绪十六年（1890），张之洞创办新型书院——两湖书院（设有经、史、理、文、算、经济、舆地学、兵法、格致、体操等课程）。同年，张之洞会同湖北巡抚谭继洵（谭嗣同之父）札饬湖北藩司（布政使），于次年（1891）设立湖北舆图局，并任邹代钧为总纂，刘汉藻为提调。在崇文书局刊印的图志类书中，就有湖北舆图局编纂绘制的《清一统分省地舆全图》(20册)、《清一统地舆图》(12册)、《光绪湖北舆地图》(4册)、《长江全图》(5册)、《鄂省全图》(1张)、《武汉城镇合图》(1张)等。

张之洞为办洋务,把翻译出版西书作为当务之急。光绪十七年(1891),他延聘上海格致书院山长王韬搜罗西书,分十二门类,并请两湖书院任教的著名数学家华衡芳翻译、编纂,陆续汇齐付印。

张之洞办洋务,因"患弱而练兵","以讲中国自强之学","为中国自强而立"(张之洞《上海强学分会序》),于光绪十九年(1893)、光绪二十三年(1897)先后在武昌创办自强学堂(分设英、法、德、俄四种语言课)和武备学堂,并规定学堂须"专度古今中外有用书籍、图画之属,以备学者浏览"。此时崇文书局刻书亦侧重实用,特别对于书院、学堂课程、课艺设置十分关注,因而对新式教科书、科技类书和教学参考书的编纂、刊印放在应有的重要地位。如湖北武备学堂编译之《湖北武学》(20种),由崇文书局刊印。《湖北武学》内容包括:体操、打靶通法、快枪图说、护队集要、地势学、步队战法、马队战法、炮队战法、雷火图说、修路学略、军械图说、枪法图解、侦察要略、造桥图说等20余项。此书印行在全国产生较大影响。是时清政府兵部拟开兵学馆,还专门索取《湖北武学》等作为教材之用。

再如崇文书局所刊印之《图画临本》(8册),在光绪三十二年(1906)被清政府学部第一次审定,刊为初等小学教科书暂用书目,为全国小学堂广为采用。

崇文书局刊行的书籍中,经史子集的书占有相当数量。经部有《经典释文》《康熙字典》《说文解字》《字典考证》《说文通检》《十一经音训》《经学初程》等;史部有《稽古录》《明通鉴》《史通削繁》《读史兵略》《湖北通志》《清会典》《清律例汇辑便览》等;子部有《孔子家语》《医宗备要》《徐氏医书八种》《沈氏尊生书》等;集部有《唐宋八大家类选》《文章轨范》《胡文忠公遗集》《张文忠公集》《李太白文集》等。除经史子集类书外,崇文书局对有关数学、天文、生产、政治、法律、军事类读物也刻印了不少。如数学家华衡芳的《算草丛存》(8卷)、清圣祖的《御制万象考成》（15 册）、《钦定康济录》（4 卷）、《荒政辑要》（9 卷）、《捕蝗要诀》、《警监正则》等。崇文书局所刊之书，有署名湖北官书局（处）、鄂官书局（处）刊本者，亦有署名湖北崇文书局，崇文书局刊本、重刊本、刻本者。

有人统计，湖北官书局崇文书局先后刻书 250 余种，实则有 300 余种，积累书板 144700 片。方志学家朱士嘉 1933 年编《官书局书目汇编·缘起》中指出："官书局创始于同治，极盛于光绪。"这两句话也是对湖北官书局情况的极好概括。

六

光绪后，湖北官书局情势江河日下。

自鸦片战争始，资本主义列强用坚船利炮轰开中国大门，使中国沦为半封建半殖民地国家。光绪朝后，清政府统治岌岌可危。湖北官书局处境维艰。

1911 年，武昌辛亥首义之际，清军驻于崇文书局所在的正觉寺内，书局成为军储所。驻军用局内存书和板片烧火弄饭，因而书局损失不小。1912 年（民国元年），民国政府建立，无暇顾及书局。正如王汉章在《刊印总述》所说："民国成立，军事频年，戎马倥偬，鲜暇及此。且自军兴以后，原有各省设立之官书局，在减政裁并方策之下，纷纷停办。"所谓"自军兴以后"，是指辛亥革命以后，湖北官书局也不例外，基本处于停办和半停办状态。

民国十四年（1925）夏，湖北官书局改称湖北官书处，由汉阳人黄嗣艾任官书处经理。官书处处址由武昌候补街（崇府山南）正觉寺迁至武昌巡道岭（今武汉市武昌区胭脂路附近）。黄嗣艾仅"就寺内余藏""方谋刻补"，"又省俸钱校补其残阙"，"更商请""购家藏本"，欲苦心经营一番。（黄嗣艾《本末记》）

1926 年，北伐军进驻武汉时，湖北省教育厅派员保管官书处，月发保管费 120 元。翌年官书处正式复业，然而刊书业务大大缩小。原存大部头书售完后，已无力重印。只能召集二三刻印工人，陆续添印些小部头书。

1928 年，湖北省官书处奉省政府令，从杨承禧家提取《湖北通志》板片 94 架，进行整理，并竭力筹措资金，于 1930 年将《湖北通志》印行 100 部。

在雕版印刷日趋没落，新的印刷技术（石印、铅印）日益兴旺之际，以雕版印刷为生的官书局走向衰落，这种趋势不可逆转。这一点，官书处经理黄嗣艾已看得很清楚。他在《本末记》一文中表白自己的悲观心情说："虽然今之人皆以为书局不可废矣，其所以必不可废者，徒使摩挲此板片间无以发扬……则不近于废之也几何。又徒恃铅椠之精良，无一学人宝贵之典则，入而览之者神游海市，矜奇骇异，不切日用乎则近于不废而废也几何，嗣艾窃有惧焉。"

1936 年 6 月 8 日，湖北官书处正式撤销。其所存书籍板片 75467 块、书籍 10186 部移交湖北省图书馆，处址改为湖北省图书馆崇文书局保管处。

抗日战争初期，日寇逼近武汉，湖北省图书馆奉命西迁，乃将古籍珍本和书局部分板片暂存秭归西滩。武汉沦陷后，1939 年 9 月，伪武汉特别市市政府教育局戴福田任崇文书局保管处保管员。同年 12 月，因崇文书局保管处房屋破烂不堪，及将该处所存版片就近搬至武昌粮道街旧二小内，并令第四十小学第二部暂拨部分房屋存放。

抗战期间，湖北省图书馆接收崇文书局旧存崇文版线装书 234 种。该馆每种留 5 部，余均销售。另将接收书局旧存板片约 49000 块，从秭归西滩移至鄂西恩施。1942 年 5 月，该馆又将崇文书局保管处所存之《湖北丛书》等板片移交湖北印刷所。

抗战胜利后，崇文书局精雕之《五代史》《新五代史》及其他四部书的板片 9270 块，如数从恩施运回省垣。是时，省教育厅亦派员接收巡道岭崇文书局板片 40000 余块，书籍数万册。（以上资料见《湖北省图书馆建馆八十周年》"湖北省图书馆八十年纪事"）

中华人民共和国建立初期，1953 年 9 月，经中南文化局批准，将省图书馆所藏之原崇文书局所刻各书复本286种、3169部、11516册，分别赠予北京图书馆、上海图书馆等十个省级以上的公共图书馆和武汉大学等三所高等院校图书馆及武汉市政府、中南文化局资料室；原崇文书局精雕之《五代史》《新五代史》等图书板片，作为贵重文物存于湖北省博物馆内。它们丰富了我国的馆藏，功不可废。

在我们研究中国、湖北出版史时，不能不说湖北官书局（崇文书局）占有重要的一席之地。其特色和经验都值得认真总结和探讨。

（原载《出版史料》1993年第3期）

湖北最早的官书局

邹昌盛

张静庐辑注《中国近代出版史料二编》中“出版大事年表”说：“1869年（同治八年）江宁、苏州、武昌相继设立官书局。”又该书载《清代印刷史小纪》一文援引《中国雕版源流考》云：“自同治己巳（按：即同治八年）江宁、苏州、杭州、武昌同时设局后，淮南、南昌、长沙、福州、广雅、济南、成都继起，所刻四部书，亦复不少矣。”上述两者所指武昌之官书局，即湖北崇文书局。至于崇文书局设立时间，实际不是该书所指同治八年，而应是同治七年，甚或同治六年。

有何为证？湖北省图书馆所藏清张伯行所撰之《小学集解》（6卷），扉页上署有同治六年楚北崇文书局刻本字样。楚北崇文书局在何处？据说在今汉口花楼街。同治七年楚北崇文书局已改名湖北崇文书局。这一年成斯名刻的书有：元程端礼《读书分年日程》（3卷），清陈宏谋《从政遗规》（2卷）、《训俗遗规》（4卷）、《教女遗规》、《养正遗规》、《在官法戒录》（4卷），清刘衡《读律心得》（2卷），清汪辉祖《双节堂庸训》（6卷）、《学治臆说》（2卷），清江永集注《近思录》（14卷）等书。

湖北崇文书局先设于武昌正觉寺，后移武昌巡道岭。光绪三年改为经理官书处，此后所出之书署湖北官书局或湖北官书处。直至民国元年，仍以湖北官书处（局）名出了《尉缭子》（2卷）、汉黄石公《素书》、三国诸葛亮《心书》合集，汉陆贾《新语》（2卷），汉刘向《说苑》（20卷），宋吴仁杰《离骚草木疏》（4卷），宋陆游《老学庵笔记》

（10 卷），元吴澄《道德真经注》（4 卷）等书。

据不完全统计，湖北崇文书局在创业的 40 多年中出书四五百种（不算重版书），仅光绪三年，这个局即出有《明史》（332 卷）、《水经注》（40 卷）、《意林》（5 卷）、《阙史》（2 卷）、《世说新语》（6 卷）、《楚辞集注　楚辞辩证》（11 卷）、《离骚集传》（1 卷）、《文心雕龙》（10 卷）、《尚书大传》（4 卷）、《制义体要》（19 卷）、《人谱类记增订》（6 卷）等 20 多种刻本，这个速度在当时来说是不慢的。

湖北崇文书局出书内容极其广泛，举凡经史子集、诸子百家、古代当代的都出。经史子集虽出得多，是其重点，但也出有关数学，天文气象、生产、政治法律、军事等类读物，如：早期数学家华蘅芳的《算草丛存》（8 卷）及清圣祖《御制历象考成》（15 册）、《钦定康济录》（4 卷）、《荒政辑要》（9 卷）、《捕蝗要诀》、《警监正则》及湖北武备学堂 1904 年译编之《湖北武学》（24 种）等。《湖北武学》包括：体操学、打靶通法、快枪图说、护队集要、地势学、步队战法、马队战法、炮队战法、三队合战法、雷火图说、炮台说略、沟垒图说、修路说略、行军测绘学、行军帐棚说、军械图说、枪法图说、战法辑要、浮桥工程学、行军电报要略、行军侦探要略、行军造桥图说等项。是年，兵部拟开兵学馆，专门索取湖北军事译书、著录作为课本，湖北曾将精选后之《湖北武学》等报兵部。崇文书局所出书中，儒家虽是多数，但也出法家、农家、道家、杂家、医家书籍，如：《荀子》《墨子》《老子道德经》《关尹子》《列子》《抱朴子外篇》《巢氏诸病源候总论》。这个书局既出《明通鉴》以及奉敕而编的《周官义疏》《礼记义疏》《周易折中》《钦定明清诸家四书文》等经典书籍，也出《西京杂记》《述异记》《搜神记》《酉阳杂俎》《涑水杂闻》《文章轨范》等志怪、记闻及写作指南等类读物。总之，这个书局几十年来刊刻了不少弘扬文化与益世之作。另如：该局与金陵书局（江宁）、淮南书局（扬州）、江苏书局（苏州）、浙江书局（杭州）共出巨著《二十四史》，湖北刻的是汲古阁本《新五代史》（74 卷）、武英殿本《旧五代史》（150 卷）和《明史》（332 卷），还出了《史记》（130 卷）、《康熙字典》（12 卷）、清顾炎武著，黄汝成集释

《日知录集释》（32 卷）、清段玉裁《说文解字注》（30 卷）、清张之洞《輶轩语》、梁萧统撰，唐李善注《文选》（70 卷）、清储欣选《唐宋八大家类选》（14 卷）、宋陈亮《龙川文集》（30 卷）、清许梿编《洗冤录评议》（4 卷）、清纪昀《史通削繁》（4 卷）、汉王符《潜夫论》（10 卷）、清徐栋《牧令书辑要》（10 卷）、清钱大昭《后汉郡国令长考》、明吕坤《实政录》（7 卷）、《大清会典》（4 卷）、《胡文忠公遗集》（32 册）、清陈瑜《说文引经考证》（8 卷）、清王引之等辑《字典考证》（12 集）、《仪礼》（17 卷）、《尚书大传》（4 卷）、《周礼》（12 卷）、元陈澔《礼记集说》（10 卷）、清任大椿《小学钩沉》（19 卷）、唐陆德明《经典释文》、宋程颐《伊川易传》（6 卷）、宋朱熹《诗经集传》（8 卷）、清杨国桢《仪礼音训》（17 卷）、《春秋公羊传音训》、《诗经音训》（2 册）、晋郭璞《尔雅》（3 卷）、清王顼龄《书经传说汇纂》（24 卷）、清王鸿绪《诗经传说汇纂》（24 卷）等。崇文书局还注意出一些书院课程、课艺，如:《经心书院集》（4 卷）、《经心书院续集》（12 卷）、《图画临本》（8 册）等，后者曾被学部选为全国小学生暂用课本。这个书局十分注意刊刻湖北名贤著述。光绪十六年，张之洞将前任学政四川万县赵尚辅搜集刊校的《湖北历代名贤著述》（31 种，287 卷）的板片，以银四千两收回存于湖北官书处，陆续出版，将《湖北丛书》名易为《江汉丛书》。又于光绪三年开雕《鄂局丛书》(78 册)，还出版张之洞科试湖北各府佳作《江汉炳灵集》(5 集)。

崇文书局以其建局早，出书种类多、内容广，在全国有一定影响，对保存典籍文献、繁荣学术文化起了一定作用。

（原载《湖北出版史料》1987 年第 2 辑）

湖北崇文书局的沧桑

王晓清

“巡道岭上，几案逸清香；正觉楼内，镌刻正擅场。熔经铸史七十载。雕工写手刻沧桑。兵燹下，火烬中，崇文书局续文章；繁华不再，风流停歇，深惋一叹望武昌。”

有荆襄之当路冲要，有控扼长江天堑之险，有九省通衢交通之便，以武汉为战略地带的湖北地理位置太重要了。一旦遭逢干戈攘扰，湖北的学术文化即为兵燹所残破。在疮痍满地之上重起炉灶，鄂省文教之复兴自然要比其他区域更为艰难。太平天国之后武昌在劫火灰烬上创办的崇文书局，确实让禹域神州精神为之亢爽。晚清政局所羡称之“同治中兴”，这中兴的背后似乎暗涵着湖北崇文书局缕缕飘逸的书案香火。

近代湖北文教之昌盛，与崇文书局之肇端大有干系。但这个崇文书局却让后世鄂人至少有三个未想到：第一个未想到的就是创办书局者皆非湖北人，第二个未想到的即雕版刻字书手居然无人道其名姓，第三个未想到的即崇文书局刻板经籍似乎不为藏家、读者所雅重。就是这三个未想到，曾经浓墨飘香江城、雕版印本行销各地的崇文书局仅仅只延续文脉七十个春夏秋冬，就在政治颠覆、王朝改命的沧桑风雨中终结了其昔日辉煌耀眼的文化生命，岂不痛哉？

崇文书局在创办以前，湖北耆绅、乡贤名宦在汉口花楼街创办了楚北崇文书局。晚清洋务派领袖人物曾国藩、李鸿章是崇文书局设立的重要推手。先后任湖广总督之李瀚章、郭柏荫、湖北巡抚曾国荃、湖北布政使何璟在同治六年（1867）于武昌巡道岭正觉寺创办了崇文书局，将原有之楚北崇文书局合并进来了。总理崇文书局的还有任湖北按察使的李榕、王文韶、湖北按察使司郑兰。由此可见崇文书局是晚清湖北规模最大、刻书最多、影响最大的官办出版机构。虽然崇文书局这四个字为湖北人的智慧，并且成为一个响当当的出版行业名号，但擘画崇文书局者，清一色为外省人士，这些封疆大吏以崇文书局为基点而提倡风雅，确实为湖北晚近学风的炽烈奠定了基础柱石。

清朗读书声取代刀光剑影，儒雅书卷气对决背本趋利，让兵家必争之地的鄂渚汉皋多些学术文化气息。这似乎是崇文书局没有言明的初衷。启迪人的思想，感化人的灵魂，造就人的才能，这并非创办一个崇文书局就能做到的。但如果一个地域书籍匮乏，人们无书可读，那与愚昧与愚蠢是没有两样的。何况当时汉口、武昌、汉阳是饱受十多年战火摧残、蹂躏之地，藏书、刻书已荡然无存。为穷蹙士子提供科考读物，为疮痍满身的郡县城市提供医学书籍，为一片空白的地域留存舆图史著，这是崇文书局可以自矜自喜自伐的所在。

崇文书局为官办，雕版、刻书、印书之资金似乎不用担心。但执掌书局之人缺乏干才，不通文墨，没有文化底蕴，这崇文书局自然就难以为功，即便架子搭起来了，也很难持久维系。湖广总督李瀚章启用候补道平湖张炳堃、补用道金华胡凤丹经理崇文书局，但书局实际操办人为胡凤丹。胡凤丹，字月樵，浙江永康人。他在鄂任地方官十三年，对湖北地理山水、历史文化有浓厚兴趣，曾编纂《黄鹄山志》《大别山志》《鹦鹉洲小志》。胡凤丹本人即为学者兼诗人，与湖北文化名流如汉阳叶名琛、监利王柏心、江夏彭毓崧关系至为密切。授命创办崇文书局后，胡凤丹在武昌黄家巷建造的紫藤仙馆，成为为崇文书局鉴赏古籍版本、挑选雕刻印本的重要领地。崇文书局首批刻版新书印成后，胡凤丹曾将其赠送给当朝要人。胡氏曾将崇文书局新刻板之郑玄《仪礼注》、张皋文《仪礼图》赠送给有帝师之目的翁同龢。浙江籍著名学者孙衣言对胡凤丹主持之崇文书局给予高度关注，为之别择古籍版本、鉴别版本优劣，以供书局刊刻刷印。曾任湖北学政、两湖总督的张之洞十分欣赏胡凤丹的干才，不仅及时划拨官款以维系崇文书局的正常运转，对胡氏

“丹黄铅椠，日不去手”校勘讹误、手不释卷的勤勉敬业予以表彰。以《书目答问》驰誉学坛的张之洞熟谙版本目录之学，对崇文书局之开雕镌刻古籍，自然有指引、提示、开导之功。

木板开雕传文运，故纸模印翰墨香。传承儒家源远流长的学术文化，刊刻经史子集众多的经典著作，搜求版次精整讹误甚少的珍籍善本，为郡学县学书院科考举子提供稀缺书籍。这是崇文书局创办的重心。崇文书局雕版刻印古籍似分为三个阶段：一是同治时期，楚北崇文书局、湖北崇文书局刻版署名互用；二是光绪时期，湖北崇文书局、鄂官书处、湖北官书处镌版互用；三是民国时期，湖北官书局、湖北崇文书局、湖北官书处镌版署名互用。崇文书局这三个不同时期，实际上印证了刻书业与政治的关系就是俯仰沉浮。同治时期湖北主政当局需要以文教文饰功业，崇文书局即应时而起；稍后洋务运动兴起。清廷将各省官办书局改名为官书处、官书局，崇文书局毫不例外地随之改名。辛亥革命，清朝覆亡，湖北官书处不再有财力撑持，崇文书局自然就不再风光，不能风光了。

开局选善本，刻木用好刀。崇文书局最先雕版刻印的古籍是儒学经典，如《四书》《十三经》《钦定七经》《御批通鉴辑览》即是其开局首刻巨著。楚北崇文书局并非官办，但它比湖北崇文书局开办年头要早，因而同治六年、七年期间刻版图书还有署名楚北崇文书局的。例如张伯行撰《小学集解》，即署同治六年楚北崇文书局刻本；《近思录》扉页上镌刻“同治七年楚北崇文书局开雕”十二个隶体字。崇文书局首次刊刻的典籍以经学著作为大端，其次是实用医学古籍，再其次即为科考士子所必需的史学、文学、诸子学、名家文集。崇文书局在开雕与重镌之间似乎有些讲究。开雕，其实就是经由书局聘请学者精选版本、模板写样、刻工精雕、校勘精校、选用精良纸墨而刷印的古籍。这一图书具有典型的崇文书局板型、版式、版权特征。重椠或重镌，实际上就是将以前古籍或著作按照原样雕版刻印，相当于现在的影印本。崇文书局的《傅青主女科》，扉页即印有“同治八年湖北崇文书局开雕”字样；《温热经纬》扉页即印有“同治甲戌湖北崇文书局重椠”字样。开雕和重椠的差异与不同，于此可见端倪。

一橱橱，一函函，古雅而凝重，飘逸浓墨味；一页页，一册册，仿宋篆隶楷，故纸泛书香。崇文书局所开雕或重椠的经部、史部、子部、集部古籍林林总总。或单刻开雕，或巨本重椠，或丛书刻木。单本重镌之著名的有《明史》《五代史》，丛书开雕之版本珍罕者有《正觉楼丛书》《湖北丛书》，集部开雕者有《经心书院集》《经心书院续集》《江汉炳灵集》。崇文书局宋版重椠之《仪礼》《国语》《战国策》，元刻之《资治通鉴》《文选》甚为珍贵；他如《孝经》《经典释文》《说文解字注》《唐宋八大家类选》《文章轨范》《胡文忠公遗集》《张文忠公集》《李太白文集》为读书士子所庋藏。这些至今散发油墨香的原版珍贵图籍，已经成为古籍拍卖会上难得一见的善本了。

不名风雅而自风雅，不自炫善本而自为善本。崇文书局七十年刻书销书的沧桑岁月，至少有三件开雕版刻著作是值得夸赞的，也是有资格载入晚近湖北出版史的：一是会通江浙官书局合作雕刻《二十四史》，二是刻版《百子全书》，三是刻版维新时期新型实用图书。汇刻《二十四史》是晚清出版史上的文化大事件，也是一项浩大的雕版刊刻工程。湖北崇文书局与当时江苏的金陵书局、苏州书局、杭州的浙江书局为官办的四大书局，因为直隶总督曾国藩、钦差大臣李鸿章、湖广总督李瀚章、两江总督马新贻四位封疆大吏的共襄盛举，以四大官办书局为核心，合作刻印了《二十四史》。在《二十四史》的雕版中，崇文书局负责刻印《新五代史》《旧五代史》和《明史》。这三部断代史，版次精良，校勘精湛，刊刻精美，洵为晚清刻版史的杰作，崇文书局因此而立于不朽之域。《百子全书》是崇文书局开雕刻版印刷的大部头著作。该丛书第一批诸子学典籍刻成于光绪元年。全部丛书刻版告竣在光绪晚期，持续时间三十多年。《百子全书》分为儒家、道家、墨家、纵横家、法家、阴阳家、名家、医家、农家、兵家诸多类；网罗宏富、版本优选、雕版精良；每一单刻子书，卷帙开本廓大，天宽地阔，字体方整，为藏书家与学者所钟爱。崇文书局在湖北维新运动期间，扮演了重要的文化出版角色。按照两湖总督张之洞的意图，崇文书局改名为湖北官书局、湖北官书处。这一重要的官办出版机构，雕刻与销行了众多与维新运动、自强图存、引进西学有关的实用型图书。这其中有舆地图、武学、算学、图画学、农学等领域的著作。比如《清一统分省地舆全图》《清一统地舆图》《光绪湖北舆地图》《长江全图》《鄂省全图》《武汉城镇合图》《湖北武学》《图画临本》《算草丛存》《荒政辑要》《捕蝗要诀》等是涉及当时比较新颖而重要学科的畅销书。在某种程度上，这些著作甚至是湖北维新运动的必要组成部分。雕刻印行这一类型的图籍，对廓开士人知识视野、草创新的学科门类具有启蒙、奠基之功。

刊刻善本有比较，搜求版本有渠道，读求异书有门道，崇文书局开雕或重椠图籍，为科考士子所必需必备，满足了大众急迫的购书需求，因而湖北崇文书局版图书的流通渠道比较顺畅。武昌、汉口、汉阳无论是水路还是陆路交通都较为发达，官办书局刻板之书相对具有权威性，讹误较少，所以书局甫一刻板新书即行销到周邻的河南、四川、湖南等省，上海、天津、吉林、江苏等地书院也庋藏湖北官版书。在湖北省域之各府县学与书院都比较完整齐备地购藏了崇文书局刻板经籍。浠水文庙藏弆湖北官版书大多为文字音韵训诂类书籍，罗田文庙庋藏崇文书局同治年间刻板古籍三百八十五部。私人藏书家或学者购求崇文书局刻印古籍者所在多有。曾担任经心书院讲席、编辑《经心书院集》《经心书院续集》的浙江籍文献学家谭献，个人购买了不少崇文书局版的古籍。谭献称湖北崇文书局刻板书为鄂刊、鄂刻或鄂版。其在《复堂日记》中对自己购买鄂刻书加以校勘，并勾勒刻本渊源。例如六卷本《金楼子》，谭献认为崇文书局雕版的底本源自鲍廷博《知不足斋丛书》本，而鲍氏刻本源自《永乐大典》本；谭献对鄂刻本失载也提出批评，如崇文书局刻版的《刘子新论》，谭氏即指出该书漏刻袁孝政的《叙》，且脱误不少。李慈铭、沈曾植亦以自己藏弆的善本与崇文书局刊刻的本子对校，以纠正鄂刻本的讹误。上海《时务报》创办人汪康年曾购买崇文书局官堆纸刻本《通笺辑览》、竹连纸《一统舆图》。这说明崇文书局刻本的读者服务面比较广泛。在文献学家、校勘学家、古本收藏家的视野中，尽管湖北崇文书局所雕版刻印的众多图书或有某些讹误漏失，但对寒门士子或书籍奇缺地区的读书人，湖北官版书籍还是很实用也是很珍贵的。

“奉召开书局，琐屑招手民，旦暮雠亥豕，日与古人亲。”胡凤丹创办崇文书局，亲自校勘经籍六十多种；协助校勘或提出刊刻意见的，似有谭献、孙衣言、左绍佐、邹代钧诸人。崇文书局刊刻图籍鼎盛期刻工六七十名，板片积累到 250 余种，共 144700 余号。但崇文书局刻工皆无姓名留存于经籍载记中，湖北著名刻字师陶子麟大约参与了崇文书局的刻板摹写。众多手艺出色的雕工、刻字师，在奉献自己精湛工艺、创造书局雕版繁荣的同时在历史长河中默默无名，这不能不说是一大遗憾了。

武昌为辛亥首义之区，政治纷争的变局，军事烽镝的乱象，传统出版业自然为不急之需。崇文书局之运命，危如累卵。书局板片毁损、丧失，刻工流散，开雕刻印新书显然不可能。崇文书局版权页之中华民国元年刻印书，绝大多数为此前已经上板排印经籍。民国初年乃至稍后的图籍，因为经费缺乏，人力不济，湖北官书处刻印书大抵为重版。《湖北官书处章程》说：“近年经费支绌，业已停刻。仅将现成板片刷印发售。”每况愈下的销书情势，大大弱化了崇文书局在国内出版业界的影响力。锋头锐减，雄风不再，崇文书局江河日下之势就不可避免了。《湖北通志》是官书处刻印的最后一部大型图书，该书雕刻印成后，湖北官书处于民国二十五年撤销。至此，拥有七十年历史的崇文书局在民国出版界销声匿迹，不复存在了。

一个崛起鄂渚、潮涌汉皋、横绝江汉的耀眼文化星座，在她顶戴璀璨光环透射辉煌之后，开始了悲壮的衰歇，最后黯淡无光，清辉不再，消隐了当日炫目的异彩。崇文书局沧桑风雨七十载，汩没在政治裂变的滚滚洪潮，稀释于出版业日新月异的变革清流。手工作坊式的雕版刻书业在遭遇机器排版印刷的现代出版新工艺时，被淘汰是再自然不过的了。崇文书局的辉煌崛起，是时代学术文化的使然；崇文书局悲壮的衰颓，亦为时代学术文化变局的使然。谱写晚清中国雕版史辉煌的崇文书局，已随云烟成为过往。斯人已逝，芳名存世；书局杳歇，板片犹存；

雕版不再，故纸溢香。新世纪荆楚文化的再度崛起，从清末民初崇文书局的沧桑变革中是否有所触动呢？

（原载《武汉文史资料》2014 年第 12 期）

湖北官书局（崇文书局）创设时间新考

向　敏

湖北官书局（崇文书局）是晚清时期重要的出版机构，据学者不完全统计，湖北官书局（崇文书局）存续期间总计出版图书537种①，其刊刻之书籍不仅流行于国内，且曾于光绪三十年（1904）参加在美国圣路易斯举办的万国博览会，作为中国“图书及出版物”代表参展并荣获博览会“特等奖”，增进了西方对中国文化的认识与了解。正因湖北官书局（崇文书局）存续时间长，刊书种类多、数量大，故而学者进行近代出版印刷史研究时多会涉及该机构史事。不过，笔者发现以往学者在湖北官书局（崇文书局）若干史实，如创设时间的判定上尚存争议，故不揣孤陋，结合新发现的一些资料、信息对此进行再考察，以供湖北官书局（崇文书局）研究者参考。

一

目前关于湖北官书局（崇文书局）的创设时间主要有两种流行说法。一种是同治六年（1867）十月十五日②，主要依据是同治八年（1869）五月二十日时任湖广总督李鸿章的《设局刊书折》，该奏折中明确提及：

①阳海清：《〈湖北官书局版刻图录〉前言》，《图书情报论坛》2015年第1期。

②如方振益《湖北官书局（崇文书局）考略》、吴家驹《崇文书局与崇文书局刻书》、马志立《湖北崇文书局版刻概述》等均持此观点。

续又准咨同治六年五月初二日奉上谕，鲍源深奏请刊刻书籍，颁发各学一折等因。钦此。恭录行知。均经前置督臣李瀚章、前抚臣曾国荃会商办理……嗣于六年十月十五日开设书局，派委候补道张炳堃、补用道胡凤丹妥为经理。

除此之外，相关证据还有曾任书局经理胡凤丹的论述，他在《退补斋文存》中多次提及书局设立情形：

六年冬，楚省设立崇文书局，假寺内基地，择其东西之平旷者构瓦屋三十余楹，为手民栖止所。（《募修重建正觉寺殿宇启》）

余于丙寅夏游鄂，侨于寺之西偏。越岁，适奉各直省创设书局之旨，时署楚督者为合肥李小荃中丞，抚楚者为湘乡曾沅浦宫保，以余好藏书，命承乏其事。……次年三月，复与张鹿仙观察同督同校，由是日夕往来于寺中。（《重修鄂垣正觉寺碑记》）

另一种是咸丰九年（1859）[①]。持此说法者认为是年胡林翼已在武昌开局刊书，梅英杰《胡文忠公年谱》载：

（咸丰九年）纂《读史兵略》，自订体例，开局武昌，属门人汪士铎梅村总其事。独山莫友芝子偲、武昌张裕钊廉卿、长沙丁取忠果臣、张华理燮庵、汉阳胡兆春等分任编校。[②]

曾受胡林翼礼聘，客游其幕中的方宗诚亦称：

东南文字，尽毁于贼，胡文忠在湖北，首开书局，刻《读史兵略》《弟子箴言》。[③]

上述两种说法虽各有材料支撑，但细思之下两者均有值得商榷之处。“同治六年说”是一种典型的“冲击—回应”模式，同治皇帝倡导文教在前，各地督抚创办书局于后。这种解释虽然看上去逻辑清晰，但是也有让人心生疑惑之处。以金陵书局为例，作为晚清官书局中的代表，学界一般认为其开设时间为同治三年（1864），盖《曾国藩日记》

①如吉少甫《中国出版简史》、张宗友《晚清官书局与近代文献传承》均持此种观点，另白寿彝总主编，龚书铎主编《中国通史》第11卷亦采吉少甫观点。

②梅英杰：《胡文忠公年谱》，文海出版社1974年版，第12页。

③方宗诚：《柏堂师友言行记》卷三，京华印书局1926年版，第3页。

同治五年五月三日有记载："同治二年，沅甫弟捐资，全数刊刻（《船山遗书》），开局于安庆，三年移于金陵。"① 但是金陵书局之创办主要是因为《船山遗书》辑印等事宜，所用编校人员均是曾国藩幕僚，刻书且未署后来官书局通用的牌记，而是按照以前督抚大员刻书的惯例，题为"刊于金陵节署"②。与之相对照，胡林翼"纂《读史兵略》，自订体例，开局武昌，属门人汪士铎梅村总其事，独山莫友芝子偲、武昌张裕钊廉卿、长沙丁取忠果臣、张华理燮庵、汉阳胡兆春等分任编校"，与金陵书局情况极其类似，为何却不能算是官书局之肇端？

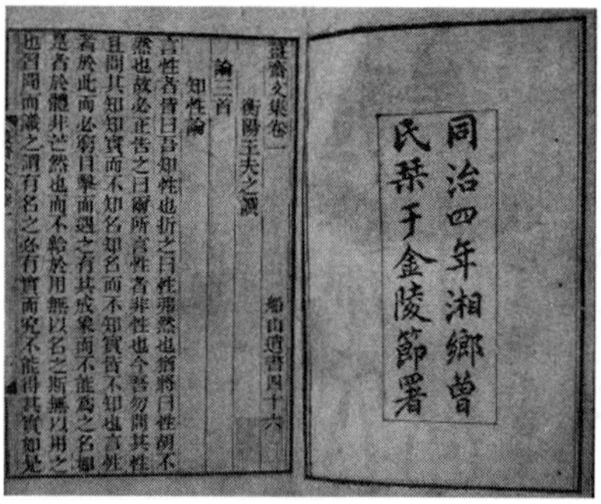

图 1 《船山遗书》牌记

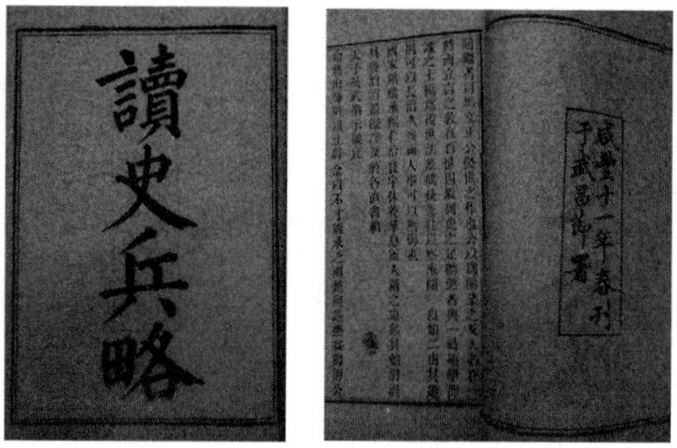

图 2 《读史兵略》封面及其牌记

当然，笔者并非说"咸丰九年说"即是正确，正如此前学者所指出的，咸丰九年时胡林翼所开之"局"实难称书局，理由如下：它并无书局名称；刻书无多，只有寥寥数种；存在时间很短，又几乎没有影响。③ 对于上述意见笔者亦认可，特别是胡林翼所创"书局"并无相关名称，名不正则言不顺，这是"咸丰九年说"的一大硬伤。

湖北官书局（崇文书局）的创设时间究竟定为何时较为适宜？笔者认为定于同治三年（1864）或许最为理想。④ 主要原因是笔者发现"湖

①曾国藩：《曾国藩全集·日记之三》（修订版），岳麓书社 2011 年版，第 287 页。

②李志茗：《金陵书局考辨——以晚清同光时期为中心》，《史林》2011 年第 6 期。

③王建辉：《曾国藩与近代中国出版》，《编辑学刊》1995 年第 5 期。

④熊月之《晚清西学东渐过程中的价值取向》一文中将湖北官书局的成立年份标为 1864 年，但未知其具体依据。该文载童世骏主编《西学在中国：五四运动 90 周年的思考》，生活·读书·新知三联书店 2010 年版，第 353 页。

北官书局”这一名称自同治三年（1864）已经出现，并有对后世产生过广泛影响的相关出版物。笔者翻阅李孝聪《欧洲收藏部分中文古地图叙录》时发现，目前伦敦英国图书馆藏有同治三年（1864）湖北官书局刊印《大清一统舆地全图》①，该图由26面单幅图（板框不等）组成，是迄今所见“湖北官书局”最早的出版品。② 其26幅地图分别是：疆域总图，直隶、山东、山西、河南、江苏、浙江、安徽、江西、福建、湖北、湖南、广东、广西、四川、云南、贵州、甘肃、陕西18省及盛京全图，嘉峪关外安西青海合图、嘉峪关外镇迪伊犁合图、黑龙江所属各城图、吉林图、西藏全图、内外蒙古图，展现了清朝同治元年（1862）时的中国疆域情势。该全图在晚清曾多次重印，特别是光绪五年（1879）经上海点石斋石印③后，在社会流传更为广泛。

二

与同治三年（1864）湖北官书局版《大清一统舆地全图》的出现关系最密切者有可能是严树森。严树森（1814－1876），初名澍森，字渭春，四川新繁人，原籍陕西渭南。道光二十年举人。历任内阁中书、武昌知府、荆宜施道。咸丰九年（1859）授湖北按察使，十年擢河南巡抚，同治元年（1862）授湖北巡抚，同治三年（1864）五月因湖广总督官文弹劾降为道员，次年授广西按察使，光绪元年（1875）升任广西巡抚。

严树森长期追随湘军重要首领胡林翼，以其学问事功受知于胡林

①学者对该图称谓不一，除“大清一统舆地全图”外，尚有“全国直省府厅州县图”“皇朝直省地舆全图”等称谓。

②李孝聪：《欧洲收藏部分中文古地图叙录》，国际文化出版公司1996年版，第204－205页。国家图书馆亦藏有该图，但因国家图书馆特藏部暂停借阅，故无法看到原物。除上述两家外，《中国测绘史》编辑委员会编《中国测绘史》，喻沧、廖克编著《中国地图学史》等权威著作亦将该图出版年份定于1864年，故信息应当无误。

③光绪五年（1879）上海点石斋石印时缺少《嘉峪关外镇迪伊犁合图》，仅25幅，另编排顺序也有所变化。

翼，同时也深受其影响，据刘成禺《世载堂杂忆》所记：

> 予友成都严谷声，渭南严树森侄孙也。树森始终在胡林翼幕，书札著述，皆经树森手，《读史兵略》《一统舆图》二书，纂助最多。曩在谷声孝义书塾，曾见所藏胡、严二人亲笔来往手札，装十巨帙，其中关于太平天国及官军方面秘事甚伙，记忆录之，可补史料。
>
> 林翼死，遗折力保树森继湖北巡抚任，其学问事功，见重于林翼可知也。林翼鉴于三河之败，全军覆没，李秀成亲提三十六军，为皖、楚之大包围；陈玉成以三十六回马枪军，由隘路小径，出其不意，分道飞来，官军每为向导人所绐，故一败涂地，皆由不明地理所致。乃与树森先治湖北、江西、安徽三省舆图，凡溪港山阜，小路捷径，详细著明，某地至某地若干里，某村至某村绕出快若干里，用以行军。每乘太平军之虚，先据要地，而太平军用兵上游，不得逞。乃推治各省，远及藩属，所谓"胡文忠地图"也，故该图于长江各省最细密。
>
> 胡又属树森关于史籍所载长江各省用兵、古人成败之略，分条提出，为证明地图之运用；以地图为棋盘，以兵略为棋子。浸久成书，遍及全史，此《读史兵略》所由滥觞。①

刘成禺所说"先治湖北、江西、安徽三省舆图"，相关资料显示仅成湖北一省舆图，该图又分为6小幅②，由严树森于同治元年（1862）八月进呈，并得同治皇帝"图内所绘山川险要，朗若列眉。而于道里远近，亦能详细开载，尚足为发纵指示之一助"③ 的赞语。而"胡文忠地图"当是指湖北抚署本《皇朝中外一统舆图》（32册），该舆图同治二年（1863）开雕，同治三年（1864）二月完成。由于咸丰十一年（1861）九月胡林翼不幸病逝，严树森承担起主持增订及刊刻《皇朝中

---

①刘成禺：《世载堂杂忆》，辽宁教育出版社1997年版，第33页。

②长江水利委员会综合勘测局编：《长江志：测绘》，中国大百科全书出版社2000年版，第240页。

③《清实录·穆宗实录》卷三七，中华书局1987年版，第998页。

外一统舆图》的任务：

> 益阳胡文忠公兼资文武，深耆舆地之学，尝病李申耆舆图仅志郡邑，无它地名，且纸狭不复容增注，乃取本朝康熙乾隆中内府所颁图，延新化邹子翼（世诒）、上舍晏圭斋（启镇）处士钩稽考覆，以成一编，研摩历岁，甫成定本而文忠已薨。余奉恩命，自豫抚移节是邦，追维畴昔知己之雅，大惧陨越以失规随之谊，商之相国官公，以亟成公志。又延黄安李小轩（廷箫）、农部江宁汪梅村（士铎）孝廉，俾检志乘之精核者。[①]

同治三年（1864）湖北官书局版《大清一统舆地全图》应当是在《皇朝中外一统舆图》基础上重新雕版刻印，其内容“与湖北抚署同治二年刻本颇相似”[②]，且在时间上一先一后，中间相隔仅1年时间。至于为何另外雕版，当是湖北抚署本《皇朝中外一统舆图》作为书册装，每页板框30cm×19cm，虽便于个人翻阅研读但不便于议事之用。而《大清一统舆地全图》首页的全国地图尺寸达到83cm×83cm[③]，因此特别便于铺陈展开。二者间区别近似于现在的地图册和地理挂图。其实，早在同治元年（1862）严树森主持刊刻并进呈清廷的《鄂省全图》整幅尺寸就达到123cm×197cm[④]，因此在《皇朝中外一统舆图》的基础上刊印大幅各省地图也是顺理成章之事。

至于为何会以“湖北官书局”名目刻书？限于史料，尚待继续考证。因同治二年湖北抚署版《皇朝中外一统舆图》藏板于巡抚衙门，印数较少，一般人士较难获取，恕笔者孤陋，仅见有曾国藩获赠的记

---

①严树森：《〈皇朝中外一统舆图〉后跋》，清同治二年湖北抚署刻本。

②李孝聪：《欧洲收藏部分中文古地图叙录》，国际文化出版公司1996年版，第205页。

③李孝聪：《美国国会图书馆藏中文古地图叙录》（中英文本），文物出版社2004年版，第24页。

④李孝聪：《美国国会图书馆藏中文古地图叙录》（中英文本），文物出版社2004年版，第61页。

载。[①] 而据胡传《钝夫年谱》所载，1870 年时胡传“于湖北购得胡文忠公所刻《皇朝中外一统舆图》一部，是时板存湖北巡按署，外间无有印与卖者。予费价二十四两得之”[②]，也印证了该书在一段时间内流传有限。因此，以“湖北官书局”名目出书或许是希望避开板藏官府的诸多弊端，尽可能增加印刷册数，既达到广泛传播的目的，又起到平衡支出的效果。诚如有学者所指出：“1864 年湖北官书局出版的《全国直省府厅州县图》等，内容以康乾内府舆图为蓝本，以半官半民形式出版传播，孕育了公开出版地图的种子。”[③]

①曾国藩同治三年二月二十九日日记记载：“是日，汪梅村寄新刻《皇朝中外一统舆图》，凡三十二册。首册序跋、凡例，中卷为京师，北二十卷至俄罗斯北海止，南十卷至越南止。大致以康熙、乾隆两朝内府图及近人李兆洛图为蓝本，而增小地名颇多，亦巨制也。”见曾国藩《曾国藩全集·日记之三》(修订版)，岳麓书社 2011 年版，第 24 页。

②胡传：《钝夫年谱》，载《胡适文集》(1)，北京大学出版社 2013 年版，第 423 页。

③陈潮：《中国近现代地图出版概况》，《地图》1989 年第 2 期。

试论湖北崇文书局的刻书业①

江　凌

清同治三年（1864），湘军首领曾国藩在安庆设立官书局，与其弟曾国荃刊刻《船山遗书》，次年湘军攻下南京后，曾氏将官书局迁至南京，定名金陵书局。以此为发端，浙江、湖北、湖南、安徽、江西、四川、广东等省相继设局刻书，“官刻之书，自曾文正金陵设局以后，浙、粤、鄂等七省官书局踵兴，且更合刻《二十四史》，蔚为大观”②。与江浙地区官书局齐名的湖北官书局（又名崇文书局）是晚清四大书局之一，它有70年的历史，其所刻书籍数量较多，质量较精，且流传较广，在中国近代出版史上影响较大。

一、湖北崇文书局的设立时间考辨

湖北官书局（崇文书局）由湖广总督李瀚章创办，局址在武昌候补街正觉寺内。溯其源流，当始自湖北巡抚胡林翼之动议设湖北官书局。咸丰九年（1859），胡氏在武昌设局刻《读史兵略》等书。鉴于当时文教不兴，太平天国军猛扫两湖地区，冲击封建儒家文化，儒家经书典籍惨遭毁弃，湖北学界甚感书荒。天京陷落后，湖北巡抚胡林翼即着手刊

①关于崇文书局的刻书业，先前学者方振益、邹昌盛、张笃勤等人已做过一些研究，尤以方振益先生的《湖北官书局（崇文书局）考略》论述较为精深。笔者不揣浅陋，对崇文书局进行比较深入的探讨，算是忝作诸位前辈的补充之作。

②张静庐辑注：《中国近代出版史料》，上海书店出版社2003年版，第364页。

刻书籍，重振儒学。咸丰年间，他即动议曾国藩等设立书局，得到支持。同治初年胡林翼病逝后，设立书局一事直至同治六年（1867）由湖广总督兼湖北巡抚李瀚章奏设，遂得以实施。“当初议开设书局，动自胡文忠公（胡林翼），而湘乡曾文正公（曾国藩）赞之，曾忠襄公（曾国荃）渐行之，至李文忠公（李瀚章）实业其事。”关于崇文书局设立的时间，其说不一，主要有三说：

一为同治六年（1867）说。其中又有“六月十五日”和“十月十五日”两种说法。民国十四年（1925）曾任崇文书局经理的黄嗣艾在其所著《湖北公藏版刻提要》中云：“考官书处初名官书局，清同治六年十月十五日，在候补街正觉寺内开设。”“金华胡凤丹任经理”，“且将湖北绅耆原设之崇文书局收并在内，为吾楚右文之会”。宋原放、李白坚在其《中国出版史》中云：“清同治六年（1867），李翰章设崇文书局于武昌。”① 曹之在其《中国古籍版本学》中说：“湖北崇文书局于同治六年（1867）6月15日在武昌候补街正觉寺正式成立，据《湖北通志·宦绩传》记载：‘李瀚章，同治初，再署湖广总督，旋实任。奏设崇文书局刊刻经籍。’”② 杨长风在其“湖北官书局”词条中说：“湖北官书局，又名崇文书局。清同治六年（1867）六月十五日，湖广总督兼湖北巡抚李瀚章在武昌候补街正觉寺内开设湖北官书局，并收并民办崇文书局，由候补道张炳堃、补用道胡凤丹主管经营。1912年迁（武昌）巡道岭（今胭脂路附近），改为湖北省立官书处。”今湖北省图书馆所藏清张伯行所撰之《小学集解》，扉页上署有“同治六年楚北崇文书局刻本”字样，楚北崇文书局据说在汉口花楼街。同治七年（1868）楚北崇文书局改名为湖北崇文书局。是年所刻的主要书籍有：元程端礼《读书分年日程》（3卷），清陈宏谋《五种遗规》（17卷），清刘衡《读律心得》（2卷），清汪辉祖《双节堂庸训》（6卷）、《学治臆说》（2卷），清江永集注《近思录》（14卷）等书籍。这些书上均署有“同治七年湖北崇文书

---

①宋原放、李白坚：《中国出版史》，中国书籍出版社1991年版，第265页。

②曹之：《中国古籍版本学》，武汉大学出版社1992年版，第320页。

局”字样，部分刻本现藏于湖北省图书馆。

二为同治七年（1868）说。吴家驹在其《清季各省官书局考略》一文中云：“湖北书局又称崇文书局，局址武昌巡道岭。《中国古籍印刷史》云设于同治末年，但据书目记载，同治七年（1868）已刊有《仪礼注疏》（见邵懿辰《增订四库简明目录标注》），可见至迟在同治七年已经设局。”①

三为同治八年（1869）说。张静庐辑注《中国近代出版史料二编》附录“出版大事年表”云：“一八六九年（同治八年），江宁、苏州、武昌相继设立官书局。”② 净雨在其《清代印刷史小纪》一文中援引孙毓修所撰《中国雕板源流考》云：“自同治己巳（按：即同治八年）江宁、苏州、杭州、武昌同时设局后，淮南、南昌、长沙、福州、广雅、济南、成都继起，所刻四部书，亦复不少矣。”③ 再如，《清朝续文献通考》卷一百一《学校八》中载：“（同治）八年奏准湖北省开设书局，重刊四书、十三经原注读本，为蒙童肄业之资，其余访览善本，次第开雕。再浙江、江宁、苏州、湖北四省公议合刻《二十四史》，颁发各学书院，并准书贾随时刷印，以广流传。”

本文认为，清同治六年（1867）十月十五日（六月十五日不确，没有文献证据）湖北确实建立了书局，称楚北崇文书局。今湖北省图书馆所藏清张伯行所撰之《小学集解》，扉页上署有“同治六年楚北崇文书局刻本”字样可为确凿证据。该局当为民办书局，局址可能在汉口花楼街一带。同治七年（1868），湖广总督兼湖北巡抚李瀚章奏设崇文书局，收并湖北绅耆原设汉口之民办“楚北崇文书局”于官书局，改名为“崇文书局”，局址设于武昌候补街正觉寺内，由候补道张炳堃、补用道胡凤丹主管经营。光绪三年（1877）改为湖北省立官书处，光绪十五年（1899）张之洞督鄂后，进一步扩充湖北官书处，由善后局每年拨款四

---

①吴家驹：《清季各省官书局考略》，《文献》1989年第1期。

②张静庐辑注：《中国近代出版史料二编》，上海书店出版社2003年版，第422页。

③宋原放主编：《中国出版史料（古代部分）》第二卷，湖北教育出版社、山东教育出版社2004年版，第113页。

千两银充作经费，湖北官书处常有数十名工人刻印书籍。民国元年（1912）迁武昌巡道岭（今胭脂路附近），一直持续到1937年抗战爆发之时，共约70年历史。

二、崇文书局刻书的数量、品种及其特点

关于该局所刻图书数量，据朱士嘉1933年所编的《官书局书目汇编》所列书目不完全统计，湖北官书局（后改为湖北官书处）刻书332种，其中经部50种、史部54种、子部76种、集部54种、杂著24种、丛书74种。另据张笃勤所辑的《湖北官书局书目》，崇文书局至少刻书363种。由于该书目分类比较混乱，只能大致统计如下：经部（附小学）46种，其中，刊刻清世宗、高宗所敕纂的《钦定七经》为《周易折中》《书经传说汇纂》《诗经传说汇纂》《春秋传说汇纂》《周官义疏》《仪礼义疏》《礼记义疏》；史部43种，其中二十四史中有《史记》《旧五代史》《明史》等，图志类15种、掌故类5种、政治类18种、子部类98种；集部统计比较混乱，约80种。另外有丛书70余种，其中《正觉楼丛刊》28种、《湖北丛书》31种。另据李致忠先生粗略统计，崇文书局刻书大约有238种，其中经部50种、史部55种、子部75种、集部25种。[①] 本文根据朱士嘉的《官书局书目汇编》，并参校黄嗣艾《湖北公藏版刻提要》，以及《中国丛书综录》粗略统计，崇文书局刻书当在382种以上，其中经部50种、史部54种、子部98种、集部82种、丛书74种、杂著24种。

就崇文书局的刻书情况而言，有以下特点：

其一，数量大，种类多，品种齐全。崇文书局出书数量和品种在晚清官书局中位居前列，据统计，该局藏图书板片达250种，计144700号。[②] 其出书内容十分广泛，举凡经史子集、诸子百家、丛书杂著，均

---

①李致忠：《古籍版本知识500问》，北京图书馆出版社2004年版，第138页。

②曹之：《中国古籍版本学》，武汉大学出版社1992年版，第320页。

有涉足。同治七年（1868）崇文书局开设之初，即首开《四书》《十三经》原注读本和《钦定七经》《御批通鉴辑览》等书，续刊《说文》《文选》《资治通鉴》《百子全书》和《正觉楼丛刊》28种。同治八年（1869）与金陵书局、苏州书局、浙江书局、淮南书局合刻《二十四史》。同治十一年（1872）刊印汲古阁本《新五代史》（74卷）和武英殿本《旧五代史》（150卷）。光绪三年（1877）刊印《明史》（332卷），以及《水经注》（40卷）、《意林》（5卷）、《阙史》（2卷）、《世说新语》（6卷）、《楚辞集注　楚辞辩证》（11卷）、《离骚集传》、《文心雕龙》（10卷）、《尚书大传》（4卷）、《制义体要》（19卷）、《人谱类记增订》（6卷）等20余种，蔚为大观，其中有些堪称善本。此后每年，崇文书局即有数种或十余种经史书籍刊刻问世，经传、历史、数学、天文气象、农业生产、政治法律、军事、地图、医学、教育等等，几乎无所不包。比如，早期数学家华蘅芳的《算草丛存》(8卷）及清圣祖《御制历象考成》（15卷）、《钦定康济录》（4卷）、《荒政辑要》（9卷）、《捕蝗要诀》、《警监正则》及湖北武备学堂于1904年译编之《湖北武学》（24种）等等。

其二，与其他书局相比，出书品种齐全，但有所侧重。具体表现在：一是经部以刊刻流行的单本经书为主。除《钦定七经》外，其他经书多为单刻本。如《周易折中》《书经传说汇纂》《书经集传》《诗经传说汇纂》《诗经集传》《周官义疏》《仪礼义疏》《礼记义疏》《春秋传说汇纂》《春秋左氏传》《春秋公羊传》《春秋穀梁传》《四书集注》《孝经》《尔雅》等，都是单刻经书，十三经中经经都有。另外还刊刻过一些字书、韵书和训诂方面的书，如《说文解字》《康熙字典》《字典考证》《字学举隅》《韵字略》等。二是史部不仅刊印有正统史籍，而且也侧重全国及湖北舆地书籍，如《清一统舆地图》《清一统分省舆地全图》《乾隆府厅州县志》《清内府舆地图缩摹本》《湖北通志》《光绪湖北舆地》《鄂省营汛州县驿传图说》《长江全图》《鄂省全图》《武汉城镇合图》《省城内外街道图》等。还刊刻了一些政书，其中《吏部则例》《清会典》《清律例汇刊二辑便览》《清律例洗冤录歌诀》等书，为别的官书局所未有。三是子部中的诸子之刻是崇文书局刻书的一大特点。据张笃勤《湖北官书局书目》统计，儒家类 22 种、兵家类 10 种、法家类 6 种、农家类 1 种、术数类 2 种、杂家类 28 种、小说家异闻类 13 种、道家类 15 种。所刻诸子之书数量位居各官书局之首。另外，还刊刻了 33 种丛书，收子书几百种，颇为壮观。四是注重刊刻湖北名贤著述。主持书局事务的胡凤丹、尚书张凯嵩、副提督刘维桢等组织诗会，常常唱和诗作，将诗选编成集，由张之洞作序，付崇文书局刊印。光绪三年（1877），崇文书局刊行地方名绅贤士著述汇编《鄂局丛书》（78 册）；光绪十六年（1890），张之洞将前任学政，四川万县赵尚辅搜辑刊校的《湖北历代名贤著述》（即《湖北丛书》31 种 287 卷）板片，以银 4000 两购存湖北官书处，陆续汇刊出版销售，并将《湖北丛书》改名为《江汉丛书》。张之洞还将湖北各府州员生科试的佳作汇编成《江汉炳灵集》（5 集），由书局刊行。张之洞自己所著之《輶轩语》，亦由崇文书局刊行。五是注重教育用书的刊刻。除刊刻经史子集书籍供书院、学校诵读外，崇文书局还出版了一些书院课程、课艺等学校用书。如《经心书院集》（4 卷）、《经心书院续集》（12 卷）、《图画临本》等，后者曾被学部选为全国小学生暂用课本，在全国产生一定的影响。

其三，对于大部头史书，有时因财力和人力不济，崇文书局与其他书局合作，分工进行。清同治八年（1869），湖广总督李瀚章与江浙地方官吏联系，奏请合刻《二十四史》，此事曾得到调任直隶总督曾国藩的支持。曾国藩复两江总督马谷山制军函称："顷见李少帅（即李瀚章）奏牍：湖北书局与苏浙金陵各书局合刊《二十四史》，诚属善举。"① 李鸿章在其《设局刊书折》（同治八年五月二十日）中亦称："现在浙江、江宁、苏州、湖北四省公议，合刻《二十四史》。照汲古阁《十七史》

①宋原放主编：《中国出版史料（近代部分）》第一卷，湖北教育出版社、山东教育出版社 2001 年版，第 446—447 页。

版式行数，字数较各家所刻者为精密。拟即分认校刊，选派朴学员绅，悉心校勘，添募工匠，陆续付梓。”① 是年，崇文书局与金陵书局、苏州书局、浙江书局议定合刊《二十四史》，金陵书局承担《史记》至《北史》十四种，淮南书局分担其《隋书》一种，浙江书局刻《旧唐书》《新唐书》《宋史》三种，苏州书局刻《辽史》《金史》《元史》三种，湖北崇文书局承担刊刻《新五代史》《旧五代史》和《明史》三种。同治十一年（1872），湖北崇文书局刊印汲古阁本《新五代史》（74 卷）和武英殿本《旧五代史》（150 卷）。光绪三年（1877），崇文书局刊印《明史》（332 卷）。五局合刻本《二十四史》的版式大同小异：左右双边（崇文书局所刻三种是四周双边），白口，单鱼尾，半页 12 行，每行 25 字。因有朴学员绅按照汲古阁《十七史》版式行数精审校勘，故而编校质量上佳，风行海内。

其四，崇文书局刊刻了部分原版已毁失的珍本和未刊稿本，以及一些新式教科书和实用书籍。同时，该书局所刊刻的书籍校勘精深，正确率较高，在保存和传播文化、倡扬新学方面颇为有功。比如，桂馥的《说文义证》刻入《连筠簃丛书》不久，其版即毁，张之洞督鄂时，嘱湖北书局重刊之，“海内始得见桂氏之书”。又如，章宗源所撰《隋经籍志考证》亦向无刊本，光绪年间湖北崇文书局刊刻后，得以流传于世，被认为是当时该局所刻诸书中最有功之举。由于书局有学问淹博的胡月樵等人主持工作和鄂籍官绅张尚书凯嵩、刘副提督维桢，以及一些名人学士彭渔帆、张月卿、张鹿仙、刘干臣、何白英、陈心泉、诸迟鞠、僧莲衣等人参与汇编、校勘，且对刻工选择严格，故而板片雕刻工艺甚为精致，“镌工精雅，为各省官书之冠”②。黄嗣艾《湖北公藏版刻提要》之《湖北省立官书处本末记》亦载：“湖北官本，以仿清初期钞写本为多，以影宋本为尤多。至体质笨拙之元代本、明嘉靖后之重眉密行钩勒

---

①宋原放主编：《中国出版史料（近代部分）》第一卷，湖北教育出版社、山东教育出版社 2001 年版，第 446—447 页。

②夏元漂：《最近湖北教育一览》，新昌印书馆 1932 年版。

圈批，今方局则俱无有。”然而，遗憾的是，由于刊刻书籍数量众多，内容浩繁，而经费和人力有限，所以部分书籍校勘和印制质量不太精细。尤其是在光绪三年（1877）之后，崇文书局刊刻的书籍在印制上行款密集，字体扁宽，墨色不均，读来颇费眼神，缺乏清新之感，甚而不为世人所重。

三、崇文书局刻书的经营状况分析

湖北崇文书局以其建局早，刊刻书籍数量大、种类多，出书内容广泛，而在全国有一定的影响。崇文书局刻本，读者对象主要面向官府和知识阶层，在全国流布甚广。“同治十年（1871）七月，江南盐巡道孙公衣言以江宁士子寒畯者多难于得书，请于总督曾文正公取江宁、江苏、浙江、湖北四书局新刊经籍每部藏于惜阴书院。”① 左宗棠任职陕甘总督时，曾专门定购崇文书局刻本发往西北地区。据约光绪十九年（1893）《陕甘总督至湖北买书奏片》载：“（甘肃）甘州地居边徼，弦诵所稀，自遭兵燹后，文教益衰。……城内旧有甘泉书院，向无藏书。该提督（按：指甘州提督周达武）悯怜寒士乏资购置，孤陋贻讯。因捐廉余，派员赴鄂省购置经史子集各书七十二种，共计五百套之多。”② 五局合刻本《二十四史》，各局板片刻毕后，最后也汇集湖北书局印刷发行。③ 黄嗣艾在《湖北公藏版刻提要》中载：“相传初时民间购读官本者，门无停轨，今尚可想见承平之风焉。”此外，亦有上海、天津、吉林、河南、四川等地常有汇款购书者。“除在本地（按：指武昌、汉口、汉阳）批发与零售外，还销往全省及上海、天津、吉林、河南、四川等

---

①方振益：《湖北官书局（崇文书局）考略》，《出版史料》1993年第1期。

②宋原放主编：《中国出版史料（近代部分）》第三卷，湖北教育出版社、山东教育出版社2004年版，第299页。

③宋原放主编：《中国出版史料（近代部分）》第一卷，湖北教育出版社、山东教育出版社2004年版，第418页。

地，是我国内地出版和销售的中心。”① 不仅崇文书局发售自己所刊刻的图书，直隶通志编纂局也兼办销售崇文书局和其他官书局所刻书籍事务。“光绪七年（1881）八月，通志局兼办了卖书之事。该局共发售江南（包括原金陵）、江苏、淮南、湖北、浙江、江西六个本来意义的官书局图书 454 种 505 个版本（有些书如《御纂七经》有四家出版）。按内容子部最多，按省份湖北最众。”② 崇文书局书籍之所以流布广，发行、销售状况较好，主要原因如下：

其一，在设书局指导思想上，自书局初创之始，即力图把崇文书局办成具有现代出版规模和商业赢利性质的出版机构，并躬行实践。李瀚章在创局之初，为书局倾注心血，在经费筹措、校勘人选、官员提调等方面直接督办，奏请名士胡凤丹任书局编校兼经理，主持书局工作，既抓校刊编纂业务，又抓经营。“清同治九年（1870）以后在湖广总督李瀚章的督办下，将官书局改建成赢利性的武昌崇文书局。”③ 当然，崇文书局虽有赢利性的商业目的，但其经营宗旨则是“凡一切有用之载籍，补残而印，求善而刻，不惜乎度支之繁费也”④。其根本目的是振兴文教，造就人才，其经营并不一味追求赢利，售本局刻书“平其值售之”，转售他局刻书亦照本发售，至多“照原价酌加水脚薪水等费，并不格外取赢”，“使书价较廉，多士易于购置”。⑤

其二，在图书刊刻的形制和内容上比较重视实用，尤其是在张之洞督两湖地区大力办洋务、兴教育之后，崇文书局大量刊印舆地、算学、兵学等书籍，以及新式教科书、科技类书籍和教学参考图书，有利于图书的规模化销售。在刻印版式、行款、字体等形制上，崇文书局刻书行

---

①皮明庥、邹进文：《武汉通史（晚清卷）》下，武汉出版社 2006 年版，第 278 页。

②宋原放主编：《中国出版史料（近代部分）》第三卷，湖北教育出版社、山东教育出版社 2004 年版，第 290 页。

③湖北省地方志编纂委员会编：《湖北省志·新闻出版》下，湖北人民出版社 1995 年版，第 13 页。

④方振益：《湖北官书局（崇文书局）考略》，《出版史料》1993 年第 1 期。

⑤宋原放主编：《中国出版史料（近代部分）》第一卷，湖北教育出版社、山东教育出版社 2004 年版，第 471 页。

款密集、字体扁宽，这样，每页可容纳更多的文字，有利于压缩丛书和大部头单刻本书籍的页码、厚度和规模，降低图书定价，方便普通读者购买。比如，崇文书局与其他四家官书局合刻的《二十四史》，不用圣祖钦定的“字大悦目”的殿版版式翻刻，而用版式紧凑的汲古阁《十七史》本作版样，进行刊刻。五局合刻本按汲古阁本版样刊刻，每页字数增加，全部仅 560 本，减少了 151 本。“殿版《二十四史》，售价要数百金，局本则仅百余金。”① 这样既降低了丛书的规模、册数，便于保存和收藏，又降低了定价，比较实惠和实用，因而方便了读者，扩大了销售空间。在同治年间崇文书局创办初期，当时社会文教不兴和书荒严重，崇文书局所刻的经史子集、湖北社会贤达著述，既满足了当时书院、学校教学用书的订购需求，又顺应了湖北及周边省份文人学者和社会士绅的阅读需求，因而其经营状况较好。随着张之洞兴办洋务的深入和湖北近代教育的大发展，崇文书局刻书更偏重实用，刊刻了不少舆图、算学及农书、兵书等实用书籍，特别对书院和学堂课程、课艺设置十分关注，大量刊刻新式教科书、教学参考书，批量销售。如湖北武备学堂编译的《湖北武学》（24 种），由崇文书局刊印后在全国产生较大影响。是时，清政府兵部拟开兵学馆，还专门索取《湖北武学》等作为教材之用。再如，崇文书局所刊印的《图画临本》，在光绪三十二年（1906）被清政府学部第一次审定为初等小学教科书暂用书目，为全国小学堂广为采用。

其三，在具体经营上，积极采取措施，加强图书的销售和流通。一是设立专门的发行部门，聘用发行人员，如司事、夫役等，并制定了详备的湖北官书处销售章程。晚清各省官书局都有自己的发行部门，崇文书局不仅设有发行部门，而且还制定了比较详尽的销售章程：“售书价值照详定章程，不折不扣。近年经费支绌，业已停刻，仅将现成板片刷

---

①何良栋辑：《皇朝经世文四编》卷七，载沈云龙主编《近代中国史料丛刊》第七十七辑，文海出版社 1972 年版。

印发售。如各衙门有公件饬刊，均由各衙门自行发价。所售书籍逐日开单呈报，购书如需退换，务在本日之内，次日已经呈报则不及退换矣。详定章程，先交书价，再行发书，概不赊欠。本处自裁减后，所留司事、夫役无多，购书交价，自行搬取，概不挑送。如有因公提取书籍，须奉文照发，以便备案。”① 二是标明书目、用纸和精确的定价。在朱士嘉先生的《官书局书目汇编·湖北官书局》和周振鹤先生所搜集的《晚清营业书目·湖北官书处》中，崇文书局的每种书目均有册数（本数）、用纸和比较精确的定价。定价严格按用纸和印制成本计算，书价一般不是整数。不同用纸，因质量和成本不同，售价也不一样。比如《晚清营业书目·湖北官书处》载：“《御纂周易折中》，拾贰本，竹连纸，每部实价钱壹串陆百陆拾伍文”，“《钦定诗经传说汇纂》，拾捌本，竹连纸，每部实价钱贰串肆百玖拾叁文”。②《官书局书目汇编·湖北官书局》载：“《周易折中》十二册，竹连纸售洋五元六角，官堆纸售洋四元五角”，“《书经传说汇纂》十二册，竹连纸售洋五元九角，官堆纸售洋四元七角”。③ 三是书籍刻好版后成批发售。崇文书局成立以前，湖北官刻一般是等人来印刷，收取“赁版钱”，崇文书局一改这种坐等售价的被动销售局面，批量备货，批量销售。比如，五局合刻本《二十四史》，为扩大发行渠道，书局之间还建立了图书代销业务，由湖北官书局集中批量发售。清政府驻云南大员杜瑞联到湖北购书一次开列书目数十种，“谨将钦定经史，御选诗文，以及有益身心、有关经济等书先开数十种，檄饬湖北催饷委员购觅”④。

其四，武昌地处水陆交通要塞，四通八达，便于图书销售和流通。光绪四年（1878）云南巡抚杜瑞联在其《滇省拟设局刊书疏》中称：“稔知鄂省设局最久，刊书较多。其地水陆交冲，四通八达，故各省寄

---

①周振鹤：《晚清营业书目》，上海书店出版社2005年版，第20页。

②周振鹤：《晚清营业书目》，上海书店出版社2005年版，第20—21页。

③周振鹤：《晚清营业书目》，上海书店出版社2005年版，第141页。

④杜瑞联：《滇省拟设局刊书疏》，中华书局1958年版，第675页。

存善本，卷帙尤为浩烦。”[①] 五局合刻本《二十四史》最后于湖北官书局印刷发行，亦与其交通便利有关。

（原载《孝感学院学报》2009 年第 2 期）

①杜瑞联：《滇省拟设局刊书疏》，中华书局 1958 年版，第 675 页。

崇文书局与崇文书局刻书

吴家驹

清代太平天国运动之后，以曾国藩创设金陵书局为起端，经清政府提倡，各省效仿，纷纷设局刊书。一时间，形成图书出版的中兴现象，这一现象一直持续到清代末年，为衰微中的晚清出版业注入了一剂强心针，而在诸多地方官书局中，崇文书局是刻书最多的书局之一。

崇文书局即指湖北官书局。同治六年（1867），湖广总督李瀚章、湖北巡抚曾国荃创设湖北官书局于武昌后府街正觉寺内，不久，收并汉口的民办崇文书局，因称湖北官书局为崇文书局。文献征见于同治八年五月二十日李鸿章的《设局刊书折》。这一年，李鸿章接替其兄李瀚章担任湖广总督。他在折中奏云："续又准咨同治六年五月初二日奉上谕，鲍源深奏请刊刻书籍，颁发各学一折等因。钦此。恭录行知均经前置督臣李瀚章、前抚臣曾国荃会商办理……嗣于六年十月十五日开设书局，派委候补道张炳堃、补用道胡凤丹妥为经理。"

折中提到的胡凤丹，字月樵，浙江永康人，是崇文书局早期的主持人。同治五年夏，他游历来到湖北江夏（今武昌）。寓居正觉寺。次年，学政鲍源深奏请创设书局一折由清廷转发各直省，湖广总督李瀚章以胡喜藏书，遂邀其创办官书局，领候补道衔。这段经历，在胡凤丹的《退补斋文存·重修鄂垣正觉寺碑记》中记载甚明："鄂城东北隅正觉寺……丙寅（同治五年，笔者注）夏游鄂，侨寓寺之西偏。越岁，适奉各直省创设书局之旨，时署楚督者为合肥李小荃中丞，抚楚者为湘乡曾沅浦宫保，以余好藏书，命承乏其事。即假寺之隙地，构矮屋数十间，为手民刊刻之所。次年三月，复与张鹿仙观察同督校雠，由是日夕往来于寺中。”

正觉寺始建于明崇祯七年，为湖北省会四大寺院之一。咸丰间毁于战火，后修复。又毁于大风。同治八年夏，胡凤丹等募得白银二千余两，重修大殿、后殿、听经阁等处。于天王殿外余址建钟鼓楼，楼前新添山门，东西各构瓦屋十二间，出租为店铺，以作香火之资，门内则为官书局三楹。因刻书日多，版本堆积，几于充栋。又力请当局，拨款于殿后添造书楼四座，两两相对，成翼形，称东书搂、西书楼，主要收藏经部板片；于东西两侧穿堂复构楼各五楹，收藏史部、子部、集部版本。由是书局条件大为改观，面貌为之一新。

崇文书局早期的刻书，大多为正经、正史、小学字书之类，这与官书局振兴文教的宗旨是相一致的。所刻书有《御纂七经》《十一经音训》《四书集注》《牧令书四种》《国语》《战国策》《史记》《资治通鉴》《五种遗规》《说文解字义证》《小学钩沉》等。书成之后，平价销售，流行于一时。据南京图书馆藏清抄本《湖北崇文书局自同治六年至同治十一年止汇刻各种书目》，五年间刻书达 62 种。而 1923 年前后编印的《湖北官书处新编书目》，著录经部书 47 种、史部书 57 种、子部书 112 种、集部书 25 种、杂著 23 种、新出石印铅印书 12 种，以及《正觉楼丛刻》(28 种)、《三十三种丛书》、《湖北丛书》（31 种）等，总计三百余种。这些书基本上反映了崇文书局的出版情况。以刻书的种类和数量而言，在清末数十家官书局中，唯有浙江书局与后起的广雅书局能与之相颉颃。

在崇文书局所刻书中，会同其他四大官书局合刻的《二十四史》，尤为世人称道。合刻《二十四史》之举，是由经学大师、浙江书局总办俞樾倡议、经李鸿章牵头而付诸实施的，这在李鸿章的《设局刊书折》中说得很清楚：“现在浙江、江宁、苏州、湖北四省公议合刻《二十四史》，照汲古阁《十七史》板式、行数、字数较各家所刻者为精密。拟即分认校刊，选派朴学员绅悉心校勘，添募工匠，陆续付梓。一切经费，酌提本省闲款动用，勿使稍有靡费。俟各书刻成之日，颁发各学书院，并准穷乡寒儒、书肆贾人，随时刷印，以广流传。”《二十四史》中，金陵书局分担前四史等十四史，1195 卷；浙江书局分担新、旧《唐书》等三史，921 卷；江苏书局分担《辽史》等三史，494 卷；淮南书局分担《隋书》85 卷；崇文书局分担新、旧《五代史》和《明史》3 种，556 卷。其中，《五代史》采用毛氏汲古阁本为底本，而《旧五代史》《明史》则依据武英殿本。整个工程从同治八年（1869）开雕《汉书》开始，到光绪四年（1878）刊刻《史记》结束。前后进行了将近 10 年。书成之后，版片全部运往湖北，由崇文书局汇印，这就是版本学上有名的“二十四史五局本”。而参与合刻的这五家书局，被称为同光间的“五大官书局”。

崇文书局辑印的几部大型丛书也颇有影响，主要有：

《崇文书局汇刻本》，一名《三十三种丛书》，光绪元年辑刊。收汉董仲舒《春秋繁露》、汉刘向《列女传》、南朝宋刘义庆《世说新语》、梁刘勰《文心雕龙》、唐段成式《酉阳杂俎》、宋司马光《涑水纪闻》、宋朱熹《楚辞集注》、后魏郦道元《水经注》等历代典籍 33 种，四部皆备。其中，清代学者的著述，如姚配中的《周易姚氏学》、刘文淇的《左传旧疏考正》、章宗源的《隋经籍志考证》、黄宗羲的《今水经》等，因不易寻觅，赖是以传，颇受学界关注。

《正觉楼丛刻》，光绪中辑刊。收书 39 种，主要为史部与子部典籍，除《西京杂记》《括地志》等部分汉唐时期的著作外，大多为明清人的作品，从一个侧面反映了明清时期的学术成果。如明王绍徽的《东林朋党录》《东林点将录》《东林同志录》等五种。是研究东林党的珍贵资料；清钱大昭的《三国志辨疑》、清洪饴孙的《三国职官表》、清周嘉猷的《三国纪年表》，是清代学者对三国历史的系统研究，这些书都具有较高的学术与史料价值。

子部丛书的辑刊，是崇文书局刻书的一大特色。光绪元年，崇文书局汇辑先秦至明代子部著作一百种，刻成《子书百家》。全书收儒家 23 种、兵家 10 种、法家 6 种、农家 1 种、术数家 2 种、杂家 28 种、小说家杂事类 3 种、小说家异闻类 13 种、道家 14 种。选择驳杂，内容广泛。所辑之书，如先秦的《尉缭子》《商子》，汉代的《孔丛子》，魏晋的《孙子家语》《博物志》，隋唐的《文中子中说》《玄真子》，明代的《郁离子》等，在中国思想史上都有着重要的意义，但已往收录分散，不易查找，汇刻在一起，检阅起来就十分方便，因此，此书一经面世，流传甚广。

崇文书局所刻集部书略少，主要有《文选》《诗比兴笺》《乐府诗集》《文章轨范》《唐宋八大家类选》《唐四家诗》《李太白文集》《读雪山房唐诗钞》《词选》《龙川文集》《大云山房文稿》《洪北江全集》《吴梅村诗集笺本》《述古堂集》《百柱堂全集》《茗柯文编》《瓯香馆集》《熊襄愍集》《烟霞万古楼集》《胡文忠公遗集》等。

崇文书局刻印过不少医书，计有《徐氏医书六种》《沈氏尊生书五种》《医宗备要》《温热经纬》《伤寒审症表》《巢氏病源论》《重订霍乱论》《医贯砭》《外科》《傅青主男科》《傅青主女科》《产孕集》《拯婴图说》等 20 余种。这些书切合实用，很受社会欢迎。其中，《伤寒审症表》与徐氏、沈氏两部医学丛书中的《伤寒论类方》《伤寒论纲目》，是专治伤寒疾病的论著与药方；《傅青主男科》，则系统地记录了大量的男性疾病，在我国首次提出了“男科”这一医学名称，具有重要的史料价值。

舆地类书籍在崇文书局刻书中占有一定的比重，《官书局书目汇编》中列有舆地书 15 种，如《清一统分省舆地全图》、《长江全图》、《乾隆府厅州县志》、《清内府舆地图》（缩摹本）、《武功县志》等。其中，有关湖北的又占了多种，如《鄂省全图》《光绪湖北舆地图》《鄂省营汛州县驿传图说》《两湖合界图》《省城内外街道图》《武汉城镇合图》等。

崇文书局还刻过一些政书，如《大清会典》《清律例汇辑便览》《清律例洗冤录歌诀》《吏部则例》《圣谕广训》等，这些书在其他官书局刻书中很少见到。

早期参与崇文书局事务的除张炳堃、胡凤丹外还有张鹿仙、沈棠溪、车元春等人。光绪三年（1877），书局改名为经理官书处（据《湖北通志》），由正觉寺移至武昌巡道岭，即今胭脂路附近，此后所印书籍，皆署“湖北官书处”或“湖北官书局”名。同治与光绪初年是书局的鼎盛时期，后因经费匮乏，经营渐趋萧条。光绪十五年（1889）张之洞督鄂时，每月由善后局拨银两充作经费，维持运行。民国时期，宜都杨蔚光负责局务，他在《湖北官书处新编书目》前言中写道：“吾鄂官书处始自清代，用便邦人、读书稽古，定价极廉。近年工料腾贵，原价仍未更张，出入迴殊，因之亏折。宏篇善本，间有供不应求之慨”，因“核实工本，改用银码，籍得维系营业，呈奉批准，从十二年（指民国十二年，即1923年，笔者注）五月一日实行”。可见，经费问题一直是困扰崇文书局生存与发展的难题。1926年北伐军进驻武汉时，营业曾一度停止，第二年又恢复。1936年6月，官书处旧址改为湖北省图书馆崇文书局保管处。所藏图书板片计有250余种，144700余号。1942年6月，湖北省教育厅再次撤销崇文书局，所有事务合并湖北省立图书馆办理，崇文书局终于走向了历史的终结。

对于崇文书局所刻书，版本学界评价不高，主要认为校勘不精，行款过密，字体扁平，无清新悦目之感，其实，对具体书还得作具体分析。一般而言，崇文书局刻书的质量还是有保证的。只是不像金陵书局、浙江书局那样有许多硕儒名宿（如张文虎、戴望、汪士铎、刘恭冕、谭献、黄以周、李慈铭等）的参与。因此在校勘、刻印等方面有所逊色。但文人学士对崇文书局刻印的书籍也不乏青睐者，如胡适在其开列的《一个最低限度的国学书目》中特别注明：《论衡》《抱朴子》两书，看“湖北崇文书局本”。黄侃先生的《文选平点》是“选学”的一部力作，采用的底本也是崇文书局翻刻的鄱阳胡氏刻本。崇文书局辑刊的《子书百家》普遍受到读者的欢迎，1919年上海扫叶山房重印时，更名为《百子全书》，1984年浙江人民出版社又影印出版，这也是对其编印质量的首肯。

从清代末年到民国年间将近70年的时间里，崇文书局刻印了大量的图书，对保存与弘扬传统文化起到了重要的作用，但是，有关著述对崇文书局的介绍都比较笼统。因此，回顾、总结与借鉴这段历史，做出实事求是的评价，是十分必要的。

参考文献

[1] 李鸿章：《李文忠公全集·奏稿》卷十五《设局刊书折》，时代出版社1998年版。

[2] 胡凤丹：《退补斋文存》卷六《重修鄂垣正觉寺碑记》《添修正觉寺书楼碑记》，载沈云龙主编《近代中国史料丛刊》，文海出版社1974年版。

[3]《湖北崇文书局自同治六年至十一年止汇刻各种书目》，南京图书馆藏清抄本。

[4]《湖北官书处新编书目》，载徐蜀、宋安莉编《中国近代古籍出版发行史料丛刊》，北京图书馆出版社2003年版。

[5] 朱士嘉编：《官书局书目汇编》，中华图书馆协会1933年版。

[6] 吕调元等纂：《湖北通志·建置志二·廨署》，上海古籍出版社1990年版。

（原载《图书馆杂志》2004年第6期）

湖北崇文书局版刻概述

马志立

关于崇文书局，有方振益《湖北官书局（崇文书局）始末考略》、吴家驹《崇文书局与崇文书局刻书》、江凌《试论湖北崇文书局的刻书业》等专文论述，今就参与编纂《湖北官书局版刻图录》的个人体会，并结合既有成果，草此一文，以期有助于崇文书局的深入研究。

一

崇文书局的成立时间，前辈学者多有争论，现在已然清楚。据李鸿章《李文忠公全集·奏稿》卷十五《设局刊书折》，知崇文书局由李瀚章、曾国荃倡设，于清同治六年（1867）十月十五日开张，随后委派张炳堃、胡凤丹为经理。此奏折附载于《御纂七经》之《钦定春秋传说汇纂》《御纂周易折中》《钦定周官义疏》等书。"十月十五日"，和黄嗣艾《湖北公藏版刻提要》之《湖北省立官书处本末记》所言一致。

胡凤丹《退补斋文存》卷六《重修鄂垣正觉寺碑记》记载崇文书局之始如下："夏游鄂，侨寓寺之西偏。越岁，适奉各省创设书局之旨，时署督楚者为合肥李小荃中丞，抚楚者为湘乡曾沅浦宫保，以余好藏书，命承乏其事，即假寺之隙地，构矮屋数十间，为手民刊刻之所。次年三月，复与张鹿仙观察同督校雠，由是日夕往来于寺中。"胡氏为崇文书局添设贮藏板片处，则见同书同卷《添修正觉寺书楼碑记》。其实，曾国荃虽无经办之实，却有倡首之功，其谋划设立崇文书局之努力，见李志茗《曾国荃与晚清官书局刻书》一文，兹不赘述。

其时创设书局，乃奉旨办事，故崇文书局即为湖北官书局。黄嗣艾《湖北省立官书处本末记》称“且将湖北绅耆原设之崇文书局收并在内”，然《退补斋文存》《退补斋诗存》《听经阁同声集》《鄂渚同声集》等却从未提及。不过，同治六年至同治十年均有牌记为“楚北崇文书局”之刻本。

崇文书局又偶名武昌书局。清同治九年张之洞序《鄂渚同声集》云：“月樵胡君以观察需次湖北，领武昌书局，校刻善本经史小学之书数十种，丹黄铅椠，日不去手。”清光绪九年（1883）刻本《朱子年谱》《童歌养正》，封面均镌刻“武昌书局校刊”，同年刻《筹济编》内封牌记则为“光绪九年仲春武昌书局校刊”，故范希曾《书目答问补正》径称崇文书局为“武昌局”。

崇文书局初设于武昌后府街正觉寺。《湖北通志》卷二十六《建制志二·廨署》云：“光绪三年，（崇文书局）改为经理官书处，移设巡道岭。”黄嗣艾《湖北省立官书处本末记》云：“辛亥之劫，驻军于寺，洞者弗尠，仅乃率举整架开设于巡道岭，易局为处。”方浚颐《二知轩文存》卷十五《黄鹄山志序》云：“予既为月樵序《大别山志》《鹦鹉洲小志》，兹复寄视《黄鹄山志》。月樵筦崇文书局，局故在山之阴，山为鄂城诸山之冠，洵不可以无志也。”据此“故”字，可知前者记载为确。又，《湖北官书处书目》明标“光绪三年九月详定，照价不折”字样，则更为光绪三年更名湖北官书处之铁证。故此后该处刻本，牌记多见“湖北官书处”，而题为“湖北官书局”“湖北崇文书局”者亦不少。进入民国，私营印刷业逐渐兴旺，湖北官书处经营惨淡，聊以保管旧存板片和书籍为己任，虽偶筹措资金刷印旧籍，然已成强弩之末，以致难见新刊之书。据1932年《最近湖北教育一览》载，晚至1931年，湖北官书处又易名湖北崇文书局。1936年，崇文书局并入湖北省立图书馆，更名为“（湖北）省立图书馆崇文书局保管处”。至此，存世七十载之崇文书局寿终正寝。

二

崇文书局初设之际，设有校勘官绅，有胡凤丹、张炳堃、王柏心、沈棠溪、车元春等人。有研究者指出该局清光绪三年刻《明史》前有“校刊官绅衔名”，可见该局校勘力量之一斑，然湖北省图书馆所藏此本未见，不知是否加刻于其他印本。《退补斋诗存》卷六《辛未暮春生日自述》云：“丁卯创书局，雠校棼如丝。别风与淮雨，未许差毫厘。幸有张茂先，腹笥极瑰奇。疑义相参析，诚信不吾欺。”胡氏自注：“张君鹿仙，同事书局五载。”知崇文书局成立之初五年，胡凤丹、张炳堃共主其事。参与校勘之监利王柏心，乃清道光二十四年（1844）进士，曾主讲荆南书院二十余年。《退补斋诗存》卷一《挽监利王子寿比部》云：“丁卯之秋奉诏书，雕镌经籍颁乡闾。搴萧剟瑕费搜讨，拥篲清道迎蒲车。校理秘文经七载，翻书日与古贤对。”则王柏心从事书局七年之久。其时从事书局者，尚有车元春，见《鄂渚同声集正编》卷一《四迭饯春原韵赠车竹君广文》及《退补斋文集》卷五《蔗余轩诗钞序》。其余与书局务者，兹不一一论。

据《退补斋文存二编》卷五《恩荣录跋》，光绪元年秋至光绪二年五月朔，胡凤丹署粮储道篆数月，期间当不废刻书事宜。《退补斋诗存二编》卷三《七月望日鄂江开帆连日东北风阻滞至九月二日抵杭州作此自慰》云：“刊书惠士林，雠校不停手。”自注：“同治六年冬，檄开书局，至今十一年刊成书籍二百三十七种。”该诗作于光绪三年，可知胡氏主持崇文书局间所刻书的准确数量。今纵观崇文书局的多种书目，可以遥想当年湖北官书局刻书之盛况。而根据各家书目，结合湖北省图书馆馆藏，则知见崇文书局刻印的书籍已达五百余种之多。

李鸿章《设局刊书折》云：“惟楚省三次失陷，遭乱最深，士族藏书散亡殆尽，各处书板全毁，坊肆无从购求。”为了改变“书荒”的困境，崇文书局遍刻经史子集。所刻丛书多，子书多，实用性强，部分书籍甚至直接为学堂所用。其参与刻印《二十四史》，备受称道；所辑刊之《正觉楼丛书》《三十三种丛书》《子书百家》等，广受瞩目；医书、舆图及“新学”之书，亦多应时而刻。据《左宗棠全集·信札》之《翁藩司同爵禀呈四种遗规等事由》（同治十年）、《王道加敏禀刊刻六经即附崇文书局办理由》（同治十年），知左氏于崇文书局之书颇为青睐。其时，崇文书局刻书因量大类全、物美价廉而声名鹊起，以致四方求购、络绎不绝。如《光绪东华录》载光绪四年十二月初六杜瑞联奏折云：“稔知鄂省设局最久，刊书较多。其地水陆交冲，四通八达，故各省寄存善本，卷帙尤为浩烦。”也唯此，崇文书局得以跻身晚清五大官书局之列。就刻书范围与品种而言，在晚清数十家官书局中，唯有浙江书局和后起之广雅书局方可比肩。有关清末“重要官书局的基本情况”，来新夏《中国近代图书事业史》特列表予以介绍，于崇文书局赞称：“除刻牧令书籍外，还刻小学书 50 多种，医书 20 多种”；“所刻书籍有一定特色，为他局所不及”。按同光之际，是胡凤丹主持崇文书局之日，亦正是崇文书局鼎盛之时。当时景象，黄嗣艾《湖北省立官书处本末记》所云“相传初时民间购读官本者，门无停轨”，当非虚语。朱士嘉《官书局书目汇编·缘起》云：“官书局创始于同治，极盛于光绪。”可谓一语中的。

崇文书局刻本的底本，有以稿本付刊者，有以善本付刊者，然多用清代版本而流传不广者再次雕版。黄嗣艾《湖北省立官书处本末记》言：“湖北官本以仿清初钞写本为多，以影宋本为尤多……书局版刻二百八十三部，家藏本居十之五，难矣夫！”可知崇文书局慎选底本。因此，崇文书局不乏精刻精印本。如该局翻刻吴门黄氏读未见书斋本者有三，即《国语》依清嘉庆五年（1815）影天圣明道本，《仪礼》依清嘉庆二十年翻宋严州本，《战国策》依清嘉庆八年翻剡川姚氏本。翻刻清胡克家本者有二，即《文选》依清嘉庆十四年影宋淳熙本，《资治通鉴》依清嘉庆二十一年影元兴文署本。此外，《史记》依明震泽王氏本，《李太白文集》依清康熙五十六年缪氏仿宋本。正为此故，俞樾致信李瀚章请求惠赐《国语》和《经典释文》。

除了保存宋元本面目，使之广为流传外，崇文书局亦将学人罕见著述公诸大众。清桂馥《说文解字义证》，虽曾付梓，然书板旋毁，流传不广，俞樾直言崇文书局重刻使“海内始见桂氏之书”。相类者尚有清刘文淇《左传旧疏考证》。清章宗源《隋经籍志考证》，则以崇文书局刻本形式首次面世，是故百年之后，《四库未收书辑刊》仍据崇文书局刻本收入是书。

就早期而言，胡凤丹尽心竭力，为书局所刻书籍撰序，交代内容价值及刊刻始末。同时，为便于读者稽览，所刻部分书籍，其编校亦颇费苦心。如清同治八年刻《国语》二十一卷，用清嘉庆五年黄丕烈影天圣明道本翻刻，除同时刊刻黄氏《札记》二十一卷外，又附刻《考异》四卷，即清道光二十六年（1846）振绮堂汪氏刻《国语校注本三种》之《国语明道本考异》四卷。如此安排，可谓珠联璧合。

不过，崇文书局刻书仍有不尽人意处。如某些书籍校刊不精，杨守敬《日本访书志》就曾多加指斥讥讽。又如某些刻本行款密集、字体扁平、墨色不均，难免“局本”之目，也常为藏书家所不屑。然而，此种短处非崇文书局专有，局本罕见字大行疏者。湖北物力不及江浙富庶地，崇文书局编校力量也远不如金陵、浙江等书局，刻书质量稍逊一筹，自是无可奈何。而同一部书，同是胡凤丹主持雕刻，崇文书局和退补斋刻本便有天壤之别，如《唐四家诗集》，足以说明物力维艰严重影响刻书精良。就有限条件而言，崇文书局可谓人尽其才物尽其用，其刻书质量尚有保证。而且，在各大书局销声匿迹之时，崇文书局虽艰难度日，仍能一枝独秀，量力而行，不可不谓奇迹。

平心而论，崇文书局以振兴文教为己任，大量刻印图书，满足了士子读书之急需，对保存和弘扬传统文化起到了重要的作用。在保护传承传统文化的同时，其选编“新学”类书籍，也促进了西方先进思想和科学技术在中国的传播。其所刻印书籍，既继承了古代官刻重底本、精校雠的优良传统，又适时改变版式、行款，以降低成本，惠及学人，故四方购求，美誉流传一时。崇文书局刻本，今收入《四库全书存目丛书》两种、《续修四库全书》九种、《四库未收书辑刊》两种，对于清末众多书局而言，已属上游。其保存文献之功，自不可没；其在中国近代出版史上的贡献，略见一斑。

百年之前，崇文书局刻本展出于1904年美国圣路易斯万国博览会，后作为国礼赠予美国国会图书馆。关于此点，居蜜《1904年美国圣路易斯万国博览会中国参展图录》可做参考。需要补充的是，漂洋过海的崇文书局刻本乃端方所筹备，具体书目见《端忠敏公奏稿》卷三《进呈书籍折》。汤旭岩等《缘起百年前湖北出版物的一段佳话》文曾论及，可以参看。

三

崇文书局刻印之本包括两种情况：崇文书局刊刻而版权已属者，崇文书局刊刻而版权他属者。前者又分两种情况，一为崇文书局自刻，如《子书百家》《正觉楼丛书》等。二为崇文书局购回板片之印本，除众所周知之《湖北丛书》乃购买赵尚辅三余草堂板片；《洪北江全集》乃收购光绪间洪氏授经堂刻本，购回始末见该书湖北官书处汇印本所附光绪十五年识语。

部分书籍，据牌记为（鄂垣）藩署刻本，但有证据表明乃崇文书局所刻。内封牌记为“光绪纪元春月刊于鄂垣藩署”之《养蒙金鉴》，作者自序“经胡月樵观察、瞿庚甫太守校而刊之”，且崇文书局各书目均收录此书。封面题“光绪元年　镌鄂省丁漕指掌　版存藩署”之《鄂省丁漕指掌》，见于崇文书局书目。《培远堂偶存稿》，光绪二十二年章嘉谋序言“偕黄子驭（秩柄）司马以书局聚珍板排类成之”，崇文书局书目亦收录此书，然内封牌记却为“光绪丙申秋鄂藩署重刊”。

部分书籍，有证据表明为崇文书局所刻，但不见于各种崇文书局书目，兹举若干例如下：

清陶方琦《湘麋阁遗诗附兰当词》，清光绪十六年刻本内封牌记为“光绪十有六年八月鄂局开雕”，此鄂局当指崇文书局，是否为代刻不明。

清汪文台《淮南子校勘记》，末有清光绪十一年黄彭年跋，云：“因属夏生葆彝重校排写，存崇文书局，刊坿鄂本之后。”显为崇文书局所刻，是否代刻不明。

清李炳范《论语缓悟》，清光绪二十九年刻本封面言“鄂城崇文书局藏板”，显为崇文书局所刻，且板藏书局，似非代刻。

清丁耀亢《拟进呈杨忠愍蚺蛇胆表忠记》，清同治十一年刻本丁守存《表忠记传奇书后》云：“同人多先睹为快，集资付崇文书局，胡月樵、张鹿仙两观察加之校订重刊，附忠愍公全集之后。”今检库书，《表忠记》确附于《杨忠愍公集》之后，有独立封面“表忠记传奇”，有内封牌记“同治壬申冬月重镌”。其前之《杨忠愍公集》，仅于首叶镌“退补斋”字样。但可肯定，《表忠记》确为崇文书局代刻。

同时，据《退补诗诗存二编》卷九《岁暮感怀三迭前韵简筠轩敏斋松生诸公》自注，胡凤丹在武昌近十二年，其退补斋刊刻书籍一百二十余种，或有崇文书局代刻者。如《听经阁同声集》版心镌“退补斋藏版”，内封牌记为“同治八年冬十一月镌于正觉禅林”。正觉寺，既是崇文书局所在地，又是胡凤丹寓居处。退补斋乃胡凤丹斋号，因刊刻《金华丛书》而大名远扬，该丛书六十余部刊刻于武昌。当然，此处“镌于正觉禅林”亦可理解为主持刊刻者胡凤丹寓居正觉寺，与具体镌刻地无关。

崇文书局刊刻而版权他属者，即为崇文书局代刻，此类尚有数种。《永嘉丛书》第一种《横塘集》，光绪二年刻本之内封牌记为“光绪二年八月武昌局开雕十一月毕工板臧瑞安孙氏”，书前孙诒让跋云：“光绪乙亥奉命开藩东鄂，会永康胡月樵丈领书局，遂属择匠刊版，以广其传。”是书为崇文书局代刻无疑。朱浩文著作，如《汇源堂丛稿》《童蒙便读》《闺门便读》，内封牌记为“光绪乙未湖北官书局雕朱汇原堂藏板”，《家常必读》内封牌记为“光绪甲午湖北官书局雕朱汇原堂藏板”，可确认为湖北官书局代刻者。因系代刻，此书不见于任何崇文书局书目。

崇文书局始末刻书几何？学者意见不一。诸家立论依据，均为崇文书局的各种书目，即《湖北崇文总局书目》（湖北崇文书局自同治六年至十一年止汇刻各种书目）、《湖北崇文书局书目》（同治□年冬月起光绪□年夏月止）、《湖北官书处书目》（光绪三年九月详定）、《湖北官书处新编书目》（宜都杨蔚光序）及朱士嘉《官书局书目汇编》等。就编写《湖北官书局版刻图录》之过程的个人体会，要彻底统计清楚崇文书局刻书准确数量实为难事。部分刻本，不见于崇文书局目录，亦未有证据表明为崇文书局代刻，然牌记却有“崇文书局”字样，此类书籍显为准确统计该局刻书数量带来困难。诸如牌记为“光绪十有六年六月上浣湖北崇文书局梓”之《滇事总录》，牌记为“光绪二十四年秋湖北官书局开雕”之《教务辑要》，内封牌记为“光绪甲午刊于湖北崇文书局”之《愿体集》。

崇文书局利用旧板刷印之际，常更改牌记。著者若《三十三种丛书》，牌记为“中华民国元年鄂官书处重刊”者，即据光绪初年汇刻者刷印。部分典籍，似多次雕版，如朱熹集传《诗经》，或牌记“光绪纪元夏月湖北崇文书局开雕”，或牌记“光绪二十一年冬月湖北官书处重校刊”，后者实用前者板片重印而已。同时，该书尚有同治七年楚北崇文书局刻本，有光绪十二年刻本，二者与光绪元年板片不一，当为翻刻，而其时崇文书局板片尚存，或为其他书商所翻刻，不明，待考。

目前，就崇文书局成立初十年之事，相对较为清晰，胡凤丹个人记载已为详实。日后馆舍迁徙，人事变更，国事日非，官书局事宜不再明晰。诸如官书处之历任经理，其名已然不扬，更遑论其对官书处之贡献。书局经费及收支、营销状况，刻本所据之版本等，均有必要深入研究。同时，湖北省图书馆藏有崇文书局档案若干，亦有待整理。

崇文书局曾刊刻舆图多种，无缘全观，难以雌黄，此真为憾事。

总之，关于崇文书局的研究，尚大有作为处，是文仅为抛砖引玉之作也。

参考文献

[1] 允禄等修：《钦定周官义疏》，清同治八年湖北崇文书局刻本。
[2] 朱寿朋编：《东华续录》，清宣统元年上海集成图书公司排印本。
[3] 张仲炘、杨承禧纂：《湖北通志》，1921 年湖北省长公署刻本。
[4] 杨守敬：《日本访书志》，清光绪二十三年刻本。
[5] 汪文台：《淮南子校勘记》，光绪十一年湖北崇文书局刻本。
[6] 李鸿章：《李文忠公奏稿》，1921 年上海商务印书馆影印金陵原刊本。
[7]《左宗棠全集》，上海书店 1986 年版。
[8] 王柏心：《百柱堂全集》，清光绪十九年刻本。
[9] 方溶颐：《二知轩文集》，清光绪四年刻本。
[10] 胡凤丹：《退补斋诗存》，清同治十二年退补斋刻本。
[11] 胡凤丹：《退补斋文存》，清同治十二年退补斋刻本。
[12] 胡凤丹：《退补斋文存二编》，清光绪七年退补斋刻本。
[13] 胡凤丹：《退补斋诗存二编》，清光绪七年退补斋刻本。
[14] 端方：《端忠敏公奏稿》，1918 年排印本。
[15] 湖北省政府教育厅编：《最近湖北教育一览》，1932 年排印本。
[16] 黄嗣艾：《湖北公藏版刻提要》，民国湖北官书处排印本。
[17] 朱士嘉编：《官书局书目汇编》，1933 年中华图书馆协会排印本。
[18] 湖北官书处编：《湖北崇文书局书目》（同治六年至十一年刻书目录），国家图书馆藏手写本。
[19] 湖北官书处编：《湖北官书处书目》，清光绪三年刻本。
[20] 湖北官书处编：《湖北官书处新编书目》，民国间刻本。
[21] 崇文书局编：《（1936 年）崇文书局移交版片清册》，湖北省图书馆藏档案。
[22]《续修四库全书》，上海古籍出版社 2002 年版。
[23]《四库全书存目丛书》，齐鲁书社 1997 年版。

[24] 来新夏等：《中国近代图书事业史》，上海人民出版社 2000 年版。
[25]（美）居蜜主编：《1904 年美国圣路易斯万国博览会中国参展图录》，上海古籍出版社 2010 年版。
[26] 方振益：《湖北官书局（崇文书局）考略》，《出版史料》1993 年第 3 期。

（原载《图书情报论坛》2015 年第 1 期）

近代湖北官书局（崇文书局）刻书论略
——从版本目录信息分析的视角

李明杰

湖北官书局，又名崇文书局，自同治六年（1867）于武昌候补街正觉寺创办始，至光绪三年（1877）改称湖北官书处，再于民国二十五年（1936）正式撤销，存世70载，累计刻印图书539种。[①] 湖北官书局以其刻书数量多、种类齐、编校精、流传广而受世人瞩目，并与金陵、江苏、浙江书局一起跻身清末“四大书局”之列。光绪三十年（1904），清政府特选该局图书198种[②]，作为中国“图书及出版物”的代表参加美国圣路易斯万国博览会，并获“特等奖”殊荣。湖北官书局因其保存和传播传统文化典籍，在中国近代出版史和中外图书交流史上留下了令人印象深刻的一笔。

对于湖北官书局的研究，前有许多学者做了开拓性的工作，如方振益、吴家驹、杜朝晖、江凌、王晓清、马志立等纷纷撰文，对湖北官书局的创设时间、始由经过、人员经费、刻书种类、版刻特点、经营状况、社会评价等诸多方面进行了考辨和探究。尤其值得一提的是阳海清、汤旭岩两先生主编的《湖北官书局版刻图录》，分“书影”“资料”“书目”三部分，集中收录了湖北官书局相关的文献资料，是目前研究湖北官书局刻书史最全面和权威的工具书。书后所附《湖北官书局刻印

①阳海清：《〈湖北官书局版刻图录〉前言》，湖北教育出版社2014年版，第1页。

②汤旭岩、马志立：《缘起百年前湖北出版物一段佳话》，《图书情报论坛》2010年第3期。

图书总目》（以下简称《总目》），是在早期6种官书局书目的基础之上，去其重复，补以新知新见，经全面系统整理编纂而成，共著录图书539种，澄清了多年来关于湖北官书局刻书数量种种莫衷一是的说法。

《总目》分为经、史、子、集、丛、新学六部，各书依次著录书名、作者、版本、册数以及在之前6种官书局书目中的互见情况。同书之重刻本，包括翻刻，逐一立目。同版之重印本，无论另刻牌记与否，概不立目。所著录图书，既有馆藏目睹之实物，亦有见诸书目及文献的记载。作为一种知见性质的版本目录，《总目》著录各书的版本信息非常丰富，对于研究湖北官书局刻书的一些细节问题多有助益。当然，囿于前代书目著录或文献记载之简略，《总目》著录的图书并非都有完整的版本信息，其中就有84种没刻印年代，包括经部12种，如《十三经读本》《易箴》《诗比兴笺》等；史部20种，如《隋书》《读史方舆纪要》《天下郡国利病书》等；子部21种，如《裕昆要录》《劝学篇》《纪效新书》等；集部26种，如《乖崖集存》《瞿忠宣公集》《张文忠公集》等；新学5种，如《战法学》《警察新法》《铁路章程表》等。余下的455种，除史部《经辽疏牍》（编号094）、集部《鹤归来传奇》（编号405）、丛部《正觉楼丛刻》（按收录的各子书计为29种，编号441－469）简单著录为“清光绪”刻本，集部《篋衍集》（编号397）简单著录为“民国间”刻本，具体年代不详外，其余423种都有明确的刻板或印刷时间。然而令人疑虑的是，在这423种图书中，尚有6种刻印时间在同治六年之前。它们是：《总目》第098条《清一统地舆图》，著录为“清同治二年湖北抚署刻本”；第099条《清一统分省地舆全图》，著录为“清同治三年湖北官书处刻本”；第100条《皇朝直省府厅州县全图》，著录为“清同治三年湖北官书处刻本”；第102条《两湖合界图》，著录为“清同治三年湖北官书局印本”；第105条《鄂省全图》，著录为“清同治元年刻本”；第113条《武汉城镇合图》，著录为“清同治三年湖北官书局刻本”。

关于湖北官书局的设立时间，笔者认同“同治六年”说，理由是事件亲历者胡凤丹、李鸿章等人的文献记载较为可信。据胡凤丹《添修正觉寺书楼碑记》云：“同治丁卯冬，奉诏刊刻经籍，大府檄余董其事。”（《退补斋文存》卷六）“同治丁卯”即同治六年。又《募修重建正觉寺殿宇启》记：“六年冬，楚省设立崇文书局，假寺内基地，择其东西之平旷者构瓦屋三十余楹，为手民（案：手民指刻书工匠）栖止所。”（《退补斋文存》卷十二）事后，李鸿章同治八年（1869）五月二十日《设局刊书折》追记：“嗣于六年十月十五日开设书局，派委候补道张炳堃、补用道胡凤丹妥为经理。”因为有不同的当事人反复记载，彼此印证，当无疑误。既然湖北崇文书局成立于同治六年，那同治元年至三年间无论官刻、私刻，都不当收入《总目》。

据《湖北通志》卷二十六《建制志二·廨署》载：“光绪三年，（崇文书局）改为经理官书处，移设巡道岭。”可见，“官书处”之名是在光绪三年（1877）之后始有的，之前称作“楚北崇文书局”或“湖北崇文书局”。这在《总目》的著录中得到了验证。除同治初年的这 6 种刻本外，同治间的其他所有刻本（共 84 种）无一例外都著录为“楚北崇文书局”或“湖北崇文书局”。而在这 6 种刻本中，其中 4 种（包括《清一统分省地舆全图》《皇朝直省府厅州县全图》《两湖合界图》《武汉城镇合图》）言之凿凿为“湖北官书处”或“湖北官书局”刻印。这存在以下几种可能：第一，这 4 种图书的刻印时间均晚于“官书处”设立时的光绪三年（1877）。考虑到这些图书都不是普通的书籍，而是非常专业的地图，以湖北官书局一己之力恐难完成。而在光绪十七年（1891），张之洞在武昌设立湖北舆图局，由舆图局编绘、崇文书局刊印过多种地图，其中就包括《清一统分省地舆全图》《武汉城镇合图》等。因此，这 4 种刻本可能是光绪十七年（1891）湖北舆图局成立之后，由舆图局编绘、崇文书局刊印的本子。但这无法解释与“同治三年”之间的关系。第二，这 4 种图书都不是初印本，而是在光绪三年“官书处”设立后据前代板片重印而成，所据底版或与同治初汉口花楼街崇文书局有一定渊源，但彼时崇文书局尚处于民营阶段，是否有能力刊印此类地图，亦有疑问。第三，这 4 种图书都不是初印本，但和另外 2 种未署“官书处”或“官书局”的图书（即《清一统地舆图》和《鄂省全图》）一样，是由湖北抚署（即巡抚衙门）同治初年刻印，刻书底版后移交湖北官书局，由崇文书局改设“官书处”之后重印。考胡林翼在湖北巡抚任内，曾请邹世诒、晏启镇编制《大清一统舆图》，历时数年，稿甫成而胡死，后由严树森续其事。同治二年（1863）由湖北抚署景桓楼刊成此书。严树森编制的《鄂省全图》则还要早一年刊印。从目前的资料看来，第三种可能性较大。

除去这 6 种湖北官书局创办之前的刻本，剩余的 417 种图书都有明确的刻印年代，具体分布为同治间 84 种、光绪间 328 种、宣统间 1 种、民国间 4 种。加上前者出版年份不详的光绪刻本 31 种和民国间刻本 1 种，《总目》著录同治、光绪、宣统、民国间出版的图书种数分别为 84 种、359 种、1 种和 5 种。图 1 用直观的形式显示了它们各占刻书总数的比例关系。显然，同治、光绪两朝是湖北官书局刻书的主要时期，尤以光绪朝为最，而宣统和民国时期刻印图书之和占比不过 1.33%，在数量上几乎可略去不计。

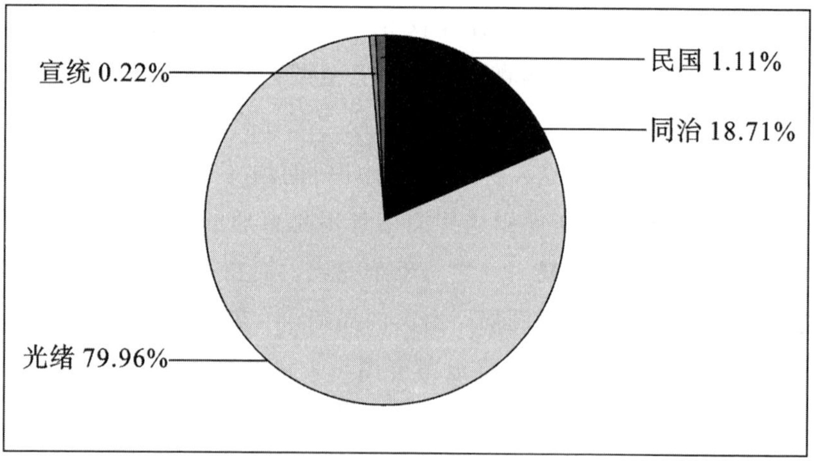

图 1　湖北官书局历代刻印图书数量占比图

图 1 是同治、光绪、宣统、民国四个历史阶段湖北官书局刻书总体状况的静态反映。为探究湖北官书局刻书兴衰的动态过程，笔者将有明确刻印年代的 417 种图书，按照年代顺序，从同治六年（1867）起，逐年统计刻印图书的数量（种）、类别，制成表 1。再以图书刻印年份的

序号为横轴，以刻印图书数量为纵轴，将表 1 中的数据转绘成图 2。

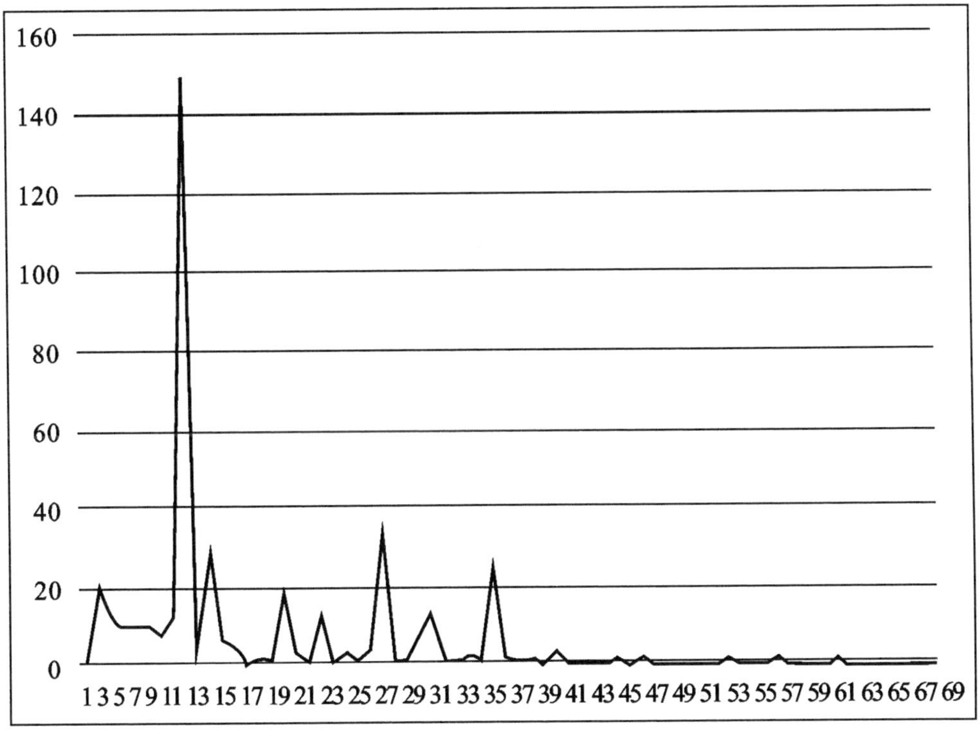

图 2　湖北官书局历年刻书数量变化趋势

图 2 清晰地展现了湖北官书局自同治六年（第 1 年）至民国二十五年（第 70 年）图书刻印数量的变化情况。从图中可以看出，光绪元年（第 9 年）是湖北官书局刻书的鼎盛时期，就数量而言远超其他年份。而光绪二十七年（第 35 年）是湖北官书局刻书由盛转衰的一个分界点。之前虽有起伏，但总体趋势平稳；之后刻印图书只是偶尔为之，有时甚至连续几年都没有一种新书出版，宣统、民国以后，基本归于沉寂。也就是说，湖北官书局虽说有 70 年的历史，但刻印图书主要集中在前 35 年。湖北官书局由盛转衰的分界点为什么会出现在光绪二十七年（1901）？这应该不是偶然的。光绪二十七年正是清政府推行新政之年。这一年，慈禧太后下诏变法：一是提倡和奖励私人资本兴办实业；二是废除科举考试制度，设立新式学堂；三是改革政制与军制。其中第二项

对图书出版业影响甚巨。兴办新式教育，意味着要编译新式教材。为此，各地纷纷成立编书处、译书局，官营出版业的重心逐渐转移到西学书籍的译印上，图书市场的需求同时也朝着这个方向转移。这对于以刻印传统经史子集为主要内容、以兴儒崇文为宗旨的湖北官书局来说，是一次沉重的打击，由此衰败下去是历史的必然。

表1 湖北官书局（崇文书局）历年刻书数量与种类

年序	年号	公元纪年	刻书数量（种）	刻书类别					
				经	史	子	集	丛	新
1	同治六年	1867	1			1			
2	同治七年	1868	20	6	5	8	1		
3	同治八年	1869	12	1	7	3	1		
4	同治九年	1870	10	4	5	1			
5	同治十年	1871	10	7	3				
6	同治十一年	1872	10	1	7	1	1		
7	同治十二年	1873	8	1	1	6			
8	同治十三年	1874	13	5	1	6	1		
9	光绪元年	1875	149	5	4	102	7	31	
10	光绪二年	1876	4	3			1		
11	光绪三年	1877	29	12	2		15		
12	光绪四年	1878	6				6		
13	光绪五年	1879	4		1		3		
14	光绪六年	1880	0						
15	光绪七年	1881	1				1		
16	光绪八年	1882	1		1				

年序	年号	公元纪年	刻书数量（种）	刻书类别					
				经	史	子	集	丛	新
17	光绪九年	1883	18		3	15			
18	光绪十年	1884	3		1	1	1		
19	光绪十一年	1885	1			1			
20	光绪十二年	1886	12	9	1	1	1		
21	光绪十三年	1887	1			1			
22	光绪十四年	1888	3	1			2		
23	光绪十五年	1889	2		1	1			
24	光绪十六年	1890	4		2		2		
25	光绪十七年	1891	33			2		31	
26	光绪十八年	1892	1					1	
27	光绪十九年	1893	1			1			
28	光绪二十年	1894	6		3	2		1	
29	光绪二十一年	1895	13	3		5	1	4	
30	光绪二十二年	1896	1				1		
31	光绪二十三年	1897	1		1				
32	光绪二十四年	1898	2			1	1		
33	光绪二十五年	1899	1		1				
34	光绪二十六年	1900	24						24
35	光绪二十七年	1901	2				2		
36	光绪二十八年	1902	1			1			
37	光绪二十九年	1903	1	1					

年序	年号	公元纪年	刻书数量（种）	刻书类别					
				经	史	子	集	丛	新
38	光绪三十年	1904							
39	光绪三十一年	1905	3						3
40	光绪三十二年	1906							
41	光绪三十三年	1907							
42	光绪三十四年	1908							
43	宣统元年	1909							
44	宣统二年	1910	1		1				
45	宣统三年	1911							
46	民国元年	1912	1				1		
47	民国二年	1913							
48	民国三年	1914							
49	民国四年	1915							
50	民国五年	1916							
51	民国六年	1917							
52	民国七年	1918							
53	民国八年	1919	1						1
54	民国九年	1920							
55	民国十年	1921							
56	民国十一年	1922							
57	民国十二年	1923	1	1					
58	民国十三年	1924							

年序	年号	公元纪年	刻书数量（种）	刻书类别					
				经	史	子	集	丛	新
59	民国十四年	1925							
60	民国十五年	1926							
61	民国十六年	1927							
62	民国十七年	1928	1		1				
63	民国十八年	1929							
64	民国十九年	1930							
65	民国二十年	1931							
66	民国二十一年	1932							
67	民国二十二年	1933							
68	民国二十三年	1934							
69	民国二十四年	1935							
70	民国二十五年	1936							
合计			417	60	52	160	49	68	28

关于湖北官书局刻书的种类，据《总目》著录的539种图书（在表1的基础上，加上未署刻印时间的图书84种、同治六年前刻印的图书6种，以及刻印年代不详的光绪刻本31种和民国刻本1种）统计，经部72种，占比13.35%；史部79种，占比14.66%；子部182种，占比33.77%；集部76种，占比14.10%；丛部97种，占比18.00%；新学33种，占比6.12%。（见图3）可见，湖北官书局刻书以子部最多，丛部次之，史部、集部和经部再其次（三者并驾齐驱，相差无几），新学最少。子部不单是儒家书籍，也有不少兵家、法家、农家、术数家、杂家、小说家、道家、医家的书籍。对于子书刊刻的偏爱，反映出湖北官书局对中国传统学术思想传承与保护的重视。丛部则注重选刻常用书籍

及湖北本土人士的著作，如《崇文书局汇刻书》精选四部常用要籍31种，经部有《尚书大传》《刊谬正俗》，史部有《水经注》《世说新语》，子部有《葬经内篇》《黄帝宅经》，集部有《楚辞集注》《文心雕龙》等，体现了实用性的特点。同时也注意选刊当代人的作品，包括9位清代学者的著作，如姚配中《周易姚氏学》、黄宗羲《今水经》、钱杲之《离骚集传》等。赵尚辅任湖北学政时所辑《湖北丛书》，专收湖北本土人士的著作31种。史部多舆地文献，尤其是湖北舆地书籍较多，如《两湖合界图》《光绪湖北舆地记》《光绪湖北舆地图》《鄂省全图》《鄂省绿营汛地全图》《武汉城镇合图》《湖北省城内外街道总图》《湖北汉口镇街道图》等。这些都体现了湖北官书局对乡帮文献的保护意识。经部、集部书籍种数虽不是很多，但也刻印了若干种未刊本和稀见书，如吴佩孚《易箴》、郝懿行《尔雅郭注义疏》、桂馥《说文解字义证》、盛昱《八旗文经》等。其中桂馥《说文解字义证》曾于道光二十八年（1848）辑入《连筠簃丛书》，但不久板片即毁。张之洞督鄂时，特嘱崇文书局将之付印。故俞越认为，"海内始得见桂氏之书"乃该崇文书局之功。

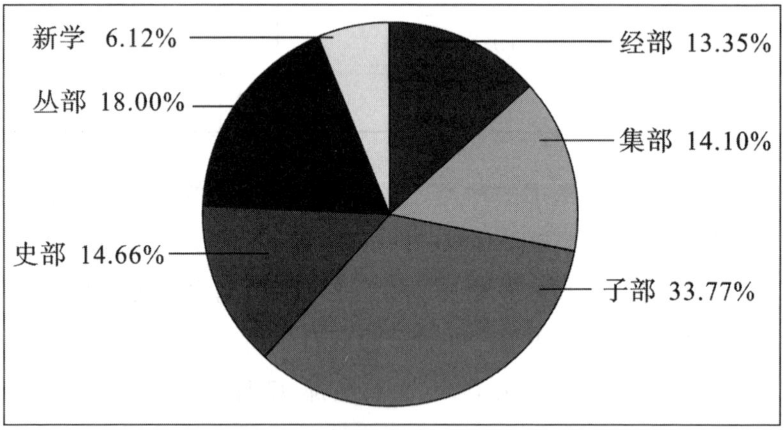

图3 湖北官书局刻书各类型占比图

以上是湖北官书局刻书种类的静态分布。而从表1，我们还可以看出湖北官书局刻书种类的动态变化过程。它大致分为三个阶段：第一阶段从同治六年（1867）至光绪三年（1877）。这头十年是以"崇文书局"

为名的时期，也是整个湖北官书局刻书的黄金时期，所刻图书基本以传统的经史子集为主，而且刻印次数相对频繁和集中。与清末其他官书局一样，湖北官书局创设的初衷就是迅速填补太平天国运动以来历年兵燹造成的书荒，从思想意识上重建旧有的社会秩序，而传统经史子集的刻印正是这样一种途径和手段。因此，“崇文书局首次刊刻的典籍以经学著作为大端，其次是实用医学古籍，再其次即为科考士子所必需的史学、文学、诸子学、名家文集”①。应该说，“崇文书局”阶段的湖北官书局成功地体现了它的创设宗旨。第二阶段从光绪四年（1878）至光绪二十一年（1895）。该阶段刻书虽仍以经史子集为主，间或出版丛书（案：《正觉楼丛刻》29 种，《总目》未署刻印时间，据考为光绪七年），但刻印的频次和规模已不复当年之盛。第三阶段从光绪二十二年（1896）至民国二十五年（1936）。这个阶段的湖北官书局已是日薄西山，本身图书刻印数量很少，时断时续，且“新学”类图书数量已远超经史子集之和。可见，光绪三年（1877）改“崇文书局”为“官书处”是湖北官书局刻书类型变化的一个转折点。表面上看是强化了官办性质，但从实际效果来看，后两个阶段已无力达成官书局创设之初的理想，而这与当时社会形势发展的大趋势是密不可分的。“新学”类书籍占比虽然只有 6.12%，但涉及军事学、警察法、铁路章程、财政学、电报通信、心理学等近现代科学知识，适应了社会发展的新需求。

湖北官书局的图书出版方式多样，从《总目》著录情况来看，大体可分为自刻自印、他刻自印、购版刷印、代刻代印、代发代售等。自刻自印者居多，不必细说，各类中如《御纂七经》《史记》《子书百家》《龙川文集》《崇文书局汇刻书》《湖北武学》等均是。但出版机构署名不一，有“楚北崇文书局”“湖北崇文书局”“鄂城崇文书局”“湖北书局”“鄂局”“武昌书局”“湖北官书处”“湖北官印局”“武昌官书处”等。他刻代印者，是由湖北其他官方机构主持刻板，后将板片移交官书局，由官书局重印。如《读史兵略》由武昌节署咸丰十一年（1861）刻

① 王晓清：《湖北崇文书局的沧桑》，《武汉文史资料》2014 年第 12 期。

板，湖北崇文书局光绪元年（1875）刷印。《清一统地舆图》由湖北抚署同治二年（1863）刻板，后由官书局重印。[宣统]《湖北通志》由湖北省长公署民国十年（1921）刻板，湖北官书处民国十七年（1928）刷印。购版刷印者，是由湖北官书局从民间私人手中购买现成书籍板片，由湖北官书局印刷。如《湖北丛书》是购得赵尚辅三余草堂光绪十七年（1891）所刻板片，《洪北江集》是购得洪氏授经堂光绪间所刻板片。代刻代印者，是由湖北其他官方机构主持编纂成书，之后交由湖北官书局刻板印刷，但版本项多署其他机构名，如《光绪湖北舆地记》署湖北舆图局刻本，《湖北省城内外街道总图》署湖北善后总局刻本，《鄂省丁漕指掌》署湖北藩署刻本，《经辽疏牍》署湖北通志局刻本。有意思的是，笔者发现个别图书反其道而行之，由湖北官书局编纂成书，交由其他机构刻印，如《湖北汉口镇街道图》署湖北官书局编，光绪三年（1877）湖北藩司刻本。由此可见，湖北官书局与地方其他官办机构业务上的关系较为复杂。代发代售者，指图书并非湖北官书局出版，而只是由它代为发行，如铅印本《最新自然地理学》《重译财政学》等新学书籍即是。严格地说，这部分图书不应该收入《总目》。但这些图书的著录反映了湖北官书局后期仅靠传统雕版刻书已难以维系的经营状况，也是有其价值的。

就版本类型而言，湖北官书局出版的图书以刻本为主，且达到了较高的技术水平，如光绪元年（1875）刊刻的宋谢枋得辑《谢叠山先生文章轨范》，运用了朱墨蓝三色套印技术。但湖北官书局本并非仅限于刻本，就《总目》所见，还有以下版本类型：一、木活字本，如光绪八年（1882）署名"武昌官书处"出版的章学诚《湖北通志》。湖北官书局在清末诸书局中是较早采用木活字印书的，陈汉第等辑《冬暄草堂师友笺存》保存了同治年间湖北巡抚彭祖贤给当时书局提调陈豪的一封信，信中提到："送去缪口汀观察所议《活字版刷印章程》一折、《字数、板数、册数》一折，均乞查收。每折即用活字板刷印，两折并为一小本，即用活字原盘印订数十本，存局稽查核对。”① 二、石印本，如光绪二十年（1894）署名“崇文书局”出版的《绘图第一才女传》。三、铅印本，如光绪二十二年（1896）署名“湖北藩署”出版的《培远堂偶存稿》、民国十二年（1923）署名“湖北官印局”出版的《十三经证异》等。对其他印刷技术的尝试，说明湖北官书局在中后期为适应市场竞争，还是作了一定调整和努力的。

湖北官书局刻书的底本来源大致有二：一是少量的稿本、明本和影宋本。如光绪二十七至二十八年（1901—1902）湖北官书处刻盛昱《八旗文经》，就是据稿本刊刻的。该书前有张之洞序云：“盛昱……写本邮寄武昌，属张之洞审定，乃付书局刊印，以广其传。”同治九年（1870）崇文书局翻刻《史记》的底本是明震泽王延喆本，而该本是据宋黄善夫刻本《史记》影刻的，堪称善本。另外，同治八年（1869）刻的《国语》《战国策》、同治九年刻的《仪礼》，所据底本都是嘉庆间黄丕烈影宋本。崇文书局与金陵、淮南、浙江、江苏书局合刻的《二十四史》，所据底本是明毛晋汲古阁本。二是清代中前期的版本。此类版本与湖北官书局在时间上相距不远，异文相对较少，不需要太多的校勘。这对于校勘力量在诸书局中不是很突出的湖北官书局来说是最适合不过的，因此其刻书用的底本绝大多数来自这类版本，尤以官本和家藏本巨多，如黄嗣艾《湖北省立官书处本末记》言：“盖从来之雕镌，坊本不若官本，官本不若家藏本。书局版刻二百八十三部，家藏本十之居五，难矣夫!”（《湖北公藏版刻提要》）湖北官书局翻刻官本和家藏本的例子很多，如同治七年（1868）翻刻武英殿本《春秋穀梁传》，同治八年（1869）翻刻嘉庆胡克家刻本《文选》，同治九年（1870）翻刻嘉庆阳城张氏刻本《礼记》，同治十年（1871）翻刻嘉庆胡克家刻本《资治通鉴》，同治十二年（1873）翻刻乾隆刻本［正德］《武功县志》，光绪元年（1875）翻刻康熙五十六年（1717）吴门缪氏本《李太白文集》。同年又翻刻武英殿本《康熙字典》、嘉庆二十五年（1820）刻本《人寿金鉴》、咸丰二年

①皮明庥、邹进文：《武汉通史（晚清卷）》，武汉出版社2008年版，第78页。

(1852) 三色套印本《谢叠山先生文章轨范》，光绪九年（1883）翻刻乾隆十六年（1751）白田草堂刻本《朱子年谱》，光绪二十一年（1895）翻刻清陈弘谋校刻本《四礼翼》。

清代刻本的版式特征从整体上看并不明显，但从《湖北官书局版刻图录》(以下简称《图录》)提供的书影来看，湖北官书局刻本的版式还是有一定特点的。笔者将《图录》中的人物肖像、封面、个别地图及铅印本不计在内，得刻本书影 149 种，分别统计每种书的版式情况，制成表 2。

表 2 《湖北官书局版刻图录》所附书影版式信息统计表

<table>
<tr><th colspan="3">版 框</th><th colspan="4">鱼 尾</th><th colspan="4">书 口</th></tr>
<tr><td>四周双边</td><td>左右双边</td><td>四周单边</td><td>单鱼尾</td><td>对鱼尾</td><td>顺鱼尾</td><td>无鱼尾</td><td>白口</td><td>上下黑口</td><td>下黑口</td><td>红口</td></tr>
<tr><td>94 种</td><td>48 种</td><td>7 种</td><td>106 种</td><td>32 种</td><td>1 种</td><td>10 种</td><td>99 种</td><td>45 种</td><td>4 种</td><td>1 种</td></tr>
<tr><td colspan="11">行 款</td></tr>
<tr><td>7 行本</td><td>8 行本</td><td>9 行本</td><td>10 行本</td><td>11 行本</td><td>12 行本</td><td>13 行本</td><td>14 行本</td><td>16 行本</td><td colspan="2">行字数不尽相同</td></tr>
<tr><td>3 种</td><td>14 种</td><td>42 种</td><td>35 种</td><td>18 种</td><td>31 种</td><td>2 种</td><td>1 种</td><td>2 种</td><td colspan="2">1 种</td></tr>
</table>

从表 2 和《图录》可知，湖北官书局刻本版式有以下特点：一、就版框来讲，四周双边最为常见，占比 63.1%；其次是左右双边，占比 32.2%；四周单边虽然也有，但很少见，只占 4.7%。版框高宽不一，偶见分栏的，如光绪十六年（1890）刻本《洗冤录详义》为两节版，下栏刻正文，上栏刻详义，天头另镌评论文字；光绪间刻本《三国职官表》则为三节版，上、中、下三栏分列魏、蜀、吴三国职官情况。二、就行款来看，七行到十六行都有，但以九行本、十行本和十二行本最常见；九行本以每行十七字居多，其他也有十八至二十五字不等的；十行本每行十八至二十三字不等；十二行本多见每行二十四字。同一丛书中的各子本版式行款均相同。三、就书口而言，白口最多，占比 66.4%；黑口也有不少，且主要以上下黑口为主。四、就鱼尾而言，单鱼尾为主流式样，占比 71.1%；对鱼尾也不少，占比 21.5%，且多见上下黑口

本。另外，九行本多见白口、单鱼尾；十二行本则多见上下黑口、对鱼尾。

对于湖北官书局的刻书质量，后人褒贬不一。贬者常指其字体扁平、行距过密，读来难以给人爽心悦目之感。从《图录》提供的百余幅书影来看，这种情况确实存在，但似乎主要集中在同治末年和光绪初年。例如，同治十一年（1872）刻的《旧五代史》《五代史》和光绪三年（1877）刻的《明史》（五局合刻《二十四史》本），均为半叶十二行，行二十五字，行距窄小，字大而宽扁，墨色粗浓，字与字挤作一团，不甚美观。类似风格的还有同治十三年（1874）刻的《乐府诗集》，光绪元年（1875）刻的《山海经》《古列女传》《孔子集语》《人谱》《世说新语》《酉阳杂俎》《至游子》《楚辞集注》等。究竟是刻工个人风格还是因官书局经费困难所致，不得而知。但实际上，就整体而言，湖北官书局的刻印质量在清末局本中尚属中上乘，很有一些刻印俱精的图书，如同治八年（1869）翻刻黄丕烈影宋本《国语》《战国策》，颇有宋本风韵；同治十年（1871）刻《御纂周易折中》《钦定诗经传说汇纂》，八行十八字，行款疏朗，大字端楷，版刻洵美；光绪元年（1875）翻刻吴门缪氏本《李太白文集》，几可乱真；光绪二十一年（1895）刻《谢叠山先生文章轨范》，三色套印，错落有致。其他质量较高的还有同治间刻印的《朱子原订近思录》《钦定明鉴》；光绪间刻印的《人寿金鉴》《春秋左传音训》《说文辨疑》《湖北通志》《了凡四训》《梅村诗集笺注》《经心书院集》《湘縻阁遗诗》《诚斋易传》和《兵书三种》等。因此，对湖北官书局刻本的质量应全面、整体地进行评价，切不可管中窥豹，妄下断言。

以上是笔者就《湖北官书局版刻图录》所附《湖北官书局刻印图书总目》及书影所做的几点分析和判断。错讹不周之处，祈请方家指正。关于湖北官书局的研究，尚有许多问题值得深入探究，比如湖北官书局与其他地方官刻的业务关系，官书处的机构组成及人事变更情况，校勘人员的来源及校勘程序，刻工情况，刻书经费及收支经营状况，湖北官书局与清末其他官书局的比较研究等。这还有待更多史料的发掘和发现。2017 年是湖北官书局（崇文书局）成立 150 周年，谨撰此文以示纪念。

参考文献

[1] 阳海清、汤旭岩主编：《湖北官书局版刻图录》，湖北教育出版社 2014 年版。

[2] 汤旭岩：《缘起百年前湖北出版物的一段佳话》，《图书情报论坛》2010 年第 3 期。

[3] 方振益：《湖北官书局（崇文书局）考略》，载宋原放主编，汪家熔辑注：《中国出版史料（近代部分）》，湖北教育出版社 2004 年版。

[4] 吴家驹：《崇文书局与崇文书局刻书》，《图书馆杂志》2004 年第 6 期。

[5] 杜朝晖：《论胡凤丹及其对湖北文化的贡献》，《湖北大学学报》（哲社版）2005 年第 5 期。

[6] 江凌：《试论湖北崇文书局的刻书业》，《孝感学院学报》2009 年第 2 期。

[7] 王晓清：《湖北崇文书局的沧桑》，《武汉文史资料》2014 年第 12 期。

[8] 马志立：《湖北崇文书局版刻概述》，《图书情报论坛》2015 年第 1 期。

[9] 皮明庥、邹进文：《武汉通史（晚清卷）》，武汉出版社 2006 年版。

湖北官书局刻书始末考

朱 琳 吴永贵

清同治六年（1867）是太平天国运动结束的第三年。这一年，湖北官书局成立了。日后，它以让人印象深刻的清末“四大官书局”之一的身份，存在于中国近代刻书体系中。

官书局设局之前，清代刻书体系于私刻与坊刻之外的官刻一环，始终执掌于中央。太平天国运动后，清政府以在各辖省设立官书局的方式，打破了这一维系了二百多年之久的官刻刻书体制。

同治六年（1867），任职学政的鲍源深在奏请同治帝刊刻书籍颁发各学的折上道：“江苏等省自遭兵燹以后，各府州县学中旧藏书籍大半散佚，经史板片亦皆毁失无存。”① 非独有偶，“滇省自遭兵燹，不惟学中书籍荡然无存，即民间藏书之家，转徙频年，均多毁失”②；武汉作为清军与天平军的主战场之一，“咸丰辛亥至丙辰，其间陷贼者三，旁郡属邑，亦旋复旋陷，非一次一时”③。李鸿章在《设局刊书折》中说：“惟楚省三次失陷，遭乱最深。士族藏书散亡殆尽，各处书板全毁，坊肆无从购求。”④ “自遭黄巾乱，板籍成灰尘”，“四海觅善本，买书忘家

---

①鲍源深：《穆宗为鲍源深奏请饬刊刻书籍颁发各学折论内阁》，《清穆宗毅皇帝实录》卷二〇二。

②杜瑞卿：《杜瑞卿折》，《东华续录·光绪二十六年》。

③胡凤丹：《湖北节义录序》，《退补斋文存》。

④李鸿章：《设局刊书折》，《钦定周官义疏》卷首。

贫”。[①] 这种哀叹，实为读书人当时的情态。

这种哭诉，汇成了清末中兴者在官书局设局奏折与书信来往中的常见论调。哭诉声中，不唯哀悼着官方的书院、民间的藏书在兵燹中毁于一旦的命运，更加隐动着的则是面对以书院、藏书为表征的文教体制的崩塌，振臂呼求“振兴道统”的心情。

这个心情很急迫。鲍源深于同治十三年（1874）上书时，不留情面道：“各省自遭兵燹，十室九空，十余年来，民气未复。”太平天国所经各省，兵燹频仍，山河破碎，书荒政废，江河日下。这个时候，官书局出现在了同治中兴的“右文政策”格局里。净雨《清代印刷史小纪》云:“官书之风，开自朝廷……红羊之后[②]，各省官书局先后创立。”王汉章《刊印总述》中也说:“官刻之书，自曾文正金陵设局以后，浙、粤、鄂等七省官书局踵兴。”[③] 1864 年，曾国藩将坐镇安庆的官书局迁址南京，设立金陵书局[④]。以此发端，浙、鄂、湘、赣、渝、粤等省执政者，相继奏请设局刊书。

1864 年天京陷落后，鄂省自兵燹中甫一喘息，即刻马不停蹄将自己投入到修复宗法、重建文教的洪流中。湖北巡抚胡林翼在清政府重振儒学的“右文政策”格局里，动议设立官书局。不久，胡病逝，设立一事延至同治六年（1867），由湖广总督兼湖北巡抚李瀚章奏设，终于实施。湖北省立官书处经理黄嗣艾《湖北省立官书处本末记》一文对此有明确记述：“当初议开设书局，动自胡文忠公，而湘乡曾文正公赞之，曾忠襄公渐行之，至李文忠公实业其事。”“考官书处初名官书局。清同治六年十月十五日，在候补街正觉寺内开设。合肥李文忠公方为湖广总督兼湖北巡抚，奏派候补道平湖张炳堃、补用道金华胡凤丹经理之。”[⑤]

---

①胡凤丹：《辛巳暮春生日自讼》，《退补斋诗存二编》。

②此指太平天国洪秀全与杨秀清之乱。

③张静庐辑注：《中国近代出版史料二编》，上海书店出版社 2003 年版，第 361 页。

④1863 年，镇压太平军的湘军首领、两江总督曾国藩与其弟曾国荃刊刻《船山遗书》，在安庆首创官书局。次年，清军攻下天京后，曾国藩将官书局迁至南京，定名金陵书局（光绪初年，改名江南书局）。

⑤黄嗣艾：《湖北省立官书处本末记》，《湖北公藏版刻提要》。

作为官方刻书机构，在牌记上，湖北官书局除署名“湖北官书局”外，也常以湖北官书处、崇文书局、湖北崇文书局、楚北崇文书局、鄂城崇文书局、湖北书局、武昌书局、武昌官书处、湖北善后总局、湖北抚署、鄂垣藩署、藩署、湖北藩司、湖北通志局、鄂局等名号自署。这些署名，也正是其附丽道统、佐理文教生涯最为生动的总结。

服务于文治道统，活跃于儒教纲常的秩序中，形成了官书局以经史子集的刊刻为圭臬之奉的图书选题特点，这是湖北官书局作为清政府文教机构最主要也是最重要的特征。同治初元，同治帝曾要求群臣“着各直省督抚转饬所属，将旧存学中书籍广为购补，并将列圣御纂钦定经史各书，先行敬谨重刊，颁发各学。并准书肆刷印，以广流传，俾各省士子得所研求，同敦实学，用副朝廷教育人才至意”①。看来刊刻儒林书籍，恢复书籍流通，并广为流布，此求甚迫。李鸿章上陈湖北官书局刊书的奏折，对此有更为直露的表白：“此次设局刊书，只可先其所急。除《四书》《十三经》原注读本为童蒙肄习之书，业经刊刻颁行各学外，伏思《钦定七经》《御批通鉴》集经史之大成，尤为士林圭臬。其余《说文》、《文选》、牧令、政治等书，亦皆切于日用。节经访觅善本，次第开雕。”② “先其所急”之下，湖北官书局的刊刻活动，步履甫一迈出，便肩负重构政伦纲常、宗法制度和文治生态的使命。湖北官书局首刻《四书》、《十三经》原注读本、《钦定七经》、《御批通鉴辑览》等书，续刊《说文》《文选》《资治通鉴》《百子全书》和《正觉楼丛刻》③ 等28种，为士子疏解书荒。又于纲纪废弛之际，刊刻维护宗法文制的《皇朝祭器乐舞录》《大清会典》《礼记》《仪礼》等书；再为教化民心人伦，刊印了《湖北节义录》《古列女传》《孝经》等经籍。

“先其所急”的“急”在渐渐缓解的同时，有关天文、水利、农厄救灾等佐事生产的图书，也并行出现于湖北官书局的刻印工坊里。《御

①清穆宗：《清穆宗毅皇帝实录》卷二〇二。

②李鸿章：《设局刊书折》，《钦定周官义疏》卷首。

③《正觉楼丛刻》，系由时任湖北总督李瀚章与在事诸公所搜集古书28种刊成。由于书局设于正觉寺，寺内有楼名正觉，故名《正觉楼丛刻》。

制万象考成》、《荆楚修疏指要》（包括《修防事宜》《水道参考》两部分）、《长江图说》、《鄂省丁漕水利合编》（将之前刊刻的《楚北水利堤防纪要》图记亦汇录其中），以及《钦定康济录》《荒政辑要》《捕蝗要诀》和《警监正则》等政务实业类书籍，是当时比较突出的图书选题。从中不难体会到清帝国除了在精神层面被予以一击外，关乎农桑经济和民众果腹的问题，也是其深受困扰的并重命题。三遭兵祸的湖北，将自己于现实中产生的物质与精神的双重焦虑，在其刻书的版图上留下了诚实的投影。

湖北官书局所刻的 300 余种书中，经、史类书达于 60 余种。所刻板片于数量上虽然无法比拟广雅书局和浙江书局，但在经部和子部图书的种类上，则胜于品种多元。其中经部的《小学钩沉》有 30 多种；被后世称为“百子之刻”的《子书百家》丛书占 100 种，二者皆属小种。牧令农桑书外，小学书有 50 多种，医学书有 20 多种，皆为他局所不及。

然而，各官书局设立之初，并不以销售营利作为自己的题中之意。当时，“地方……亟应振兴文教。士子有志读书而载辑难于购觅，其何以资购买而惠艺林”。在“振兴文教”和“惠艺林”的动机求索下，朝堂要求各地方“重刊《四书》《十三经》原注读本，为童蒙肄业之资。其余访觅善本，次第开雕”；浙江、江宁、苏州、湖北局又“公议合刻《二十四史》，颁发各学书院，并准书贾随时刷印，以广流传”①。同治帝又专门下旨“着各直省督抚转饬所属，将旧存学中书籍广为购补，并将列圣御纂钦定经史各书，先行敬谨重刊，颁发各学。并准书肆刷印，以广流传”②。“广为流传”的实现，则拜惠于官书局的低廉定价和发行渠道的多元上，然而这两种方式也成为官书局的局限。

辖管云南的杜瑞卿曾在奏折中表示：“臣前服官湘南，稔知鄂省设局最久，刊书较多。其地水陆交冲，四通八达，故各省寄存善本，卷帙

①《湖北官书局刻书情形及四省合刻〈二十四史〉事》，《清朝续文献通考》卷一〇一《学校考》。

②《清穆宗毅皇帝实录》卷二〇二。

尤为浩烦”，“当经会商督臣、学臣率同司道悉心参酌，谨将钦定经史，御选诗文，以及有益身心、有关经济等书先开数十种，檄饬湖北催饷委员就近购觅。去后，兹据该委员按单购就，交给便员带解到滇。臣复将随带书籍酌捐数十种。当即公同检阅，分发两书院存储，藉资讲习。并拟择其尤要者，饬司酌筹经费，陆续校刊，分发各学。仍遵旧例，听坊间印售，以广流传。务使边鄙士风蒸蒸日上”。[1]这句话透露了官书局的两种发行方式：

其一，咨取。清雍乾年间，朝廷常将武英殿所刊书籍颁至各省书院，亦准督抚购买《十三经》《二十四史》等书颁发各学。仿此之例，局本设立后其所出之书已然成为本省各级学校的基本藏书。同治十年(1871)，江南盐巡道孙衣言以“江宁士子寒畯者，多难于得书”上书同治道：“请于总督曾文正公取江宁、江苏、浙江、湖北四书局新刊经籍，每部四分，藏于惜阴书院，凡本籍士子得诣书院借读，事领于官而簿钥、出纳则绅士掌之。”事后，湖北官书局所献书目如下：《钦定明鉴》、《康济录》、《御制人臣儆心录》、《大轮请雨经》、《圣谕广训直解》、仿宋本《仪礼》、张氏惠言《仪礼图》、仿抚州本《礼记郑注》、《春秋左传杜氏集解》、仿卢氏本《经典释文》、桂氏馥《说文义证》、仿王氏本《史记》、仿明道本《国语》、仿剡川姚氏本《国策》、《陆侍御年谱》、《佐治药言》、《学治臆说》、《五种遗规》、《手札撮要》、《庸吏庸言》、《读律心得》、《实政录》、《文庙祀位》、《丁祭谱》、《祭器乐舞录》、《荒政辑要》、《救荒补遗》、《近思录集注》、《小学集解》、《读书分年日程》、《双节堂庸训》、《名法指掌》、《捕蝗要诀》、仿鄱阳胡氏本《文选》。(《续纂江宁府志》卷六《实政·劝学官书局》)

其二，捐献。众多的书籍以捐献的方式发行，除却义务颁发书院之外，还包括对边远地区官书局的免费输送。边远书局则常以作刻书样本、校勘底本为由，报请朝廷转发局书。如陶模于光绪二十三年(1897)要求调书备览的奏折，从其题名“《奏为甘肃书籍缺乏拟恳圣恩

[1]杜瑞卿：《杜瑞卿折》，《东华续录·光绪二十六年》。

准臣咨取各处局官书免其缴值以惠士林恭折》”中即可查知此意。另外，每书刻成，上缴翰林院、国子监二处也成官书局分内例务。光绪二十年（1894）曲阜衍圣公府因火灾导致旧藏书籍、图录焚毁一空，督事王懿荣上疏光绪道：“除以初印精椠一份解送翰林院敬备皇上取进御览，一份解交国子监充备肄业生传习外，可否饬下各直省督抚有书局者，无论新旧诸刻本，亦以一份解交山东巡抚，转行曲阜作为恩赐衍圣公孔令贻敬谨储藏，以为诵法之资，遇有新刻陆续咨解。”① 上缴本的纸张、装潢皆比较讲究。刘坤一在寄左宗棠函中谈到：“金陵、苏门、维扬、章口各局官书，业经檄饬，务选上色纸张 ，订送敝署，以便汇交转运局，解赴国子监验收。另二处当亦相同。”②

除咨取与捐献外，杜瑞卿的奏折也传达出官书局的另一种常态，即“仍遵旧例，听坊间印售”。以放任和鼓励的态度听闻坊间印售，而且“仍遵旧例”，可见这种发行方式已是不成文的旧例。以此推论，不难看出其销售收入落入到了坊刻商人之囊。

在经营上，各局在省城设店售书，以低廉的价格“以广流传”。为销量考量，所刻之书多用不同纸张，如连史、赛连、毛边纸印刷；又按装订、不装订，十二裁、八裁、六裁，规定出不同的价格，以满足不同的购买需求。各局间也互相沟通，并和各地主要书店、学堂合作，互相代办业务。这以设在济南城内后宰门的山东书局最为突出，从售书目录可见，其门售书籍达一千多种，同种书籍又有不同版本可供选择，如诸经合刻本就有广东书局仿武英殿本，江西、湖南、苏州的阮元校勘本。

然而，这一时期卖出的多是新学书籍，民国之后更是如此。这就不得不牵扯出官书局系统的转型问题。1900 年，湖北官书局刊刻了《地势学》《湖北武学》《体操法》《七密里九毛瑟快枪图说》等多种军事书籍。如果说湖北官书局此前的刊刻内容以重构政伦纲常、宗法制度和文治生态为绝对的使命，那么在世纪之交的这个关键节点，其刻印活动无疑又同国际风云情势与民族自强的心理建立起了莫大的牵扯。此前与此

①②转引自汪家熔：《清末地方官书局》，《图书馆杂志》1990 年第 1、2 期。

后，湖北官书局亦曾不间断地刊印了包括地理、数学、财政、军事、心理、技术等方面的多种新学书籍，如《最新自然地理学》《算草丛存》《重译财政学》《军械图说》《行军测绘学》《打靶通法》《初等心理学》《浮桥工程学》《电报新编》等。

湖北官书局新学图书刊印的时期，恰是张之洞督鄂之时。张之洞督鄂期间办理洋务，常自叹“中国不贫于财，而贫于人才”①。张之洞奏请废弃八股，兴新式学校，推行教育改制，兴办文化设施。讲求“患弱而练兵”，“以讲中国自强之学”的张之洞，创办了很多新学文教机构：光绪十六年（1890）创办了新型书院——两湖书院，设置经、史、理、文、算、经济、舆地、兵法、格致、体操等课程；于光绪十九年（1893）、光绪二十三年（1897）先后在武昌创办自强学堂（分设英、法、德、俄四种语言课）和武备学堂。规定“专置古今中外有用书籍、图画之属，以备学者浏览”。湖北武备学堂编译的《湖北武学》（包括体操、打靶通法、快枪图说、护队集要、地势学、步队战法、马队战法、炮队战法、雷火图说、修路学略、军械图说、枪法图解、侦察要略、造桥图说等 24 种），交由湖北官书局刊印。② 由张之洞首倡的湖北舆图局，其绘制编纂的舆地图书，如《清一统分省地舆全图》（20 册）、《清一统地舆图》（12 册）、《光绪湖北舆地图》（4 册）、《长江全图》（5 册）、《鄂省全图》（1 张）、《武汉城镇合图》（1 张）等，也悉数交付湖北官书局刊印。

同湖北武备学堂和湖北舆图局的合作，确实为湖北官书局的印刻行为增添了不一样的时代特征。书目上的内容革新，也似乎传达出其自我功能更嬗的信息。宏观上，作为行使文教功能的职能部门，湖北官书局与同处教育系统的其他政府机构之间实现了出版链条上环环相扣的配合；微观上，这一时期的湖北官书局却似乎丢掉了独立的姿态。除却上述二例，最典型的在于张之洞为行洋务之便，将翻译出版西书作为时务

①张之洞：《张文襄公治鄂记》。

②此书印行在全国产生很大影响，清政府兵部拟开兵学馆，专门索取《湖北武学》等作为课本之用。

之急，于光绪十七年（1891）延聘上海格致书院山长王韬搜罗西书，分十二门类，并请在两湖书院任教的著名数学家华衡芳翻译、编纂，交湖北官书局付印。湖北官书局之于新学的出版，多半行使的是刻与印的功能，于图书的选题策划与组稿编纂上，几乎丧失了发言权与能动性。相比创办之初集选题、编纂、刊刻、发行于一身的全权性的积极作为，在时代转型时期，湖北官书局却明显陷入了被动的状态。这同其机构设置和人员构成单一化有着不言自明的关联。民国十九年（1930）的春天，鉴于“那里（官书局）印行的书，既合实用，价又低廉，含有普及性；可惜没有人替它做广告，所以一般青年就没法问津”，顾颉刚“怂恿”其燕大的学生朱士嘉汇编了一部《官书局书目汇编》。1930 年，官书局“已没有公私款项的补助了”，于是“倒闭的倒闭，归并的归并（例如，江楚编译局和淮南官书局并入江南官书局）”。① 关于市场败落的原因，朱士嘉认为：“他们（官书局）一收到书钱，要完全解给省库；所以购书的人，必须先把‘其书价并寄费交足，方能照寄’。这样不迁就买客的店铺，生意就很冷落了。”②销售上的不灵活，在湖北官书局自定购书章程上表露得更加清晰：“购书如需夹板，每副大洋三角，包裹及挑力，归买主付给”；“如欲购之书，适值售罄，而汇款已到，当伺续印装订后照寄。倘不能候，将款寄还亦可；但寄费由购书人担负”……此外，“书籍出门，概不退换”。③ 此外，技术和选题的冲击，也对官书局产生了较大的影响。湖北官书处（局）经理黄嗣艾曾就此表述了自己的悲观心情：“虽然今之人皆以为书局不可废矣，其所以必不可废者，徒使摩挲此版片间无以发扬……则不近于废之也几何。又徒恃铅椠之精良，无一学人宝贵之典则，入而览之者神游海市，矜奇骇异，不切日用乎则近于不废而废也几何，嗣艾窃有惧焉。”④

多面夹击之下，官书局最终积重难返。辛亥鼎革以后，官书局陆续停雕，多改办为各省立图书馆，改变经营模式，演变成商业化的印书机

①②朱士嘉编：《官书局书目汇编·引言》，中华图书馆协会 1933 年版，第 2—3 页。

③《湖北官书处购书章程》。

④黄嗣艾：《湖北省立官书处本末记》，《湖北公藏版刻提要》。

构，褪去了其官办性质。如广雅书局归并到广州图书馆，后改为广雅版片印行所；太原的浚文书局于1935年改成山西书局；济南的皇华书局改为山东书局；南京的江南书局、扬州的淮南书局并入江苏省立第一图书馆；苏州的江苏书局并入江苏省立第二图书馆；杭州的浙江书局改为浙江省立图书馆附设印行所等。

同上述官书局不同的是，武昌的湖北官书局入民国后，曾改名为湖北官书处，至撤销为止，始终在官办体制内存活。1911年，武昌辛亥首义之际，清军驻于湖北官书局所在的正觉寺内，书局成为军储所。驻军用书和板片烧火做饭，损失不小。1912年，革命政府建立，无暇顾及书局。王汉章《刊印总述》云："民国成立，军事频年，戎马倥偬，鲜暇及此。且自军兴以后，原有各省设立之官书局，在减政裁并方策之下，纷纷停办。"[①] 此间湖北官书局亦基本处于半停办状态。1925年，湖北官书局改为湖北省立官书处，由黄嗣艾任官书处经理。官书处处址由武昌候补街（崇府山南）正觉寺迁至武昌巡道岭（今武昌胭脂路附近）。黄嗣艾仅"就寺内余藏""方谋刻补"，"更商请"购置家藏本，欲苦心经营一番。[②] 1926年，北伐军进驻武汉，省教育厅派人员保管官书处，月发保管费120元。翌年方始复业。1928年，湖北官书处奉省政府令，从杨承禧家提取《湖北通志》板片94架，筹措资金进行整理，于1930年印行了100部。1936年6月8日，湖北官书处撤销。其板片75467块、书籍10186部移交湖北省图书馆，局址改为湖北省图书馆崇文书局保管处。中华人民共和国建立初期，于1953年9月，经中南文化局批准，将省图书馆所藏之原湖北官书局所刻各书复本286种、3169部、11516册，分别赠予北京图书馆、上海图书馆等十个省级以上的公共图书馆和武汉大学等三所高等院校图书馆及武汉市人民政府、中南文化局资料室；原湖北官书局精雕之《旧五代史》《新五代史》等图书板片作为贵重文物存于湖北省博物馆中。

---

①张静庐辑注：《中国近代出版史料二编》，上海书店出版社2003年版，第361页。

②黄嗣艾：《湖北省立官书处本末记》，《湖北公藏版刻提要》。

朱士嘉在描述官书局的性质与功能时，一语中的道：“我们不要忘记，它确是一位传布文化、普及教育的无名英雄；少数珍藏秘笈，经它一来，便可人手一册了；通常‘纸贵洛阳’的，经它一来，便‘均价从廉’了。而且，那里的书籍，都经过通人达士的校勘；讲起版本来，也很可靠。”这的确是对包括湖北官书局在内的清末官书局系统朴素又中肯的评价。

寻崇文之根 问书局之源 解设置之惑

吴　平

崇文书局成立于清同治六年（1867），因所出图书种类多、数量大、编校精、流通广而跻身于“五大书局”之列，较为系统地展示了中国传统学术成就与湖北地方文化特色，在晚清官书局刻书事业上占有重要地位。

它受湖北省政府直辖，区别于其他附设于各省立图书馆的官书局。在其生存的七十年间，刻印书籍共539种①，位居诸官书局前列。其中子部书籍达200余种，且有三部大型丛书，形成了自身特色，甚至某些方面为他局所不及；刻印了若干种未见书和稀见书，如章宗源的《隋经籍志考证》、桂馥《说文解字义证》等；刻印了多种湖北地方书籍，保存了大量湖北地方史志文献；刻印了一批蒙学读物，有助于教育事业发展；刊印了一批医学和新学著作，切合实用。时至今日，研究官书局者都会研究崇文书局作为重要参与者共同刻印的《二十四史》。它的地位、影响、价值与其刻印书籍密不可分，更与设置书局之初衷离不开。因而，有必要探讨崇文书局的出版宗旨到底是什么，了解它所出版的书籍与其初衷符合的状况，更重要的是保持对出版历史的客观评价与尊重，方能不忘初心，继续前行，完成共同的事业。

那么，为什么开设官书局？设置崇文书局的初衷是什么呢？

晚清的中国，内忧外患，战争频仍，书籍被毁，文教衰微，不堪战

---

①阳海清：《〈湖北官书局版刻图录〉前言》，湖北教育出版社2014年版，第1页。

乱的文臣儒士深受其累。同治三年，左宗棠自觉“乱后书籍版片多无存者，饬以羡余刊刻《四书》。”最早在武昌设局刻书的湖北巡抚胡林翼感叹：“天下之治，常肇于忧勤。而其乱也，皆由于放纵逸乐。君子耽其禄而不忧其职，小人溺于俗而不忧其不可常。顾屑屑焉，上下媮薄，幸其苟且安乐，以没其世，此召祸之最巨者也。”① 正是鉴于当时文教不兴、儒家文化遭到冲击、儒家经籍散佚难见之现状，他即着手刊刻书籍，力图重振儒学。同治三年八月己丑，穆宗皇帝寄谕曾国藩：“江南现经荡平，亟宜振兴文教。”② 由此，振兴文教事业成为设置官书局重要缘由。

一、振兴文教事业

官书局的兴建与学政鲍源深有直接关系。清同治五年，鲍氏深感章程紊乱，无书可读，奏请朝廷，厘定新章，疏请开局，重刊钦定经史诸书，以惠多士。穆宗皇帝于戊午谕令内阁，可得其意。

同治六年五月，穆宗载淳为鲍源深奏请饬刊刻书籍颁发各学折论内阁：“江苏等省自遭兵燹以后，各府州县学中旧藏书籍大半散佚；经史板片亦皆毁失无存。现在地方已就肃清，亟应振兴文教。士子有志读书而载籍难以购觅，其何以资讲贯而惠艺林？着各直省督抚转饬所属，将旧存学中书籍广为购补，并将列圣御纂钦定经史各书，先行敬谨重刊，颁发各学。并准书肆刷印，以广流传，俾各省士子得所研求，同敦实学，用副朝廷教育人才之意。”③ 该段谕文十分清楚地说明振兴文教在兵燹之后的紧迫性，并有方法上的指导意义。从同治六年至光绪中期，

①胡林翼：《〈读史兵略〉序》，转引自江凌《清代两湖地区的出版业》，中国书籍出版社2011年版，第121—122页。

②宋原放主编：《中国出版史料（近代部分）》第一卷，湖北教育出版社、山东教育出版社2001版，第403页。

③《清穆宗毅皇帝实录》卷二〇二，载阳海清、汤旭岩主编《湖北官书局版刻图录·资料》，湖北教育出版社2014年版，第233页。

各地督抚纷纷奏请设立书局，刊刻经史书籍和学校用书。如，同治六年浙江巡抚马新贻云："惟书籍一项，经前兼署抚臣左宗棠，饬刊《四书》《五经》读本一部，余尚未备。士子虽欲讲求，无书可读。而坊肆寥寥，断简残编，难资考究，无以嘉惠儒林。自应在省设局重刊，以兴文教。当经臣批饬迅速举办，即于四月二十六日开局。"① 这里亦非常明确地说明"设局重刊"的目的，即是"以兴文教"。

约二年后，李鸿章《设局刊书折》云："惟楚省三次失陷，遭乱最深，士族藏书散亡殆尽，各处书板全毁，坊肆无从购求。"② 同治八年五月二十日，"太子太保协办大学士湖广总督兼湖北巡抚臣李鸿章谨奏为遵旨设局刊书，随时颁布以资实学，而广人材恭折奏，祈圣鉴事"。其中也说到"军务肃清省分，亟应振兴文教，请将所属书院妥为整顿"，并希望"俟各书刻成之日，颁发各学、书院，并准穷乡寒儒、书肆贾人随时刷印，以广流传"。③ 咸丰年间，胡林翼曾动议曾国藩等于湖北设立书局，得赞同之意，但同治初年胡不幸病逝后，直至同治六年由湖广总督兼湖北巡抚李瀚章奏设，这一心愿方才实现。"当初议开设书局，动自胡文忠公，而湘乡曾文正公赞之，曾忠襄公渐行之，至李勤恪公实集其事。"④ 该段文字清晰地再现了胡林翼提议，得到曾国藩、曾国荃之赞赏，最后在李瀚章手上书局终得以实施之过程。

在"振兴文教"事业背景之下，崇文书局定址鄂城古刹正觉寺。据胡凤丹《募修重建正觉寺殿宇启》记载，正觉寺始建于明代，因咸丰战乱殿宇圮坏。同治六年冬，崇文书局假寺内基地，构瓦屋三十余间始为工作场所。自此，崇文书局作为湖北唯一官书局得以始创，后与江浙地

---

①马新贻：《建复书院设局刊书以兴实学折》，载宋原放主编《中国出版史料（近代部分）》第一卷，湖北教育出版社、山东教育出版社 2001 年版，第 413—414 页。

②马志立：《湖北崇文书局版刻概述》，载阳海清、汤旭岩主编《湖北官书局版刻图录·资料》，湖北教育出版社 2014 年版，第 280 页。

③李鸿章：《钦定周官义疏》卷首，载阳海清、汤旭岩主编《湖北官书局版刻图录·资料》，湖北教育出版社 2014 年版，第 233 页。

④黄嗣艾：《湖北省立官书处本末记》，载阳海清、汤旭岩主编《湖北官书局版刻图录·资料》，湖北教育出版社 2014 年版，第 239 页。

区官书局齐名，成为晚清四大书局之一，在中国近代出版史上产生了较大影响。

与朝廷设立官书局初衷一样，湖北设崇文书局“振兴文教”目的亦然。

二、刻有用之书，辑秘藏善本，嘉惠天下

据黄嗣艾《湖北省立官书处本末记》记载，雕版印刷术发展至宋熙宁后，民间亦有刻本，然私刻毕竟不如官刻拥有强大实力，“故弘奖文治之世，往往有官为之引导，且竭国帑以尽刻一切有用之书籍，或更召集知名者广求秘藏辑成之，嘉惠天下”。后又叙：“辛亥革命，湖北之岿然存者，厥惟官书处，迄今已二十余年，仍皆以为此有不可废者。”① 官书处初名即是官书局。从此段文字可知，刻有用之书，辑秘藏善本，嘉惠天下也是设官书局之初衷。

（一）刻有用之书

为达此目的，崇文书局“首刻者，《四书》、《十三经》原注读本及《钦定七经》、《御批通鉴》；续刻者，《说文》、《文选》、《资治通鉴》、诸子”。后与“浙江、江宁、江苏又与定议合刻《二十四史》，照汲古阁《十七史》版式、行数、字数，蔚成大观”②。从《湖北官书局版刻图录·书影》中可以见到“清末五局合刻《二十四史》”的《旧五代史》（150 卷）、《五代史》（74 卷）、《明史》（332 卷）的书影，前二种皆为清同治十一年崇文书局刻本。《旧五代史》“半页十二行，行二十五字，小字双行，行三十七字，白口，四周双边。框高 20.8 厘米，宽 15.1 厘米，内封牌记：‘同治十一年湖北崇文书局重雕’”。《五代史》“每卷首页书口鱼尾下镌‘汲古阁毛氏正本’。半页十二行，行二十五字，小字双行，行三十七字，白口，四周双边。框高 20.9 厘米，宽 15.1 厘米。

①②黄嗣艾：《湖北省立官书处本末记》，载阳海清、汤旭岩主编《湖北官书局版刻图录·资料》，湖北教育出版社 2014 年版，第 239 页。

内封牌记：‘同治十一年湖北崇文书局重雕’”。清光绪三年镌刻的《明史》本，其行款也大致相当。由此推论，虽然是五局合刻，虽然是《二十四史》，但多方协作，版式、行数、字数基本保持了风格上的一致。

在“刻有用之书”宗旨的指引下，崇文书局将经史子集、诸子著述、丛书杂著均列为重刻对象。同治年间，每年约20多种经典文献出版，光绪三年，除上文说到的《明史》之外，还刊印了《水经注》（40卷）、《意林》（5卷）、《文心雕龙》（10卷）、《世说新语》（6卷）等20余种。此后每年都有数种和十余种经史书籍刊刻出版。经史之外，全国特别是湖北舆地、地图书籍成为出版重点。如《清一统舆地图》《湖北通志》《鄂省全图》《长江全图》《武汉城镇合图》等。另有《清会典》《清律例汇刊二辑便览》《吏部则例》《清律例洗冤录歌诀》等政书类，且为他局所未刻。有些部类即使他局已有，但数量居各书局之首，也很有崇文特色，如儒家、兵家、法家、农家、术数等97种诸子之刻。教育用书类有《经心书院集》（4卷）、《经心书院续集》（12卷）、《图画临本》等，后者曾被学部选为全国小学生暂用课本。

如此种类丰富的书籍，“有用”是前提条件。如“经部”中的《十一经音训》，为清杨国祯著，“此书最便学者诵读。采择诸家解说约，训其义理又确，正其音韵写于本文之旁行，极为浅明，一望了然”①。如《诗经传说汇纂》，“凡研习诗学者，皆宜手置一编也”。同样，清陈建侯著《说文提要》，“凡研究小学者，皆宜手持一编”②……诸如此类，书目多处可见。以至于民间相传到官书局购书者太多，“门无停轨”，这是崇文书局盛况之反映，也是其满足了读书人需要展示的一个侧面，说明所刻之书的确“有用”。

（二）广辑秘藏善本

崇文书局“召集知名者广求秘藏辑成之”，“凡一切有用之载籍补残

---

①②黄嗣艾：《湖北公藏经籍提要》，载阳海清、汤旭岩主编《湖北官书局版刻图录·资料》，湖北教育出版社2014年版，第241页。

而印，求善而刻，不惜乎度支之繁费也”。①此举意义极大，广泛收集与补缺残漏，使一大批原版已毁书籍重新刊刻流传，一批几乎失存的珍本和稿本得以保全和传播。

其一，重新刊刻版毁图籍。如桂馥的《说文义证》刻入《连筠簃丛书》不久板片即毁，张之洞督鄂时嘱其重刊，书局四处遍寻方得日照丁氏写本，尤为详尽，“海内始得见桂氏之书”。又如，清章宗源撰《隋经籍志考证》向无刊本，崇文书局于光绪年间重新刊刻，得以存世。在胡凤丹的《〈徐氏医书六种〉序》中，十分清楚地记叙了“乾嘉间，江浙盛行其书……自咸丰兵燹后，板毁无存”。“今春觅得全书，会丹董崇文书局事，属重付手民，以公诸世。”② 再如“版已毁，家藏本亦播迁散佚”的《东莱文集》，胡凤丹得知同校监利王子寿有是书善本，“大喜，如获拱璧。重付枣梨，八阅月蒇事”，③ 等等，不一而足。

其二，补残而印。经校补，许多残缺本得以完善。如晋杜预注的《春秋左传》，经补校“持言极为条畅，固学人句读之善本也”④。如官书处“省俸钱校补其残缺”，为的是“商请随县黄厅长建中购张江陵集”。⑤ 如《水经注》从《永乐大典》钞出，又取绛云楼宋版书对校，文字详备，且有郦氏原序，为治水者不可废之书。

其三，求善而刻。素来版本研究者都知道，坊刻本不如官刻本，官刻本不如家刻本，因而能收集、并按家刻本雕版即是书籍质量的象征。在崇文书局数百刻本中，家刻本占有一半。慎选底本乃振兴文教之具体举措，实属不易。对于官刻本，知晓者多评价为“名极雅重，实涉错

---

①黄嗣艾：《湖北公藏版刻提要》，载阳海清、汤旭岩主编《湖北官书局版刻图录·资料》，湖北教育出版社 2014 年版，第 239 页。

②胡凤丹：《〈徐氏医书六种〉序》，《退补斋文存》卷五，载沈云龙主编《近代中国史料丛刊》第三十六辑，文海出版社 1969 年版，第 257—258 页。

③胡凤丹：《〈东莱文集〉序》，《退补斋文存》卷三，载沈云龙主编《近代中国史料丛刊》第三十六辑，文海出版社 1969 年版，第 147—148 页。

④黄嗣艾：《湖北公藏经籍提要》，载阳海清、汤旭岩主编《湖北官书局版刻图录·资料》，湖北教育出版社 2014 年版，第 241 页。

⑤黄嗣艾：《湖北省立官书处本末记》，载阳海清、汤旭岩主编《湖北官书局版刻图录·资料》，湖北教育出版社 2014 年版，第 239 页。

讹”，错讹的原因多是刻书人不上心，疏于校勘所致。而崇文书局“以仿清初抄写本为多，以影宋本为尤多”，而有明显差讹的元本、明本“则俱无有”，① 也说明崇文书局对所刻印之书的态度是十分谨慎的。

（三）嘉惠天下

崇文书局出版诸书，无论经史子集，还是丛书丛刊，自刊刻之日起，既承载着振兴文教之重任，也因校勘精审、价格低廉等特点深受读书人欢迎，达到开办之初确立的“嘉惠天下”之目的。

首先，以便学者。崇文书局所刻书籍从类型、内容上均考虑便利学者研读。如《史通削繁》乃清纪昀为唐刘知几《史通》细加评阅之书，是“研究史例者必读之书”，当刻印。换言之，在其所刻印书籍中，“凡研究……者，皆宜手持一编”，“此学人必读之书也”，“大有益于读者”之书很多。这类文字在黄嗣艾《湖北公藏版刻提要》中随处可见。此外，在印制技术上也有新意，采用了三色套版，如宋谢枋得撰评的《文章轨范》，“此书为当时举业起见，而就之以筑窥道之基，评注圈点出自亲手。浔阳万氏摹刻之，为三色版，以便学者”②。

其次，价格低廉。《湖北官书处购书章程》第一条即明确：“本处印行各书，无论零售批发，概照定价大洋发售。”开设书局乃振兴文教，并非将赢利作为目的，故而书局刻本“平其值售之”，转售他局书籍亦照本发售，会“照原价酌加水脚薪水等费，并不格外取赢”，目的即是“使书价较廉，多士易于购置”。③ “少数珍藏秘籍，经它一来，便可人手一册了；通常‘纸贵洛阳’的，经它一来，便‘价均从廉’了。而且，那里的书籍，都经过通人达士的校勘；讲起版本来，也很可靠。”④

---

①黄嗣艾：《湖北省立官书处本末记》，载阳海清、汤旭岩主编《湖北官书局版刻图录·资料》，湖北教育出版社 2014 年版，第 239 页。

②黄嗣艾：《湖北公藏版刻提要》，载阳海清、汤旭岩主编《湖北官书局版刻图录·资料》，湖北教育出版社 2014 年版，第 250 页。

③崧蕃：《动用公款设官书局由片》，载宋原放主编《中国出版史料（近代部分）》第一卷，湖北教育出版社、山东教育出版社 2001 年版，第 527 页。

④朱士嘉编：《官书局书目汇编》，载阳海清、汤旭岩主编《湖北官书局版刻图录·资料》，湖北教育出版社 2014 年版，第 240 页。

在朱士嘉的《官书局书目汇编·引言》中说到这样一件事，顾颉刚先生和几位同学“怂恿”其作“书目汇编”的缘由是，“那里印行的书，既合实用，价又低廉，含有普及性”①。这应当是对崇文书局深得读书人之意的最好评价。

当然，作为官方出版机构，有其优势也有遗漏、不足或不负责任之举。杨守敬先生在《日本访书志》卷七中说到崇文书局刻印《齐民要术》残本三卷之事，影响了他对官刻本的看法，也影响了他辞崇文邀请之意愿。同治戊辰，友人推荐杨氏入书局，而他正好看见书局据津逮本刻印的《齐民要术》。“贾氏自序偶脱一页”，即在其下方作注“原缺一页”。对于这明显的缺漏，崇文书局应在刻印中补齐，但校勘者非但没有行动，反而认为“余等为此书费力不少”。杨守敬“微哂之，即辞不赴局”。原由显见：虽然北宋天圣刊本不可得，但津逮本并非罕见，“因其所得本偶缺，遂不再求他本以补之。……卤莽如此，真所谓刊刻之功不蔽其潜妄之罪也”。类似的事不仅一例。

但瑕不掩瑜。追根溯源崇文书局七十年的生命，与其设置之初衷保持一致，留下了重文化、精编校的优良传统，树立了低成本、惠读者的风格典范，既为经典书籍诸家合作出版做出了贡献，也为湖北地方文化刻印、发展与积累担负了应尽之责任，史居各省官书局之冠，余韵弥久留存。

参考文献

[1] 阳海清、汤旭岩主编：《湖北官书局版刻图录》，湖北教育出版社 2014 年版。
[2] 沈云龙主编：《近代中国史料丛刊》第三十六辑，文海出版社 1969 年版。
[3] 吴家驹：《崇文书局与崇文书局刻书》，《图书馆杂志》2004 年第 6 期。

---

①阳海清、汤旭岩主编：《湖北官书局版刻图录·资料》，湖北教育出版社 2014 年版，第 240 页。

试论崇文书局的刻书与影响

周 迪

19世纪60年代，洋务运动兴起，以李鸿章、张之洞、曾国藩、左宗棠等人为代表的清政府官员认为中国要富强，必须学习西方的科学技术，师夷制夷，兴“西学”、晓“洋务”，通过“自强”最终“求富”。正是在这个大背景下，弘扬传统文化同时介绍西方科学的官书局纷纷建立。崇文书局，又名湖北官书局，也应时而生。

一、崇文书局的创立时间与创办人

（一）崇文书局的创立时间

关于崇文书局创立的时间，前辈学者众说纷纭，实据多部历史文献相互印证，已然明确。吴家驹在《崇文书局与崇文书局刻书》一文中说：“文献征见于同治八年五月二十日李鸿章的《设局刊书折》。这一年，李鸿章接替其兄李瀚章担任湖广总督。笔者查刊于《钦定周官义疏》卷首的奏折原文，李鸿章在折中奏云：‘续又准咨同治六年五月初二日奉上谕，鲍源深奏请刊刻书籍，颁发各学一折等因。钦此。恭录行知均经前署督臣李瀚章、前抚臣曾国荃会商办理。……嗣于六年十月十五日开设书局，派委候补道张炳堃、补用道胡凤丹妥为经理。’”①

方振益在《湖北官书局（崇文书局）考略》一文中说：“湖北官书

①吴家驹：《崇文书局与崇文书局刻书》，《图书馆杂志》2004年第6期。

局创立的时间及其创办人问题，在黄嗣艾《湖北公藏版刻提要》之《湖北省立官书处本末记》一文中有明确记述：‘考官书处初名官书局。清同治六年十月十五日，在候补街正觉寺内开设。合肥李文忠公方为湖广总督兼湖北巡抚，奏候补道平湖张炳堃、补用道金华胡凤丹经理之。’”①

又有胡凤丹所写的《重修鄂垣正觉寺碑记》为证：“余于丙寅夏游鄂，侨寓寺之西偏。越岁，适奉各直省创设书局之旨，时署楚督者为合肥李小荃中丞、抚楚者为湘乡曾沅浦宫保，以余好藏书，命承乏其事。即假寺之隙地，构矮屋数十间，为手民刊刻之所。次年三月，复与张鹿仙观察同督校雠。”胡凤丹这句话里所说的“寺”，指的就是正觉寺，而他说到的“李小荃”就是李瀚章、“曾沅浦”即是曾国荃。这段话中的“丙寅”，则为同治五年。而胡凤丹说的“越岁”，也就是第二年，而第二年就是同治六年。因此，湖北官书局的初始设立年代，应当是同治六年。同样在胡凤丹的《募修重建正觉寺殿宇启》中记：“正觉寺为鄂城古刹，由明迄今历数百年矣。同治三年，前节相官文恭公捐廉三千余金重建寺宇……六年冬，楚省设立崇文书局，假寺内基地……”由此文亦可断定崇文书局设立于清同治六年冬天。

（二）崇文书局的创办人

黄嗣艾在《湖北公藏版刻提要》中记述：“当初议开设书局，动自胡文忠公（胡林翼），而湘乡曾文正公（曾国藩）赞之，曾忠襄公（曾国荃）渐行之，至李文忠公（李瀚章）实业其事。”

“动自胡文忠公”是指胡文忠公（胡林翼）于咸丰九年（1859）在湖北开设书局一事，李志茗在《旧籍新刊与文化传衍》一文中说：“其幕僚方宗诚记述此事说：‘东南文字尽毁于贼，胡文忠在湖北，首开书局，刻《读史兵略》《弟子箴言》。’据胡林翼《读史兵略自序》：‘是书经始于九年二月朔日，蒇事于十年十二月十二日。编辑者：及门江宁汪孝廉士铎；分辑者：汉阳孝廉胡君兆春、武昌孝廉张君裕钊、独山孝廉

①方振益：《湖北官书局（崇文书局）考略》，《出版史料》1993年第3期。

莫君友芝、长沙明经丁君取忠、长沙布衣张君华理也。'"①

"曾忠襄公（曾国荃）渐行之"则是指：同治六年七月十七日，曾国荃对下属王文韶"言及拟设书局事，意颇肫切"。两天之后，他又写信给曾国藩，想从他哥哥那里挖人："鄂中现拟开设刊书局，经费尚易凑集，特难于延聘主持之人。小宋、申夫意欲请张啸山文虎来鄂，总持大纲，未知兄可允许否？祈示知。"筹办书局之事一直有条不紊地进行着。九月十六日，王文韶又去拜谒曾国荃，"论举办书局事"。此后不久，书局就正式设立了，这就是号称晚清五大官书局之一的崇文书局。② 因此崇文书局成立曾国荃有倡立之功，但因成立后不久就调任别处，没有经办之实。

"至李文忠公（李瀚章）实业其事"指的是：同治六年十月李文忠公（李瀚章）方为湖广总督兼湖北巡抚，崇文书局开始刊刻书籍。

二、崇文书局的刻书与影响

（一）重刻经史之大成，崇儒重道正世风

李鸿章在《设局刊书折》中写到："惟楚省三次失陷，遭乱最深。士族藏书散亡殆尽，各处书板全毁，坊肆无从购求。此次设局刊书，只可先其所急。"李鸿章所言确属实情，湖北因连年战乱，早已陷入书荒，于是崇文书局建立之初，首先重刻经史中的经典，目的在于迅速恢复礼教，敦崇正学。

同治七年崇文书局刊刻《周礼》《仪礼》《春秋左传》《春秋公羊传》。同治八年根据清嘉庆黄丕烈影宋刻本翻刻《国语》《战国策》，俱为嘉刻。同治九年刊刻《仪礼图》《礼记》《史记》等。同治十年刊刻《资治通鉴》二百九十四卷、清圣祖世宗高宗所敕纂的《御纂七经》。其中《资治通鉴》据清嘉庆胡克家刻本翻刻，书后还附《通鉴释文辨误》

---

①李志茗：《旧籍新刊与文化传衍》，《福建论坛》（人文社会科学版）2015 年第 2 期。

②李志茗：《曾国荃与晚清官书局刻书》，《厦门大学学报》（哲学社会科学版）2011 年第 5 期。

十二卷，便于考辨。《御纂七经》中《周易折中》，改从古本之旧观，博采各家之言，有助学子集各家之长。《钦定书经传说汇纂》一书不拘守蔡沈《集传》，斟酌平允。《钦定诗经传说汇纂》一书无论汉宋，有长必取，绝无门户之见。同治十一年刻成《旧五代史》一百五十卷、《五代史》七十四卷。光绪三年（1877），崇文书局刊印《明史》三百三十二卷。这些钦定、御纂书原本就是为益于士子学习而编制，目的就是要士子人人诵习，以广教泽。崇文书局重刊这些书，对于乱后亟需重建统治秩序的同治朝而言，足以正人心、厉风俗、兴教化、致太平。

光绪中辑刊《正觉楼丛刻》二十八种，丛书名来自当时书局所在地正觉寺，寺有楼名“正觉”。丛书主要为史部与子部典籍，其中《酌中志余》辑录了发生在明朝泰昌、天启、崇祯三朝间的历史事件，是正史之外研究明史的珍贵资料，具有较高的史料价值。除《西京杂记》《两京新记》《龙经》《谭子化书》《乐书要录》等部分汉唐时期的著作外，大多为明清作品，从一个侧面反映了明清的学术成果。清钱大昭所撰《三国志辨疑》、清洪饴孙所著《三国职官表》以及《三国纪年表》等是清代学者对三国历史的系统研究，具有较高的学术水准。

（二）子书雕刻辑百家，百子全书创口碑

据《湖北官书局刻印图书总目》统计，崇文书局刊刻子部书籍总计182种，分为儒家、道家、墨家、纵横家、法家、阴阳家、名家、医家、农家、兵家诸多类，所刻诸子之书种类、质量、数量均为各官书局翘楚。[①] 光绪元年，崇文书局开始刊刻《子书百家》。《子书百家》又名《百子全书》，全部丛书刻板告竣在光绪晚期，持续时间三十多年。该套丛书汇辑先秦至明代子部著作101种。子目起自《孔子家语》，止于《至游子》。其中收儒家23种、兵家10种、法家6种、农家1种、术数家2种、杂家28种、小说家杂事项3种、小说家异闻类13种、道家15种。选书年代跨度大，内容广泛，种类庞杂，辑汉代之书十余种，如《孔丛子》《新语》《忠经》《新书》《盐铁论》《申鉴》《法言》《新序》

---

①阳海清、汤旭岩主编：《湖北官书局版刻图录》，湖北教育出版社2014年版，第285页。

《说苑》，皆思想深邃，切中得失，且不悖于圣贤之道；再如蔡邕的《独断》，考论旧制，综述遗文，清晰明了，是汉学家必备参考书。再如所辑小说家异闻类 13 种，《山海经》《山海经图赞》《山海经补注》《穆天子传》《博物志》《续博物志》《搜神记》《搜神后记》等书记载了民俗、历史、科学等知识，而且是后代志怪小说的一个起源，具有重要的史料参考价值和文化传承意义。

《百子全书》中辑兵书 10 种，《握奇经》《孙子》《尉缭子》《心书》均为兵家圣典。其中《握奇经》潜合伏羲氏之卦象，相传诸葛亮武侯八阵就出于此书。《百子全书》中收的很多书在当时分散零乱，不易寻访查找，经崇文书局访寻佳本，逐年有序汇刻在一起，查找阅读方便系统，因此，一经面世，大受欢迎，广为流传。

（三）小学、集部按需印，振兴文教为己任

自同治九年，书局相继刊刻《说文解字义证》五十卷、《说文解字》十五卷、《段氏说文注订》八卷、《说文新附子考续考》一卷、《说文通检》十四卷等多部《说文》学著作。光绪元年刊刻《康熙字典》四十二卷、《佩文诗韵释要》五卷、《韵字略》不分卷等多部小学必备之作，辅助学子。同治七年刻《程氏家塾读书分年日程》三卷，光绪元年刻《养蒙金鉴》二卷，光绪九年刻《童歌养正》一卷、《童蒙必读书》十四种等家塾训蒙课本，启蒙诵读，教导子弟。《图画临本》在光绪三十二年被清政府学部第一次审定，列为初等小学教科书暂用书目，全国小学广为采用。

崇文书局刊刻集部书籍 76 种，主要有《唐四家诗集》《李太白文集》《文选》《文章轨范》《唐宋八大家类选》《龙川文集》《诗比兴笺》《乐府诗集》《读雪山房唐诗钞》《词选》《大云山房文稿》《洪北江全集》《吴梅村诗集笺本》《述古堂文集》《百柱堂全集》《茗柯文编》《匝香馆集》《熊襄愍集》《烟霞万古楼集》等。其中《述古堂文集》为学子研究古文入门之法必读之书；《龙川文集》的作者陈亮满腔抱负化为文章，文采与胸襟都非常人可比。同治八年刻《文选》六十卷，南朝萧统当年编辑《文选》的标准是只收情义与辞采内外并茂的文学作品，此书出版有助开启文坛清新之风。

光绪十四年刻《经心书院集》四卷，卷一、二为经解，卷三为论著，卷四为诗赋，均为湖北经心书院的学子习作。对于学子而言，这种荣誉鼓励比物质鼓励的作用更大，因此后来崇文书局又出版了《经心书院续集》。

（四）寻访善本精刊刻、绝版佳作广流传

崇文书局首刻《四书》、《十三经》原注读本、《钦定七经》、《御批通鉴辑览》等书。这一系列书精选底本、版式开阔、字画入骨、精刻严校，均为大雅之刻。续刊《说文》、《文选》、《资治通鉴》、诸子等，均精选精审，详加校勘。同治八年湖北崇文书局重雕剡川姚氏本《战国策》，该版为晚清著名藏书家杨守敬旧藏，盖“飞青阁藏书印”。内文半页 11 行，行 20 字。小字双行行字同，白口，左右双边，框高 22.5 厘米，宽 15.3 厘米，字体清劲，墨色均匀，且有句读。姚氏的注本非常注意保存旧版原貌，标注较多为校勘。同治九年刻本《说文解字义证》，该书于清道光二十八年辑入《连筠簃丛书》，不久其版就被毁，成为绝版，张之洞嘱崇文书局刊刻此书，“海内始得见桂氏之书”（俞樾语）。当时清代学者的著述，如章宗源的《隋经籍志考证》、黄宗羲的《今水经注》、姚配中的《周易姚氏学》等市面上也无刊本，崇文书局重新刊刻后，学界颇为关注。其中《周易姚氏学》是作者所著《周易疏证》后别成之作，见解独特；《今水经注》续补钟伯敬《水经注钞》不尽完善之处，表列说明，在继承中发展。

李鸿章在其《设局刊书折》亦称：“现在浙江、江宁、苏州、湖北四省公议，合刻《二十四史》。照汲古阁《十七史》版式，行数字数较各家所刻者为精密。拟即分认校刊，选派朴学员绅，悉心校勘，添募工匠，陆续付梓。”于是在同治十一年（1872），湖北崇文书局刊印汲古阁本《五代史》七十四卷和武英殿本《旧五代史》一百五十卷。光绪三年（1877），崇文书局刊印《明史》三百三十二卷。五局合刻本《二十四史》的版式大同小异，崇文书局所刻三种是四周双边，白口，单鱼尾，半页 12 行，每行 25 字，小字双行，行 37 字。该书因有饱读诗书的专业人士按照汲古阁《十七史》版式行数精审校勘，编校质量上佳，字体扁平，容易辨识，一时风行。

（五）立足楚地创特色，关注民生重实用

荆楚历来为兵家必争之地，因此崇文书局还刻有兵书有十多种，除入选《百子全书》的十种外，还有两种值得一说。如明将戚继光所著的《纪效新书》，该书为戚继光生平杰作，书中经验都是推演古代兵法而成，且在作者平定倭寇实战中检验，颇有奇效，学习兵法者不可不读。再如清湘军统帅胡林翼所撰《读史兵略》，该书是胡文忠公总结统帅带兵时的前车之失，后车之鉴，胡林翼本人身经百战，本就是湘军统帅中的翘楚，所写兵书颇受晚清将领推崇。

湖北历来为鱼米之乡，和平时期休养生息，农耕防灾就尤为重要。崇文书局刊刻农书《齐民要术》务使地无遗利，人足衣食；刻《荒政辑要》《救荒补遗》，这两种书可谓宜古宜今，写书人与刻书人都怀爱民之心，用心良苦。特别值得一提的是清同治八年刻的《捕蝗要诀附除蝻八要》一书，蝗灾蝻灾一旦遭遇往往颗粒无收，该书不仅有口诀要诀，还配有绘图，将捕虫时众人所占位置、所用工具均惟妙惟肖绘出，即便农人不识字，看图也可知。

民生亟需、切合实用的医书也是崇文书局刻印范畴，较为知名的有《巢氏诸病源论》《徐氏医书六种》《沈氏尊生书》《温热经纬》《伤寒审症表》《医宗备要》《重订霍乱论》《医贯贬》《外科证治全生》《傅青主男科》《傅青主女科》《产孕集》等。胡凤丹在《徐氏医书六种》序言中写道："乾嘉间，江浙盛行其书，医家莫不奉为圭臬。自咸丰兵燹后，板毁无存。洪文卿殿撰视学楚中，谓洄溪先生医学绝学，前后百余年来传其术者绝少。今春觅得全书，会丹董崇文书局事，属重付于民，以公诸世。"将已经绝版的医书重新刊行于世，不可不谓救人无数。

湖北号称千湖之地，水利类、图志类书籍在崇文书局刻书中也占有一定的比重，《湖北官书局书目》中列有图志类图书 15 种，如《湖北通志》《武功县志》《清一统分省地舆全图》《长江全图》《乾隆府厅州县志》《清内府舆地图》（缩摹本）等。其中，有关湖北的又占了多种，如

《鄂省全图》《光绪湖北舆地图》《鄂省营汛州县驿传图说》《两湖合界图》《省城内外街道图》《武汉城镇合图》等。水利类刊刻了《水经注》，该书从《永乐大典》钞出，又取绛云楼宋版书对校，为治水者必看之书。《荆楚疏修指要》一书专门针对湖北水患，书中详列防洪筑堤各项要旨，有章有据。

三、结语

晚清最早在幕府中设局刊书的是胡林翼，崇文书局亦动自胡林翼，其成立后还重刻胡林翼《读史兵略》《练勇刍言》《水经注图》等书，并专门刻《胡文忠公遗集》以纪念这位湘军将领。崇文书局的历史离不开湘军将领，也离不开清朝政坛的风云变幻。崇文书局成立之初还刻过一些政书，如清同治七年刻《读律心得》，清同治十一年刻《大清会典》，清光绪元年刻《鄂省丁漕指掌》，清光绪五年刻《清律例洗冤录歌诀》，光绪十六年刻《洗冤录详义》等。虽然这些书的出版是当时封建统治的需要，但对于书局的稳定大有裨益，对今天研究中国法制史的学者同样有非常珍贵的参考价值。

光绪年间随着洋务运动兴起，崇文书局又发挥了西学东渐、文化引进的作用。光绪二十六年出版《湖北武学》24 种，31 册，该书由湖北武备学堂编译，内容涵盖枪械地雷、行军测绘、行军侦探、行军修桥铺路等，此书印行后影响广泛，行销全国。

纵观崇文书局 70 年历史，雕刻印行古今中外有益之书数百种，一切古今有用之书，补残而印，求善而刻。一方面售价低廉，人尽可购，人人可读，力求多一读书之人多一报国之才；另一方面精勘严选善本佳刻，流传广泛，既整理保存了大量古代典籍，也弘扬传承了学术文化，在晚清出版史中留下辉煌一笔。湖北官书局早已化作历史烟云，但“崇尚文化，传播书香”的理念让今天的崇文书局再发新枝。

崇文书局版《十三经证异》刊刻始末考

杜朝晖　肖　云

《十三经证异》是清代学者万希槐的著作。万希槐，字蔚亭，黄冈人。生卒年不详，其名入列《清史稿·文苑传》，然传记文字仅“以廪膳生官南漳训导。通经史百家言，著《十三经证异》《困学纪闻集证》，陈嵩庆推为王氏功臣”① 寥寥数语。

万希槐初以《困学纪闻集证》（以下简称《集证》）名世。《困学纪闻》是南宋王应麟的学术札记，其论述包括经学、史学、文学、天文、地理、诸子、杂识二十卷，共计二千六百三十一条。该书沾溉学林，影响深远，然“其语渊奥精实，非细绎玩味不能解”②。清代多位学者对其进行了校勘注释，有阎若璩的阎笺本、何焯的二笺本、全祖望的三笺本。“嘉庆十二年，万希槐既钞撮三笺本，复辑入钱大昕手评校本内容，并援经传注明其义，编为《集证》；因该书包括了阎若璩、何焯、全祖望、钱大昕四家及三笺本原采录的程瑶田、屠继序二家，加上万希槐，共有七家笺释，故世称七笺本。”③《集证》汇集诸家，校勘精审，世所贵重，中华书局编审孙海通先生整理点校《困学纪闻》，即“选用质量较高的清嘉庆二十四年万希槐《困学纪闻集证合注》作为第二校本”④。《集证》书成之后颇受厚待，多次刊刻，目前所见版本四种：清嘉庆山

---

①赵尔巽等：《清史稿·文苑三》，中华书局 1977 年版，第 13412 页。

②袁桷：《困学纪闻序》，上海古籍出版社 2015 年版，第 585 页。

③④孙海通：《〈困学纪闻〉整理点校说明》，载傅璇琮、施孝峰主编《王应麟学术讨论集》，清华大学出版社 2012 年版，第 124、125 页。

渊堂刻本、嘉庆八年（1803）聚秀堂刊本、清嘉庆十八年（1813）扫叶山房刻本、清嘉庆二十四年（1819）胡氏山寿斋刻本。①

《十三经证异》（以下简称《证异》）是万希槐的另一部力作。万氏鉴于“后儒谈经，不解其源，每以近代之形声究古书之义旨，穿凿攻击，多起于斯”②，于是仿许慎《五经考异》之例，将《十三经》经文之讹异者，汇集唐以前传注疏、诸儒著述以及各名家之辨论，附于相关经文之下，“合诸儒之诂训，证各本之异同，不惟圣经奥义得以毕出，而后儒传写之讹、门户之争，亦涣然冰释，怡然理顺。昔人谓汉注唐疏，有功圣籍，而是书以经证经，所采用诸书，多系宋代以前石经监本，其功当不在注疏之下”③，成为“前古所未有，后世所不可无之大作也”④。《证异》共计七十九卷，“卷帙为最多，多则刊布非易”⑤。自嘉庆乙亥年（1815）稿成，长达百余年刊行未果，直至民国十二年（1923）由崇文书局刊印，才得以问世。而此间关涉人员之复杂，辗转刊行之曲折，非一一考证不足以明晰。

一、《证异》成书及道咸同光年间的流布

《证异》书前有万嵒序。万嵒，字三峰，希槐长兄。乾隆庚子年解元。任宜城县教谕。著有《三余随笔》《鼠腊编》等。⑥ 万嵒序末落款“嘉庆己卯阳月小尽日，伯氏三峰嵒书于听松山房，时年八十有一”⑦，

---

①详参吴漫《〈困学纪闻〉版本流传考述》，载《宋明学术史论稿》，大象出版社 2013 年版，第 12 页；杨丽莹《扫叶山房史研究》，复旦大学出版社 2013 年版，第 229 页。

②③成宪、任嗣黄：《十三经证异校刊记》，民国十二年（1923）湖北崇文书局活字本。

④卢靖：《十三经证异跋》，载湖北人民政府文史研究馆、湖北省博物馆整理《湖北文征》第十二卷，湖北人民出版社 2014 年版，第 208 页。

⑤萧耀南：《十三经证异序》，民国十二年（1923）湖北崇文书局活字本。

⑥余彦文编著：《鄂东著作人物荟萃》，湖北科学技术出版社 1990 年版，第 479 页。

⑦万嵒：《十三经证异序》，民国十二年（1923）湖北崇文书局活字本。

或以此认为《证异》成书于1819年[①]。然万砳序又有“乙亥来归自宜，取其书流览至竟”[②]之语，表明万砳乙亥年自宜城归乡，曾取《证异》浏览一过，那么该书1815年即已完稿。或许希槐增补修订，或许万砳迁延日久，故有序言时间晚了四年的事情。

清嘉庆以后，各地辑刊地方丛书逐渐成为风气。清叶德辉《书林清话》卷九“刻乡先哲之书”：

> 会萃乡邦郡邑之书，都为丛刻，自明人《梓吴》一书始，樊维城《盐邑志林》继之。国朝嘉庆间，有赵绍祖刻《泾川丛书》，宋世荦刻《台州丛书》，祝昌泰刻《浦城遗书》，邵廷烈刻《娄东杂著》。道光朝有伍元薇刻《岭南遗书》。同治朝有胡凤丹刻《金华丛书》，孙衣言刻《永嘉丛书》。光绪朝此风尤盛，如孙福清刻《槜李遗书》，丁丙刻《武林掌故丛编》，又刻《武林先哲遗书》，陆心源刻《湖州先哲遗书》，赵尚辅刻《湖北丛书》，王文灏刻《畿辅丛书》，盛宣怀刻《常州先哲遗书》。力大者举一省，力小者举一郡一邑，然必其乡先辈富于著述，而后可增文献之光。[③]

由上文可知，嘉、道、咸、同四朝，湖北并未“闻风而动”，晚至光绪朝始有《湖北丛书》。嘉道咸同年间，《证异》虽然无缘付梓，但民间一直都有致力于刊刻的传播。

同治九年（1870）前后，《证异》书稿被送呈至两江总督曾国藩处，曾氏慨然作序：“黄冈万蔚亭氏所为《十三经证异》，乃与私相符契。其用力信勤，而其夷怿以善虚，志以求其是者，何其意之挚也，异夫矜己忿争之徒者矣！其所取甚博，而又明于训诂通假之原。或一字之殊，旁推交通，䜣合浃洽，𩠐之轇轕，一朝划然。使自昔传经者咸若是，则经文之失实者，不其尠欤？而后之人将由文字训诂以求圣人之意若是书，

---

①朱祖延主编《尔雅诂林叙录·万希槐〈尔雅证异〉提要》：“《十三经证异》成书较早，其兄万砳为之作序是在嘉庆二十四年，即公元一八一九年。”详见《尔雅诂林叙录》，湖北教育出版社1998年版，第109页。

②万砳：《十三经证异序》，民国十二年（1923）湖北崇文书局活字本。

③叶德辉：《书林清话（外二种）》，北京燕山出版社2008年版，第246页。

岂非学者之所须也。”[①] 呈送书稿之人或是希槐曾孙万方田。方田字少村，生卒年不详。诸生出身。曾在胡林翼等军中担任低级文职，约在1860年入曾国藩幕。1861年12月，由曾国藩奏保以“训导遇缺即选”；1867年1月，奏保以即选知县“赏加同知衔”。据曾氏奏折所知，在随同其“剿捻”期间被委办银钱所事宜，且有劳绩。出幕时间待考。[②] 万方田任曾国藩幕僚，有机会请曾氏作序。

光绪十三年（1887），万希槐隔代裔孙将稿本送呈湖北学使张仁黼，欲请张氏镌板。而仁黼无意刊书，且将书稿施予属下。杨守敬因得纵览，“欲为传录，以卷帙浩繁而止”[③]。张仁黼（1848—1909），字邵予，河南固始人。光绪二年（1876）进士，选庶吉士，授编修，入直上书房。又迁大理寺院卿、兵部侍郎、吏部侍郎等职。曾典试江西，视学湖北。著有《简斋文集》等。[④] 据熊贤君先生主编的《湖北教育史》，张仁黼任湖北学政的时间是1885年至1887年，[⑤] 也就是说，1887年他即将卸任，这或许是他“无意刊书”的原因。

四年之后的光绪十七年（1891），《湖北丛书》刊刻完成。《湖北丛书》属乡邦文献，所收均为鄂人著作，有经部15种、史部5种、子部10种、集部1种，共计31种290卷。然《证异》未在其列。

主持刊刻工作的赵尚辅（1854—?）[⑥]，字翼之，四川万县人，光绪九年（1883）进士，选翰林院庶吉士，十一年（1885）授编修，以编修任湖北学政。[⑦] 据《湖北教育史》，赵尚辅1888年至1891年任湖北学政，[⑧]《湖北丛书》的出版恰好在其任内。是编何时动议编撰？因资料阙如不得而知。但三年完成一部大型丛书的刊刻，难度可想而知。然

①曾国藩：《十三经证异序》，民国十二年（1923）湖北崇文书局活字本。

②成晓军：《曾国藩的幕僚们》，东方出版中心2000年版，第375页。

③杨守敬：《十三经证异记》，载湖北人民政府文史研究馆、湖北省博物馆整理《湖北文征》第八卷，湖北人民出版社2014年版，第253页。

④参季啸风《中国书院辞典》，浙江教育出版社1996年版，第449页；赵尔巽等《清史稿》，中华书局1977年版，第12422页；蔡冠洛《清代七百名人传》，中国书店1984年版，第478页。

⑤⑧熊贤君主编：《湖北教育史》上卷，湖北教育出版社1999年版，第167页。

⑥江庆柏编著：《清代人物生卒年表》，人民文学出版社2005年版，第544页。

⑦吴洪成：《重庆的科举》，西南师范大学出版社2008年版，第123页。

《证异》为何没能入选？这部丛书的书目简选又是否合理呢？

《湖北丛书》所收书目的确受到许多诟病。杨守敬列举《湖北丛书》收“已有刻本之书、瑕瑜互见之书、甚至浅薄游戏之书”，批评道：“以如斯巨款，刻诸不急之书，而大雅宏通之作，乃熟视无睹，使他邦学者谓吾楚二百年来撰著仅如斯，是谁之耻?”① 卢靖则认为各省“郡邑丛书”越来越多，部头越来越大，其佼佼者如《畿辅丛书》《云南丛书》等，都在一百余种、四百余册以上；甚至地方性丛书如《金华丛书》《吴兴丛书》等，声势浩大不亚于全省性丛书。“相形之下，光绪十七年（1891）赵尚辅辑印的一部《湖北丛书》，仅只收录三十一种，可说是瞠乎其后。”② 为表彰先贤并让世人了解鄂中文华荟萃不让他省，卢靖发下宏愿每年以三万元经费刊布《湖北先正遗书》。而引发两位藏书家不满的重要原因之一，正是《湖北丛书》失收了《证异》。杨守敬《十三经证异记》：“失此不刻，不独为吾楚惜，亦当为天下学者恨。”卢靖《十三经证异跋》：“惜赵学使《湖北丛书》未收，深以为憾。”

《证异》当时应该是有机会入列《湖北丛书》的。辑刻《湖北丛书》是光绪年间湖北文化界的大事，可以想见，消息传出文人学者递相传告，或出家藏，或荐佳作。杨守敬曾在前任学政张仁黼处通读过《证异》，一度想要转抄一份，后因卷帙浩繁而作罢。此番有了刊印良机，杨氏当然不会错过，并且为此做了许多工作。首先他敦促万希槐后裔呈送《证异》，然万氏后人因前次遭遇张学政的冷眼不能付梓，故忿而秘不示人。杨守敬转而极力怂恿《湖北丛书》的执行编辑汉阳人关棠将其收编，并且针对万希槐后裔的顾虑，为关棠出主意：“但使学使以公文下黄冈县，言其必刻之状，其家当以书出。”而关棠以“辑书已多，不愿枉求”，“终未能墨诸板”。

光绪年间《证异》失刻殊为可惜，这本是刊行此书的好机会。前已述及，《证异》稿本送呈几位学使。学使是提督学政的简称。清中叶以

①转引自武汉市文史研究馆编《江汉采风》，上海书店出版社 1994 年版，第 105 页。

②转引自苏精《近代藏书三十家》（增订本），中华书局 2009 年版，第 23—24 页。

后，学使派往各省，按期至所属各府、厅考试童生及生员。除主理府厅科试外，学使还有搜求民间遗书的任务。清严有禧《漱华随笔·采访遗书》“着各省督抚学政，留心采访，不拘抄本刻本，随时进呈”，即说明了此种情形。学使出身很高，均从进士出身的官吏中选派，三年一任。然《证异》送呈学使而“屡欲刊行而未果”，原因何在？《湖北丛书》确实存在错收、失收的问题，但真是因为“成书仓卒，遗珠实多”①吗？

《湖北丛书》前后无序跋，无从知晓编纂起因和刊刻经过。但仅以卷面所题“三余草堂藏版”以及《易经通注》后“提督湖北全省学政翰林院编修臣赵尚辅谨付梓”字样，可知《湖北丛书》的刊刻并非湖北官书局承担。据吴家驹、马志立先生的研究，同治与光绪初年是湖北官书局的鼎盛时期，后因经费匮乏，经营渐趋萧条。光绪十五年（1889）张之洞督鄂时，每月由善后局调拨银两充作经费，维持运行。②光绪十六年（1890），张之洞将赵尚辅搜辑刊校的《湖北历代名贤著述》（即《湖北丛书》31种）板片，以银四千两购存湖北官书处，陆续汇刊出版销售。③这样看来，赵尚辅等人动议编纂《湖北丛书》之事应在张之洞督鄂之前，而当时官方下拨经费有限，需要主事者自行筹集资金，据吴洪成先生的研究，赵尚辅在湖北学政任上，曾捐俸刻《湖北丛书》，其书耗费巨资，亦不能装帧，同官感其对付梓一事如此热忱，助以千金，乃得以刊行问世。④

学政地位虽高，但却没有督抚的行政权和经济权，对于文教事业发展所起的作用十分有限。自1840至1911年，湖北学政前后有30多位，政绩较好的只有张之洞、黄绍箕、高凌蔚等人。⑤晚清湖北财政状况并不好，⑥文教事业常需要学政捐献养廉银才能促成。如张之洞任学政时创建经心书院，清同治十二年（1873）学政洪钧捐廉添建斋舍，清光绪

①武身龙编著：《史志博采》，武汉出版社2009年版，第27页。
②吴家驹：《崇文书局与崇文书局刻书》，《图书馆杂志》2004年第6期。
③马志立：《湖北崇文书局版刻概述》，《图书情报论坛》2015年第1期。
④吴洪成：《重庆的科举》，西南师范大学出版社2008年版，第123页。
⑤熊贤君主编：《湖北教育史》上卷，湖北教育出版社1999年版，第168页。
⑥参看洪均《论胡林翼整顿湖北地方财政》，武汉大学2005年硕士学位论文。

十七年（1891）学政赵尚辅捐廉迁建于三道街。[①] 没有财权，做起事来难免捉襟见肘。《湖北丛书》31种，一卷之书达12种之多，而二十卷以上的书仅4种，卷数最多的是熊赐履《学统》五十三卷。《证异》全书七十九卷，应该是卷帙浩繁而未付梓。以此观之，《湖北丛书》的种种缺憾也是事出有因了。

二、《证异》民国时期的刊刻

《证异》刊行于民国十二年（1923），时任湖北督军的萧耀南是功臣。萧耀南（1875—1926），字珩珊，湖北黄冈萧家大湾（今属武汉新洲）人。北洋武备学堂毕业。1921年任湖北督军，1926年病逝于武昌。[②] 萧耀南一介武将，缘何热心湖北的文化事业？其间却也有些原委。据刘禹生《世载堂杂忆·纪鄂中文献》：

> 民国九年春，余衔孙大总统密命，由粤回鄂，与前两湖巡阅使萧珩珊耀南，共商国事。时萧居督署小平泉，小园一角，林木翳然，颇饶泉石之胜，盖合肥李瀚章之所居也。燕谈之暇，谈及前清湖广总督，余举毕秋帆、张香涛诸人以对，且曰："两公政事，焜耀一时，固无论已，即其提倡学术，不遗余力，有足多者，其惠溉鄂人，流风余韵，至今弗衰，真所谓百世之业也。"萧为之动容曰："其道为何？"余曰："此时提倡学术，先以购书与刊书入手，其他徐图之。"因力劝收购鄂城柯氏藏书，盖柯巽盦逢时在日，搜集旧籍至富，宋、元椠本而外，如所藏四库全书开馆之时未及进呈及奏燬之本，不下千数百种，均为海内所罕见者。萧闻之，欣然允诺，立斥资十万元使人往购，未及成议，而萧已殁。后闻为日人所得，殊可惜也。至于萧氏所刻之书，若《黄帝内经》、万氏《十三经证

①全国政协文史资料委员会编：《中华文史资料文库》第17卷，中国文史出版社1996年版，第1页。

②湖北省志地方志编纂委员会编：《湖北省志·人物志稿》，光明日报出版社1989年版，第463—465页。

异》、《耿天台文集》等数十种，均极名贵，即世所传萧兰陵堂丛刻者也。①

民国军政府时期，地方军阀要着手管理辖区的一切事务，文化教育自不例外。当时许多军阀也是读书人出身（萧耀南就是前清秀才），当然仰慕毕沅、张之洞等前清地方大员不遗余力提倡学术的百世大业，“购书与刊书”最易见到成果，也是他们最愿意做的事情。然而即使萧耀南有心“表章前贤，留心经籍”②，但是武将戎马倥偬，根本没有时间简选书籍，于是就有了刘禺生之流向其荐书之事。

刘成禺（1873—1952），字禺生，湖北江夏人。早年追随孙中山从事革命，曾衔孙中山先生之命在美国办《大同报》，是十九世纪末二十世纪初最重要的社会活动家之一。③ 目前没有证据显示刘禺生促成萧耀南刊刻了《证异》，笔者认为最有可能做成这件事的是刘禺生的朋友黄侃。

黄侃（1886—1935），字季刚，湖北蕲春人。1905 年留学日本，在东京师事章太炎，受小学、经学，为章门大弟子。与章太炎并称“章黄”，为“乾嘉以来小学的集大成者”和“传统语言文字学的承前启后人”。④ 黄侃与刘成禺交情不浅，据《黄侃年谱》，仅 1913 年就记载了黄侃与刘成禺的三次会面。1913 年 6 月 21 日：“晚出晤刘成禺。”同月 26 日：“与刘成禺谈编《清通鉴》事。访章太炎未遇。”7 月 13 日：“同刘成禺赴王赓宴，还访鲍鸿吾。”⑤ 黄侃时年 27 岁，刘成禺大约 37 岁。

---

①刘禺生：《世载堂杂忆》，中华书局 1960 年版，第 255—256 页。

②成宪、任嗣黄：《十三经证异校刊记》，民国十二年（1923）湖北崇文书局活字本。

③参李克非《记刘禺生所谈中山先生故乡见闻》，载中国人民政治协商会议北京市委员会文史资料研究委员会《文史资料选编》第 30 辑，北京出版社 1986 年版，第 105 页。另据司民朝军《黄侃年谱》76 页，页下注第 5 条，刘成禺生年还有 1876、1877 两种说法，卒年也一作 1953 年。刘成禺曾任国史馆总纂修，著有《先总理旧德录》《中国五大外交学者口授录》《洪宪纪事诗本事簿注》《世载堂杂忆》等。

④陆宗达：《黄侃先生的学术成就》，载北京市语言学会编《语言学和语言教学》，安徽教育出版社 1984 年版，第 259 页。

⑤司马朝军、王文晖：《黄侃年谱》，湖北人民出版社 2005 年版，第 77—78 页、第 209—210 页。

1919年夏，黄侃离开任教五年的北京大学，回到故乡湖北，任武昌高等师范学校主讲。刘成禺1922年回到武昌，执教国立师范，与黄侃成为同事。①

黄侃应该是通过刘成禺的介绍，认识了萧耀南，时间是1922年。1925年，章太炎致吴承仕的两封书信中提及黄侃。8月10日："闻季刚在鄂薪水三百圆，萧又别有赠遗，约共五百圆。"9月26日："季刚在鄂，就中华大学之聘，曾有书来，欲仆转致萧督，为谋一兼职，已致书刘禺生矣。"② 信中的"萧""萧督"即指萧耀南。黄侃经常收到萧耀南的金钱馈赠，但当他欲往中华大学任职，却拜托老师向萧耀南转交书信；谋兼职也是委婉致书刘禺生。可知黄、萧二人有交情但非知己，一定程度上反映了民国时期社会名流与军政大员之间的微妙关系。那么黄侃为何要推荐《证异》给萧耀南？黄氏《十三经证异序》有"曩饫闻此书名，亦未获一见也。前年来武昌，始从其家求得副本"之语，黄侃1919年回武昌任教，是否也是这一年拿到《证异》稿本的呢？

1922年末，黄侃基本完成《十三经白文》的点读工作。据黄侃1922年12月8日的日记：

> 丙午之冬，郑莫居松公府夹道，余谒其寓，见有商务书馆印《十三经白文》，编为一厚册，憙其便于行箧，因携以归。其书本周介藩物，介藩以风疾死，书展转归莫。予既点读注疏，因以墨校是本讹字，且断句豆，将以授两儿。然其书但据阮刻《十三经》为本，未遑斛覆，且有新讹。中间行旅忧虞，疾疢忘忽，因循六载，始获毕功。③

1922年"始获毕功"，其间"因循六载"，那么黄侃是从1916年开始圈点十三经。对于商务印书馆版的《十三经白文》只以"阮刻《十三经》为本"，黄侃是不满意的，认为其"未遑斛覆，且有新讹"。而其同乡先

---

①刘成禺《世载堂杂忆》："民国十一年，中山先生归上海，予亦归武昌，与黄季刚同执教国立师范。"山西古籍出版社1995年版，第343页。

②司马朝军、王文晖：《黄侃年谱》，湖北人民出版社2005年版，第209－210页。

③《黄侃日记》，南京江苏教育出版社2001年版，第41页。

贤万希槐的《证异》搜罗浩博、考证详明，是参校《十三经白文》的重要资料，黄侃因此前往万家求得副本。这种推论本是顺理成章的事情，问题是萧耀南序与黄侃序除个别措辞外，几乎相同，尤其是“因属成烺先先付湖北官印局”一句，实际上透露了黄侃替萧耀南作序的真相。成烺先即成宪，黄冈人，萧耀南督鄂时，任督军公署秘书长。① 黄侃没有权力调遣军政府秘书长，唯一的可能就是黄侃替萧督军写了《证异》序。如“耀南向在里中饫闻此书名，亦未获一览也。前年来镇武昌，始从其家求得副本。念国学日以陵夷，如先生经术闳深不可再得”云云，萧耀南也是黄冈人，对同乡先正的景仰与黄侃应是一致的。但是考虑到萧耀南 1921 年出任湖北督军这一事实，《证异》又或是 1921 年才从万家求得。

无论如何，《证异》稿本应是黄侃出于十三经研究的需要而先期获得，以《证异》为“世间奇籍，譬如良金精璞，虽隐潜于岩渊，必有不可磨灭者。然使弃而不采，任其沉晦而不出，诚无伤于金璞，而人终觉有所不愉”②，转而推荐给萧耀南，遂至“流衍遗书，成此一篑”③，最终成为万氏事实上的功臣。

有意思的是，《证异》萧序为黄侃代笔，文章题署他人姓名就不好再拿回来。可黄侃留下原稿收入《黄季刚诗文钞》，该序还成为其散文代表作而流传甚广，朱祖延先生的《引用语大辞典》“犁然有当于人心”条下，将黄序“夫以先生之作，犁然有当于人心，他时播行海内，转相迻刊，亦意中事”④ 用作了例证。

萧序提及，请成烺先将《证异》稿本“付湖北官印局，以活版排印，同任子纯董校雠之役”⑤，湖北官印局应即崇文书局，民国时期“湖北官书局”“湖北崇文书局”“湖北官书处”镌版署名互用。⑥ 崇文

---

①湖北省地方志编纂委员会编：《湖北省志·人物志稿》第 4 卷，光明日报出版社 1989 年版，第 1683 页。

②③《黄季刚诗文抄》，湖北人民出版社 1985 年版，第 36 页。

④朱祖延编著：《引用语大辞典》（增订本），武汉出版社 2010 年版，第 336 页。

⑤萧耀南：《十三经证异序》，民国十二年（1923）湖北崇文书局活字本。

⑥王晓清：《湖北崇文书局的沧桑》，《武汉文史资料》2014 年第 12 期。

书局自光绪中期以后一直经费匮乏。进入民国，更是经营惨淡，聊以保管旧存板片和书籍为己任，虽偶筹措资金刷印旧籍，然已成强弩之末，以致难见新刊之书。① 《证异》应是萧耀南委托崇文书局代刻的，版权归萧所有，故书前无崇文书局镌版署名，而首页有“同邑后学萧耀南谨刊”。书局其时应该也没有专任的校雠人员，《证异》的校刊由成宪和任子纯完成。成宪是督军公署秘书长，任子纯（1870－1950），字嗣黄，晚清贡生，萧督鄂时任湖北省政府咨议秘书。② 成宪、任子纯、萧耀南均为万希槐同邑后学，还有一位“同邑后学”名李开侁，他为《证异》题写了书名。李开侁（1871－1929），字隐尘，清光绪丁酉拔贡，曾任广东巡按使、参政院参政、民政长及湖北省工赈督办等职。民国11年（1922），黄冈绅民倡修堵龙堤并鹅公颈闸，得湖北督军兼省长萧耀南赞助，随之委工赈督办李开侁董其事，期年工竣。遂有“李公修堤，萧公建闸”③ 一说。这样看来，《证异》的荐书人黄侃，出资人萧耀南，校刊人成宪、任嗣黄，书名题写人李开侁均是黄冈人，他们都为《证异》的刊刻出版献策尽力，成就了一段乡人同谊、共襄盛举的书林嘉话。

《证异》“系副本付刊”④，杨守敬《十三经证异记》言“闻此书稿本仅有二通，守之者皆贫士”。《证异》刊本首页有“曾孙方田校录”字样，明确崇文书局的刊刻底本是万希槐曾孙万方田校定逐录的，前文已提及，方田曾将《证异》此本送呈曾国藩并请其作序。关于《证异》的其他稿本，据《黄冈志》，该书光绪中黄陂陈氏曾写有宋字本八十一卷，未刊。今未见。又据《湖北通志》引其兄万岊序：“弟蔚亭……集成《证异》一百卷。”遂案曰：“见写本止八十一卷，此云一百，殆其初稿，后又有所删订欤。”《贩书偶记》著录七十九卷首一卷⑤。万岊序的一百卷当是初稿，光绪黄陂陈氏所见八十一卷或是方田之外的另一稿本。

---

①马志立：《湖北崇文书局版刻概述》，《图书情报论坛》2015年第1期。

②政协新洲县文史资料委员会：《新洲文史资料》第3辑，第219页。

③武汉市新洲区水务局编：《新洲县水利志》，中国水利水电出版社2008年版，第195页。

④成宪、任嗣黄：《十三经证异校刊记》，民国十二年（1923）湖北崇文书局活字本。

⑤朱祖延主编：《尔雅诂林叙录》，湖北教育出版社1998年版，第110页。

总之，《证异》自嘉庆乙亥年（1815）成书至民国十二年（1923）刊印，历经百余年曲折而终至圆满，“不可谓非学海文林之一快事也”①，而如此重要的著作，目前仅有崇文书局一种版本，也可见书局对保存弘扬传统文化所起的作用，正如黄侃序中所说：“夫以先生之作，犁然有当于人心，他时播行海内，转相迻刊，亦意中事。而为之嚆矢者，必数此本焉，宁非幸欤？”②

①②黄侃：《十三经证异序》，《黄季刚诗文钞》，湖北人民出版社 1985 年版，第 36 页。

附录：

《十三经证异》序跋记

万岳序

《王制》“乐正崇四术”，顺诗、书、礼、乐以造士四经也，而曰四术，古无经名也。经之名昉于“经解”名篇，解经六而六经亦不以经名。翟酺曰：“汉文帝始置一经博士。”五经以经名而列于学宫者，惟《诗》而已。武帝建元五年，初置五经博士，《诗》《书》《易》《礼》《春秋》，五经之名始于此。唐太宗以经籍文字多讹，诏颜师古考定五经，立五经博士。五经与汉同，但汉《春秋》用公羊，唐《春秋》用左氏，此其异也。宋史国子助教十人，分掌十经，《易》《书》《诗》三礼三传各一经，《论语》《孝经》合为一经。范成大《石经记》：伪蜀相毋昭裔依唐太和国学十二经旧本，琢石学宫，阙《公》《穀》二传。皇祐中，田元均补刻，然后十三经始全。宣和中，席文献又刻孟轲书参焉，参《孟子》于十二，原未尝合《孟子》为十三也。朱竹垞曰《大戴记》在宋曾列为经，故一时有十四经之目。十四经云者，增《大戴》则经为十四，除《大戴》则经已明为十三，而当时亦不以十三经名。经之名为十三也，自明初颁《十三经注疏》于学宫始。大钧播物，坱圠无垠，视日月而知众星之蔑也。穷经者墨守经义，经义外另辟畦町，如郑耕老《勤学篇》大小九经共四十八万四千九十五字，周栎园《读书记》五经中所载人物共三千六百人，合而去其重者，则三千三百余人。叶仲堪重编《六经图》四百三十五。《通志·图谱略》《七经图》二十三，《艺文略》《八经图》三十五，踵事而增，不问主人翁，将字之增减、人之参差、图绘之盐米凌杂，何以别黑白而定一？上下数千年经文讹误，有意其推本之未数数然也，间亦有之。有专门名家者，宋范谔昌《易证坠简》一卷，郑渔仲《书辨讹》七卷，国朝翟均廉《周易章句证异》十卷，此一经之考证于一人者也。有兼权计者，唐张参《五经文字》三卷，唐元［玄］度《九经字样》一卷，李铉《春秋二传异同》十卷，欧［阳］融《经典分毫正字》一卷，宋毛正谊校监本《六经正误》六卷，岳珂《刊正九经三传沿革例》一卷，明嘉定章道常病六经讹谬，考订同异者三千余字。国朝顾炎武《九经误字》以明监本字多讹脱，考石本及旧本正之，惠栋《九经古义》，汉魏诸儒文字异者，博引以证之，此一人而兼综数经者也。有扫落叶而后起者，唐郭京《易举正》三卷，自称家有王弼、韩康伯手写《周易》，及石经校正一百三十五处，二百七十三字。宋洪容斋取其明白二十处，载之随笔中。国朝惠栋《九经古义》云：《周易举正》，家无是书。据随笔所载，皆因王韩之注，谬加增减。考以李氏所录汉《易》，乃知其妄者十有一。惠又云：唐人《五经正义》篇次紊乱，且多俗字，诸家异同动盈百数，此七十余字皆当改正者。桓谭《新论》：古《孝经》千八百七十二字，今异书四百余字。宋朱晦庵《孝经刊误》取古文，分前为经，后为传，合为一章，删去子曰二、引《书》者二、引《诗》者一，凡六十一字，以复经文之旧。传文删去"先王见教"以下六十七字、"以顺则逆"以下九十字。元吴澄《孝经定本》改今文为经一章、传十二章，其序次亦非旧贯之居。国朝毛奇龄《孝经问》一卷，驳朱子《刊误》、吴澄《定本》，设问答十条，以证明之。《读书记》：《仪礼·士昏礼》脱十四字，《乡射礼》脱七字，《士虞礼》脱七字，《特牲馈食礼》脱十一字，《少牢馈食礼》脱七字，皆秦火未亡而亡于监刻者。张尔岐谓十二经监本《仪礼》脱误更甚，取石本及吴澄本校，摘其脱者八十字、误者八十八字、羡者十七字、倒置者六处计十三字、经文误细书一字、注文误大书混经文者二字，他如一壹、二贰、三参、庙庿、醋酢、弃棄、于於、视眂、嫂嫂、摰贽、惟唯、大太、廿之为二十、卅之为三十与夫点画小误者概置之。此皆一经而递更于数人者也。我闻在昔，先民有作，或得少而足，或挂一而漏，间有爬罗剔抉、考证十三经而观其大全者，何居乎？未之前闻也。甚矣，穷经之难也。

予弟蔚庭，素称博物。《困学纪闻集证》家南泉太史既序以行世矣。

课业余闲，又取十三经经文之讹异者，成《证异》七十九卷。予官宜城，寓书例言一则，仿《韩文考异》之例，先标经文某句提纲，顶格大书，尊经也。次以汉魏诸儒各家专［传］本文字异同，及各经注疏、史传诸子、汉唐注释、唐世类书所引诸经异同，挑出低一格书之。又次以名家辨驳文字之所以异同，或字异而音义同，或字异而音义亦异，缀以己意，更低一格双行书之，不敢贰于经也。乙亥来归自宜，取其书流览至竟，质之例言曰：信其征引也博，其考核也精，其力不懈而持之久，其志不纷而凝于神，见青天则云雾尽拨，寻庐山则面目皆真。后有作者，弗可及也已。昔人谓著书须是前世所未曾有，与后世所不可无者，方可光艺林而垂奕祀。今是书也，自古在昔未曾有矣，世之相后，其以为绝无仅有也，我不敢知。曩者家太史之序《纪闻集证》也，谓夫一家之著述，未必质之人人而皆同，《集证》证之予，予转以证于予者证之世，则予今日之序《证异》也，亦如家太史之序《集证》云尔。予故牵长书之，以证于世之留心十三经者。嘉庆己卯小阳月尽日，伯氏三峰嵒书于听松山房，时年八十有一。

（《湖北文征》第八卷，湖北人民出版社 2014 年版，第 248—249 页）

曾国藩序

自秦人燔书，汉兴，罔罗散佚，而六经出于灰烬之余。传者各以所闻相授受，故《易》有施氏、有孟氏、有梁邱氏、有京氏，《诗》有毛诗、有三家诗，《尚书》有伏生、有欧阳氏、有大小夏侯氏，又有今文、有古文。自是历东汉魏晋至南北朝，贾、服、马、郑、董遇、王肃、干宝、徐邈、崔灵恩、皇侃、熊安生之属，争为训诂章句。若音义传于世，学者至以姓名识别，号为某氏本，并龃龉乖刺［剌］，同异蜂出，单词只字取甲而校之乙，则若错绣。然当汉熹平之世，尝以文字多谬，令议郎蔡邕等正定六经，刻石太学门外，及魏正始中，亦立三体石经。然石经承传已久，时时彼此相是非，不可得而绝也。盖专己而恶与人同，裒一得而不知变，固儒者之宿弊。大贤不出而道术莫能一，岂一日之故哉！虽然若诸儒者，固以党同伐异为病，要亦皆明于古训、笃于家法，其所传经多有依据，故君子时有取焉。及唐人取诸经定为义疏，当时儒臣其于古训，盖已不逮汉魏诸儒之淹洽。迄其后张参、郑覃等所为《五经文字》、开成石经，乃时多差舛迁流。以及有明，古义日湮，六经汩于流俗之传，纷错乖乱，吾未知其不浸失圣人之旧，而莫之正也。

圣清之有天下，经学之盛，遽轶前代。逮乾嘉经师益滂搜百氏，取所征引与诸经相参校，乃往往而遇其故，抑岂非笃学好古之深心，能不自惜其力，以求往圣之遗文于千载下者欤？国藩往者尝遍取其书而观之，谓诚足正世俗之譌谬。顾犹恨其细碎掇拾，而莫或规其全，又每每恶攻击排斥，犹不免如昔所云也。顷睹黄冈万蔚亭氏所为《十三经证异》，乃与私相符契。其用力信勤，而其夷怿以善虚，志以求其是者，何其意之挚也，异夫矜己忿争之徒者矣！其所取甚博，而又明于训诂通假之原。或一字之殊，旁推交通，䜣合浃洽。曏之轇轕，一朝划然。使自昔传经者咸若是，则经文之失实者，不其尠欤？而后之人将由文字训诂以求圣人之意若是书，岂非学者之所须也。同治九年湘乡曾国藩序。

（民国十二年湖北官书局活字本）

萧耀南序

乡先正万蔚庭先生所著书，以《困学纪闻集证》刊布为最早，以《十三经证异》卷帙为最多，多则刊布非易。先生没后，稿藏其家数世。往者奉节赵学使辑刊《湖北丛书》时，以不及此书为缺憾，耀南向在里中，饫闻此书名，亦未获一览也。前年来镇武昌，始从其家求得副本。念国学日以陵夷，如先生经术闳深不可再得。《证异》之为书，乃陆元朗以来所无之作，不及今兹流播，恐遂湮坠。因属成烺先先付湖北官印局，以活版排印，同任子纯董校雠之役。踰年工成，勘对严审，从此学者益一治经之良书，亦足以稍偿耀南景仰之夙愿已。是书之宏美，曾文正公序赞之已详，不待复举。世间奇籍，正如良金精璞隐潜于岩渊，必有不可摩灭者。然使忽而不采，任其沈薶，诚无伤于金璞，而于人心终觉有所不愉。然则此书刊成，不可谓非学林之一快事也。夫以先生之作，犂然有当于人心，他时播行海内，转相迻刻，亦意中事。而为之嚆矢者，必数此本焉，宁非幸欤？若谓流衍遗书，成此一篑，为万氏之功臣，则吾岂敢？中华民国十二年序，勋二位炳武将军湖北督军兼省长黄冈萧耀南撰。

（民国十二年湖北官书局活字本）

十三经证异校刊记

经学不兴，天下大乱。经也者，古昔圣人所以阐天道、扶人极、维世教，如日月之经天，山川之丽地，亘万古而不息也。是以觇世运者，每于经学之废兴，以观风化之厚薄及天下国家之治乱存亡。秦燔诗书，二世国灭。汉兴，网罗散失，出六经于灰烬之余，复置博士一官，以待经明行修之士。当时传《易》者，有施氏、有孟氏、有京氏、有梁邱氏，传《诗》有毛氏、有齐鲁韩三家，传《尚书》者有伏氏、有欧阳氏、有大小夏侯氏，又有今文、有古文，各禀师承，互相授受，非惟训诂相通，莫敢同异，即篇章字句亦恪守所闻。东汉中兴，经学益重，其后许慎、何休、服虔、包咸、郑兴、郑玄诸人又莫不博学通经，详加诂注。故两汉经学号称极盛，而两汉治化亦随而敦厚醇朴。魏晋以后，王弼、王肃诠释经义不为无功，而持论好异，渐遁虚无，卒酿五胡滑夏之大乱。唐太宗戡定天下，以经籍文字多讹，诏颜师古考定五经，立五经博士，一时名儒辈出，若陆德明、孔颖达、贾公彦、司马贞诸人，皆能博通群经，发挥大义，虽治化不及汉京之盛，而儒风彪炳，亦未始非讲明经学之益也。宋兴，洛闽继起，道学大昌，摆脱汉唐，独研义理。其于义理而外兼通考注者，亦不乏人。刘敞撰《七经小传》三卷，杨甲撰《六经图》六卷，毛居正撰《六经正误》六卷，郑樵撰《六经奥义》六卷，岳珂撰《九经三传沿革例》一卷，是皆精通今古文字，详加考核。然其时学者通患，好排斥旧说，各标新义。及其弊也，非失之支离，即失之武断。如程大昌之妄改旧文，王文宪之横删圣籍，王安石之制造新经义，是又足为经学之累。元明而后，汉宋两家互相水火，攻汉学者意不在于经义，务求胜于汉儒；攻宋学者意亦不在于经义，报宋儒之诋汉儒。其后学派分歧，莫宗一是，讲汉学者，掇拾陈言，近于细碎；讲宋学者，高谈性理，失在空虚。若王守仁之末派而流入于禅，程耀文之经典稽疑而杂以明人议论。不独汉儒训诂之学失，即宋儒义理之学亦失，元明两代经学不及汉唐之盛，其历数亦不及汉唐之长。经术与治术相维系，盖有明征矣。清初定鼎，首重经学，诏令儒臣校勘《十三经》《二十一史》，并搜集中外遗书，一时经学之盛，力矫元明之弊，合汉宋两家之门户而消融之。如顾复初、陈亦韩、任翼圣、沈归愚诸人，皆沈潜经籍，著有成书，参订异同，解疑释滞。他如顾亭林之《九经误字》、惠定宇之《九经古义》、吴养斋之《十三经义疑》、沈椒园之《十三经注疏正字》，其能羽翼经术，有关世道者，莫不搜藏内府，择其精要刊行于世，使学者得知所归。是以清初经学盛而治化亦隆。

吾乡蔚庭万先生应运而起，弃举子业，悉心研究经学，著有《困学纪闻集证》早行于世。晚年课业余暇，又取《十三经》经文之讹异者，成《证异》七十九卷，搜罗浩博，考证详明，洵为清代鸿儒、经学宗主。清季赵学使翼之、王学使胜之，屡欲刊行而未果。民国成立学校，废弃读经，是诚天下大乱之机，而先生之心学亦无以阐扬于后。珩珊萧公督鄂，表章前贤，留心经籍，举先生百余年待镌之书，付之于梓，并属宪等以校雠之责。当此异学纷腾，自由平等之说，其祸烈于洪水猛兽，而萧公独能崇尚经学，维正人心，亦未始非化乱为治之道。先生《证异》一书，师许叔重《五经考异》之意，而自树一例。先标经文，顶格大书，所以尊经也。次以汉魏诸儒著述专［传］本，及各经注疏异同，所以不贰于经也。又次以各名家之辨论而加以己意折中，双行书之，所以祛惑釐正，以求不背于经也。盖古者漆书竹简，传写为艰，师弟相承，多由口授，往往同音异义，辗转多歧。又六体孳生，形声渐备，毫釐辨别，后世乃详古人字数无多，动相假借，沿流承袭，逐开通用一门。后儒谈经，不解其源，每以近代之形声究古书之义旨，穿凿攻击多起于斯。先生精通汉学，研求经义，若者为正体字，若者为或体字，若者为通用字，若者为假借字，若者为二音合声字，若者为一音两用字，若者字与音异而义相同，若者字与音同而义异。元元本本，考订精详，合诸儒之诂训，证各本之异同，不惟圣经奥义得以毕出，而后儒传写之讹、门户之争，亦涣然冰释，怡然理顺。昔人谓汉注唐疏，有功圣籍，而是书以经证经，所采用诸书，多系宋代以前石经监本，其功当不在注疏之下。后之学者得是书而学焉，先由通古人之字，以读古人之书，由读古人之书，以学古人之为人，庶几学术正而人心亦正，天下之大乱从此息矣。今日欧化输入，学子醉心新学，鄙弃圣经，而主持风化者，又不知鼓励读经，使学子知所趋向，遂至邪说横行，暴民代作，是即顾亭林所谓亡国亡天下之象也。他日人心悔悟，经学昌明，而是书当为饩羊之一也。惜宪等末学浅陋，仓卒成书，校对未能精审，且系副本付刊，原钞不免错误，又未得正本考校之，亥豕乖异，罪难辞焉。民国十二年七月朔日同邑后学成宪、任嗣黄谨书于鄂州之官舍。

（民国十二年湖北官书局活字本）

黄侃序

乡先正万蔚亭先生所著书，以《国学纪闻集证》刊布为最早，以《十三经证异》卷帙为最多，多则刊布非易。先生没后，稿藏其家数世。往者赵学使辑刊《湖北丛书》，深以不及此书为缺恨，曩饫闻此书名，亦未获一见也。前年来武昌，始从其家求得副本，念国学日以陵夷，如先生经术湛深，不可再得。《证异》之为书，又陆元朗以来所无之作，不及今兹流布，恐遂湮坠。因属成烺先付局，以活板排印，而任子纯专校雠之事。逾年工成，勘对严审，从此学者益一治经之师资，岂谓是举即先生功臣，抑足以稍偿景仰之宿愿已。是书之宏美，曾君序中言之已详，不待赘述。世间奇籍，譬如良金精璞，虽隐潜于岩渊，必有不可磨灭者。然使弃而不采，任其沈晦而不出，诚无伤于金璞，而人终觉有所不愉。然则此书今者刊成，不可谓非学海文林之一快事也。夫以先生之作，犁然有当于人心，他时播行海内，转相迻刊，亦意中事。而为之嚆矢者，必数此本焉，宁非幸欤？若谓流衍遗书，成此一篑，则吾岂敢？

（《黄季刚诗文抄》，湖北人民出版社 1985 年版，第 36 页）

杨守敬《十三经证异记》

黄冈万蔚亭有《困学纪闻集证》，为阎何全之后劲。此本十八巨册，共七十九卷，所考自《经典释文》以下，凡诸传记引经语异同，悉载之。略如翟灏之《四书考异》，而简核过之，诚治经之管钥也。光绪丁亥，其裔孙某以稿本呈张邵予学使，意欲请其镌诸板，而学使无意刊书，以其稿发下，守敬因得纵观。欲为传录，以卷帙浩繁而止。厥后赵学使刻《湖北丛书》，其孙惩前事，坚不肯出。而司从书者为汉阳关君棠，余告之，但使学使以公文下黄冈县，言其必刻之状，其家当以书出。而关君以辑书已多，不愿枉求。余谓君所辑他书，不如此书之善，失此不刻，不独为吾楚惜，亦当为天下学者恨。关君谓然。厥后终无札饬到黄，而丛书告竣矣。闻此书稿本仅有二通，守之者皆贫士，终未能墨诸板。恐他日不免散失，追记于此，使后之留心经学者物色焉。

（《湖北文征》第八卷，湖北人民出版社 2014 年版，第 253 页）

卢靖跋

侯官陈璞园、嘉兴李富孙，皆汉学专门经学家。其撰著多为王祭酒刊入《经解续编》。靖检璞园之《四家诗异文考》、富孙《易》《诗》与《三传》之《五经异文释》与黄冈万氏《十三经证异》比勘之，《四家诗异文考》与《易异文释》较《易》《诗》两《证异》条举相若。惟《诗异文释》，其援引卷帙多于《证异》。余如《左传》《公》《穀》三经，与《证异》简繁相差远甚。况《证异》尚有七八经为陈、李所未及哉。至明之四明周应宾《九经考异》，其寥寥更不足道。即如经学考据与顾、黄齐名之船山先生，其《周易》《尚书》《诗经》《四书》四种考异，均仅一卷。《十三经证异》者，真前古所未有，后世所不可无之大作也。蔚庭先生困处一乡，决不似达官贵人有门生故吏为之助。曾文正称其用力勤，意挚志虚以求其是，古昔传经者咸若是，则矜己忿争与经文失实者鲜矣。宜都杨君惺吾称为大雅宏通之作，为治经之管钥。惜赵学使《湖北丛书》未收，深以为憾。他如冯登府《三家诗异文疏证》、周邵莲之《诗考异字笺余》，卷册虽多，大抵皆局于一经。若应城陈心叔先生之《五经异文》，靖初意为此书之所从出，不知《证异》繁征博引，光大逾其十倍，可以弥补心叔援据寒窘之讥矣。学术功业，既须乡邦发起有人，尤须继起有人，岂不然哉？甲子中秋沔阳卢靖跋。

（《湖北文征》第十二卷，湖北人民出版社 2014 年版，第 208 页）

访书偶记：晚清崇文书局版《战国策》

那拓祺　李尔钢

日前，一部1869年清代刻本湖北崇文书局版《战国策》，由湖北长江出版传媒集团有限公司旗下崇文书局购得，入藏集团公司陈列室。

这是一套线装雕版印制的旧书，全五册，无函套，内文大字11行，行21字，双行夹注。字体清劲，墨色均匀，浅黄色的纸页散发着淡淡的陈年书香。封面题名“剡川姚氏本战国策”，扉页则于书名之左下侧印有小字款识：“同治己巳”，“湖北崇文书局重雕”。

于清同治六年（1867）成立的湖北官书局崇文书局，其刻书在当时就以品类多、版本精著名于士林。而“剡川姚氏本战国策”的背后，则故事更多。

说起《战国策》，就不能不首先说到西汉大学者刘向及其儿子刘歆的校书。《战国策》原本为先秦战国时期各国史官、策士辑录的使用权谋奇计的短篇故事，收藏在皇宫内府。西汉成帝年间，刘向奉诏整理当时皇家藏书，见到这部书简册错落，体例混乱，“错乱相糅莒”。战国时，不同各国所用书名也错杂不同，有《国策》《国事》《短长》《事语》《长书》《修书》等不同的名称，而故事内容记载的是战国时谋臣策士们的真实言行，精彩纷呈。刘向精心校核，删芟重复，分东周、西周、秦、齐、楚、赵、魏、韩、燕、宋、卫、中山十二国次序重新编定，每一国大体按照时间先后编列，分为三十三篇，派人重抄，并最终定名为《战国策》。刘向整理汉朝国家藏书是中国文化史上的一件大事，当时每成一书，刘向都要概括其主要思想内容及成书背景，写为书录，以便向皇帝汇报。后来刘向将所有这些书录汇编起来，定名《别录》。《别录》是中国图书史上非常特别也非常重要的一部书，它是中国传统目录学的开山之作，记录了中国先秦和西汉著作的辉煌。不幸的是这部名著并没有完整地流传下来，传下来的仅八篇而已，而《战国策书录》有幸就在这八篇之中，清崇文书局本《战国策》将这篇书录首列在目录之后，正文之前。

刘向在《别录·战国策书录》中首先纵论自周朝经历春秋而后战国和暴秦每况愈下的政治和社会道德状况，然后这样谈到《战国策》这部书："战国之时，君德浅薄，为之谋策者，不得不因势而为资，据时而为。故其谋，扶急持倾，为一切之权。虽不可以临国教化，兵革救急之势也。皆高才秀士，度时君之所能行，出奇策为安，运亡为存，亦可喜，皆可观。"由于当时已是汉武帝罢黜百家、独尊儒术之后，刘向这样评论《战国策》，显然是站在当时已成为主流思想的儒家的立场，认为书中记述的奇谋异策只是战国策士救急扶危的权宜，而不足以治国教民，是国家统治者道德浅薄的表现；但充分肯定这些高才秀士的计策存亡扶倾转危为安的奇效可喜可观，则反映刘向作为学者的开明和包容。多亏刘向的开明和他的辛勤努力，我们熟知的一些有声有色的精彩故事，如邹忌谏齐王、西门豹治邺、鲁仲连义不帝秦等，才作为中华智慧与崇高道德的典范，与《战国策》一起，得以保存到今天，至今仍滋养激励着无数仁人志士。

《战国策》流传之后，东汉高诱曾为之作注。北宋时期，该书渐渐有了损佚，著名文学家、唐宋八大家之一的曾巩为之作了校补。他在校补之后所作书序中写道："刘向所定著《战国策》三十三篇，《崇文总目》称十一篇者阙。臣访之士大夫家，始尽得其书，正其误谬，而疑其不可考者，然后《战国策》三十三篇复完。"可见曾巩在北宋时期的求补校正，的确非常及时。就在权威的官修书目都认定有十一篇已经佚缺的情况下，通过努力搜求补苴，使该书三十三篇重为完璧。所以，在《战国策》流传史上，曾巩也增添过浓重的一笔。

到了南宋，《战国策》出现了两个著名的版本。其一为鲍彪的新注本，成书在南宋绍兴十七年（1147）；其一为姚宏的续注本，成书于绍兴十六年（1146）。其中作续注的姚宏，就是本文开头时所看到在书封面上所题“剡川姚氏”。姚宏，字令声，一字伯声，剡川（在今浙江嵊州西南）人，曾经当过南宋删定官，因为性格耿直，触犯了权相秦桧而被捕下大理狱，死在狱中。他生活的时代应该在南宋初建炎、绍兴年间（1127—1162），与爱国名将岳飞大致相当。姚宏大约在当删定官期间，得到曾巩之后又一位北宋校书家孙朴在元祐元年至八年（1086—1093）校定的《战国策》两个版本，这两个版本虽有繁简和文字差异，但都是以曾巩本为基础，参校北宋时人苏颂、钱藻、刘敞和国家集贤院的不同校本校定的。姚宏以这两个版本为基础，间出己意，作《战国策续注》。之所以称为“续注”，是因为汉代名家高诱曾为《战国策》作注，姚宏将之保存在自己所校的书中，而将自己的注视为高诱注的继续。高诱注传到曾巩为《战国策》校补时，已经不全。这一点，我们从访得的清崇文书局雕本后所附姚宏题跋中就可以读到。他说，存有高诱注的，仅仅第二卷至第四卷、第六卷至第十卷、第三十二、三十三卷，共十卷，其余各卷都没有高诱注。曾巩序曾记载他校《战国策》时北宋官书目记载高诱注仅存八篇，而他见到的是十篇。姚宏的版本中存有高诱注的也是十篇，所以曾巩所见到的高诱注应当与姚宏所见到的数量相当。在现存清崇文书局重刻的姚宏本《战国策》中，凡标明“曾作”的，是曾巩本的异文；凡标明“钱”“苏”“刘”“集”的，分别为姚宏所得孙朴本中所记载的钱藻、苏颂、刘敞等人和集贤院本的异文或校语；凡标明“一作”“一本”“旧作”的，为姚宏自己收集的参校本的异文；而凡标明“续”的，是姚宏自己的注文。除此之外，在第二至四卷、第六至十卷和第三十一、三十二卷中，凡不标姓氏或出处的注释，均为汉代高诱的原注。

与当时流传的鲍彪的新注本不同，姚宏的注本，所出注较多为校勘，而鲍彪注释，较多为训释；姚宏的注本非常注意保存旧版《战国策》原貌，而鲍彪注本在自己认为应该如此之处就直接加以改动。例如，姚宏本《战国策》的第一卷《东周》，在鲍彪本中被改为第二卷；而鲍彪将原本所列第二卷《西周》改为第一卷。其原因鲍彪在自己的序中说明：“西周，正统也，不得后于东周，定为首卷。”这一处改动，后为《战国策》作注的元代吴师道就曾经提出批评，指出："鲍以赧王为西周君，而指为正统，此开卷大误，不知河南为西周，洛阳为东周。"又例如，《战国策》最后一卷《中山策》之末，附有一篇秦昭王与秦国名将武安君白起对于伐赵的讨论，姚宏认为原本将秦国君臣的讨论放在中山国卷不对，但仍存其旧，仅在其题跋中指出："武安君事，在《中山》卷末，不知所谓。"而鲍彪则径直将该篇挪移到《秦策》之中。无论有无道理，这种擅改反映的是宋人"以心逆志"的时尚，对于保存古书旧貌是非常不利的。姚宏存疑而不轻易篡改，则保存了古书原貌，体现了校勘古籍应有的严谨态度。

姚宏注本流传到清代，数量已极少。黄丕烈得到一部，"楮墨精好"，认为是《战国策》传世善本，于是一面让雕版工人影刻，一面亲自动手，选参元代吴师道等人的校本而详加勘校，写成校勘札记三卷附后。黄丕烈，清代著名藏书家、校书家，字绍武，号荛圃、荛夫，又号复翁，江苏吴县人。他的藏书，以"佞宋"为特点，据《百宋一廛书录》和《求古居宋本书目》记载，黄丕烈前后共收宋版图书二百部，这是一个了不得的数字。黄氏学识深厚，精于校勘。每获一书，日夜雠校，研索订正，有校至三四次或五六次的。他将所校精品刻为《士礼居丛书》，该丛书收书共十多种，一般都附有札记，这些校书和札记当时就以其版本珍贵和校雠精审而享有盛名。《重刻剡川姚氏本战国策》就收入在《士礼居丛书》中。这里从该书中随手举一例以见黄氏札记校雠之精：《赵策四》有一篇收入现语文课教材的《触龙说赵太后》，姚宏原本"触龙"之"龙"字下有下偏旁"言"，作"讋'' 字。姚宏注意到这一段的文句"左师触讋愿见太后"中的人名、行文与其他有相同的记载的文献不同，如《史记·赵世家》作"触龙言愿见"。但姚宏并未评价诸版本的是非，只是指出"一本无'言'字"。而鲍彪注则认为"讋"字正确，元代吴师道也认同鲍彪。黄丕烈斟酌诸说，判断认为"龙"字正确，他指出："当作'龙'……'言'字本下属'愿见'读，误合二字为一。"1973 年，长沙马王堆三号墓帛书《战国策》出土，行文正作"左师触龙言愿见"，以出土材料确凿的证据证明了黄丕烈札记对于人名"触龙"和"言"字应当和"愿见"连起来读的判断正确。清代与黄丕烈同时的另一著名校书家顾广圻（千里）为黄氏《重刻剡川姚氏本战国策并札记》作序，称该书为传世《战国策》最古的版本，又称黄氏札记“虽主于据姚本订今本之失，而取吴（师道）校以益姚校之未备，所下己意又足以益二家之未备也，凡于不可读者已稍稍通之矣。后世欲读《战国策》，舍此本其何由哉!”认为该书及黄丕烈札记是读《战国策》的最佳路径，应该并非溢美之辞。

黄丕烈重刻《剡川姚氏本战国策》在清嘉庆八年（1803）。到清同治八年（1869），即本文开篇处提到的“同治已巳”，黄丕烈刻本存世已经不多，崇文书局于是选取了黄氏《士礼居丛书》《重刻剡川姚氏本战国策》作为底本，重刻出版《战国策》一书，这是非常有见识的。因为据《四库全书总目提要》载，当时可供选刻的版本并不少，如孔昭焕家藏姚宏续注本、鲍彪新注内府藏本、元吴师道校注本等，崇文书局作为官书局刻书，底本应该是不愁选的，而崇文书局选取了校勘更为精审的黄氏《士礼居丛书》本，可谓独具只眼。

清崇文书局《剡川姚氏本战国策》共五册，第一册卷首目录之后录刘向《别录·战国策书录》《战国策》第一至第九卷正文；第二册为第十至第十八卷正文；第三册为第十九至第二十四卷正文；第四册前为第二十五至三十三卷正文，后依次录曾巩序、李文叔跋、王觉大约写于北宋英宗治平四年（1065）的《题〈战国策〉》、孙朴的跋和姚宏的跋；第五册依次为黄丕烈《重刻剡川姚氏本战国策并札记序》、黄丕烈的上中下三卷札记、顾广圻为黄丕烈本所作的序。附录之中，除李文叔和王觉两篇聊以存古之外，其余各篇都具有非常高的文献考订价值。崇文书局于同治六年（1867）李瀚章署湖北总督时成立，到张之洞督鄂时大发展，成为当时中国四大书局之一。所刻书以版本考究、刻工细致、纸墨精好著称于世，所重刻《战国策》亦如此。

数十年过去，1900 年，大变局到来。八国联军攻入北京，两广总督李鸿章面对朝廷“召集义民”以勤王抗敌的指示沉思再三，最后毅然复电：“此乱命也，粤不奉诏。”而两江总督刘坤一、湖广总督张之洞则进一步领头与列强搞“东南互保”，签订了九款章程，使南方大半个中国免于兵火战乱。动荡之后，慈禧太后逃难后返回北京，痛定思痛，决定要着手与帝国主义列强改善关系，于是由国家出面第一次派团参加1904年美国圣路易斯万国博览会。要向世界展示泱泱大中华有典有册的数千年文明，展品当然莫过于图书，而其时大劫甫过，北方糜烂，要送书参展，环顾中国，还只有南方湖北崇文书局所出官本图书依旧楮墨灿然，规模宏富。于是当事者决定选送崇文书局版图书190余种，与慈禧太后油画像一起，远涉大洋参展，而《剡川姚氏本战国策》赫然在焉。由于展后清政府又将参展图书作为礼物全数赠予美国政府，于是包括《剡川姚氏本战国策》在内的清湖北崇文书局版190多种图书又奉命入藏美国国会图书馆，至今仍担负着亲善大使的使命，续写着向世界传播中华文明的历史篇章，这当然是一点题外话。

入藏集团公司陈列室的这套清湖北崇文书局版《战国策》，依旧散放着淡淡的陈年书香，默默诉说着她自己的故事。这五本书，开本均为263毫米长，70毫米宽，除第一本题签和封底脱落，几处装订线断开之外，其余都十分完好。清同治八年至今，历经140多年，历经动乱，能保持这样的品相，殊为不易。想必有爱书之人，勤于呵护，而冥冥之中，亦自有庇佑。由此想到我们的民族，想到我们历经坎坷而依然生生不息的民族传统文化，不禁慨然亦欣然，更加感到作为出版人肩负的那一份沉甸甸的责任。

清崇文书局选姚氏本重刻《战国策》，于保存古籍旧貌当是上选；而鲍彪擅改固然不妥，但他下大功夫注释文句，成绩宏富，且其本身即为宋代古注，亦值得重视，故以后若有机会整理，应以姚本为主，将鲍注及后来黄丕烈校勘札记逐条散入正文之下，综合校注，当更为上佳之本。

（原载《出版科学》2011年第1期）

湖北崇文书局本《齐民要术》研究提要

孙金荣*

北魏高阳太守贾思勰撰写的《齐民要术》，在最初的几个世纪，以手稿或另有手抄本的形式流传。公元十一世纪，有了迄今可知的第一本奉北宋皇帝之命印刷颁行的《齐民要术》。此后，《齐民要术》不同版本的刊刻、印刷、传抄、校注时有发生。贾思勰《齐民要术》原始写本不传于世。北宋以来经数次刊刻、印刷、传抄、校注等，各版本多有差异，其源流传承关系有的交代清晰，有的模糊。内容衍缺情形不一。湖北崇文书局本《齐民要术》虽校勘不甚精良，但其内容当是存世版本中继明抄本之后最为完整的了。其在出版史、文化史、科技史上的价值是非常重要的。

一、版本研究提要

《齐民要术》，北魏贾思勰撰，清光绪元年湖北崇文书局刻，十卷，4 册。书体长 26.6cm，宽 17.2cm，厚 3.5cm。雕版墨印框高 18.9cm，宽 29.8cm，每页对折宽 14.9cm。每页竖排大字 24 行，每半页 12 行，每行竖排大字 24 字。每页排小字 48 行，每半页 24 行，每行竖排小字

---

* 作者简介：孙金荣，文学博士，山东农业大学文法学院教授、副院长。研究方向：古代文学、文化史、农业史。基金项目：国家社科基金重大委托研究项目《〈子海〉整理与研究》子项目《〈齐民要术〉研究、校注》；山东省社科规划研究项目《〈齐民要术〉研究》。

24 字。版心记有卷数、书名、页码，刻有双鱼尾。第一册扉页版印篆体“齐民要术”和隶书“光绪纪元夏月湖北崇文书局开雕”字样。依次印有北魏高阳太守贾思勰撰《齐民要术序》，仪封王廷相子衡序《齐民要术后序》，镇江葛祐之《齐民要术后序》，海盐胡震亨《书齐民要术后》；《杂说》；《齐民要术》卷一、卷二、卷三。第二册为《齐民要术》卷四、卷五、卷六、卷七。第三册为《齐民要术》卷八、卷九。第四册为《齐民要术》卷十。山东农业大学图书馆藏。

湖北崇文书局本《齐民要术》，存镇江葛祐之《齐民要术后序》。这是南宋刻本“龙舒本”的后序。因为它能说明《要术》在南宋时的情况，后来各种翻刻本及抄本都保存着这个后序。《齐民要术》明钞本将该序文附在全书最后。湖北崇文书局本《齐民要术》将葛祐之、王廷相、胡震亨的序文置于《齐民要术》自序之后，《杂说》及各卷之前。

葛祐之《齐民要术后序》开篇云：“绍兴甲子，夏，四月十八日，龙舒张使君，专使贻书曰：‘比因暇日，以《齐民要术》刊板成书，将广其传。’求仆为序，以冠其首。”“绍兴甲子夏四月十八日”，即南宋高宗绍兴十四年（1144）夏历四月十八。龙舒，汉晋时地名，此处指称南宋时的舒州（今安徽潜山）。张使君，即张辚，字彦声，济南人。曾任浙江上虞令，九江郡丞，后擢守龙舒。葛祐之明确指出龙舒太守张辚使君派专人送来书信说，近来利用闲暇时间，把《齐民要术》一书刻板印行，将使其广为流传。请葛祐之写一篇序，放在书的开头。

葛祐之《齐民要术后序》云：“《齐民要术》，旧多行于东州。仆在两学时，东州士夫，有以《要术》中种植蓄养之法，为一时美谈。仆喜闻之，欲求善本寓目而不得。今使君得之于芗林居士向伯恭。伯恭自少留意问学，故一时名士大夫，多与之游，而喜传之书。盖此书乃天圣中崇文院校本，非朝廷要人不可得。使君得之，刊于州治，欲使天下之人，皆知务农重谷之道；使君之用心可知矣。”从葛祐之的这段序文看，张辚刻本《齐民要术》依据的是从芗林居士向伯恭那里得到的底本。并大致推断这部书就是天圣年间（1023—1031）崇文院校刻的版本，如果不是朝廷里的显要人物是得不到的。如果葛祐之序中“盖此书乃天圣中崇文院校本”的推断无误，则能说明芗林居士向伯恭所拥有的本子即北宋崇文院校本，张辚刻本源自北宋崇文院校本。葛祐之序还叙述了张使君得到此书，在州府刊刻印行的目的，是让天下的人都懂得致力于农业生产、重视粮食生产的道理。肯定了刻书的良苦用心。

葛祐之序文又云：“使君名辚，彦声其字，济南佳士也。尝为越之上虞令，县多力穑之农，而令实为之劝，故租赋之入，不劳而办。又尝为九江郡丞，而化行乎江汉之间。自九江擢守龙舒，闻誉益美，功利益博。又以其余力，刊书累编，贻训于后。他日得君行道，岂易量哉?”盛赞张辚是济南府的优秀人才，曾经担任越州的上虞县令，县里有许多努力耕作的农民，而县令张辚着实给予农民以鼓励，所以租税的收缴，不用费力就能完成。其又曾经担任九江郡的辅佐官吏，在长江、汉水之间对乡民进行教导感化。从九江郡丞提拔为龙舒太守后，声誉越来越好，功绩越来越大。他还利用自己剩余的精力，刊印书籍，汇编资料，为后代留下训诫。将来得到君主的重用，实践自己的主张，前途岂能轻易估量?

葛祐之序文推断张辚从芗林居士向伯恭那里得到的《齐民要术》版本，大概就是天圣年间（1023—1031）崇文院校刻的版本。笔者认为，这个推断可能有误。南宋张辚刻绍兴龙舒本虽已亡佚，但拿明抄南宋绍兴龙舒本比对院刻本尚存部分，明抄本与院刻本不同之处大量存在。如果我们借助金抄本作参照，则明抄本与金抄本、院刻本出入最大，而金抄本与院刻本出入很小。如果将影抄高山寺宋本《齐民要术》卷五与明抄本、金抄本卷五做一下比对，会发现规律性问题：明抄、金抄两本明显不同，院刻本与金抄本一致，明抄、金抄、院刻与其他版本间无明显规律可循。再将《齐民要术》卷八作比对，院刻本、金抄本相同，而与其他本异的情形最多，约 145 处。明抄、湖湘本同，院刻、金抄本同，同时明抄、湖湘本又与院刻、金抄本异的情形也较多，约 110 处。院刻、金抄、湖湘本同，明抄异，这种情形也有一定比例，约 33 处。金抄与院刻同源的说服力强，但明抄与院刻同源的疑虑就大了。南宋龙舒本与明抄本可能自成一系，是否出自院刻值得商榷和研究。①

而实际上，南宋绍兴十四年（1144）的私人刻本，即张辚刻绍兴龙舒本，是不同于北宋崇文院官刻本的独立刻本，该刻本已亡佚。明代传有根据南宋张辚刻本抄写的抄本。南宋还有张辚本的覆刻本，亦亡佚。《四部丛刊》影印的群碧楼藏明抄南宋绍兴龙舒本，依据的是南宋张辚刻绍兴龙舒本，还是其覆刻本，或是另一版本，尚待细考。

民国十一年至二十六年（1922—1937），上海商务印书馆编辑出版《四部丛刊》，将明抄南宋绍兴龙舒本《齐民要术》影印，编入《四部丛刊》。明抄、院刻、金抄最富版本价值。商务印书馆《四部丛刊》影印的江宁邓氏群碧楼藏明抄南宋本（简称“明抄”），是此前唯一完整不缺的宋本。该版本每半页十行，行大字十七（卷前《杂说》后段行字十八九），小字二十四五。影印时较原本有缩小，但清晰精好如原抄。《寒瘦山房鬻存善本书目》所记“明白皮纸钞本”云：“此本坊友携来，初不甚重之，然确是明抄……所钞必出于宋本。……沅叔借校，则极言其佳，并云：‘后三卷尤善，殆无有更出其右者。’”下有“群碧”题记，疑即此明抄原本。

明抄本是现存《齐民要术》各本中最完备的本子，和两宋其他各本比较，比院刻本多八卷，比金抄本多一卷，比校宋本多三卷半。单就卷十言，金抄本缺“菜茹”项下“蕨菜”一条，而明抄本不缺。和宋以后的明清各本比较，明抄本完备不缺，没有缺页、缺段、缺条、缺句、缺字等现象。因群碧楼藏明抄本源自南宋绍兴龙舒本系统，故明抄本将葛祐之为南宋张辚刻绍兴龙舒本《齐民要术》作的序文附在全书最后。当然明抄本内容与校宋本相似度较高，但也颇多异文。它补正了校宋本的一些脱误，也校正了北宋本的一部分错字。黄丕烈（荛圃）校宋本，劳格（季言）校宋本，均以某一部《齐民要术》作底本，拿南宋张辚刻本来校对，将张辚刻本与底本不同的内容校录在底本上。张辚刻本已亡佚，黄校本只校录前六卷半，劳本只校录到卷五第五页。

①孙金荣：《齐民要术研究》，中国农业出版社2015年第1版，第172—178页。

崇文书局本《齐民要术》存葛祐之《齐民要术后序》，其用意也在说明该刻本与绍兴龙舒本的源流关系。将王廷相的序文置于《齐民要术》自序之后，《杂说》及各卷之前。王廷相（1474—1544），字子衡，号浚川，世称浚川先生，河南仪封（今兰考）人，祖籍潞州。明代著名文学家、思想家、哲学家。明朝文坛“前七子”之一。官至南京兵部尚书、都察院左都御史。谥“肃敏”。其《齐民要术后序》云：“嘉靖甲申五月望日仪封王廷相子衡序。”“嘉靖甲申”即明嘉靖三年（1524）。“望月”指月亮圆的那一天，通常指旧历每月之十五日或十六日，可知是明嘉靖甲申五月望日王廷相为马直卿湖湘本作的序。

明马直卿嘉靖三年（1524）刻本，因刻于湖湘，故又称“湖湘本”。每半页十行，每行大小均十七字。据该本王廷相《序》称：“侍御钧阳马公直卿按治湖湘，获古善本……乃命刻梓范民。”缪启愉认为：从马直卿所获“古善本”的内容看，其实并不“善”，它应是元刻本，或是元刻的覆刻本。[①] 还认为湖湘本内容不但有和南宋系统本相同的地方，更有不少和北宋系统本相同。马直卿的刻书态度很慎重，力求保持原样，不予轻改，或存误不改，以避免再造成错误。对两宋本的某些校正，也是根据原本来的。[②] 缪氏意在说明“湖湘本”可能源自元刻本，而非源自两宋本。

崇文书局本《齐民要术》亦将海盐胡震亨《书齐民要术后》置于自序之后，《杂说》及各卷之前。胡震亨于明末万历二十六年（1598）在北京灯市得一明刻本《齐民要术》，和沈汝纳（士龙）、姚士粦（叔群）一同校订并刊刻成书，列为《秘册汇函》的一种，即所谓《秘册汇函》本。每半页九行，每行大小均十八字。胡震亨《跋》没有记明刻书年月，据《秘册汇函》之一的《泉志》徐象梅《跋》称：“沈汝纳、胡孝辕（按即震亨）旁罗秘册，刻为《汇函》，总若干卷。”徐《跋》撰于万历三十一年（1603），则《秘册》本《要术》的刊印，当至迟在1603年

①缪启愉：《齐民要术校释》，农业出版社1982年版，第838页。
②缪启愉：《齐民要术校释》，农业出版社1982年版，第841页。

已完成。《秘册》本所用原本，胡震亨《跋》仅称“获之灯市”，未指明何本，黄荛圃等均称该本实出湖湘本之旧。缪启愉先生取据《秘册汇函》本《齐民要术》原板重印的《津逮》本与湖湘本比校，其中讹字、脱文、墨钉、空等基本相同，特别是卷十的许多脱行、脱页和错页，二本完全符合，证明它的据刻原本确是湖湘系统本。胡震亨所得“灯市”本的脱页脱文多于湖湘本，故缪启愉先生怀疑该本并不是湖湘原刻，而是湖湘的覆刻本或者抄本。《秘册》本出自湖湘系统本，不能说直接出自湖湘本。①

不论《秘册》本是直接出自脱页缺文的湖湘本，还是如缪氏所言出自湖湘的覆刻本或者抄本，《秘册》本出自湖湘系统应是可信的。故崇文书局本《齐民要术》将海盐胡震亨《书齐民要术后》置于自序之后，其意在表示崇文书局本《齐民要术》与湖湘系统本、明抄本、南宋绍兴龙舒本《齐民要术》系统有传承关系。

《秘册汇函》后遭火患，胡震亨以残板转让毛晋，毛晋编入汲古阁《津逮秘书》。此后《秘册》本《要术》为毛晋翻印流传，故又称其本为《津逮秘书》本。毛晋《自序》称：“胡孝辕以《秘册》二十余函相属，惜半烬于辛酉之火。”辛酉是天启元年（1621），毛晋《序》撰于崇祯三年（1630），则《秘册》本经过毛晋整补重印为《津逮》本，最迟在1630年已完成。《津逮》本《要术》虽说本子质量不高，但在其后一百多年的时间里，翻印多、抄本多、流传广、影响大、名气高、销路广。1744年日本刊刻第一部山田罗谷本《齐民要术》，依照《津逮》本原样覆刻。1804年的《学津讨原》本、1875年的崇文书局本、1893年的《观象庐丛书》本，以及崇文书局《百子全书》本、山田罗谷本的仁科干覆刻本等，都是《秘册》《津逮》本的传承，上海博古斋还有该本的影印本。北京图书馆藏《四库全书》原抄本，似亦出自该本。

为进一步说明院刻本可能与张辚刻绍兴龙舒本系统、明抄本、湖北崇文书局刻本可能不是直接传承，而后三种系统可能是一脉相承，笔者

①缪启愉：《齐民要术校释》，农业出版社1982年版，第842—843页。

拿影钞高山寺宋本《齐民要术》之第五卷、第八卷，与明抄本、湖北崇文书局刻本比对，发现其与明抄本、湖北崇文书局刻本相同处相对较少，而后二种相同处相对较多。

综上，如果追本求源，湖北崇文书局本《齐民要术》当与《津逮》本、《秘册》本、湖湘系统本、明抄本、南宋绍兴龙舒本《齐民要术》系一脉相承。

二、内容研究提要

就结构与内容的完整性而言，崇文书局本《齐民要术》与群碧楼藏明抄南宋绍兴龙舒本《齐民要术》一样，是十卷俱全，内容完整的。全书计十卷，前九卷计 91 篇，包括农、林、牧、副、渔、酿造、饮食等诸多方面内容，同时涵盖了经贸、文献学、史学、哲学等各方面内容，第十卷介绍了 149 种非中国物产。《齐民要术》以讲授农业技术为主，具有重要的农业科技价值，同时又蕴涵着丰富深邃的哲学、史学等人文科学思想，虽历时千余年，仍具有重要的理论意义、学术价值和应用价值，其人文精神和文化思想仍发挥着巨大作用。

《齐民要术》承前启后，总结了深耕、浅耕、初耕、转耕、纵耕、横耕、顺耕、逆耕、春耕、夏耕、秋耕、冬耕等各式各样的耕作方式，并详细说明了每一种耕作方式适用于哪些情况，如何具体操作。提出了耕、耙、耱、锄、压等一系列的整地保墒技术，并对各环节间的巧妙配合、灵活操作等做了系统的归纳。在农作物的田间管理方面，强调农作物要多锄深锄、锄小、锄早，逐次调整中耕深度。对已耕坏了的土地，记述了补救和改良措施。《齐民要术》比较系统地讲述了垦荒造田、耕地保墒、因时制宜、因地制宜、精耕细作、美田养田、土壤改良、耕种技术改进等土地耕作技术，并一定程度地形成了耕作技术思想，标志着中国传统耕作技术的成熟。在少耕或免耕、用地养地结合、绿肥轮作、耕作技术的实践体悟与科学认知等方面，都给后世以传承和启示。

《齐民要术》记述了粟、黍、麦、稻、菽等十数种农作物种植栽培技术，主要讲述了农作物品种类别、特性、选种、种植方法、整地保墒、播种时间、播种量、播种深度、株距、行距、苗期管理、施肥、浇水、病虫害防治、收获、储藏、留种等技术思想。《齐民要术》对于农作物的研究已达到较高水平。在整地、轮作、间作套种、选种、育种认知、制种技术、浸种、播种技术与方法、移栽、播种时令、生长习性和区域种植、生长环境研究、施肥、苗期管理、水肥管理、病虫害防治、收获、储藏、加工技术等诸多方面均有研究，现代农作物种植栽培科技对《齐民要术》中所记载的科技思想有着直接的继承与发展。

《齐民要术》作物种植中的浸种、除草、管理、施肥、安全、环保等技术与思想；天地人和合的可持续发展思想；种植过程中各环节相关技术之间相互依存的内在联系；重施基肥、有机肥的理念与实践；依据气候特点、区域特点、作物习性等选择适合作物生长的土壤，提高土地的生态效益和生产效率；作物种植的季节时令选择，播种量的把握，中耕锄草、及时收获等方面积累的具体经验技术及实施要求；不同作物间作套种、合理轮作、绿色避害（利用农作物的特性，防治病虫害，如：豆麻间作防虫）；生物防治；翻地晾晒、因地制宜、重视个性差异等，对解决当前我国农业生产中消耗多、成本高、污染重、风险高等问题，具有非常有益的启示。《齐民要术》对农作物种植栽培科技与思想的总结、归纳，对现代农作物种植栽培的理论与实践意义是不言而喻的。

《齐民要术》中记录蔬菜栽培的方法达 32 种。涉及蔬菜土壤选择、整地作畦、浸种催芽、播种时令、育苗、栽培、耕锄、施肥、苗期管理、茬口衔接、收获、储藏等各技术环节，形成了系统的蔬菜栽培科学技术，为后世蔬菜栽培技术的传承与发展奠定了基础。尤其是关于蔬菜遗传育种的理论与实践，为中国蔬菜遗传育种的发展奠定了基础。对引种驯化、遗传育种、选种、验种、留种、繁种、种子处理等阐释，蔬菜种植栽培的全局观，菜地的可持续利用，蔬菜生产的持续供应等思想，为后世提供了诸多可供借鉴的思想和技术。

《齐民要术》记述了枣、桃、李、梅、杏、梨、栗、柿、安石榴、木瓜、椒、茱萸12种果树的栽培技术。记述了桑、柘、榆、白杨、棠、榖楮、漆、槐、柳、楸、梓、梧、柞、竹等10余种林木，及主要果树的生长习性、采种方式、育苗方式、种植技术、抚育模式、伐木技术、主要用途和经济效益，以及果树繁殖技术、果品采收技术等方方面面的内容。现代果树、林木种植栽培科技思想，在品种选育、栽培技术、管理、收获、收藏、加工等方面，对《齐民要术》种植栽培科技思想有继承与发展。《齐民要术》果树林木种植栽培科技思想，在育种栽培技术、经济产业发展、饮食保健、生态高效、加工等方面，对我国现代果树林木种植栽培科技思想具有重要的启示和意义。

《齐民要术》记述了牛、马、驴、骡、羊、猪、鸡、鹅、鸭、鱼等动物的养殖、繁殖等技术，疾病防疫、治疗等技术。这些技术、理念，与现代养殖技术基本上是一致的。

《齐民要术》系统讲述了酒、酱、醋、胶，以及多种食品的酿造及加工技术。其技术方法对今天的食品酿造与加工都有传承和指导意义。

《齐民要术》引用、参阅图书文献180余种。引用书目中现已失传的有百余种。《齐民要术》引用保存下来的亡佚图书资料，成为我们今天了解古代有关书目、内容和版本的重要文献资料，了解古代农业科技的重要科技史料，具有非常珍贵的史料、资料价值。

《齐民要术》从政治、哲学等多层面认识农业生产的人本、民本意义，认知天地人之间的和合共存关系，探讨事物之间的有机联系。这些思想对传统文化的历史传承有着深刻启示。《齐民要术》体现了安民、富民、利民等崇高的人文关怀和民本思想，体现出天地人和合的思想，体现出事物有机联系的思想。对后世的农业科技思想和农业生产实践产生了重要影响，对现代农业生态文明有着重要意义。《齐民要术》中所讲述的有关农业经济、经营管理和商业贸易等内容，涉及农产品生产与市场交换、农产品的时间价值和生产的连续性、产品存在的差异化、合理地配置生产要素、提高投资收益、提高规模生产、降低劳动成本、土地经营的原则等，是农业经济思想的精华。

《齐民要术》引文浩繁，内容丰富，时间跨度大。在思想理论和科学技术等各个方面兼收并蓄、广征博引，具有丰富的资料价值。其在不同季节、气候、土壤条件下，有关植物种植的布局、耕作、栽培、管理、轮作、套作、混作、施肥、灌溉、选种、育种、病虫害防治等技术方法，对今天的农业生产依然具有宝贵价值。在农、林、牧、副、渔、生物技术、饮食、史学、哲学、经济学等更广泛的领域，也具有重要的史料价值和现实应用价值。

缘起百年前湖北出版物的一段佳话

汤旭岩　马志立

2010年7月1日，考察美国国会图书馆时，笔者汤旭岩第三次听到居蜜博士介绍百年前参展美国圣路易斯万国博览会的一批湖北出版物。上两次是2009年7月和2010年6月，分别是在居蜜博士造访湖北省图书馆座谈和华中师范大学校长宴请席间。过去听说并接触过PPT图片，形成了一些隔靴搔痒且又难忘的印象，这趟美国之行有幸亲见实物，补足相对完整的文化记忆。于7月14日，笔者约请著名画家陈立言先生、武汉大学资深教授冯天瑜先生共进晚餐，席间冯天瑜先生又提及上述出版物，且颇为关注。遵冯天瑜先生之嘱，对相关资料加以整序并附照片若干，且作复命之举，也权当交约稿刊物之差。

前面提到的一批湖北出版物，现藏于美国国会图书馆，本是清政府运往美国参加1904年圣路易斯万国博览会的展品，展品目录记载于Catalogue of the collection of Chinese exhibits at the Louisiana Purchase exposition St. Louis，1904。展览结束后，中国政府以政府名义将展览图书赠予该馆永久收藏。赠书明细记录于美国国会图书馆藏《圣路易斯赛会中国捐赠书目》。赠书为刻本，共198部1965册，以崇文书局刻印者为大宗，另有湖北洋务译书局译书、《大清一统地舆图》、《光绪湖北舆地图》等舆地类书籍。

1904年美国圣路易斯万国博览会，可谓世界性文化盛会。与此同时，中国第一家省级公共图书馆——湖北省立图书馆宣告成立，拉开了中国图书馆事业从藏书楼向现代图书馆迈进的序幕。这两件看似风马牛不相及之事，今日看来，居然缘分初定。

当年精心挑选湖北图书作为展品赴美，以及湖北省图书馆成立，都是湖北巡抚端方和湖广总督张之洞亲力亲为，是两位的杰作。从这层意义上说，冥冥之中，大洋两岸，圣路易斯博览会与湖北省图书馆在此时结下因缘。

据张继煦（春霆）《张文襄公治鄂记》之《各种文化事业》节记载，张之洞督鄂期间，“编译西书，初议定体例，分十二门，请上海格致书院山长王韬搜罗外洋书籍，依类编纂。（中略）十九年，又请杨楷华世芳等重加编纂，删去繁复，补其未备。”而选送翻译书籍，湖北自有资源。

就地图类图书而言，据同书记载，“光绪十六年，因会典局催索湖北地图，公札司设立舆图局。（中略）统计以两年测地，一年绘图，三年竣事”。正为此故，崇文书局所刻，多有舆地类书籍。

崇文书局所刻大部头《湖北丛书》板片为张之洞购回。同书载，“先是鄂学院赵尚辅搜辑历代乡贤著述三十一种校刊，曰《湖北丛书》。公由善后局筹拨银四千两，收回板片，存贮湖北官书局，并拟陆续汇刻完备，曰《江汉丛书》”。

端方重视西学，在湖北巡抚任期，积极选派学生留学。《端忠敏公奏稿》卷三《选生赴比学习实业折》（光绪二十九年十一月）云：“窃臣于本年迭次选派湖北各学堂学生前赴德美俄法各国游学，均经先后奏明在案。”今又选派二十四名学生赴比利时学习实业。就此一端，可知端方对待西学的态度。

湖北选送洋务类书籍的理由，是因本省洋务繁杂，翻译西洋书籍，乃应有之义。洋务一端，《端忠敏公奏稿》卷三《奖励洋务人员片》（光绪二十九年四月）大言湖北洋务之繁杂：“查鄂省地据上游，绾毂南北，附近湘豫等省，遇有洋务，均归汉口领事兼管，交涉事宜，本极繁重。”不仅如此，端方指出，因荆州沙市增设码头，事变迭起，教案纷纭，加之铁路开行，商务日辟，各国争拓租界，议添码头，洋务繁杂，日甚一日。由此可知，湖北翻译西洋书籍，有强烈的现实需要。

综上所述，湖北选送圣路易斯万国博览会的书籍，实乃湖广总督张之洞、湖北巡抚端方治鄂之文化成果展示。

选送书籍，端方功不可没。端方虽然以酷爱金石收藏学者而知名，《匋斋藏石录》乃其心血所瞩，但并不一味沉溺于其中。清末出洋考察五大臣，端方便为其一，这与他知悉西洋知识有关。湖北省图书馆馆藏中，藏有由清陈钰辑，清郑贞来译《交涉要览类编初编》四卷，清光绪二十八年（1902）湖北洋务书局刊本，端方亲自题签并钤“端方私印”。《交涉要览类编》初集、二集，作为武昌洋务翻译局丛书，亦赠予美国，现已作为美国国会图书馆馆藏。

湖北所送展书籍，大宗为崇文书局所刻书，虽然无法得知送展书籍明细，但崇文书局所刊书籍有明确记载。观《中国近代古籍出版发行史料丛刊》第 3 册所收《湖北官书处书目》《湖北官书处新编书目》《湖北崇文书局书目》三种及黄嗣艾《湖北公藏版刻提要》，大抵反映了崇文书局刻书盛况。崇文书局在同治、光绪年间达到全盛，跻身全国四大官书局之列，这与张之洞督鄂大有关系。据片段资料得知，湖北送往圣路易斯展出书籍，崇文书局所刻至少包括以下几种：《十一经音训》《四礼翼》《说文解字义证》《史记》《明史》《稽古录》《资治通鉴注附释文辨误》《鄂省营制驿传汇编》《沈氏尊生书》《李太白文集》《唐宋八大家类选》《胡文忠公遗集》《湖北丛书》《经心书院集》。送展书籍涵盖经史子集，这些是崇文书局的主阵地，也是坚持传统学术的结果。值得注意的是，《沈氏尊生书》乃中医书籍，为崇文书局所刻医书之一。《经心书院集》系选编经心书院学子课卷而成，送其出国展览，有显示国家富有青年才俊之意。

由湖北选送书籍，其意义在于：展示中国传统学术成就；以翻译类书籍送展，体现中体西用；展示湖北乃至中国对于世界的认知水平。送展书籍乃极其普通的书籍，崇文书局刻书在国内销量甚大，观光绪七年八月畿辅通志局刊《直隶运售各省官刻书籍总目》可略见一斑。可以讲，送展书籍并非特意展示中国传统雕版印刷技术和装帧艺术，而是以书籍内容为主，选送每部书籍必有深意蕴含其中。是让世界更深入地了解中国，了解湖北。

中国选送书籍参加国际博览会并非仅一次，为参加 1935 年底至 1936 年春举办的“伦敦中国艺术品国际展览会”，中国选送了珍本古书，展后又小心翼翼地运回国内。伦敦中国艺术国际展览会筹备委员会编《参加伦敦中国艺术品国际展览会出品图说》第四册“其他类”之珍本古书照片目录，均为难得一见的古籍善本。送展善本，一为显示我国历史之悠久，一为展示善本刊刻之精美，已然跻身艺术品之列。两项对比，则知选送普通书籍之用心。

关于送展书籍的挑选，端方当主其事。虽然我们尚未见到完整的《圣路易斯赛会中国捐赠书目》，但知晓部分赠书的明目。光绪二十九年六月《端忠敏公奏稿》卷三《进呈书籍折》之奏折云：“奏为遵旨进呈书籍恭折，仰祈圣鉴事。窃臣于光绪二十九年闰五月二十一日承准外务部个电，内开军机大臣面奉谕旨：所有江宁江苏江西浙江湖北广东四川各省官书局刊刻书籍，着各该督择要刷印进呈，钦此。钦遵电寄前来。伏查湖北官书局设自同治初年，历年刊刻类多经史有用之书，当即札饬该局将所刻书择要刷印两分，兹已装订成帙，计书一百一十六部共二百零七函，委员赍解赴京缴纳，恭呈御览。除另缮清单并咨军机处外务处外，所有遵旨进呈书籍缘由，谨恭折具陈，伏乞皇太后皇上圣鉴，谨奏。谨将遵旨进呈书籍缮具清单，恭呈御览。”奏折之后，乃进呈书籍之清单。

细研此奏折，端方进呈书籍，起因于外务部的要求，是为次年（光绪三十年，1904）圣路易斯博览会准备。端方所列清单中之医学书共八种，细目如下：《巢氏病源》《徐氏医书八种》《沈氏尊经》《温热经纬》《外科》《男科》《女科》《拯婴图说》。而《圣路易斯赛会中国捐赠书目》所列医学类为十一种，细目为：《医宗备要》《徐氏医书八种》《沈氏尊经》《伤寒审症表》《温热经纬》《外科》《男科》《女科》《产孕集》《巢氏病源论》《拯婴图说》。两相对比，后者仅增加三种，且均为崇文书局刊刻者。我们有理由相信，湖北选送圣路易斯博览会的书籍，是在端方所进呈书目基础上，略加调整而成。从奏折可知，送展书籍，并非库存旧书，而是取旧版重新刷印装帧。

送展书籍，虽不以展示中国传统的雕版印刷技术和装帧艺术为主要目的，但就所知送展书籍而言，还是兼顾版刻技艺的展示。即送展书籍，以内容为主，以版刻技艺为辅。因此，在送展书籍中，同一部书籍，便有多种版本送展。兹举二例：《圣御广训》二种，大字本、小字本各一；《御制劝善要言》三种，满汉文本一，大字本一，小字本一。笔者注意到，《圣御广训》二种、《御制劝善要言》三种，和端方进呈书籍，完全一致。选定湖北出版物送展，乃端方所为，应非臆断。

笔者在美国国会图书馆亚洲部善本书库见到，所藏“武昌洋务译书局丛书”，以特制木盒盛载，盒面正中右起雕有“光绪壬寅十一月起武昌洋务译书局丛书讫癸卯九月止”字样，盒内书籍仍是普通装帧。仅见木盒难以知悉洋务译书局丛书子目，但可以断定，这是中国主动了解并研究世界大势的表现。从中可以得知，送展书籍侧重三层面：湖北特色；中国风貌；世界潮流。

当年湖北漂洋过海亮相美国圣路易斯万国博览会的古籍，多为崇文书局所雕，而之后的崇文书局被并入湖北省图书馆。从这层意义讲，回眸崇文书局往事，多有重温馆史的意味。据《湖北省图书馆百年纪事》记载，民国二十五年（1936），湖北官书局撤销，改名湖北省立图书馆崇文书局保管处，其板片 75467 块、书籍 10186 部移交湖北省图书馆；之后，该保管处更名湖北省立图书馆书籍印售处：1942 年，《湖北丛书》等板片陆续移交于湖北印刷所，据《湖北省图书馆百年纪事》之1947 年 4 月条记载，清理板片过程中发现战时有所损失。1953 年，经中南行政委员会文化局批准，湖北省图书馆所藏湖北官书局的复本 286 种 3169 部 11516 册，分赠北京、上海等 10 个省级以上公共图书馆和武汉大学等 3 所高校图书馆，以及武汉市政府、中南行政委员会文化局资料室。

时值上海世博会隆重举行之际，有幸到美国考察，参观美国国会图书馆，目睹百年前现身于万国博览会的湖北出版物。缘起百年前湖北出版物引出了以下一段佳话：为了参加美国圣路易斯万国博览会，张之洞、端方悉心选送崇文书局书籍参展，并将参展书籍赠予美国，为美国国会图书馆与湖北出版物初定因缘；张之洞、端方促成湖北省图书馆的创立，为崇文书局与湖北省图书馆相关联提供了前提条件；崇文书局最终并入湖北省图书馆，大量刻本被赠往全国各地，使得崇文书局与湖北省图书馆的缘分有始有终；而湖北出版物永久藏于美国国会图书馆，使得湖北传统文化在美国的传播延续至今。可谓，因缘中另有因缘。

正为此故，聊作短文，自知难以回应冯教授之垂询，权作抛砖引玉之用。

（原载《图书情报论坛》2010 年第 3 期）

崇文书局与1904年美国圣路易斯万国博览会

曾建辉

清朝太平天国运动以后，鉴于文化典籍尽遭毁弃，文教不兴，各地方督抚纷纷自设或奉旨兴办以印刷传统经史典籍为主的书局，以使“经史赖以不坠”。其中崇文书局是当时湖北规模最大、刻书最多、影响最大的官办出版机构，与金陵、苏州、浙江并称晚清四大书局。尤为难得的是在1904年中国第一次派政府代表团参加美国圣路易斯万国博览会，崇文书局送展的179种古籍丛书因其版本珍罕、纸墨精良、刻工精雕，在众多“赛品之丑，奚啻天壤”的中国展品中脱颖而出，获得了赛会的特等奖，得到了诸多评审和观众的青睐。但由于档案材料不足，学界对崇文书局参加圣路易斯万国博览会的研究并不多见，甚少提及。本文拟结合目前所获资料，对崇文书局参加圣路易斯万国博览会的情况做一番较为详细的论述，以求为研究方家提供些微的参考。

一、筹　　备

1904年的圣路易斯万国博览会，是美国为庆祝从法国手中购得鲁西亚那（路易斯安那）地方100周年而特意举行的一次纪念盛会。为彰显新兴大国的实力和形象，美国广邀世界各国赴会。中国早在光绪二十八年（1902）三月就收到了博览会总理会务巴礼德和总理会长弗兰西发来的“表明本国赛会宗旨”和“敬谨恭请大清国大皇帝陛下御临斯会，并殷盼大皇帝谕饬贵国家大臣等随同前往”的邀请帖。[①] 七月巴礼德专程赴京觐见光绪皇帝和慈禧太后，敦请中国参会，并多次拜见地方十八行省的官商人士，盛情相邀。鉴于清廷和美国之间的“特殊之谊”和美方的盛情之邀，全国上下对于参加这届博览会，予以了前所未有的重视，不但成立了以贝子溥伦、委任候选道黄开甲和东海关洋员美国人柯乐尔为正副监督的中国赴会特使团，而且为保障如期赴会，清廷还向直隶、江苏、广东、湖北、江西等11个省份强行摊派，凑足白银七十五万两作为专项经费。

与以往由海关全程策划、选送赛物或商人自行参加不同，这次博览会则由政府统筹安排所有参展事宜。鉴于时间紧迫，一方面政府外务部下令，要求各海关港口、地方督抚协同配合，选送物品；另一方面，发动民间士商携品积极参会。上海《新闻报》就在1903年2月28日到3月16日间，发出《博览会征送赴会赛物启》《续录博览会征送赴会赛物启》《再续博览会征送赴会赛物启》等6篇连续报道，向社会阐述赛会意义、赛会章程与形式、征集方法、物品标准、税费收取等详细情况，鼓励符合赛会宗旨的“绘画、音乐、杂技、装运、渔猎、教育、经营”的器具、技艺、人员前往参会。

作为湖北的官方出版机构，崇文书局能够参会与当时督政湖北的湖广总督张之洞是分不开的。作为晚清干练开明和“会通夷务”的地方大员，在湖北兴办洋务新政的过程中，张之洞对展览会这西方的“舶来品”有所认知，认为“天下事有粗观类游戏，而实隐寓富强之意，其西人之赛珍会乎”！赛珍会者，“聚五洲之物产，罗各国之珍奇，品评优劣高下以行其赏赉，或得金牌或得宝星，增识见广见闻”[②]。他还格外重视博览会的作用，指出“西国常有赛会之举，聚本国他国之货物，萃于其中”，“一经品题，身价十倍”，“乃欧洲振兴商务之一大关键”。[③] 并亲

①汪岳波编选：《晚清赴美参加圣路易斯博览会史料》，《历史档案》1987年第2期。

②《皇朝经世文统编》卷五十七，文海出版社1982年版，第2332－2354页，转引自马敏《世博会与近代东亚的参与》，《华中师范大学学报》2010年第3期。

③苑书义主编：《张之洞全集》，河北人民出版社1998年版，第1439页。

自实践，在1902年在武昌兰陵街设立的两湖劝业场，就是现代商业展览馆的雏形。其内设三个主体展厅，里面陈列着两湖地区各州县的工业、手工业产品和外国各种机械货物。[①] 而且张之洞一贯重视文化教育，扶持书局刊刻印刷工作。督鄂期间，“编译西书，初议定体例，分十二门，请上海格致书院山长王韬搜罗外洋书籍，依类编纂”[②]，并曾从善后局拨银4000两，购买古书板片送与崇文书局。

而崇文书局的送展事宜，应与当时的湖北巡抚端方密切相关。端方虽为满人，但与张之洞一样致力推动改革，推行新政，并且与西方政府官员和商人都建立了良好的关系。1901年英文报纸《字林西报》（即先前的《北华捷报》）刊登了一位名叫 Griffith John 的英国人面见端方的报道，指出端方不同于一般的满族官员，称其能力出众，善于与外国人打交道。并透露出他的儿子会英文和法文，并将出国接受西方教育。[③] 对于中国参加圣路易斯博览会，端方非常支持。在美国《堪萨斯城星报》刊出的一篇题为《中国在博览会上征集到最珍贵的展品》的报道中，提及端方借出私人收藏参加展会，总价值超过一万美元。由此可见端方对于赴美参展，态度是相当积极的。

而具体参展书籍的策划与选送，端方是亲力亲为。光绪二十九年（1903）五月，光绪帝谕令“江苏、江西、浙江、湖北、广东、四川各省刊刻书籍，着各该督抚择要刷印进呈”[④]。不到一个月的时间，端方即奏呈禀明已挑选完成湖北书局所刻书籍共一百十六种。《端忠敏公奏稿》卷三《进呈书籍折》云：“伏查湖北官书局设自同治初年，历年刊刻类多经史有用之书，当即札饬该局将所刻书择要刷印两分，兹已装订成帙，计书一百一十六部共二百零七函，委员赍解赴京缴纳，恭呈御览。除另缮清单并咨军机处外务处外，所有遵旨进呈书籍缘由，谨恭折

①皮明庥：《一位总督·一座城市·一场革命：张之洞与武汉》，武汉出版社2001年版，第44页。

②张继煦：《张文襄公治鄂记》，湖北通志馆1947年版，第23页。

③《对端方的一次采访》，《字林西报》1901年10月29日第4版。

④梅宪华：《晚清官书局大事记略》，《文献》1992年第1期。

具陈，伏乞皇太后皇上圣鉴，谨奏。谨将遵旨进呈书籍缮具清单，恭呈御览。"① 奏折之后附上进呈书籍之清单。这些书籍与中国在圣路易斯最终展出的书籍基本一致。像展览会上展出的《圣御广训》二种、《御制劝善要言》三种都和端方奏折所列书籍完全一样。还有展览会上共有中国古代医书十一种，与端方所列清单中的八种医书也基本一致，仅增加《医宗备要》《伤寒审症表》《产孕集》三种。根据朱士嘉所编《官书局书目汇编》中对湖北官书局书目的记录，端方所列八种医书和后来增选的三种医书均为崇文书局所刻印。② 由此可以断定湖北选送圣路易斯博览会的书籍，是在端方所进呈书目基础上，略加调整而成。崇文书局刊印古籍得以在诸多地方官书局中获得皇帝和海关税务司的首肯，顺利成行美国圣路易斯，是和端方的努力密不可分的。

二、获　　奖

1904年4月30日，筹备已久的路易斯博览会正式开幕，会期共183天，至10月中旬闭幕，参观人数累计近二千万，可谓盛况空前，其规模、人数、建筑都超过以往各届博览会。圣路易斯博览会将展品按照类别分入十二栋60英尺高的仿希腊、罗马的"新古典主义"建筑中，称为"十二宫"，依次为美术、运输、电力与机械、人文教养、制造、矿业与冶金、教育与社会经济、多样工业、机械、园艺、农业与林业、渔业与狩猎，呈扇形状排列于会场中。根据展览会闭幕后发布的结案书《圣路易斯万博会期末报告》(Final Report of the Louisiana Purchase Exposition Commission, by Louisiana Purchase Exposition Commission)，中国展品数量众多，主要包括来自清朝中央、地方政府，22个开放口岸的瓷器、织锦、家具、玉器、丝绸、漆器、书籍、青铜器、景泰蓝和其他的手工艺品等，到美国圣路易斯的运输总量约为2000吨，其中800吨

①沈云龙主编：《近代中国史料丛刊》第十辑，文海出版社1967年版，转引自汤旭岩、马志立《缘起百年前湖北出版物的一段佳话》，《图书情报论坛》2010年第3期。

②朱士嘉编：《官书局书目汇编》，中国图书馆协会1933年版，第248—249页。

来自南方，1200 吨来自北方，加上运输、安置费用，总价值约为 638250 美元。①

鉴于中国首次以“国家”身份参展，美方将中国的展品大部分安放于人文教养宫中，占地约 28000 平方英尺。中国新教育类别的展品则安排在面积较小的教育宫展出。反映中国出版历史与成就的展品分为三组，分别为第十五组“印刷术——各种印刷过程”、第十七组“图书及出版物——书籍装订”、第二十四组“造纸业”。崇文书局的书籍被安置在第十七组“图书及出版物——书籍装订”，在人文教养宫展出。该组展品包括工具及产品，细分为七类：一、报纸、评论及其他期刊；二、特殊图书馆的藏书；三、新书及新版古书；四、绘画、地图及图册；五、音乐著作；六、缝合式图书及图书装订工具、过程、制成品的展品；七、装订、亚模、浮雕、镀金等工艺品样本。在这一组中，中国展品以湖北送展书籍为主，崇文书局所出中国传统学术的著名典籍占据绝大部分，刻书依经史子集等分类，函套以不同颜色防潮蜡布制成，配以白色象牙插签，装潢挺括精致。根据美国出版的《1904 年路易斯安那购地万博会中国展品目录·湖北官书局出版物》（Catalogue of the Hupeh Provincial Exhibit）影印件，崇文书局的书籍展览从编号 946 开始，是中国古代文献典籍，但书中并没有列出具体的书籍名称，只是大致进行了分类，在具体书籍册数的后面附上书籍内容简介。目前只能将美国《圣路易赛会中国捐赠书目》与《中国近代古籍出版发行史料丛刊》所收的湖北崇文书局书目和湖北官书局书目、朱士嘉所编《官书局书目汇编》的湖北官书局书目记录进行比对，大致清理出崇文书局所刻在圣路易斯展出的书籍种类。经史子集类有《御纂周易折中》《仿刊王本礼记》《圣御广训》《御制劝善要言》《十一经音训》《春秋经传集解》《说文解字义证》《吕叔简先生四礼翼》《李太白文集》《史记》《明史》《读史兵略》《胡文忠公遗集》《唐宋八大家类选》《资治通鉴》《史通削

①根据（美）居蜜《1904 年美国圣路易斯万国博览会中国参展图录Ⅲ·汉籍珍品域外流传篇》，上海古籍出版社 2010 年版，第 2—3 页影印报告翻译。

繁》《司马温公稽古录》《正觉楼丛刻》《子书百家》《湖北丛书》《经心书院集》等；医书类有《医宗备要》《徐氏医书八种》《沈氏尊生》《伤寒审症表》《温热经纬》《外科》《男科》《女科》《产孕集》《巢氏病源论》《拯婴图说》十一种共三十八部；舆地类有《清一统分省舆地全图》《长江全图》《乾隆府厅州县志》《清内府舆地图》《新疆图》《武功县志》《南北洋联界图》《鄂省全图》《光绪湖北舆地图》《鄂省营汛州县骤传图说》《两湖合界图》《省城内外街道图》《武汉城镇合图》等。

博览会结束时，主办方通常会组织专业评审人士对各国的展品进行评估、颁奖，对团体和个人也进行不同等级的奖励。圣路易斯万国博览会向展品及承办人授予不同的奖牌，分为四等：特等奖、金奖、银奖、铜奖。崇文书局刻书获得了赛会的最高奖"特等奖"，主要送展承办人湖广总督和湖北巡抚也都获得了特等奖。①

崇文书局刻书获得最高奖项，足可见西方各界对其内容、工艺、质量的认可，并非单纯的"炫奇""赛珍"所致。因为既是赛会，奖项自然是竞争性的，仅靠迎合洋人猎奇心态，没有过硬的质量品质和自身特色是无法拔得头筹的。崇文书局所出之书素来以数量多、品种全和刻工精致闻名，"稔知鄂省设局最久，刊书较多。其地水陆交冲，四通八达，故各省寄存善本，卷帙尤为浩烦"②。"镌工精雅，为各省官书之冠。"③在底本选择方面，崇文书局更是要求甚高，力求善本，喜用流传不广的家藏本，擅于挖掘原版已毁的珍品和未刊稿本，时间经费耗糜巨大，但仍是"凡一切有用之载籍，补缺而印，求善而刻，不惜乎度支之繁费也"④。同时，崇文书局注重校勘，初设之际，就设有校勘官绅，一些名人学士如胡凤丹、张鹿仙、王柏心、彭渔帆等人都参与过崇文书局的汇编和校勘。书局内建有东、西两座藏书楼，备有大量藏书，以资校勘

---

①李爱丽：《晚清美籍税务司研究：以粤海关为中心》，天津古籍出版社2005年版，第288—299页。

②杜瑞联：《滇省拟设局刊书疏》，《光绪朝东华录》，中华书局1958年版，第675页。

③范慕韩主编：《中国印刷近代史初稿》，印刷工业出版社1995年版，第237页。

④方振益：《湖北官书局（崇文书局）考略》，《出版史料》1993年第3期。

之用。故崇文书局所出之书编校质量上佳，广受瞩目。因此，崇文书局在圣路易斯博览会上获得殊荣，也是在意料之中了。

三、影　　响

作为晚清历史上最大规模的出洋参赛活动，1904 年圣路易斯万国博览会从筹备到闭幕的两年多时间里，官方和民间的各种势力、派别予以了持续的关注，围绕着这次活动的喧嚣纷扰连绵不绝，国人瞩目。从代表团成立、物品征集选送到赴美度地建屋、陈设货物、华工赴美协议冲突再到官员贪腐、虚糜巨款、中国陋俗展品的荒唐出现，争议不断，是非纠结。当时国内许多报纸刊物都予以了持续关注，比较典型的报道如《中外时报》的《记宁苏派办处会议招商前往美国赛会事》(1903.6.17)、《论派员至美赛会宜慎》(1903.8.9)、《美国工商部改定华人来美赛会章程》(1903.9.20)；《大公报》的《咨调医官赴会》(1904.1.20)、《方君守六函述赴美赛会登岸情形》(1904.4.13)、《节录某氏函述美国会场情形》(1904.4.26)、《圣路易博览会万国报馆会议详记》(1904.8.5)；《东方杂志》的《贱种辱国》(1904 年第 5 期)、《圣路易会场之国耻》(1904 年第 7 期)、《各国赛会汇志》(1904 年第 9 期)、《书美洲学报实业界记散鲁伊斯博览会中国人入赛情形》(1905 年第 9 期)。其他的如《新闻报》《万国公报》《警钟日报》《南洋官报》也有较多赛会报道。

较于国内对某些展品“辱国”“现丑”“徒滋笑柄”的批评，国外媒体对清朝参展的报道相对客观，多持正面的评价，对中国悠久的文化特别是以崇文书局刻印的古代典籍赞赏有加，是中国代表团为数不多的亮点，在圣路易斯城乃至整个美国都产生了良好的反响。作为主办方的美国圣路易斯万国博览会秘书处助理 Theodore Hardee 在 1904 年 8 月 28 日的《纽约时报》上撰写题为《博览会上的中国精粹展品》(China Remarkable Exhibit at the World's Fair) 的文章，指出中国展出了极好的中英文版的宗教书籍和古典文献，重点提及了中国出版的总共有一百多册的“一大套中文大百科全书”，令人惊叹。报道中没有说明这套书籍的名称，但应该是指崇文书局刻印的《子书百家》丛书。报道最后认为中国在路易斯博览会的展出获得成功，令人欣慰。中国悠久的文化典籍让全世界获得了近距离瞻仰“文明母国”的机会，它们会因在圣路易斯的第一次出现而名垂青史。崇文书局选送的古籍，除了在内容上选择能代表中国传统文化精粹的“经史子集”外，也因为是“赛会”的性质，在形式上也不得不考虑到“精湛”“特殊”“具中国色彩”，以求获奖，振起声威。所以这些古籍以多种雕刻版本、多种文字版本，突出展示中国传统的雕版印刷技术和装帧艺术，让参观者欣赏到不同字体之间的竖横粗细，扁肥厚重的印刷效果，目睹中国分、折、齐、下锥、上面、裁、沙磨、打眼、穿线、贴签等装帧艺术，体会到中国古籍线装技术整齐划一、外形美观、便于翻阅诸多优点。美国报业家莫拉特·海尔斯特德（Murat Halstead）在 1904 年于费城出版的《路易斯安那购地与圣路易斯博览会历史图录》中称赞中国古籍善本：刊印早在古登堡印刷革命千年以前即初现曙光。来自古老中国奇特的印刷坊、古代刻工、原始工具等都别具匠心、非比寻常。印刷品样本、平版印刷及雕刻术、古书与报纸……以及数以千计的中国展品，构成独一无二的中国展览。

圣路易斯博览会结束后，崇文书局的参展图书由当时中国驻美大臣梁诚代表清朝政府捐赠给美国，后永久收藏在美国国会图书馆。据《1905 年美国国会图书馆年报》记载：“东方部新增（文献）包括一百九十八种中国著作，共一千九百六十五卷，是中国（湖北省）参与路易斯安那购地万博会的部分展品，会后通过中国驻华盛顿使馆送赠（国会）图书馆。”① 这是继 1869 年清朝政府首次向美国政府赠送近千册中文线装书后，再一次中美之间的图书交流，加深了清朝政府与美国政府之间的文化交往，崇文书局出版的中国古代典籍成为中美两国之间官方交往的重要桥梁和纽带。崇文书局这个官办的文化机构也成为中国向外

---

①（美）居蜜：《1904 年美国圣路易斯万国博览会中国参展图录Ⅲ·汉籍珍品域外流传篇》，上海古籍出版社 2010 年版，第 12 页。

展示形象的一个窗口，通过这个窗口让世界更深入地了解中国、了解中国文化、了解中国印刷出版，展现张之洞、端方等洋务官员推行新政改革之下的湖北所取得的显著文化成果。

崇文书局刊刻书籍的参展、获奖是中国出版“走出去”的首次尝试，在当时对东学西渐具有重要的推进意义，这在西学东渐风潮席卷下的中国社会尤为难得。在清朝闭关锁国政策的影响下，“一般人对中国的印象是它是一个半野蛮的国家，不适合像对待文明的欧洲各国那样对待它。很少人认识到在一段时期内当这些所谓的文明国度还处于野蛮时代时，中国已经有了像埃及一样古老的伟大文明……很少人意识到中国人民有着许多迷人的品质、中国艺术是卓越的”①。以崇文书局为代表的一些文化机构出版的古籍、译作、地图不仅品种齐全，且数量繁多，既展现了中国书籍悠久厚重的文化价值，又体现了中国学习西方先进科技、追随世界潮流的崭新气象，改变了以美国人为首的西方国家“大半以为中国文化至浅，工艺绝无，学校则遍国中或无一所……苟非研究中国历史有素者，莫不以为中国不足道也”② 的错误认知。可以说，崇文书局刊刻书籍的获奖大大提振了中华民族的文化自信，对转变晚清社会因为外战屡败、外交受辱而产生的自卑、失望、迷茫、颓废的不良国民心态有积极的作用。

需要特别指出的是，某些出版史研究者对崇文书局所印之书颇有微词。认为“（崇文书局）所刻各书多侧重于实用，但字体过于宽扁，排列过于紧密，读时寻行数句颇费目力，而且校勘不精，脱误错讹层出，故不为世人所重视”③。“崇文书局刻书较多，但校勘不精，行款过密，字体又扁宽，看去绝无清新之感。”④ 其实这是有原因的。晚清官书局的纷纷设立，其性质是由地方大员倡导成立，宣扬教化的出版机构，其目的是旨在解决太平天国长期战乱后的书籍缺乏窘况。所以崇文书局

---

①乔兆红：《百年演绎——中国博览会事业的嬗变》，上海人民出版社 2009 年版，第 439 页。

②赵耕：《亮宝旧金山——中国首次组团参加世博会纪实》，《新华月报》2010 年第 5 期。

③魏隐儒：《中国古籍印刷史》，印刷工业出版社 1988 年版，第 152 页。

④李致忠：《古代版印通论》，紫禁城出版社 2000 年版，第 310 页。

“设局刊书，只可先其所急，除《四书》《十三经读本》为童蒙肄习之书，业经刊刻颁行各学外……《钦定七经》《御批通鉴》，集经史之大成，尤为士林圭臬，其余《说文》、《文选》、牧令、政治等书亦皆切于日用”[①]，重在所刻书籍的实用性和普及性。考虑到穷乡寒儒购买计，在书籍的用纸、油墨和装帧等方面并未过分讲求。左宗棠在向湖北崇文书局求书时，还特意嘱托“纸用杭连未免太费，可择其价廉而坚韧者，色稍黯淡亦不妨耳”[②]。这种特殊的出版方式是不得已而为之，多出书、快出书，在最短时间内最大限度地满足读书人的要求。这在兵燹后快速恢复文化秩序，保存文化典籍，扩大文化影响是具有重要意义的。从崇文书局在圣路易斯万国博览会上的获奖可以看出，崇文书局并非没有能力出版精品图书，只是由于追求数量和时效，经费和人力无法匹配而造成部分书籍校勘和印制质量不太精细，这点是不能过于苛求的。

①李鸿章：《设局刊书折》，《李鸿章全集·奏稿》，时代文艺出版社1998年版，第685页。

②左宗棠：《王道加敏禀刊刻六经即附》，《左宗棠全集·札件》，岳麓书社2009年版，第264页。

晚清崇文书局兴起源流及其出版文化理念探析

江　凌

所谓晚清官书局，指同光时期由胡林翼、曾国藩、左宗棠、李鸿章等同治中兴名臣开其端，诸省督抚大吏倡其行或承其绪，职业经理人（提调）和校勘专家（总纂和分校者）、刻工落其实，自下而上并受到清廷认可或饬办的官办书籍出版机构。晚清官书局刻书总体上被誉为底本精良、校勘审慎、售价低廉，为维护晚清文化秩序、振兴文教、传承文脉做出了突出贡献，其刊刻的书籍常被称为“局本”。它的对象和范围包括：晚清同光时期，地方督抚大员、官绅倡行或设立的诸省书局以及翻译馆、编译书局等地方性官办出版机构。①目前学界所研究的晚清官

①关于官书局的范围和对象，目前主要有三种说法：一是指 19 世纪 60—90 年代地方督抚设立的书局。如吴瑞秀《清末各省官书局之研究》，花木兰文化出版社 2005 年版，参见郭平兴《晚清官书局文献史料价值及其搜集整理》，《图书馆论坛》2015 年第 7 期；二是包括地方督抚在各省设立的书局和清廷明令设立的官书局及当时的译书局，其中，译书局只包括甲午之后清廷设立的编译书局，不包括 19 世纪 60 年代设立的同文馆、江南制造总局翻译馆等机构。如梅宪华《晚清的官书局》，宋原放主编《中国出版史料（近代部分）》第一卷，湖北教育出版社 2004 年版，第 516 页。另参见：王晓霞《晚清官书局三则问题考略》，《中国国家博物馆馆刊》2014 年第 2 期；三是认为官书局系清廷主要的官方出版机构，包括地方督抚在各地设立的书局以及清廷设立的各种译书机构。如京师同文馆、广州同文馆、江南制造总局翻译馆、江楚编译局等。如邓文锋《晚清官书局述论稿》，中国书籍出版社 2011 年版。另参见：郭平兴《晚清官书局文献史料价值及其搜集整理》，《图书馆论坛》2015 年第 7 期。王晓霞《晚清官书局三则问题考略》，《中国国家博物馆馆刊》2014 年第 2 期。我们认为，是否为晚清地方官书局，主要有三看：一看经费来源是否具有官方色彩，官书局一般为清廷或地方官绅出资，经费主要来源于公款；二看是否有专门的组织机构或校勘、刊刻人员；三看是否有刻书或发售图书等出版活动，这一点尤为重要。从这三方面观照，广州同文馆、江南制造总局翻译馆、江楚编译局等编译出书机构当属官书局范畴。

书局现象，主要集中于同光时代兴起的“地方官书局”①，包括以校勘、刊刻传统经、史、子、集等国学（旧学）书籍为主的传统地方官书局和以翻译出版西学书籍为主的新式地方官书局（如广州同文馆、江南制造总局翻译馆、江楚编译局等出版机构）。它集校勘、刻书、印制、销售发行于一体，有着明确的底本选取和刊刻思想、出版原则或宗旨，固定的校勘人员和刻工，相对稳定的经费筹集渠道和销售渠道，具备现代意义上的出版基本特征，系“具有真正意义的地方官办出版机构，在古代出版史上堪称一次重要的制度变革”②。本文所讨论的30家晚清时期的传统地方官书局（不包括广州同文馆、江南制造总局翻译馆、江楚编译局等编译刊书机构）③，竞相延聘群儒，校勘群籍。及至甲午战争之后的近代民营出版业崛起之前，晚清地方官书局校勘群籍，中学与西学并重，刊书流布之富，校勘之精、影响之大，成为1860－1900年代中国近代出版业的主流。

楚地文脉书为宜，崇文刻书尤为奇。在晚清诸多的地方官书局中，创办于同治六年（1867）十月十五日的湖北崇文书局，不仅以其参与五局合刻《二十四史》之书业盛事而名震环宇，以其190余种精刻书籍展出1904年美国圣路易斯万国博览会而名震世界，“更以其创办时间早、存世时间长（1867－1936）、刻印书籍多（达500余种）为世人所重，成为‘四大书局’之一，在晚清官书局刻书事业史上占有重要地位”④。仅以刻书板片而言，李瀚章所开办的崇文书局“内藏图书版片二百五十

①本文在研究过程中，把晚清时期的地方官书局划分为：以校勘、刊刻传统经、史、子、集等国学（旧学）书籍为主的传统地方官书局和以翻译、出版西学书籍为主的新式地方官书局。在印刷技术方面，传统地方官书局以雕版印刷为主，但逮至清末亦采用石印和铅印技术。限于篇幅，本文仅限于讨论传统的地方官书局，并聚焦于同光时期创设和兴起的崇文书局，且在刊刻技术上限于以传统的雕版刊印技术。

②李国钧等：《中国书院史·附录一》，湖南教育出版社1994年版，第980页。

③据张宗友综合诸学者之说和历史文献资料，比较精确地考证出晚清时期的传统地方官书局数量为30家，这30家地方官书局不包括广州同文馆、江南制造总局翻译馆、江楚编译局等编译出书机构。参见张宗友《晚清官书局与近代文献传承》，《古典文献研究》第十五辑，凤凰出版社2012年版，第122－125页.

④阳海清：《〈湖北官书局版刻图录〉前言》，湖北教育出版社2014年版，第1页。

余种，计十四万四千七百余号，镌工精雅，为各省官书（局）之冠”①！该书局的近现代出版活动系近代湖北文化昌盛、文脉传承发展的根和魂，不仅在近现代出版史、文化史上书写了鸿篇华章。因此，研究晚清、民国时期崇文书局的刻书业之兴盛源流及其出版文化理念，不仅具有湖北出版史、文化史研究的学术价值，而且具有传承发展湖北文脉的表征意义。同时，在当今中华文化伟大复兴、传统国学兴起与地域文脉传承创新的文化潮流中，更具有历史借鉴和当下启示意义。

一、研究史料和文献回顾

关于崇文书局的研究，前辈学者已做过有益的探索。在崇文书局史料整理与汇编方面，张静庐辑注的《中国近现代出版史料》是系统搜集、辑注、整理近现代印刷、报刊、出版史料和相关论述文献的集大成之作，也是中国近现代出版史料整理汇编的第一座高峰。该系列涉及近代地方官书局的刻书出版活动，但由于崇文书局非其关注重点，故该书局个案史料分散而有限。宋原放主编的《中国出版史料（近代部分）》一至三卷和《补卷》上、下册，系统整理了近代官书局创设缘由、过程及其演变，督抚、学政等官员奏章，地方官书局的出版和发行的规章制度，刻印的书目汇编，以及近代官书局研究等方面的论述文献等等，史料丰赡，内容全面，系中国出版史料整理的第二座高峰，也是改革开放以来第一部出版史料文献的集大成之作，于出版史、报刊史、文化史研究大有裨益。但该系列关于崇文书局的文献史料和个案论述文章较少，史料方面仅有该书局（湖北官书处）章程和两部书目资料。其收录的方振益《湖北官书局（崇文书局）考略》一文，主要探讨了崇文书局的创设背景、创立时间、刻书宗旨与管理体制、刻书经费来源、刻书种类、合刻《二十四史》、在全国的流通传播，张之洞对书局刻书的支持与影

①湖北省教育厅编：《最近湖北教育一览·社会教育》，载阳海清、汤旭岩主编《湖北官书局版刻图录》，湖北教育出版社 2014 年版，第 239 页.

响，以及该书局对近代湖北文化教育的影响，民国时期该书局的演变及其衰落，等等。内容全面系统，系关于崇文书局个案分析论述的第一篇力作，但该文限于史料、篇幅和写作时代，面上分析较多，于微观之处的考察分析用力有限。

周振鹤编的《晚清营业书目》收录了湖北官书处的章程和所刻的书目（光绪三年），贵在书目及其用纸和定价，于分析近现代崇文书局刻书的定价策略和发行销售活动当有裨益。美籍华裔居蜜女士主编的《1904年美国圣路易斯万国博览会中国参展图录Ⅲ》搜集整理了湖北崇文书局和武昌洋务译书局刻书参展美国圣路易斯博览会的基本史料，以及崇文书局参展图书博览会的文化外交意义和地方督抚张之洞、端方开明洋务、西学倾向及晚清改革。尤为可贵的是，该书提供了参展图书的诸多书影及版刻提要，为分析清末崇文书局刻书业的特点及其“走出去”的国际文化影响提供了重要史料依据。在崇文书局个案史料搜集和整理方面，阳海清、汤旭岩主编的《湖北官书局版刻图录》系一部集大成力作，该书由前言、书影、史料选摘、书目选录、论文选辑和湖北官书局刻印图书总目等版块构成，对设局时间及其史实进行了分析整理，刻印书籍的种类和数量做了较为准确的统计，分析了该书局刻书的基本特点，实事求是地评估了该书局刻书的品质。该书撷取的300余幅书影及简要的说明文字，让读者一睹该书局刻印书籍之历史风采，史料研究价值较高。同时，该局刊刻的书目目录整理亦为突出亮点，史料功夫扎实，梳理分析全面系统，令人信服。惜该书定价高，有碍市场化流通和惠泽受众。

除方振益的力作《湖北官书局（崇文书局）考略》外，崇文书局的个案研究论文还有：吴家驹的《清季各省官书局考略》较早观照湖北书局（崇文书局）的创设及其刻书情况，但由于史料所限，该文论述有失准确性；刘汉忠的《晚清官书局的开端——湖北巡抚署书局》《崇文书局的创设及其他》《〈崇文书局的创设及其他〉补考》对晚清崇文书局的创设缘由、时间和刻书基本情况进行了非连续性论述，系较早专题论述崇文书局个案的研究文献，显示了作者严肃而精益求精的科研态度；吴家驹的《崇文书局与崇文书局刻书》明确了崇文书局的设局时间，论述其早期建筑和刻书种类及其特点，以及其经费来源、筹集和刻书评价，论述比较全面，史料翔实，但有待深入剖析。江凌的《试论湖北崇文书局的刻书业》考辨了崇文书局的创立时间，分析了崇文书局刻书业的品种数量及其特点，特别是对崇文书局的经营状况分析颇具亮点，史料丰赡，分析较深入，但对该书局刻书种类、特点及其经营状况缺乏政治学、史学、文化学解释，有待进一步深入探讨。马志立的《湖北崇文书局版刻概述》以丰富的史料进一步厘清了崇文书局的设立时间、地点及其流变，概述了该书局校勘主持者胡凤丹及其他参与群体的刻书活动，崇文书局刻书的牌记及书局名称变迁，刻书数量及其社会作用等等，内容全面，史料扎实，但侧重点不突出，微观剖析有待深化。值得一提的是，该文末尾指出，“湖北省图书馆藏有崇文书局档案若干，亦有待整理”①，不知是否已开始进行史料整理，以嘉惠学林？王晓清的《湖北崇文书局的沧桑》一文以颇具文艺性的笔调考察了崇文书局的经费来源、刻书种类及其代表作品，以及刻书的市场和非市场化流通状况，他提出的三个“未想到”② 颇令人沉思。以上论文系基于面上的史料性、综述性研究，内容比较全面，史料比较翔实，但微观剖析有待进一步深化。

关于崇文书局出版业的专题性和微观“钻井式”研究，亦有少量文论。在人物研究方面，杜朝晖的《论胡凤丹及其对湖北文化的贡献》对崇文书局创设初期主持人胡凤丹进行了面上考察，认为他在主持崇文书局、普及文化、访古搜遗、撰写地方志、文人群体交游诗唱等方面为晚近湖北文化发展作了贡献。在参展 1904 年万国博览会的探索方面，汤旭岩、马志立的《缘起百年前湖北出版物的一段佳话》探析了崇文参展的原因——得益于湖北巡抚端方和湖广总督张之洞的亲力亲为和支持，

①马志立：《湖北崇文书局版刻概述》，《图书情报论坛》2015 年第 1 期。

②第一个未想到的就是创办书局者皆非湖北人，第二个未想到的即雕版刻字书手居然无人道其名姓，第三个未想到的即崇文书局刻版经籍似乎不为藏家、读者所雅重。参见王晓清《湖北崇文书局的沧桑》，《武汉文史资料》2014 年第 12 期。

参展和图书种类、品质，参展博览会的意义，以及近代湖北省图书馆的崛起和民国时期崇文书局的归并，等等。史料翔实，分析深入，但似乎意犹未尽。比如，为什么仅仅是崇文书局的刻书参展，其他诸省地方官书局为什么沉默？在具体刻书的微观考察方面，那拓祺、李尔钢的《访书偶记：晚清崇文书局版〈战国策〉》考察了1869年崇文书局刻本《战国策》的基本形态和底本选用源流，及其参展美国万国博览会的文化作用，颇有当下借鉴和启示意义。

相对于其他的晚清地方官书局研究而言，目前，近现代崇文书局刻书业的史料整理与研究走在前列，相关的两三种大部头史料整理文献和10余篇研究论文，颇为引人注目。尽管该书局现存史料有限，但整理与研究者在行文中均注重运用史料，尽可能翔实扎实、论从史出。但与此同时，却存在史料有余、论证分析不足、研究范式单一、研究视野较窄、研究文献的学术性和严谨性有待规范等问题。现有研究文献的不足之处主要在于：一是研究视野比较局限，陷入"就书局论书局"的微观个案考察中，没有把近现代崇文书局放到有清一代尤其是晚清以来广阔的政治、经济、文化、社会背景中，从政治史、经济史、文化史、社会史的角度加以宽视域的考察和深入分析，特别是从社会文化史的角度揭示历史的深层一面尚待加强。比如，近现代崇文书局与湖北地方政局（政治形势）、地方社会与湖北文化发展与文脉传承的关系方面的考察，以及书局"小人物"的研究付之阙如；二是研究模式单一化，现有论文一般侧重于近现代崇文书局设立年代、创始人、地址变迁、主持者胡凤丹，以及书局刻书数量、种类和校勘质量及其销售和发行，民国时期崇文书局的流变和消亡等，沿用传统的治史方法，局限于历时性的线性思维模式，缺乏比较思维和共时性研究；三是定性的研究多，定量的研究很少，量化数据分析的论述文献较少；四是学术的严谨性和规范性需要进一步加强，特别是史料的考证、引用和注释规范需符合学术标准。本研究力图克服上述研究的不足之处，从政治、经济、文化史的角度考察近代崇文书局兴起的时代背景、人力与物质基础及其出版文化理念。

二、晚清崇文书局的兴起之文化背景、物质与社会基础

晚清崇文书局的兴起有其深刻的文化逻辑——时代文化背景、物质与社会基础。有清一代，是文化专制政策下的文化大总结、大繁荣时代。从中央到地方，形成了中央、地方官办机构与府州县学、书院、寺院、校勘家、藏书家、坊铺等完整的刻书体系。在这种出版文化态势下，湖北首府和各州府县署、地方官员士绅、书院、寺院刻书之风兴盛。这种四方崛起的地方刻书传统孕育了首府武昌一摄省域之官书局的兴起；太平天国在湖北的兴风作浪和对传统文化书籍的暴力摧残，促使有文化责任的传统知识分子恢复和振兴鄂省刻书出版传统；湖北巡抚胡林翼于咸丰九年（1859）所创办的武昌书局为晚清崇文书局的兴起开启先河，该书局所刊刻的校勘精良的书籍为崇文书局刻书树立了典范；楚北崇文书局绅耆校勘刻书为崇文书局的兴起奠定了前期基础；同时，崇文书局创设初期有楚北崇文书局绅耆、地方儒臣要员、官绅、地方传统知识分子的人力支持，以及地方督抚大员的官方财力资助；尤其重要的是，自同治六年（1867）江苏学政鲍源深奏《请购刊经史疏》得到清廷的支持与批复之后，晚清地方官书局便由地方督抚自发设局阶段进入奉旨设局阶段，获得了政治、文化上的合法性地位。在这种出版文化背景下，在坚实的物质基础、人力支持下，晚清崇文书局的创设和兴起便水到渠成。

（一）有清一代湖北校勘刻书之文化传统

有清一代是文化专制政策下的文化大总结、大繁荣时代。清代前中期顺、康、雍、乾等历代帝王为笼络汉族知识分子、维护政治和文化统治秩序，实行“帝王敷治、文教是先”的右文统治策略。在稳定政局、繁荣经济的基础上，清廷尊儒重教，科举选才，以文化意识形态和文化建设为主要统治手段之一，宣扬儒家思想，推崇程朱理学、兴学取士，促进社会文化风气养成，取得了明显成就。在全社会形成了耕读传家、

重刻书藏书、兴文教的风尚。特别是刻书、藏书、读书之风兴盛，为稳定封建文化秩序、繁荣中华传统文化、传承中华文脉起到了承前启后的作用。清代自康熙朝以来，传承两宋以来的官刻、私刻和坊刻三大刻书系统，文化出版持续繁盛，形成了中央、地方官办机构与府州县学、书院、寺院、校勘家、藏书家、坊铺等完整的刻书体系。自康熙十九年（1680）殆至晚清，清廷内府武英殿是清代官刻系统中最悠久的出版机构，以刊刻钦定经史子集为主，旁及多学科、多种类书籍。据统计，仅康、雍、乾三朝，内府刻的钦定诸书有：经部类 27 种，953 卷；史部类 79 种，5738 卷；子部类 32 种，12479 卷；集部类 19 种，3410 卷；共计 157 种，22580 卷。①

以校勘刻书、传承文脉之风处于全国中游的湖北，各州府县署、地方官员士绅、书院寺院刻书之风兴盛。湖北各州府刊刻地方志“总计 250 余种，远超湖北历代刊刻地方志之总和”②。除晚清崇文书局之蔚为大观者外，湖北各州府县书院亦纷纷刻书，其中两湖书院于光绪年间刊刻《劝学篇》《孝经六艺大道录》《春秋世族谱》《兵法史略学》等，目前尚存 10 余种，在晚清全国书院刻书中有一定影响。至若清代湖北家刻，可考者不下 40 余家，如江夏童和豫的瓶花书屋，藏书家杨守敬、柯逢时，以及刻书家陶子麟等，刻书之尚风行士绅学林。特别是清末大变局以来，“自学校一变，而书局并裁，刻书之风移于湘鄂……晚近则鄂之陶子麟，同以工影宋刻本名。江阴缪氏、宜都杨氏（按：指杨守敬）、常州盛氏、贵池刘氏所刻诸书，多出陶手。至是金陵、苏、杭刻书之运终矣”③。

（二）太平天国的文化暴力摧残与书业复兴

鸦片战争以来的中国近代屈辱史上，给中国传统典籍和文化秩序带来毁灭性破坏的，不是外族侵略，而是内乱祸害——太平天国运动。在

①冯天瑜等：《中华文化史》，上海人民出版社 1990 年版，第 855 页。

②陈方权：《湖北宋元明清刻书考略》（下），《图书情报论坛》2008 年第 2 期。

③叶德辉：《古今刻书人地之变迁》，《书林清话》卷九，岳麓书社 1999 年版，第 211 页。

文化上，太平天国以世俗宗教为思想武器，建立拜上帝教，宣传天主教义和“上帝”“人人平等”“男女平权”等主张，反对一切文化偶像和权威。视传统儒家经典、经史、诸子百家著作为“妖书邪说”，宣称“凡一切孔孟、诸子百家、妖书邪说者，尽行焚除，皆不准买、卖、藏、读也，否则问罪也”①。颁布“凡一切妖书如有敢念诵教习者，一概皆斩”② 的法令。太平军所到之处，“敢将孔孟横称妖，经史文章尽日烧”③，他们搜集和焚毁乡校、学宫、书院庙宇，烧毁一切孔孟之学和传统经史子集。曾国藩在其《讨粤匪檄》中云：“举中国数千年礼义人伦，诗书典则，一旦扫地荡尽……王道治明，神道治幽，虽乱臣贼子，穷凶极丑，亦往往敬畏神祇。李自成至曲阜，不犯圣庙；张献忠至梓潼，亦祭文昌。粤匪焚郴州之学宫……嗣是所过郡县，先毁庙宇，即忠臣义士，如关帝、岳王之凛凛，亦皆污其宫室，残其神首。”④太平天国政权起家之地广西遭太平军之文化祸乱之后，“人士流离，旧书悉毁，旧刊片板无存”⑤，鄂省遭乱更深，武昌三次被攻陷后，太平军“将孔孟诸子之书抛掷满地，撕毁焚烧。时人记载曰：‘搜得藏书论担挑，行过厕溷随手抛，抛之不及以火烧，烧之不及以水浇。读者斩，收者斩，买者卖者一同斩。’”⑥ 导致“士族藏书散亡殆尽，各处书板全毁，坊肆无从购求”⑦，鄂省学界甚感书荒。“野蛮的征服者，按照一条永恒的历

①黄再兴：《诏书盖玺颁行论》，中国史学会编《太平天国》（一），上海人民出版社 1957 年版，第 313 页。

②中国史学会编：《太平天国》（三），上海人民出版社、上海书店出版社 2000 年版，第 232 页。

③太平天国历史博物馆编：《太平天国史料丛编简辑》第 6 册，中华书局 1963 年版，第 386 页。

④曾国藩：《讨粤匪檄》，《曾国藩全集·诗文》，岳麓书社 1986 年版，第 232—233 页。

⑤朱寿朋编，张静庐等点校：《光绪朝东华录·光绪十五年十二月己亥》，中华书局 1954 年版，第 2700 页。

⑥江凌：《两湖地区太平天国的出版业》，《湖北社会科学》2008 年第 5 期。

⑦李鸿章：《设局刊书折》，载阳海清、汤旭岩主编《湖北官书局版刻图录》，湖北教育出版社 2014 年版，第 233 页。

史规律，本身被他们所征服的臣民的较高文明所征服。”① 然而，太平天国政权逆流而行，暴力焚毁一切传统儒家典籍和诸子百家之书籍，肆意割裂两千余年的中华文脉。在这种情况下，当野蛮的文化暴力政权被镇压之后，当传统知识分子在文化使命感之驱使下，传统文化赓续之工具——传统出版业便有了复兴之契机。同治六年（1867），江苏学政鲍源深《请购刊经史疏》云：“近年各省因经兵燹，书多散佚。臣视学江苏，按试所经，留心访察。如江苏松、常、镇、扬诸府，向称人文极盛之地，学校中旧藏书籍荡然无存。藩署旧有恭刊钦定经史诸书，版片亦均毁失。民间藏书之家，卷帙悉成灰烬……士子有志读书，无从购觅。苏省如此，皖浙江右诸省情形谅亦相同。以东南文明大省，士子竟无书可读。其何以兴学校而育人才？”②

（三）武昌书局为晚清崇文书局的兴起开启先河

按时间序列来看，咸丰九年（1859），湖北巡抚胡林翼于武昌创设书局，武昌书局是晚清地方官书局中的“第一局”，不仅为曾国藩、左宗棠在同治初年设立地方官书局树立了典范，也为湖北崇文书局的兴起开启了先河。武昌书局是一个实体刻书机构，有刻书场所和总纂、校勘人员，经费来自官方，有具体的刻书计划和编校出版活动，具有刊刻书籍的出版事实。该局首刻《读史兵略》，《读史兵略序》中列举了刊刻及校勘人员有：“编辑者，及门江宁汪孝廉士铎；分辑者，汉阳孝廉胡君兆春、武昌孝廉张君裕钊、独山孝廉莫君友芝、长沙明经丁君取忠，长沙布衣张君华理也。”其中，汪士铎为总纂，这说明该局有组织机构和校勘人员；据该局校勘人员汉阳孝廉胡兆春曾上书鄂抚胡林翼云：“晤文若，传公谕令春与汪、张两孝廉编书。《左传》属之汪君，《通鉴》则令春与张君分任其事，即日襆被入节署多桂园矣。”③ 由此可见，该书局

①马克思、恩格斯：《马克思恩格斯选集》第 1 卷，人民出版社 1995 年版，第 768 页。

②鲍源深：《请购刊经史疏》，载陈弢辑《同治中兴京外奏议约编》卷五，上海书店 1985 年版，第 5 页。

③梅英杰等：《湘军人物年谱》（一），岳麓书社 1987 年版，第 282 页。

设在武昌巡抚节署的多桂园内，说明该书局有固定的场所，且校勘人员多为胡氏之幕僚。该局提调应为文若，即来自江苏甘泉县的胡氏幕僚蒋照，可见其组织机构比较健全。另据《读史兵略序》云：“其宋、元、明三史亦皆告成，将俟续刊之。”① 然而，《读史兵略》所编汇史料实际上逮至五代时期，说明胡氏组织编纂此书有一定的出版计划。胡林翼对该局刻本的版式和刻工质量亦很重视，他曾致函该局提调蒋照，要求他“刻本亦须大雅，不可以坊间俗本为式，字画须细筋如骨，铁画银钩。如武昌无好手，可在湘潭、长沙觅之。此则专属之文若也。”②依据历史文献资料，无论从时间先后顺序、经费来源的官方色彩、固定的校勘活动场所、组织机构、专门的校勘与刊刻人员，还是刻书计划、理念与具体的校勘刻书等出版活动，武昌书局均具备作为晚清时期的地方官书局必要条件。因此，可确定武昌书局应为晚清地方官书局创设时间最早的“第一局”。该书局除刊刻《读史兵略》外，还刊刻有《一统舆图》《练勇刍言》③《弟子箴言》等地理、军事、兵学之实用书籍。胡林翼病逝后，武昌书局继续刊刻《益阳胡文忠公遗集》凡十一卷④，武昌书局所刊刻的书籍底本精良，校勘精审，为之后的楚北崇文书局和武昌崇文书局刻书树立了典范。

（四）楚北崇文书局绅耆校勘刻书之前期基础

楚北崇文书局的设立和出版活动，系继胡林翼在武昌自下而上自发设局之后，湖北绅耆名儒的一次集体性文化自觉行为。关于楚北崇文书局何时成立、何时并入崇文书局，以及其组织管理和校勘人员，目前史

---

①胡林翼：《读史兵略序》，《续修四库全书》第967册，上海古籍出版社2002年版，第646—647页。

②《胡林翼集》第2册，岳麓书社1999年版，第302页。

③关于武昌书局所刊刻《一统舆图》《练勇刍言》，邓文锋在其《晚清官书局述论稿》一书中有考证。参见邓文锋《晚清官书局述论稿》，中国书籍出版社2011年版，第73页。

④《张文虎日记》同治四年（1865）乙丑五月十八日云：“节相送《益阳胡文忠公遗集》来，凡奏疏一卷、守黔书牍二卷、抚鄂书牍四卷、抚鄂批牍三卷，其首卷则国史本传及年谱也。朝邑阎中丞敬铭所编，刊于武昌书局。”同治四年“刊于武昌书局”，无疑为胡林翼所创办的武昌书局所刻书籍。参见陈大康整理《张文虎日记》，上海古籍出版社2001年版，第39页。

料记载有限。方振益在《湖北官书局（崇文书局）考略》一文指出，李瀚章再署任湖广总督时，“将‘湖北绅耆原设之崇文书局’收并于‘官书局’。所谓‘湖北绅耆原设之崇文书局’，系指原设在汉口花楼街一带的‘楚北崇文书局’……湖北官书局取雅号为崇文书局，盖源于此”①。阳海清认为：“同治六年湖北官书局成立后，即将先前之民办‘楚北崇文书局’并入，自己亦雅称‘崇文书局’，见诸刻书牌记，从而导致二者难以区分……”②

事实上，楚北崇文书局略早于崇文官书局，且与崇文书局并行了五至十年。从同治六年（1867）至同治十年（1871）现存标有“楚北崇文书局”刻印之牌记的书籍（参见表1）中可以推断，楚北崇文书局成立时间当在胡林翼殁后的咸丰十一年（1861）至同治六年（1867），被并入崇文书局的时间当在同治十年（1871）至光绪初年。该局主要的绅耆可能有：在胡林翼开创的武昌书局刊刻《读史兵略》及胡氏殁后续刊《益阳胡文忠公遗集》的鄂湘名绅汉阳孝廉胡兆春、武昌孝廉张裕钊、长沙明经丁取忠、长沙布衣张华理，以及江夏彭崧毓、张凯嵩、南海张荫桓等。“彼士族如江夏彭廉使崧毓、张尚书凯嵩等，监司如南海张侍郎荫桓等，莫不取私刻善本送储局内毅然规画之。且将湖北绅耆原设之崇文书局收并在内，为吾楚右文之会。”③ 尽管现存史料不多，但从表1中可窥见楚北崇文书局刻书的主要特点：一是种类较全，以经史为主，其中程朱理学类经籍居多。刻书种类包括经史、牧令（为官为政之道）、小学（文字音韵训诂）、灾患、医学等门类；二是底本优良，或私家所藏善本，或硕儒集解、校注，或作者原稿初次开雕，等等；三是版刻形制为“白口，四周双边”，唯有同治九年（1870）重雕“清嘉庆黄丕烈影宋刻本”之《仪礼》十七卷例外。该局所刻书籍一般为半页7－12

①方振益：《湖北官书局（崇文书局）考略》，《出版史料》1993年第3期。

②阳海清：《〈湖北官书局版刻图录〉前言》，《图书情报论坛》2015年第1期。

③黄嗣艾：《湖北省立官书处本末记》，载阳海清、汤旭岩主编《湖北官书局版刻图录》，湖北教育出版社2014年版，第239页。

行，行字17—22字，版面比较疏朗雅致，但同治九年、十年，可能受武昌崇文书局刻书的影响和节约经费之便，版面渐趋字小稠密，令人读之有眼神吃力、心理压抑之感觉；四是刻书相对集中于同治八年至同治九年，与同时期地方官书局刻书日盛的出版节奏对应。

表1：现存楚北崇文书局刻书一览表

年份	书目	底本	牌记	版刻形制	种类与书影来源
同治六年	小学集解六卷（清张伯行辑注，清李瀚校订）	清硕儒张伯行辑注，李瀚校订	同治六年楚北崇文书局开雕	半叶9行，行17字，小字双行，行字同，白口，四周双边。天头镌刻音训文字，每行4字	小学之书。《图录》P137
同治七年	读律心得三卷蜀僚问答二卷（清刘衡撰）	两书各自有《序》，原稿	同治七年楚北崇文书局开雕	半叶10行，行22字，小字双行，行字同，白口，四周双边	牧令书。《图录》P104—105
	朱子原订近思录十四卷（宋朱熹撰，宋吕祖谦辑，清江永集注）	清嘉庆十九年王鼎序，同治四年吴棠跋	同治七年楚北崇文书局开雕	半叶7行，行18字，小字双行行字同，白口，四周双边	经书。《图录》P130
同治八年	春秋经传集解三十卷（晋杜预集解，唐陆德明音义）	书名页正面题“杜注春秋左传”	同治八年楚北崇文书局开雕	半叶9行，行17字，小字双行，行字同，白口，四周双边	经书。1904年万国博览会《图录》Ⅲ P20
	钦定康济录四卷（清陆正禹撰）	原稿	同治八年楚北崇文书局开雕	半叶10行，行22字，小字双行行字同，白口，四周双边	钦定政书。《图录》P115

年份	书目	底本	牌记	版刻形制	种类与书影来源
同治八年	荒政辑要九卷首一卷（清汪志伊纂）	原稿，前有作者序，卷首为《纲领》	同治八年楚北崇文书局开雕	半叶10行，行22字，小字双行行字同，白口，四周双边	政书。《图录》P118
	重刊救荒补遗书二卷（宋董煟编著，元张光大新增，明朱熊补遗）	封面及书口题“救荒补遗”	同治八年楚北崇文书局开雕	半叶10行，行22字，白口，四周双边	政书。《图录》P119
	捕蝗要诀一卷除蝻八要一卷（清钱炘和撰）	前有清咸丰司徒照、钱炘和序两篇	同治八年楚北崇文书局开雕	半叶10行，行22字，小字双行行字同，白口，四周双边	《图录》P144
	医宗备要三卷（清曾鼎辑）	前有何国琛序	同治八年楚北崇文书局开雕	半叶12行，行21字，白口，四周双边	医书。《图录》P146
同治九年	仪礼十七卷（汉郑玄注，唐陆德明音义）	嘉庆黄丕烈影宋刻本，封面题“仿宋严州本仪礼”	同治九年楚北崇文书局重雕	半叶14行，行23字，小字双行32字，白口，四周单边	经书。《图录》P16—17
	仪礼图六卷（清张惠言述）	书衣题“张皋文仪礼图”，原稿	同治九年楚北崇文书局开雕	半叶16行，小字双行，行字不等，白口，四周双边	经书。《图录》P19
	礼记二十卷（汉郑玄注）附抚本礼记郑注考异二卷（清张敦仁撰）	封面题“宋抚州本礼记”，嘉庆阳城张氏刻本	同治九年楚北崇文书局重雕	半叶9行，行17字，小字双行，行字同，白口，四周双边	经书。《图录》P20—21

年份	书目	底本	牌记	版刻形制	种类与书影来源
同治九年	史记一百三十卷（仿刊王本史记，司马迁撰）	明嘉靖震泽王氏本	同治九年楚北崇文书局重雕	半叶 10 行，行 18 字，小字双行，行 23 字，白口，四周双边	史书。《图录》P54—55 博览会《图录》Ⅲ P20
同治十年	皇朝祭器乐舞录二卷（清严树森辑）	原刻、重刻《官衔姓氏》及《目录》	同治十年楚北崇文书局开雕	半叶 9 行，行 22 字，小字双行，行字同，白口，四周双边	经书。《图录》P107—108

资料来源：表 1 中简称"《图录》"即阳海清、汤旭岩主编《湖北官书局版刻图录》；表 1 中简称"1904 年万国博览会《图录》Ⅲ"即（美）居蜜主编《1904 年美国圣路易斯万国博览会中国参展图录Ⅲ·汉籍珍品域外流传篇》。

（五）崇文书局创设初期的人力与财力支持

由于清朝科举制度下积累了大量钟爱刊书授业的知识分子和尚没入仕的文化名人、地方士绅，因而晚清时期具有充裕的校勘刻书人才储备。倡行设局刻书的地方督抚积极招募、笼络士绅知识分子，当时大儒云集，人才集中，具有设局刻书的人力资源优势。地方官书局的部分校勘专家本身即地方督抚、学政、道台等亦官亦学的读书人，还有部分是督抚的幕僚或文友，亦有部分是科举儒生等知识分子。如曾国藩创设的安庆—金陵书局以名儒欧阳兆熊董其事，分任校勘编纂者则有张文虎、刘毓崧等 16 位文化名人；浙江官书局汇聚了薛时雨、孙衣言、俞樾、李慈铭、谭献、黄以周等文化名宿；左宗棠重视正谊堂书局人才招募，他在《创设正谊堂书局告示》中云："近年科举频开，得举者多，谅不乏有志问学之士。其愿入局任分校之役者，各赴署报名，本月十六日取齐，定期十八日面试榜示。取入者月致膏火银五两。本爵部堂判事之暇，亦将来局与同志之士共相讨论，倘不以时过，不学而弃之乎？”①在人才支持方面，除楚北崇文书局的绅耆名儒外，还启用候补道张炳堃、补用道胡凤丹等亦官亦学的名儒负责书局经营管理和刻书事宜。同时，更有湖北地方士大夫知识分子和知名乡绅在校书、刻书和经费上鼎力相助。

崇文书局经费来源有三：一是来自督抚预留之“闲款”。据李鸿章《设局刊书合刊二十四史折》云：“此次设局刊书，只可先其所急……一切经费酌提本省闲款动用，勿使稍有靡费。”②“闲款”系咸同年间地方督抚大吏以厘金项目、捐助等募集的，不需报户部开支实情可自由支配的“外销之款”，并非旱涝保收的稳定经费。“咸、同间，督抚兼治兵、理财之权，外销之款至夥。自江南兴办书局，各省踵之，其经费皆出于闲款，不在经常出纳之列。”③事实上，“闲款”仅仅是晚清地方官书局多渠道经费来源中的一种，但与其他地方官书局从司库、藩库、善后局、支应局、牙厘局、盐务、海关等官方财政机构提取不同款项相比，崇文书局创立初期单一的官方“闲款”经费来源具有先天的不稳定性。比如，光绪六年（1880）在因军费开支过大致使鄂省经费短缺的情况下，鄂督李瀚章向清廷奏请筹饷节流折，拟裁撤崇文书局，“至省城原设各局，如捐饷局、崇文书局、军需局亦先后奏报裁撤。诚以时势艰难，库款支绌，苟可节省，无不筹酌办理”④。

二是来自善后局的官府拨款。逮至光绪十五年（1889），张之洞督鄂后重视和支持崇文书局的刻书经费筹集，定期从善后局拨银给湖北官书局，予以补贴。如光绪十六年（1890），张之洞从善后局拨四千余两

---

①左宗棠：《创设正谊堂书局告示》，载宋原放主编《中国出版史料（近代部分）》第一卷，湖北教育出版社 2004 年版，第 409 页。

②李鸿章：《设局刊书折》，载阳海清、汤旭岩主编《湖北官书局版刻图录》，湖北教育出版社 2014 年版，第 233 页。

③柳诒徵：《国学书局本末》，载宋原放主编《中国出版史料（近代部分）》第一卷，湖北教育出版社 2004 年版，第 446 页。

④李瀚章：《裁撤鄂省诸局节流费用折》，载阳海清、汤旭岩主编《湖北官书局版刻图录》，湖北教育出版社 2014 年版，第 235 页。

白银购回湖北前任学政赵尚辅三余草堂所搜集的《湖北历代名贤著述》板片31种287卷，襄助崇文书局刊刻大型丛书《湖北丛书》（后改为《江汉丛书》）。张继煦在《张文襄公治鄂记》中云："先是鄂学院赵尚辅搜辑鄂历代乡贤著述三十一种校刊，曰《湖北丛书》。公由善后局筹拨银四千两，收回板片，存贮湖北官书局。并拟陆续汇刻完备，名曰《江汉丛书》。"①另据张氏《札北善后局筹拨刻书银两》载："所有此项刻书板价工资，现经核计共银四千余两，自应由善后局筹发。"②

三是在官府拨款的前提下，来自地方官绅、儒士捐款襄助。书局初创时期，重修正觉寺大殿、后殿、听经阁等处，添造书楼，请求官府经费拨款困难，几经周折，方得部分经费，令胡凤丹颇为感叹，幸而有地方官绅、学士的捐助和支持。胡凤丹在其《添修正觉寺书楼牌记》中云："己巳（注：即1869年）夏，募金二千余两，重修大殿、后殿、听经阁等处……第念设局日久，刊板日多，欲建楼为庋弃所，以费不赀，屡议屡止……乃力请上游，添造书楼四所于后殿之左右，犹两翼然……是役也，计费货泉三千八百缗。同谋兴修者张涔山方伯、鹿仙都转，勷其事者张日焜、应成祖两少尹，主斯寺者武昌僧晓岱。"③

（六）奉旨设局与崇文书局创设的合法性

在中央威权的封建时代，地方官书局只有得到清廷的认可和支持，方具有政治合法性和文化权威性。同治六年（1867）四月，江苏学政鲍源深奏《请购刊经史疏》得到清廷的支持与批复之后，晚清地方官书局由地方督抚自发设局阶段进入奉旨设局阶段。自此，晚清地方官书局获得了政治和文化上的合法地位。鲍源深的《请购刊经史疏》请求广开书局，刊刻经史诸书，振兴文教。疏曰：

> 近年各省因经兵燹，书多散佚……以东南文明大省，士子竟无

---

①张继煦：《张文襄公治鄂记》，《开明书店》1966年版，第57页。

②张之洞著，王树枏编：《张文襄公全集》，载沈云龙主编《近代中国史料丛刊》第四十九辑，文海出版社1970年版，第1837—1839页。

③胡凤丹：《添修正觉寺书楼牌记》，《退补斋文存》卷六，载阳海清、汤旭岩主编《湖北官书局版刻图录》，湖北教育出版社2014年版，第234页。

书可读，其何以兴学校而育人才？臣拟请旨将殿板诸书照旧重颁各学，诚恐内存书籍无多，武英殿书板久未修整，亦难刷印。因思由内颁发不如由外购求，敬请饬下各督抚转饬所属府州县，将旧存学中书籍设法购补，俾士子咸资讲习，并筹措经费，择书之尤要者，循例重加刊刻，以广流传。①

同治六年（1867）五月初，不到一月时间，同治帝就鲍源深奏设书局刻书谕下旨曰：

（丁卯五月）戊午（五月初六），谕内阁：鲍源深奏请饬刊刻书籍，颁发各学一折。江苏等省，自遭兵燹以后，各府州县学中旧藏书籍，大半散佚；经史板片，亦皆毁失无存。现在地方已就肃清，亟应振兴文教，士子有志读书而载籍难于购觅，其何以资讲贯而惠艺林？着各直省督抚转饬所属，将旧存学中书籍广为购补，并将列圣御纂、钦定经史各书，先行敬谨重刊，颁发各学，并准书肆刷印，以广流传，俾各省士子得所研求，同敦实学，用副朝廷教育人才至意。②

得到清廷许可后，晚清地方官书局的设立由驻守东南诸省权势疆吏自发的、由下而上的、零星的状态转入自觉的、自上而下的、蓬勃发展的状态；由奉旨设局前的武昌书局、宁波一杭州书局、安庆一金陵书局、江苏书局、正谊堂书局 5 家书局发展到同治、光绪年间的 30 家。湖北崇文书局于同治六年十月十五日设局于武昌蛇山脚下之正觉寺。

崇文书局的创设系湖广总督兼湖北巡抚李鸿章奏《设局刊书折》之后。李鸿章在其《设局刊书折》中云：

窃查接管卷内，准礼部咨议，覆御史范熙溥奏，军务肃清省分，亟应振兴文教，请将所属书院妥为整顿。奉旨：依议。钦此。续又准咨同治六年五月初二日奉上谕；鲍源深奏，请刊刻书籍，颁发各学一折。等因。钦此。恭录行知。均经前署督臣李瀚章、前抚

①鲍源深：《请购刊经史疏》，载宋原放主编《中国出版史料（近代部分）》第一卷，湖北教育出版社 2004 年版，第 406—407 页。

②《清实录·穆宗实录》卷二〇二，中华书局 1986 年版，第 604 页。

臣曾国荃会商办理……嗣于（同治）六年十月十五日开设书局，派委候补道张炳堃、补用道胡凤丹妥为经理。①

自此，崇文书局成立，选址武昌正觉寺，此寺为“鄂城古刹，由明迄今历数百年矣。自咸丰间兵燹后殿宇就圮。同治三年，前节相官文恭公捐廉三千余金重新寺宇……未一年，大风倾之，寺旋废。六年冬，楚省设立崇文书局，假寺内基地，择其东西之平旷者构瓦屋三十余楹，为手民栖止所”②。

三、晚清崇文书局的出版文化理念

晚清时期，武昌地处中部内陆城市，扼长江上游之津关，挽东南诸省之枢纽，长期受荆楚、湖湘文化浸泅，素有程朱理学之学术风气和读书入仕、耕读传家的社会文化风气，且有开明洋务派封疆大吏如胡林翼、李鸿章、李瀚章、张之洞、曾国荃、端方等官员的文化支持与经费襄助，他们甚至亲自参与校勘刻书。湖北崇文书局在这种政治、文化和社会氛围中，尤其在地方督抚大员支持和主持者胡凤丹的开拓耕耘下，形成了自己的出版文化理念与特色。晚清崇文书局以维护孔孟之学尤其是程朱理学的正统文化意识形态、传儒家先哲之精蕴、振兴文教、传承文脉、巩固传统文化统治秩序为出版宗旨及总体指导思想。其主要出版文化理念体现在：一是选题理念，其文化表征在于其以程朱理学为宗的经学出书品种、考据之学出书品种与严谨的校勘风气中，在尊崇程朱埋学的基础上，兼采宋学；刊刻出版传统儒学、经史子集书籍，重在传承文化、振兴文教、经世致用；二是校勘理念，以“求善而刻，考证宜确”为文化理想和追求；三是刊刻理念，强调刻板之精者，须兼“方粗清匀”四字之长；四是经营理念，树立出版品牌，以流传为本，以书养

①李鸿章：《设局刊书折》，载阳海清、汤旭岩主编《湖北官书局版刻图录》，湖北教育出版社2014年版，第233页。

②胡凤丹：《募修重建正觉寺殿宇启》，《退补斋文存》卷十二，载阳海清、汤旭岩主编《湖北官书局版刻图录》，湖北教育出版社2014年版，第234页。

书，平值售书。按购买力水平对消费者进行分层，同种刻本书选用不同的纸张，采用不同的定价策略，以廉价惠及寒门士子和书院学子，使之有书可读；强调“平值售书”，嘉惠学林。

（一）选题理念：宋汉兼采，经世致用

19世纪清代学术思想出现了尊崇程朱理学、经世致用的倾向，这种经世学派注重“入世”和“实务”，反映了儒家人道主义和现实主义的理想。一方面，它反对“阳明心学”的玄学思辨，反对空疏之风；另一方面，它轻视埋头书斋中的校勘学问——考据之学，认为它迂腐而无用。特别是在鸦片战争前后内忧外患的社会背景中，一些文人志士更关注现实问题，强调经世致用的重要性，以刘逢禄、魏源、林则徐、龚自珍为代表的经世致用派学术思想深刻影响了曾国藩、李鸿章、左宗棠、张之洞等地方督抚大臣的学术取向，及之后他们所创立地方官书局的出版文化理念。这些开明的洋务大臣以程朱理学和经世致用书籍的校勘刊刻为要旨，以考据之学的治学方法为校勘质量保障，在出版理念和校勘实践中，以理学经籍为本，宋学、汉学兼采，振兴文教，经世致用。

1. 理学为本体，汉学为方法，宋汉兼采

清初确立的程朱理学正统文化统治地位，经历了乾嘉以来的百年沉寂后，至咸同年间再度复兴。①咸丰帝即位不久，重申“经正民行”的文化统治要义，并令各省督抚、学政转饬地方官、各学教官以《御纂性理精义》《圣谕广训》《钦定满汉文大学衍义》等理学书籍为课读讲习之要，使之家喻户晓。在清廷支持下，倡行设立地方官书局的督抚要员多为理学儒士，他们把“各代理学家的著作为编刊首选。一时间，《朱子全书》《朱子语类》《大学衍义》《四书章句集注》等理学著作大量出版，广为流传”②。咸、同、光时期，除寓居于湖北的胡林翼、李鸿章、李

①清代之经学，有“三变”之说：“国初，汉学方萌芽，皆以宋学为根柢，不分门户，各取所长，是为汉、宋兼采之学。乾隆以后，许、郑之学大明，治宋学者已少，说经者皆主实证，不空谈义理，是为专门汉学。嘉道以后，又由许、郑之学导源而上……是为专门经学。”参见皮锡瑞《经学历史》，中华书局1959年版，第347页。

②史革新：《程朱理学与晚清“同治中兴”》，《近代史研究》2003年第6期。

瀚章、张之洞、胡凤丹等理学官宦外，亦有本省籍名儒洪汝奎、万解全、宋鼎、邹金栗、冯礼藩、黄嗣东等人，蔚为壮观。特别是咸、同、光三朝历任湖北督抚大员和崇文书局主持者胡凤丹等人，即尊崇孔孟之学尤其是程朱理学之儒士，是晚清崇文书局的理学学术出版思想的直接动因。李鸿章在《设局刊书折》中云："此次设局刊书，只可先其所急。除《四书》《十三经》原注读本为童蒙肄习之书，业经刊刻颁行各学外，伏思《钦定七经》《御批通鉴》集经史之大成，尤属士林圭臬。"①由此可见，校勘刊刻理学经书和实用、日用之书系晚近崇文书局的出版文化思想。在李瀚章设局刊书的思想指导下，崇文书局随即给予回应。同治八年（1869），"今年春仲，成《资治通鉴》；冬，《钦定七经》工竣，梨枣之积，几于充栋"②。事实上，晚清崇文书局存世始终，钦定经书、理学书籍一直系其刻书品种之大宗。

经部典籍尤其是程朱理学虽然系儒家正统思想之核心，但其内在义理结构和字义考证与"症候式"解读，和注疏、考据和诠释之学相辅相成。儒家经典诠释学亦有义理和实证（即宋学与汉学）两条路径，而以文字、音韵、训诂之学来诠释儒家经学，是乾嘉以来清代学术的基本底色。即便嘉道以来理学复兴，汉学依然并存不废，理学大吏、儒士"大抵菲薄考据，而仍以考据成业……其先特为考据之反动，其终汇于考据之颓流"③。这也体现了清代学术文化乃至中华文化的韧性和包容力。尊崇程朱理学的开明地方督抚、儒学名士没有因为过于强调程朱理学而偏废乾嘉之学，而是略有侧重或二者兼顾。尽管在文化理念上以经学义理为宗，但就其亲自参与校勘刻书实践——善本之考究、校勘之精审的行为而言，他们无疑在践行考据之汉学。不仅如此，他们在遴选书目和刊刻书籍的品种结构上，亦为宋学、汉学兼顾。比如，张之洞《书目答

---

①李鸿章：《设局刊书折》，载阳海清、汤旭岩主编《湖北官书局版刻图录》，湖北教育出版社 2014 年版，第 233 页。

②胡凤丹：《添修正觉寺书楼牌记》，《退补斋文存》卷六，载阳海清、汤旭岩主编《湖北官书局版刻图录》，湖北教育出版社 2014 年版，第 234 页。

③钱穆：《中国近三百年学术史》下册，商务印书馆 1937 年版，第 532 页。

问》“经部总目”下列“正经正注”“列朝经注、经说、经本考证”“小学”三类，如此分类，体现了“宋汉相融”的文化理脉。晚清崇文书局刻书品种结构中亦是宋学、汉学兼顾，如“经部”书籍除《钦定七经》《春秋左传》《四书集注》《周易本义》等儒家经典外，还有诠释儒家经典的训诂之作，如《十一经音训》《左传旧疏考证》《逸周书校释》，更在“经部”书目中专列“小学”目录，刊刻一批音韵训诂小学之作。①

2. 致用为本，切于日用

在晚清理学复兴，湖湘、荆楚“经世致用”学风的长期浸润下，晚清理学家特别是洋务派大臣更具有“文化正统主义”和“文化实用主义”两副面孔，他们“一方面以‘正统主义’的方式固守着儒家的精神象征世界与道德理想世界，始终未放弃中国文化为本位的思想原则与价值立场（‘守常’‘不易’），一方面又本着‘实用主义’的态度积极寻找契应时代的富国强兵之路，希望对传统做出温和的改造或渐进式的变革（‘求变’或‘变易’）”②。这是其文化选择和文化价值判断的基调。诚如张之洞在《𬨎轩语》中提出的士子“读书－明理－致用”的“读书化人”逻辑：“随时读书，随时穷理，心地清明，人品自然正直。从此贯通古今，惟求人事，果能平日讲求，无论才识长短，大小必有实用……若读书，既不明理，又复无用，则亦不劳读书矣。”③事实上，张之洞《书目答问》的选书标准即为：“凡所著录，并是要典雅记，各使其用……无用者，空疏者、偏僻者、混淆者不录。”④“照得刊布经籍，乃兴学之要务，致用之本源。”⑤由此可见其经世致用的文化实用主义思

①黄嗣艾《湖北公藏经籍提要》，载阳海清、汤旭岩主编《湖北官书局版刻图录》，湖北教育出版社2014年版，第241－244页.

②张新民：《古代书籍世界的目录学窗口——〈书目答问校补〉前言》，载张之洞著，吕幼樵校补，张新民审补《书目答问校补》，贵州人民出版社2004年版，第32页。

③张之洞：《𬨎轩语》卷二，载苑书义等主编《张之洞全集》卷二七二，河北大学出版社1998年版，第9797－9798页。

④张之洞著，范希增补正，高明路点校：《书目答问补正·略例》，北京燕山出版社1999年版，第1页。

⑤张之洞：《札运司开设书局》，载宋原放主编《中国出版史料（近代部分）》第一卷，湖北教育出版社、山东教育出版社2004年版，第423页。

想，而这种思想和学风在文化权力阶层的倡导下，将深切影响到湖北的学风和书局的出版理念。

晚清理学名臣、官绅“正统主义”和“实用主义”交融的文化追求深刻影响了晚清崇文书局刻书的出版理念。地方官书局刻书品种起轫于“经”而落脚于“用”。张之洞在《开设书局刊布经籍折》中云：“臣等海邦承乏，深惟治源，亟宜殚敬教劝学之方，以收经正兴民之效。此外，史部子部集部诸书，可以考鉴古今，裨益经济，维持人心风俗者，一并搜罗刊播。”[①]“故弘奖文治之世，往往有官为之引导，且竭国帑以尽刻一切有用之书籍，或更召集知名者广求秘藏辑成之，嘉惠天下。”[②]李鸿章在奏设湖北崇文书局的《设局刊书折》中除强调经学、理学之圭臬外，亦注重经世致用书籍的刊刻，“其余《说文》、《文选》、牧令、政治等书，亦皆切于日用”[③]，李鸿章在《设局刊书折》中不仅列举了这些书籍，更强调其流通性和振兴文教、礼仪教化的致用性。崇文书局贯彻李氏的指导思想，“凡一切有用之书籍，补残而刻”[④]，既体现了该书局刻书以“有用”为宗旨的出版理念，又反映了其求多求全的文化理想。综观崇文书局刻书，以教化和实用为目的，多经籍、启蒙、应试、医学、舆图、地理、算学、防水患蝗虫等灾异书籍，以及日常生活用书，或端正人心、维护封建礼教；或经典诠释，供士子研读，以嘉惠学林；或科举应试之书，培育人才，等等。

（二）校勘理念：求善而刻，精审校勘

在“奉旨设局”之前，地方官书局刻书普遍重视督抚的“文治”和“名节”，具有鲜明的质量和品牌意识。此风在随后奉旨设局阶段的晚清地方官书局中延续和传承，竟成晚清崇文书局刻书之特点与风气。这体

---

①张之洞：《开设书局刊布经籍折》，载宋原放主编《中国出版史料（近代部分）》第一卷，湖北教育出版社、山东教育出版社 2004 年版，第 427 页。

②黄嗣艾：《湖北省立官书处本末记》，载阳海清、汤旭岩主编《湖北官书局版刻图录》，湖北教育出版社 2014 年版，第 239 页。

③李鸿章：《设局刊书折》，载阳海清、汤旭岩主编《湖北官书局版刻图录》，湖北教育出版社 2014 年版，第 233 页。

④方振益：《湖北官书局（崇文书局）考略》，《出版史料》1993 年第 3 期。

现在校勘方面，为保障校勘质量而尊崇考据之学，延请名儒士绅，考镜源流，精审细雠。

1. 精选底本——求善而刻，不惜乎度支之繁费

校勘贵在精选底本，择善而刻。清代校勘家卢文弨在其《与丁小雅论校正方言书》中云："大凡昔人援引古书，不尽皆如本文。故校正群籍，自当先从本书相传旧本为定。"张之洞在《书目答问》附《劝人刻书》中亦云："刻书必须不惜重费，延聘通人，甄择秘籍，详校精雕。（刻书不择善恶，书佳而不雠校，犹糜费也）……且刻书者传先哲之精蕴，启后学之困蒙，亦利济之先务，积善之雅谈也。"①

晚清崇文书局刻书以"凡一切有用之载籍，补残而印，求善而刻，不惜乎度支之繁费也"② 为基本理念，注重精选善本为校勘底本，追求刻书质量。同治八年（1869）五月二十日，李鸿章奏疏《设局刊书折》中要求崇文书局"经访觅善本，次第开雕。现在浙江、江宁、苏州、湖北四省公议，合刻《二十四史》，照汲古阁《十七史》板式，行数字数较各家所刻者为精密。拟即分认校刊，选派朴学员绅悉心核对，添募工匠，陆续付梓"③。崇文书局所刻《新五代史》《旧五代史》和《明史》即精选以校勘精审著称的汲古阁底本刊刻而成。湖广总督张之洞珍视崇文书局校勘之善本，强调精选底本，如黄嗣艾所云："今所藏者《大清一统行省舆图》，胡文忠公定本而文襄公所极珍视，虽代易时移，能不抚山川之陈迹，缅前人之遗徽欤？余则有万县赵侍读尚辅之《湖北丛书》，初办书局诸公之《正觉楼丛书》，纯儒著作，孤本留遗，皆其选也。"④ 崇文书局首任经理胡凤丹垂范崇文书局"求善而刻"的出版文

---

①张之洞著，范希增补正，高明路点校：《书目答问补正》，北京燕山出版社 1999 年版，第 262—263 页。

②黄嗣艾：《湖北省立官书处本末记》，载阳海清、汤旭岩主编《湖北官书局版刻图录》，湖北教育出版社 2014 年版，第 239 页。

③李鸿章：《设局刊书折》，载阳海清、汤旭岩主编《湖北官书局版刻图录》，湖北教育出版社 2014 年版，第 233 页。

④黄嗣艾：《湖北省立官书处本末记》，载阳海清、汤旭岩主编《湖北官书局版刻图录》，湖北教育出版社 2014 年版，第 239 页。

化理念，他一生喜好藏书、刻书，“古本有善者必倾囊购之，缥缃盈室，手自校雠无倦容……每购善本必探其源委而校勘之”①。

2. 精校细考——考证宜确也，不确则贻羞

晚清地方官书局刻书以底本精良、校雠精审而著称，堪称后世出版楷模。这得益于其精校细考、“但求雠校之精审，不问成书之迟速”的理念。崇文书局的严谨校勘风气与书局掌管者的理念垂范息息相关。比如，张之洞曾劝诸生要精选善本而读，云：“读书不知要领，劳而无功。知某书宜读，而不得精校、精注本，事倍功半。”②他不仅这样要求诸生，而且自己成书、成文亦非常严谨精审，“奏议告教，不假手他人，月脱稿数万言。其要者往往闭门谢客，终夜不寝，数易稿而后成。书札有发行数百里，追还易数字者”③。崇文书局首任经理张炳堃“以其暇兼持书局，一字一画，引据商榷，靡不详核，虽专司其事者逊谢弗如”④。书局初创时，延聘湖北硕儒王柏心总校雠事，车元春、沈棠溪等地方名士分校雠事。经理胡凤丹对校勘工作提出了“考证宜确”“不确则贻羞”的校勘指导思想和要求，强调“一字一画，引据商榷，靡不详核”，这成为晚清崇文书局校勘工作的基本理念。胡凤丹不仅“言传”，而且“身教”，他在总理崇文书局期间，校勘刻书以考证见长，他所汇编刊刻的《大别山志》《黄鹄山志》《鹦鹉洲小志》，“遇有传写之讹、附会之谬，必博稽群书，确有依据而悉衷于至当”，以致湖北名儒张凯嵩在《鹦鹉洲小志序》中云：“能著成此书，其精审为生长是邦者所未逮，既服观察之勤，亦以益余之愧也。”在其身先垂范下，崇文书局初期刻书之校勘质量多有好评，如曾国藩云：“鄂局刻书，愈出愈精，

①胡凤丹：《退补斋文存·洪均序》，转引自张涌泉《出版家胡凤丹传略》，《浙江学刊》1998年第1期。

②张之洞著，范希增补正，高明路点校：《书目答问补正·略例》，北京燕山出版社1999年版，第1页。

③张继煦：《张文襄公治鄂记》，开明书局1966年版，第168页。

④胡凤丹：《祝张鹿仙都转六十寿序》，《退补斋文存》卷五，载阳海清、汤旭岩主编《湖北官书局版刻图录》，湖北教育出版社2014年版，第234页。

为各局所不逮。”① 张之洞誉称崇文书局刻本《退补斋诗存》“追长兴之精研，刊麻沙之讹夺”②，傅增湘赞“退补斋刻本”曰：“校定精审，出江浙诸局刻上，退补斋之名，至今学子多能道之。”③当然，以胡氏一人之力，特别是在其离任之后，此校勘理念无法确保崇文书局刻本皆为校雠精湛之善本。

（三）刊刻理念：刻板之精者，须兼“方、粗、清、匀”之长

一书在校勘成稿后，便进入雕版刊刻阶段，这个阶段的刊印工序比较复杂，“自定稿以至装订，其步骤十五，曰：选科（注：应为‘料’）、写样、初校、改补、复校、上版、发刀、挑刀、打空、锯边、印样、三校、挖补、四校、印书”④。其中，写样、发刀、挑刀、印样等工序需要一定的技艺水平。雕版刻书，又称“长刀”，与刻其他零碎东西不同，“学长刀者习艺三年，进出师必备酒，从师者以十六七岁为宜，学艺初成，技未必老；二十至四十（岁）之间，最为出色。及至暮年，目力已衰，亦无足取”⑤。在字体及页面布局方面，清代刻本主要有宋刻本与写刻本两类，其中写刻本要求较高，“为学者、文人、私人藏书家所熟知并赞赏的写刻本，即软体字精刻本，在清一代雕版史上占有重要的地位”⑥。宋体刻本萌芽于宋代一种横平竖直、横轻竖重的刻印字体，明初时作了改进，到明正德年间基本定型。开始字形是方的，后来渐趋狭长，或如汲古阁的微扁，出现了以“横平竖直、横轻竖重”为基本架构的宋体字，并日渐规范化。如叶德辉所言：“世传明万历戊午（四十六年）赵用贤刻《管子》《韩子》，已用今之所谓宋体字。想其时宋体字刻书已通行。然虽横轻直粗，犹有楷书风范。毛氏汲古阁刻《十三经》亦

---

①胡宗懋：《府君行状》，转引自张涌泉《出版家胡凤丹传略》，《浙江学刊》1998年第1期。

②张之洞：《退补斋诗存序》，转引自张涌泉《出版家胡凤丹传略》，《浙江学刊》1998年第1期。

③傅增湘：《续金华丛书序》，江苏广陵古籍刻印社，1983年版。

④卢前：《书林别话》，载张静庐辑注《中国现代出版史料·丁编》，上海书店出版社2003年版，第627、628页。

⑤卢前：《书林别话》，载张静庐辑注《中国现代出版史料·丁编》，上海书店出版社2003年版，第627－628页。

⑥江凌：《清末民初武昌陶子麟书坊刻书业考略》，《长江论坛》2008年第4期。

然。其他各种，则多近于今刻书之宋字。”[①]宋体刻本雕刻的一般要求是：横平竖直，长字宜瘦，扁字宜肥，长字撇捺均宜硬，扁字撇捺均宜软。不问横之多寡，所空要齐整，竖和竖之间亦然。大小字夹写者，大字宜肥，小字宜瘦。

清初雕刻字体沿用自明末，以横细直粗、横平竖直的长方体字为主。逮至康熙之后，有仿宋体和软体字两种字体并行。其中，仿宋体在清代刻本中较为普遍。它与明刻本之仿宋体有所不同，其主要特点是：笔画横轻直重，撇长而渐尖，捺拙而肥粗，右折横笔又粗又肥。道光之后，这种字体被称为“匠体”。另一种字体是软体字，又称写体。刻板前由名家或名刻工手书上版，字体优美活泼，有灵动感。同光时期，时人喜好肥、方之仿宋体字和清匀爽目之板式，曾国藩投其所好，参照殿本和毛氏汲古阁刻本，如曾氏致书方子箴刻印《十三经注疏》云：

> 拟《十三经》皆仿照殿本另写，但不欲有剪裁伸缩之事。如有须订正之处，则别为《校勘记》附于每卷之末……前刻有《金陵书局章程》一册，言字体须方、粗、匀、清，若刻注疏，亦不外此四字诀。[②]

曾氏的这种对于刻工之刊刻的苛刻追求，并不容易做到，张文虎曾云：“予谓‘清匀’二字最要最难，‘方肥’则从人所好。”[③]特别是写样、发刀、挑刀、印样等工序，要做到“清、匀”，需要刻工熟练的技术。在曾国藩的倡导和金陵书局垂范下，崇文书局追而仿之，“同时杭州、江苏、武昌继之。既刊读本十三经，四省又合刻廿四史。天下书板之善，乃推金陵、苏、杭”[④]。

湖北著名刻工陶子麟在娴熟写刻宋体本基础上，改进字型，增加软体、变体字，不仅达到“方、肥、清、匀”的要求，而且使宋体字更加精秀雅观。比如，他为盛宣怀刻《常州先哲遗书》40 种，所刻多为仿

---

①叶德辉：《书林清话 书林余话》，岳麓书社 1999 年版，第 31 页。

②《曾国藩全集·书信十》，岳麓书社 1994 年版，第 7473 页。

③陈大康整理：《张文虎日记》，上海书店出版社 2009 年版，第 126 页。

④叶德辉：《书林清话 书林余话》，岳麓书社 1999 年版，第 211 页。

宋及软体字。“能刻仿宋及软体字者，有黄冈陶子麟。如南浔刘氏嘉业堂之四史，刘世珩刊之金石契，及武进董绶经诸书均出陶氏手，为一时所称。”①光绪元年（1875），只有18岁的刻匠陶子麟为湖北崇文书局刊刻《李太白文集》；光绪初年，他以匠体字为崇文书局刻《变雅堂遗集》，践行“方、粗、清、匀”之标准，“以工影宋刻本名”②，崇文书局于光绪元年开雕的《百子全书》与《常州先哲遗书》刊刻字体、板式和风格相比较，“从板式、字体、字型、字体大小、行距、行版、刀法、板型一一比照，具有高度的一致性”③，当为陶子麟本人、门徒或模仿陶子麟刊刻风格的刻工所为。胡风丹主持崇文书局期间，雇佣手民所刊印字体，正文多仿宋字体，而经其校勘刊印的“退补斋刻本”，“序言”及“后记”常用灵动飘逸的大软体字，字体和页面布局趋向美观和雅致。

（四）经营理念：树立文化品牌，流传为本，平值售书

晚清地方官书局以应战太平天国对正统儒家文化的摧残为契机，以振兴文教、恢复和巩固清廷正统文化统治秩序为己任，其文化意识形态和文化教育属性超越传统坊刻的市场属性，秉承“文化与社会效益第一，经济效益第二”的出版文化理念。因此，清崇文书局在经营理念上，一是强调文化品牌与版权意识，传递精品出版物的社会效益；二是着眼于解决生存发展的生计，“平值售书”、不以营利为主要目的，采用字小行密的板式雕刻，以节约纸张、降低价格。同时，采用不同的纸张，按纸张成本进行价格分层，以广惠寒门士子、学童及其他普通读书人。

1. 标明牌记，注重版权，塑造书局之品牌

在建章立制与追求校勘质量、创立文化品牌方面，曾国藩开创的金陵书局无疑为其他诸省官书局树立了典范。书局的牌记或戳记（类似今

---

①卢前：《书林别话》，载张静庐辑注《中国现代出版史料·丁编》，上海书店出版社2003年版，第636页。

②叶德辉：《书林清话 书林余话》，岳麓书社1999年版，第211页。

③王晓清：《陶子麟与雕版刊刻》，《武汉文史资料》2005年第3期。

天的出版物商标）标注在所刊刻书籍的每卷卷末，或书籍封面、首页、底部，以显示地方官书局的功绩和主体责任，特别是那些精选底本、精心校雠、精心雕刻的书籍，更代表了一个出版主体（机构或个人）的文化能力、文化品位和文化品牌。曾国藩为该金陵书局厘定了一项制度：所刊刻书籍须在每卷卷末刻上书局戳记，标明底本来源。同治六年（1867）十二月，他致函书局提调周学濬云："前此面商，前、后《汉书》每卷之末一叶刻一戳记，云'金陵书局仿汲古阁式刻'。昨见局版尚未添刻，请即饬令以后各卷皆须增刻，以前各卷可补者补之，不可补者听之。"[①]此定例随后为各省官书局仿效。湖北崇文书局早在其前身楚北崇文书局时期，乃至之前胡林翼开设的武昌书局，即在每本书籍之前或封底标注牌记或戳记。殆至崇文书局正式成立后，保留了这一传统，多数书籍仿效金陵书局经验，于每卷卷末处标注牌记或戳记。比如，同治七年（1868）崇文书局重刻婺源江永集注《朱子原订近思录》十四卷，该书版本来源为"盱眙吴公得王文恪公江右雕本重刻于袁浦，楚北崇文书局踵而刻之"[②]，首页的牌记"同治七年楚北崇文书局开雕"，每卷首页题名"婺源江永集注，关中王鼎校次"。崇文书局之《近思录》刻本颇受张之洞赏识，"国朝江永有校注本，极精，近湖北局刻亦好"[③]。地方官书局所刻书籍，在封面、扉页或每卷卷首、卷末之处标注的牌记主要有三大功能：一是标明刊书年份；二是标注所刊刻之书局，彰显书局主体文化责任和文化品牌；三是标明底本来源和版权（开雕、重雕、重刊、翻印、影印等），方便读者选择，同时彰显其版权意识与文化责任。

2. 以流传为本，不以营利为目的，平值售书

晚清时期，传统地方官书局所刊刻书籍以广为流布、嘉惠士林、振兴文教为本，书成之后"以广流传，俾各省士子得所研求，同敦实

①《曾国藩全集·书信九》，岳麓书社 1994 年版，第 6513 页。

②应包时：《近思录跋》，江永著《近思录集注》，清同治八年江苏书局刻本。

③司马朝军：《輶轩语详注》，华东师范大学出版社 2010 年版，第 203 页。

学”[①]，而不以营利为目的，因而定价从廉，平值售书。较早确立“平值售书”经营理念的近代出版家系创设金陵书局的曾国藩，据［同治］《续纂江宁府志》云：“同治三年四月，总督曾文正公与弟今山西巡抚威毅伯刊《王船山遗书》，立局安庆。江宁收复，移局东下，初设于铁作坊，后移江宁府学之飞霞阁，延请绅士一人督理局事，提调道府一人佐之，并延四方绩学之士分任校勘，稽工匠之勤惰，遴长者授以事。书成，平其值售之。”[②]金陵书局“平值售书”之理念深刻影响了崇文书局之书业营销策略，李鸿章期待崇文书局和其他四省官书局“俟各书刻成之日，颁发各学书院，并准穷乡寒儒、书肆贾人随时刷印，以广留传，庶几礼让同敦、嚣陵默化，以仰副圣主一道同文之至意”[③]。李氏这种“以流传为本、盈利为末、振兴文教”的指导思想之后成为湖北崇文书局的出版发行理念。

3. 以书养书，缩小板式，降低成本和价格

曾国藩设局刻书不久，即积极推行降低成本、平价销售、以书养书的经营理念。由于以往的殿本书籍字大行疏，书版板式疏朗，眉清目秀，尽管阅读观感颇佳，但用板、用纸较多，成本高，耗资大，印行价格昂贵，不便于流传普及。“局本”刻书为降低成本、平值售书，以便于所刊刻书籍的流传，在一些非钦定经书的刊刻中，采用便于读者购买，增加行数和字数、减少用板与用纸成本、降低价格的经营理念。同治六年（1867）十月十二日，浙江巡抚马新贻在《建复书院设局刊书以兴实学折》中云：“从前钦定诸经，卷帙阔大，刷印工价浩繁，寒士艰于购取。臣此次刊刻，略将板式缩小，行数增多。以期流传较易，庶几

---

①《清实录·清穆宗实录》卷二〇二，中华书局 1986 年版，第 604 页。

②汪士铎等纂：［同治］《续纂江宁府志》卷六，载《中国地方志集成·江苏府县志辑》第二册，江苏古籍出版社 1991 年版，第 52—53 页。

③李鸿章：《设局刊书折》，载阳海清、汤旭岩主编《湖北官书局版刻图录》，湖北教育出版社 2014 年版，第 233 页。

家有其书，有裨诵习。”[1]同治八年（1869），李鸿章倡议五局合刻《二十四史》，提议参照汲古阁《十七史》板式，“行数字数较各家所刻者精密”，以便穷乡寒儒刷印、购买。崇文书局刻书践行这种经营思想，在刊刻板式上行密字小，降低刻书成本，便于一般士人和寒门学子购买消费。比如，其所刊刻的《二十四史》之《旧五代史》《新五代史》《明史》便具有这种特点。此种刊刻版式立意在于契合寒门学子的购买力，降低成本和书价，却竟为后世校勘版本学家所诟病。

①马新贻：《建复书院设局刊书以兴实学折》，载宋原放主编《中国出版史料（近代部分）》第一卷，湖北教育出版社、山东教育出版社 2004 年版，第 412 页。

崇文书局史上的工匠精神

章雪峰

清同治六年（1867）十月十五日，湖北官书局——崇文书局在武昌建立。从此，直到1937年抗战爆发，崇文书局开始了自己在荆楚大地上长达70年的传奇。在晚清众多的官书局之中，崇文书局以创办时间早、存世时间长、刻印书籍多、参与合刻《二十四史》而名闻全国，同时也在中国出版史上留下了浓墨重彩的一笔。

时至今日，崇文书局已经是湖北出版业的金字招牌，被一代又一代湖北出版人仰望；而崇文书局史上留下来的工匠精神，更值得今天的湖北出版人继承和发扬。

概括起来，崇文书局史上的工匠精神，集中体现在三个方面：选题策划上的守正出新、编辑校勘上的精益求精、刻版印刷上的精雕细琢。

一、选题策划：守正出新

和一般出版机构的建立不大一样的是，崇文书局等晚清官书局是肩负着重任而诞生的。

崇文书局的第一个重任，就是从大处着眼，力图挽回大乱之后的世道人心。同光年间，面对风起云涌的太平天国、捻军、西北回民和云南回民等四次大规模起义，面对大半个中国几近糜烂的混乱局面，大清朝廷特别是以曾国藩为首的中兴将帅们，首先是在军事上全力镇压，次第荡平，然后在政治上跟随军事进展，攻占一城一地，即迅速设官分职，重建行政管理体系，甚至在经济上也采取多种手段，全力扭转战争所带来的经济凋敝。然而，皇帝和中兴将帅们也逐步开始意识到：一场起义容易扑灭，一座城池容易攻占，一个省府容易治理，甚至连经济凋敝也容易扭转，但这些农民起义本身却很难避免；而要从根本上防止农民起义"春风吹又生"，光有军事、政治、经济手段远远不够，还必须辅之以文化的手段。用曾国藩的话说，就是"正人心""维世道"。中兴将帅们希望通过书局的大量设立，通过传统文化典籍的广泛刊刻，能够对社会产生潜移默化的影响，从而挽回世道人心，避免有人再度铤而走险。

崇文书局的另一个重任，就是在短期内迅速填补太平天国运动所造成的传统文化典籍的毁灭与空白。这种毁灭与空白，在当时遭受兵燹的省份中，处处可见，非常普遍。广西"人士流离，旧书悉毁，旧刊片板无存"①；浙江"浙省自遭兵燹，从前尊经阁、文渊阁所存书籍，均多毁失。士大夫家藏旧本，连年转徙，亦成乌有"②；南京"两岸房屋十毁五六，存者亦止墙壁耳。文德桥面仅存一线，文庙东偏尚有三四间壁立，余则片瓦无完者"③；整个江苏省"江、苏、松、常、镇、扬诸府，向称人文极盛之地，学校中旧藏书籍，荡然无存，藩署旧有恭刊钦定经史诸书，版片亦均毁失。民间藏书之家，卷帙悉成灰烬"④。

而受到战争影响最大、情况最为严重的，还是曾经三次陷于战火的湖北首府所在地武昌："三次失陷，遭乱最深，士族藏书散亡殆尽，各处书板全毁，坊肆无从购求。"⑤ 可见，当时的武昌，官府、学校、书肆、民间所有藏书，无一幸免，以至造成了读书之人竟然无书可读的

---

①马丕瑶奏文，载朱寿朋编，张静庐等校点：《光绪朝东华录·光绪十五年十二月己亥》，中华书局1954年版，第2700页。

②马新贻：《设局刊书疏》，载陈弢辑《同治中兴京外奏议约编》卷五，上海书店出版社1985年影印清光绪刻本。

③陈大康整理：《张文虎日记》，上海书店出版社2009年版，第5页。

④鲍源深：《请购刊经史疏》，载陈弢辑《同治中兴京外奏议约编》卷五，上海书店出版社1985年影印清光绪刻本。

⑤李鸿章：《设局刊书折》（同治八年五月二十日），《李鸿章全集》卷十五，第685页。转引自张宗友《晚清官书局与近代文献传承》，载南京大学古典文献研究所编《古典文献研究》第十五辑，凤凰出版社2012年版。

局面。

崇文书局，正是肩负着上述两个重任应运而生的。这两个重任也决定了崇文书局建立之后的选题策划方向。当然，清朝建立的崇文书局，还没有今天我们选题策划的概念，但书局要刻什么书、先刻什么书、不刻什么书，书局的主持者如李瀚章、胡凤丹、黄嗣艾等，肯定是早有定见并且一以贯之的，那就是“守正出新”。

首先是“守正”，即崇文书局刻书，以经、史、子、集等为主。从整体来看，崇文书局出版的 382 种图书中，经部有 50 种，史部有 54 种，子部有 98 种，集部有 82 种，① 占比达 74%。在崇文书局建立的第二年即同治七年，即首先开刻《四书》《十三经》《钦定七经》《御批通鉴辑览》《说文》《文选》《资治通鉴》《百子全书》《正觉楼丛刊》等 28 种图书。同治八年，崇文书局更与金陵书局、苏州书局、浙江书局、淮南书局等一起，参与了合刻《二十四史》的出版盛事。崇文书局在合刻中所承担的任务，是新、旧《五代史》《明史》等 3 种，共 556 卷。就品种而言，排在并列第二位，从卷帙而言，排在第三位。

崇文书局刊刻的《新五代史》，采用毛氏汲古阁本为底本，《旧五代史》《明史》则采用武英殿本。此次合刻结束之后，版本学上有名的“《二十四史》五局本”由此形成，崇文书局也由此名闻全国，跻身全国“五大官书局”之列，“因此而立于不朽之域”②。此后每年，崇文书局都会有数种或数十种经史子集类书籍问世，很好地履行了书局创办者们赋予的使命。

其次是“出新”，即崇文书局在刊刻经、史、子、集书籍的基础上，还在多个方面有所创新，形成了自己的出版特色。

第一个“出新”，是子部刻书成为崇文书局最大特色，所刻诸子之书位居各官书局之首，“为他局所不及”③。包括儒家 22 种、道家 15 种、兵家 10 种、法家 6 种、农家 1 种、术数 2 种、杂家 28 种、小说家

①江凌：《清代两湖地区的出版业》，华中师范大学博士学位论文，2008 年。
②王晓清：《湖北崇文书局的沧桑》，《武汉文史资料》2014 年第 12 期。
③阳海清：《〈湖北官书局版刻图录〉前言》，《图书情报论坛》2015 年第 1 期。

13种，[①] 合计有近二百种子书和三部大型丛书。这其中最值得一提的，是崇文书局刊刻的大型子部丛书——《百子全书》，分为儒家、道家、墨家、纵横家、法家、阴阳家、名家、医家、农家、兵家等诸多门类。该丛书规模宏大，第一批诸子典籍刻成于光绪元年，全部刻板告竣则在光绪晚期，持续时间竟然长达三十多年。

第二个"出新"，是在正统史籍之外，崇文书局还致力于保存乡邦文献，刊刻湖北名贤著述，刊刻全国及湖北的舆地、地图书籍。在湖北名贤著述方面，有汇编湖北地方名绅贤士著述的《鄂局丛书》78册，汇编湖北各府州生员科试的佳作《江汉炳灵集》5集，还有《湖北历代名贤著述》。就连湖广总督张之洞自著的《辅轩语》，也是由崇文书局刊行的。在全国及湖北的舆地、地图书籍方面，有《清一统舆地图》《清一统分省舆地全图》《乾隆府厅州县志》《清内府舆地图缩摹本》《湖北通志》《光绪湖北舆地图》《鄂省营汛州县驿传图说》《长江全图》《鄂省全图》《武汉城镇合图》《省城内外街道图》等。特别是崇文书局还刊刻了《黄鹄山志》12卷、《鹦鹉洲小志》4卷、《大别山志》10卷，形成了黄鹄山、鹦鹉洲、大别山等有关湖北山水的学术定论，首开湖北山水志书的先河。

第三个"出新"，就是崇文书局史上被学界认为的最有功之举，刊刻了一些原版已经毁失的珍本和未刊稿本。比如，章宗源所撰《隋经籍志考证》向无刊本，经崇文书局于光绪年间刊刻之后，才得以流传于世；桂馥的《说文解字义证》，在刻入《连筠簃丛书》后其版即毁，经崇文书局重刻，"海内始得见桂氏之书"[②]。

第四个"出新"，是崇文书局还很重视教育用书的刊刻，出版了大量的新式教科书和教学参考书，如《经心书院集》《经心书院续集》《湖北武学》《图画临本》等。其中，《湖北武学》曾被清廷兵部兵学馆选为

---

①张笃勤辑：《湖北官书局书目》，载湖北省新闻出版局《湖北出版史料》编辑组编《湖北出版史料》第3辑，1988年12月，第44—49页。

②俞樾：《春在堂尺牍》卷二，载宋原放主编《中国出版史料（近代部分）》第一卷，湖北教育出版社、山东教育出版社2004年版，第534页。

教材，《图画临本》则在光绪三十二年（1906）入选清廷学部审定的初等小学教科书暂用书目，为全国小学广泛采用。

二、编辑校勘：精益求精

在编辑校勘方面的精益求精，其实是崇文书局从草创时期就已经开始的不懈追求。清廷颁布设局刊书的谕旨时，湖北巡抚还是曾国荃。这位以“挥金如土、杀人如麻”而著称的一介武夫，得知要在湖北设局刊书后，首先就想到要延揽精通编辑校勘、精通出版的人才。同治六年七月，曾国荃写信给时任两江总督的曾国藩，想从哥哥那里挖人：“鄂中现拟开设刊书局，经费尚易凑集，特难于延聘主持之人。小宋、申夫意欲请张啸山文虎来鄂，总持大纲，未知兄可允许否？祈示知。”八月十二日，曾国荃又写信向曾国藩挖人，这次还加了码，要多挖一个人：“鄂中书局，现拟筹经费每月千余两，为绵延长久之计。因经费集于司署，议由司署主持。至于刻书，悉由局中作主，此外各官皆不妄出主意。如啸山、惠甫二君子愿与筱帅、小宋、申夫为宾主，则兄可请其来鄂主持书局，嘉惠后学为无穷也。”① 曾国荃信中提到的“啸山”，指的是张文虎，当时有名的校勘专家，也是曾国藩金陵书局的骨干和中坚；“惠甫”，指的是赵烈文，曾国藩多年的机要幕僚、左膀右臂。这样的两个人才，虽然是亲弟弟要，曾国藩也没舍得给。

曾国荃不久离任，为崇文书局寻找编辑校勘人才的任务，落到了继任的李瀚章身上。李瀚章选中了时任湖北候补道加盐运使衔的胡凤丹。胡凤丹（1823—1890），字月樵，浙江永康人，崇文书局第一任负责人，也是崇文书局史上的一位里程碑式的人物。还在北京为官时，胡月樵在他的朋友——清朝著名学者、藏书家孙衣言的眼中，就是一个将来会成为“能吏”的人：“月樵方以驾部郎居京师，好客喜造请，士大夫官京朝，往往多月樵相识。月樵日从诸公贵人，歌呼饮酒，门外车常满，尤

①梁小进整理：《曾国荃全集》第5册，岳麓书社2006年版，第266—267页。

强力喜事，遇事愈剧愈心开，诸贵人或有宾祭期集，即以属月樵，月樵咄嗟立办，予特谓月樵年壮气盛，它日当为能吏。”①

就在崇文书局设立的前一年，“能吏”胡月樵从北京到湖北任职，并在次年因缘际会，成为崇文书局的第一任负责人。在胡月樵受任崇文书局之际，他实际上还主持着湖北厘局，这才是朝廷派他来湖北的本职工作。但是，他一人兼理厘局、书局，总有“顾此失彼之虞”，于是“具禀力辞牙厘坐办”，② 得督抚允许转为厘局会办，从而兼职变专职、副业变主业，得以专注于自己深爱的出版事业。

从胡月樵留下的诗作来看，他本人在崇文书局的主要工作，就是编辑校勘：“奉诏开书局，琐屑招手民。旦暮雠亥豕，日与古人亲”③，“刊书惠士林，雠校不停手”④。甚至到了晚上，他也加班进行编辑校勘工作，“兀坐，漏三下，童仆倚屏鼾睡久之，间研篋铿然，始就寝。手抄诸书累积一二尺许”⑤。

胡月樵对于校勘工作，要求非常严格，一字一画，引据商榷，务求考证严苛，“考证宜确也，不确则贻羞”⑥，“每购善本必探其源委而校勘之”⑦，“手自校雠，无倦容”⑧。“每一书成，校勘精核，有诸本不一者，必加按语，衷于一是。”⑨ “遇有传写之伪、附会之谬，必博稽群

①孙衣言：《逊学斋文钞·胡月樵退补斋诗存序》，载续修四库全书编纂委员会编《续修四库全书》第1544册，上海古籍出版社2003年版，第395页。

②胡凤丹：《谢李小荃中丞书》，转引自张涌泉《出版家胡凤丹传略》，《浙江学刊》1988年第1期。

③胡凤丹：《退补斋诗存二编·辛巳暮春生日自述》，载续修四库全书编纂委员会编《续修四库全书》第1552册，上海古籍出版社2003年版，第458页。

④胡凤丹：《退补斋诗存二编·七月望日鄂江开帆连日东北风阻滞至九月二日抵杭州作此自慰》，转引自马志立《湖北崇文书局版刻概述》，《图书情报论坛》2015年第1期。

⑤胡宗懋：《永康人物记》，转引自张涌泉《出版家胡凤丹传略》，《浙江学刊》1988年第1期。

⑥胡凤丹：《退补斋文存》，载续修四库全书编纂委员会编《续修四库全书》第1552册，上海古籍出版社2003年版，第346页。

⑦张涌泉：《出版家胡凤丹传略》，《浙江学刊》1988年第1期。

⑧洪钧：《退补斋文存序》，载续修四库全书编纂委员会编《续修四库全书》第1552册，上海古籍出版社2003年版，第269页。

⑨彭崧毓：《黄鹄山志序》，载故宫博物院编《故宫珍本丛刊》，海南出版社2001年版，第264页。

书，确有依据而悉衷于至当。"① 为了提高刻书质量，他还经常与孙衣言、莫友芝、张之洞等人讨论刻书中的问题，"钩校书史中疑义讹字，至漏下数十刻无倦色"②。张之洞作为上司，对于他的编辑校勘工作，也颇为肯定："月樵胡君，以观察需次湖北，领武昌书局，校刻善本经史小学之书数十种，丹黄铅椠，日不去手。"③

在胡月樵的招揽和罗致之下，王柏心、彭崧毓、张凯嵩、刘维桢、王子寿、傅旭初、张鹿仙等一批学有专长、精于校勘的出版人才，逐步集聚到了崇文书局的大旗之下。按照一直关心崇文书局的曾国荃的说法，是"校阅皆择谨慎恬静之人"④。事实上，当时崇文书局的校勘队伍十分庞大和完备，举一例以说明：崇文书局所刻《明史》，前有参校名单，计开候补州县官十二名，省、州、县各级学校的训导、教谕、学正六人，举人、拔贡生、附生各一人，阵容相当整齐。⑤ 而且对于史书中的天文、律历各志，必须"延请精于历算星学者一二人专校"⑥，以求规范严谨。

在重视编辑校勘的胡月樵带领下，崇文书局的刻书质量大大提升，海内称为善本："督书局十余年，复竭其研校之瘁，刊布善本书，不可偻指数。"⑦ 获得了广泛好评。

首先，得到了倡议设立书局的中兴将帅们的充分肯定。曾国藩为此"手书宏奖"，谓"鄂局刻书，愈出愈精，为各局所不逮"⑧；张之洞也

---

①张凯嵩：《黄鹄山志序》，载故宫博物院编《故宫珍本丛刊》，海南出版社2001年版，第264页。

②胡凤丹：《送琴西方伯量移江宁布政使序》，转引自张涌泉《出版家胡凤丹传略》，《浙江学刊》1988年第1期。

③张之洞：《〈鄂渚同声集正编〉序》，载张笃勤《我所发现的张之洞佚文两篇》，《武汉文史资料》2008年第4期。

④梁小进整理：《曾国荃全集》第3册，岳麓书社2006年版，第464页。

⑤孔毅：《清代官书局刻书述略》，《文献》1992年第1期。

⑥俞樾：《春在堂尺牍》卷二，载宋原放主编《中国出版史料（近代部分）》第一卷，湖北教育出版社、山东教育出版社2004年版，第522页。

⑦孙衣言：《永康胡君墓志铭》，转引自顾志兴《杭州藏书史》，杭州出版社2006年版，第548页。

⑧胡宗懋：《府君行状》，转引自张涌泉《出版家胡凤丹传略》，《浙江学刊》1988年第1期。

称誉其“追长兴之精研，刊麻沙之讹夺”①。左宗棠任职陕甘总督时，曾专门定购崇文书局刻本，“派员赴鄂省购置经史子集各书七十二种，共计五百套之多”②。

其次，得到了外省督抚的陆续承认。“同治十年（1871）七月，江南盐巡道孙公衣言以江宁士子寒畯者多难于得书，请于总督曾文正公取江宁、江苏、浙江、湖北四书局新刊经籍每部藏于惜阴书院。”③ 云南巡抚杜瑞联于光绪四年（1878）十二月上奏，“稔知鄂省设局最久，刊书较多。其地水陆交冲，四通八达，故各省寄存善本，卷帙尤为浩烦”，因此希望从湖北崇文书局购买“钦定经史，御选诗文，以及有益身心、有关经济等书”数十种，分发到书院，“藉资讲习”。同时“择其尤要者，饬司酌筹经费，陆续校刊，分发各学。仍遵旧例，听坊间印售，以广流传”④。

第三，得到了文人学者的青睐。在藏书、校勘、目录学、版本学等方面都堪称一代宗师的傅增湘，曾评价胡月樵所编辑校勘的图书：“校定精审，出江浙诸局刻上，退补斋之名，至今学子多能道之。”⑤ 胡适在其开列的《一个最低限度的国学书目》中特别注明：《论衡》《抱朴子》两书，要看“湖北崇文书局本”。黄侃先生的《文选平点》是“选学”的一部力作，采用的底本也是崇文书局翻刻的鄱阳胡氏刻本。崇文书局辑刊的《子书百家》普遍受到读者的欢迎，1919 年获上海扫叶山房重印，1984 年又获浙江人民出版社影印出版，这当然也是对其编印

①张之洞：《退补斋诗存序》，转引自张涌泉《出版家胡凤丹传略》，《浙江学刊》1988 年第 1 期。

②《陕甘总督至湖北买书奏片》，载宋原放主编《中国出版史料（近代部分）》第三卷，湖北教育出版社、山东教育出版社 2004 年版，第 299 页。

③《续纂江宁府志・实政》，转引自方振益《湖北官书局（崇文书局）考略》，《出版史料》1993 年第 3 期。

④杜瑞联：《滇省拟设局刊书疏》，《光绪朝东华录・光绪四年十二月》，中华书局 1958 年版，第 675 页。

⑤傅增湘：《续金华丛书序》，载严一萍选辑《原刻影印丛书集成三编》，艺文印书馆 1972 年版，第 1 页。

质量的首肯。[①]

第四，得到了图书市场的认可。黄嗣艾在《湖北公藏版刻提要》中曾简要记录崇文书局的图书销售盛况，“相传初时民间购读官本者，门无停轨”[②]；崇文书局的图书，“除在本地批发与零售外，还销往全省及上海、天津、吉林、河南、四川等地，是我国内地出版和销售的中心”[③]。当时的直隶通志编纂局也销售崇文书局的图书，该局共发售江南、江苏、淮南、湖北、浙江、江西六个官书局图书454种505个版本，“按内容子部最多，按省份湖北最众”[④]。

史料表明，由胡月樵所首倡的，在编辑校勘上精益求精的工匠精神，在崇文书局得到了代代传承。

到了1904年的美国圣路易斯万国博览会，清政府第一次派团参加时，就遴选了包括剡川姚氏本《战国策》在内的湖北崇文书局版190多种图书参展。展后清政府又将参展图书作为礼物悉数赠予美国政府，入藏美国国会图书馆。崇文书局所出图书，早在1904年就能够担负起中国与美国之间亲善大使的使命，能够成为中国向世界传播中华文明的象征之一，毫无疑问也是对崇文书局图书质量和工匠精神的充分肯定。[⑤]

三、刻版印刷：精雕细琢

在雕版印刷的时代，图书的雕版质量也是工匠精神的必然组成部分。

崇文书局创建伊始，就非常重视熟练刻字工匠的挑选：“刻工系挑

---

①吴家驹：《崇文书局与崇文书局刻书》，《图书馆杂志》2004年第6期。

②黄嗣艾：《湖北公藏版刻提要》，转引自魏启元主编《湖北省志·新闻出版》（下），湖北人民出版社1995年版，第15页。

③皮明庥、邹进文：《武汉通史·晚清卷》（下），武汉出版社2006年版，第278页。

④梁长洲：《关于劳乃宣建议直隶售书事》，载宋原放主编《中国出版史料（近代部分）》第三卷，湖北教育出版社、山东教育出版社2004年版，第290页。

⑤那拓祺、李尔钢：《访书偶记：晚清崇文书局版〈战国策〉》，《出版科学》2011年第1期。

江西、扬州、湖南好手，写手亦求其精者。”[①] 同时，书局还为这些刻字工匠专辟工作场所，“构矮屋数十间，为手民刊刻之所”[②]。光绪十五年（1899）张之洞督鄂后，进一步扩充湖北官书处，由善后局每年拨款4000两银充作经费，湖北官书处常有数十名工匠刻印书籍，[③] 进一步壮大了书局的印刷力量。由于崇文书局在这方面高度重视，并舍得投入，所以其书籍刻版有精雕细琢之称：“镌工精雅，为各省官书之冠。”[④] 这充分说明，当时崇文书局在印刷方面走在了各省书局的前列。

特别值得一提的是，五大官书局合刻《二十四史》，从同治八年（1869）开雕《汉书》开始，到光绪四年（1878）刊刻《史记》结束，前前后后进行了将近十年。当时参与这项出版盛事的各省督抚——曾国藩、李鸿章、马新贻等人商定，所有的书雕版成功之后，板片全部运往湖北，由崇文书局集中汇印。不得不说，此举是这些既是封疆大吏又是饱学之士的中兴将帅们对崇文书局印刷能力的一种肯定。

崇文书局图书的印刷质量，在1904年的美国圣路易斯万国博览会上也得到了充分展示：“送展书籍，虽不以展示中国传统的雕版印刷技术和装帧艺术为主要目的，但就所知送展书籍而言，还是兼顾版刻技艺的展示。即送展书籍，以内容为主，以版刻技艺为辅。因此，在送展书籍中，同一部书籍，便有多种版本送展。兹举二例：《圣御广训》二种，大字本、小字本各一；《御制劝善要言》三种，满汉文本一，大字本一，小字本一。”[⑤]

据不完全统计，崇文书局刻字工匠们先后所刻的图书板片，共有144700片。这些板片，经过了抗日时期的战乱播迁之后，到今天已所剩无几。而那些为我们留下精雕细琢的图书板片，在崇文书局多年如一日默默刻字的工匠们，则几乎没有人留下自己的姓名。也许，今后再也

---

①梁小进整理：《曾国荃全集》第3册，岳麓书社2006年版，第464页。

②胡凤丹：《重修鄂垣正觉寺碑记》，《退补斋文存》卷六，转引自马志立《湖北崇文书局版刻概述》，《图书情报论坛》2015年第1期。

③江凌：《清代两湖地区的出版业》，华中师范大学博士学位论文，2008年。

④夏元漂：《最近湖北教育一览》，汉口新昌印书馆印行，民国二十一年（1932）刻本。

⑤汤旭岩、马志立：《缘起百年前湖北出版物的一段佳话》，《图书情报论坛》2010年第3期。

不会有人记起这些工匠们。但作为新一代湖北出版人，我们应该记得并追思他们的贡献。没有他们，崇文书局史上的工匠群体将是残缺不全的；没有他们，崇文书局史上的工匠精神也将是空洞无物的。

结　语

长期以来，关于崇文书局的图书，常有“行距过密、字体扁平、行多字多”之讥。殊不知，这正是当年所有“局本”的特点之一。而“局本”之所以这样做，是为了适应战火之后书籍奇缺的局面，为了大幅度降低纸张成本、降低销售价格，从而达到让贫寒读书人购买、扩大图书流通范围的目的。

这可以举出具体的例子。比如 48 卷的《礼记义疏》，浙江书局的行款为每页 11 行，每行 24 字，小字双行同，将这部书缩印为 32 册，光绪七年的售价为 3000 文；江西书局的行款为每页 8 行，每行 18 字，小字有单行也有双行，每行 21 字，将这部书缩印为 48 册，因用纸不同，光绪七年的售价为 3880 文；崇文书局的行款为每页 8 行，每行 18 字，小字有单行和双行，每行 22 字，将这部书缩印为 48 册，光绪七年的售价为 6660 文。又如《书经传说汇纂》一书，浙江书局行款为每页 11 行每行 24 字，小字双行同，将这部书缩印为 12 册，同样的用纸，售价为 1720 文；江西书局行款是每页 8 行每行 18 个字，小字有单行和双行，每行 21 个字，将这部书缩印为 16 册，同样的用纸，售价为 2080 文。①

由上述两例可见，在“行距过密、字体扁平、行多字多”方面，以“底本选择审慎、编辑校勘精审”而著称的浙江书局，比崇文书局走得更远。

至于有学者指责崇文书局个别书籍校勘不精，存在较多错漏，此亦为出版行业所难免。我们一方面要承认个别错漏书籍的存在，采取措施防止再犯，另一方面，我们也不可妄自菲薄，以偏概全，因为一本或两

---

①宋立：《浙江官书局研究》，河南大学硕士学位论文，2010 年。

本问题图书而全盘否定崇文书局史上的工匠精神。

2017 年，是崇文书局 150 岁的诞辰。已屹立百年的崇文书局，今天早已翻开了自己的新篇章：她已经隶属于上市公司湖北长江出版传媒集团（股份）有限公司大旗之下，正在新一代湖北出版人、崇文书局人的手中，日新月异、蒸蒸日上。

作为同事，我在崇文书局 150 岁生日的时候，虔诚追思及纪念崇文书局史上的工匠群体，重新回顾和总结崇文书局史上的工匠精神，既是祝福，抑且自勉。

试述湖北崇文书局的经营管理

欧阳敏

清廷镇压太平天国运动后，地方各项事业亟待整顿，其中对文化事业的恢复与发展，便是各省官书局成立的原因。武汉以其九省通衢之地位成为兵家必争之地，其在清军与太平军之间几度易手，武汉的文化事业也因此受到重创。近代湖北的历任主政者如曾国荃、李瀚章、何璟、李鸿章、张之洞等人，对于重振湖北的文化事业十分热心，崇文书局便是他们精心打造的辉煌产品。湖北崇文书局的辉煌体现在：人们将它与金陵书局、浙江书局、江苏书局、淮南书局合称为晚清五大官书局。①辉煌的背后是许多的因素在起作用，如传统典籍阅读市场的复苏、科考书籍的大量需求、较为规范的经营管理等。本文着重探讨崇文书局的经营管理，分为书局章程、经费来源、人员组成三个方面。

一、崇文书局的章程

同治五年（1866）二月，曾国荃调任湖北巡抚。同治六年（1867）五月初二，清廷发布上谕：令各地督抚创设书局。时任湖广总督李瀚章、湖北巡抚曾国荃奉旨办理，经过一番筹备，崇文书局于1867年10月15日正式成立，由候补道张炳堃、补用道胡凤丹主持经营。在此后的十余年中，胡凤丹是书局的核心人物，这十余年也是崇文书局的辉煌

---

①王大忠：《清末官书局经费来源考述》，《神州》2012年第33期，第22页。

时期；洋务运动后，光绪三年（1877），崇文书局改为湖北官书处。官书局的设立以刻印儒家典籍为主，为达此目的，创办者均注重制订书局章程，比如金陵书局设局之初，曾国藩便先拟定《刊书章程》，浙江巡抚马新贻于同治六年上奏开设浙江书局，亦曾议定书局章程 12 条。①各书局章程的意义具有共通性，湖北洋务译书局创办者曾对书局章程的意义有过较为精辟的论述，请看下文：

湖北洋务译文局章程：设立章程之意义

一、章程偏于情理，则失之宽；偏于法律，则失之严。本局所拟力行条例及各处条规求于情理法律中两得其平；

二、有章程而后有纲纪，本局章程于平易近情之中，寓整齐划一之意，以肃纲纪；

三、一人之心思有限，事势之转移无穷，此章立后，仍随时顺舆情筹权变，总以能使此局有进步为宗旨；

四、章程虽善，须在局人人有保护此章程之心，则章程之善，始能发明；

五、议论多成功少，立法严行法恕，皆章程之批评语。时局多艰，办事不易，此局为开风气、济时艰之一得。在局人人保护此章程，为免人批评为主义；

六、人之于章程，犹行星之于轨道，人人皆明此义，强恕求仁之方不外如此；

七、章程参酌于人事势三项而立，力行及各条规，或须因人因事而时有变通者，译例并图书名目。时有不同，局务扩充，势有不同。②

笔者尚未搜集到崇文书局最初的章程，目前搜集到的章程是光绪年间制订的，章程如下：

湖北官书处章程

一、售书价值照详定章程，不折不扣；

---

①吴瑞秀：《清末各省官书局之研究》，花木兰文化出版社 2005 年版，第 59 页。

②《湖北洋务译书局章程：设立章程之意义》，《湖北学报》第 25 期，第 91—93 页。

二、近年经费支绌，业已停刻。仅将现成板片刷印发售。如各衙门有公件饬刊，均由各衙门自行发价；

三、所售书籍逐日开单呈报，购书如需退换，务在本日之内，次日已经呈报则不及退换矣；

四、详定章程，先交书价，再行发书，概不赊欠；

五、本处自裁减后，所留司事、夫役无多，购书交价，自行搬取，概不挑送；

六、如有因公提取书籍，须奉文照发，以便备案。①

客观地讲，上述章程并非严格意义上的书局章程，称为售书章程或许更合适，而且这个章程并未体现出先进性，反而带有“维持”和“过渡”的意味。与其他史料相佐证，我们发现这个章程应该制订于光绪二十八年（1902）左右，佐证史料如下：

> 汉口访事友人云：湖北崇文书局经大吏饬改译书局，委陈佛心观察总理其事；观察随行，局中冗费干修汰除净尽，每年约减去经费数千金，局中司事等人亦悉行更换。②

这条史料大致可靠，时间是1902年，材料中的大吏指的是张之洞。张于1889年就任湖广总督，到任后大力兴办各项实业，其中就包括1902年创办湖北洋务译书局。上述史料与实际情况的出入在于，张之洞对崇文书局进行过整顿，但并未将其改办成湖北洋务译书局，两者是独立的。这两家书局是当时湖北地区的代表性书局，前者的核心业务是出版传统典籍，后者的核心业务是翻译西洋书籍。在1904年美国圣路易斯世博会上，湖北官方曾搜集了崇文书局印行的《资治通鉴》等书籍180种、湖北洋务译书局所翻译的26种西书前往参展，展后又悉数捐赠给美国国会图书馆。③

张之洞主政湖北18年（1889—1907），他对湖北的文化事业做出了

---

①周振鹤：《晚清营业书目》，上海书店出版社2005年版，第20页。

②《整顿译局》，《申报》1902年第9期。

③马敏：《世博会与近代东亚的参与》，《华中师范大学学报》（人文社会科学版）2010年第3期。

很大贡献。张氏是“中学为体、西学为用”的倡导者和践行者，他对崇文书局和湖北洋务译书局的大力扶持便是明证。湖北洋务译书局的创办者制订了比较详细的章程，细分为“设立章程之意义”“力行十二则”“编译公所条规”“缮校处条规”“测绘公所条规”“藏书房条规”。该局能够在较短的时间内取得成功，除了官方在资金和人才方面提供大力支持外，也与书局建立了较为科学完善的章程有一定的关系。胡凤丹主持崇文书局的10年是书局的辉煌时期，虽然笔者目前没有找到其早期的章程，但通过梳理文献，我们发现早期的崇文书局在经营管理方面有章可循、井井有条。胡凤丹对书局工作要求十分严格，他的编辑理念是“考证宜确也，不确则贻羞”①，虽一字一画，引据商榷，必求详核。胡凤丹经常和当时的一些名公硕儒，如孙衣言、莫友芝、张之洞等讨论校刻中碰到的问题，“钩校书史中疑义讹字，至漏下数十刻无倦色”，大大提高了书局刻书的质量。在胡凤丹的主持下，崇文书局首刊《十三经》、正史，次及《百子全书》，凡二百三十七种，复辑古老最精而少传者为《鄂局丛书》三十三种，悉心校雠，十分精审。曾国藩对崇文书局的出版品质有较高的评价，他认为“鄂局刻书，愈出愈精，为各局所不逮”；张之洞赞誉崇文书局“追长兴之精研，刊麻沙之讹夺”。② 崇文书局能够取得如许成绩，胡凤丹严谨的编辑出版理念是主要的内部因素，我们也可以将其理念理解为书局制度或章程的一种形式。

二、崇文书局的经费来源

晚清各省官书局刊印图书，除局内各工作及校勘人员之俸饷外，工匠之工资以及板、纸、墨等价格，无一不需要消耗大笔经费，而其经费的来源与内府刻书全部由国库支付迥然不同，地方官书局的经费来源比较多元，包括捐输、厘金、关税、外销之款、正款补助、营业收入等。

---

①胡凤丹：《病中述病记》，转引自任清编选《唐宋明清文集》第二辑《清人文集》卷三，天津古籍出版社1964年版，第1854页。

②张涌泉：《出版家胡凤丹传略》，《浙江学刊》1988年第1期。

总的说来，当时官书局的经费来源以捐输和厘金为主，前者出自个人，后者出自地方政府。[①] 崇文书局的经费来源比较特殊，以正款补助为主，经费来源较有保障，这也是崇文书局能够取得成功的一大因素。

以下材料可以印证上述有关崇文书局的论断。其一，湖北官书局"创办之时，所有成本均系善后局筹拨，即以目前（注：1908）所存板片计，尚值四十万金"[②]。其二，1867 年 8 月，曾国荃在复其兄曾国藩的信中表明："鄂中书局，现拟筹经费每月千余两，为绵延久长之计。因经费集于司署，议由司署主持。"[③] 其三，1869 年 5 月，李鸿章在《设局刊书折》中言明崇文书局刻书"一切经费，酌提本省闲款动用，勿使稍有糜费"[④]。其四，张之洞于 1891 年 10 月 15 日《札北善后局筹拨刻书银两》公牍中载："即将刊刻各书板片，并采获未刊各书元本，均留存湖北书局，俟陆续汇刻完毕，即名曰《江汉丛书》……所有此项刻书板价工资，现经核计共银四千余两，自应由善后局筹拨。"[⑤] 由此可知，崇文书局的经费来源以正款补助为主，其常年经费由善后局拨付，善后局应该是书局的产权所有者。

如果单独论述崇文书局的经费来源，我们很难理解经费筹集方式之于书局经营的影响，下文将崇文书局与其他几家书局的经费筹集方式作对比，当能加深理解。曾国荃在开办山西书局时"拟约善男子百人，各出二百金，集腋为裘，可得二万金"[⑥]。广东广雅书局开办费为白银四万三千两，经费来源主要是捐输，除了张之洞自己捐款外，尚有多位商家捐资；左宗棠开办陕西书局的经费系由陕西军需局在他的养廉项下支付；四川总督吴棠率先捐出自己的养廉银以设立书局，重刊钦定《朱子全书》，其后又率所属官吏以捐输方式筹得款项。以上是以捐输的方式筹得开办经费及常用经费，此种方式随意性较强，书局经费缺乏有效的

①吴瑞秀：《清末各省官书局之研究》，花木兰文化出版社 2005 年版，第 48 页。
②《教育总会承顶官书局之为难》，《申报》1908 年第 12 期。
③胡卫平：《湖南历代文化世家·湘乡曾氏卷》，湖南人民出版社 2012 年版，第 507 页。
④顾廷龙、戴逸主编：《李鸿章全集·奏议三》，安徽教育出版社 2008 年版，第 450 页。
⑤吴剑杰编著：《张之洞年谱长编》上卷，上海交通大学出版社 2009 年版，第 322 页。
⑥梁小进整理：《曾国荃全集》第 3 册，岳麓书社 2006 年版，第 443 页。

保障。作为晚清官书局之首的金陵官书局，其经费最初由曾国藩及一些富商支付，旋即改由公款支付；江苏官书局、浙江官书局的经费均由其所在省的善后局支付，与崇文书局相同。

历代刻书事业的兴盛与否，大抵与社会经济之发展有直接的关系。经费之赢绌，必然影响刻印书籍的数量及品质。金陵官书局、江苏官书局、崇文书局等能够成为晚清官书局中的代表，显然与地方政府固定提供相当的补助款有着密不可分的关系。

三、崇文书局的人员结构

晚清各省官书局的创办者为各省总督、巡抚等地方官吏，这些地方大员多无暇兼顾书局业务，他们往往延聘学有专长之官绅，依据书局章程，经理或提调局务，且负责各项工作人员的遴选及管理。太平天国运动对江南地区的传统文化造成了较大的冲击，为了重建文化道统，士绅多以刻书之事相尚，各官书局一时学者云集。官书局所需之各项工作人员主要包括提调、编校、刻工等，其中“编校为官书局主要业务人员，有总校、覆校、分校、初校、学校等名目，主要负责搜罗底本、校雠比勘、做校勘记等具体工作”①。

曾国荃于湖北开设崇文书局，对局中人员之聘任及管理，见于曾氏之《复郭意诚》一信中：

> 鄂省书局，即牙厘局杨笠生名丽珍、胡月樵（注：胡凤丹字月樵）两观察经理，当不似刻《船山集》之浪费多金也。校阅皆择谨慎恬静之人，王子寿、傅旭初与焉。刻工系挑江西、扬州、湖南好手，写手亦求其精者。②

由此可见，崇文书局的人员主要包括观察经理、校阅、刻工及写手，对人员的挑选比较严格，以保障出版物的质量。引文中所指的“刻《船山

①邓文锋：《晚清官书局述论稿》，中国书籍出版社 2011 年版，第 115 页。

②胡卫平：《湖南历代文化世家·湘乡曾氏卷》，湖南人民出版社 2012 年版，第 507 页。

集》之浪费多金”，指的是金陵书局刊刻王夫之遗稿耗费了许多资金，但刻书质量却并不令人满意，这与主持者的不称职有很大的关系；故而曾国荃在挑选崇文书局的主持者一事上十分慎重，他对最终人选胡凤丹的治事能力充满信心，而胡凤丹也没有让曾氏失望。

李鸿章在同治八年（1869）五月二十日的《设局刊书折》中对书局的人员结构亦有描述：

> 嗣于六年（注：同治六年）十月十五日开设书局，派委候补道张炳堃、补用道胡凤丹妥为经理……现在浙江、江宁、苏州、湖北四省公议，合刻《二十四史》，照汲古阁《十七史》板式、行数、字数，较各家所刻者为精密。拟即分认校刊，选派朴学员绅，悉心核对，添募工匠，陆续付梓。①

总体而言，晚清官书局作为官办的图书机构，对当时的士人具有较大的吸引力。“这些书局的经费由各级官府自筹，管理人员大多为地方在职官员或候补官员，校勘人员则多由地方官延聘学人担任。于是，官书局成为晚清游幕学人最为集中的地方。”② 崇文书局的情况大抵如此，书局人员以官绅为主，初期的校勘人员主要有胡凤丹、张炳堃、王柏心、沈棠溪、车元春等人。胡凤丹（1828—1889），浙江永康人，旅鄂期间担任过湖北牙厘局坐办、湖北督粮道、崇文书局督校等职。在这些职务中，他最为重视的是崇文书局督校一职，为了专心主持书局，他辞掉了牙厘局坐办一职，在“官本位”思想占主导的时代，这是十分难得的。张炳堃（1809—1876），浙江平湖人，官至湖北督粮道，曾与胡凤丹共掌崇文书局达五年之久。王柏心（1799—1873），湖北监利人，道光二十四年（1844）进士，曾任刑部广西清吏司主事，后无心仕途，辞官还乡，热衷于乡梓的文教事业，他在崇文书局从事校勘工作达七年之久。③ 此三人是早期崇文书局的核心人物，他们身具封建时代的“功名”，既是官吏，也是绅士，他们熟谙传统文化，对于刊刻文化典籍具

①顾廷龙、戴逸主编：《李鸿章全集·奏议三》，安徽教育出版社2008年版，第450页。
②尚小明：《学人游幕与清代学术》，社会科学文献出版社1999年版，第245页。
③马志立：《湖北崇文书局版刻概述》，《图书情报论坛》2015年第1期。

有较高的热情与能力。

结　语

光绪三年（1876），胡凤丹辞去崇文书局职务后回到浙江，晚年热衷于刊刻乡梓先贤文集。胡凤丹主持崇文书局长达十年，崇文书局的辉煌也正在此时。据方志学家朱士嘉汇录的《官书局书目汇编》显示，崇文书局刻书达 300 多种，而胡凤丹主持崇文书局期间，刻书已达 237 种。

崇文书局初期的成功有多方面的因素，本文从经营管理的角度来探究其原因。首先，较为科学、完善的章程是崇文书局有序运行的重要保障，笔者虽然没能找到崇文书局早期的章程，但胡凤丹本人对待书局工作的严谨亦可以理解为章程的一种“活的”体现形式，因为章程最终还是要由人来遵循的。其次，较为稳定、充足的经费是崇文书局能够做大做强（相对大部分官书局而言）的经济基础。最后，初期的崇文书局聚集了一批既有热情又有能力的编校人员，使得书局的刻书质量领先大部分官书局。

光绪三年，政府对全国的官书局进行调整，将“官书局”改为“官书处”，崇文书局也不例外，改为湖北经理官书处，移置巡道岭，所以光绪四年以后书局刻书一般署湖北书局，或湖北经理官书处，较少用崇文书局名号。崇文书局的发展自此趋于缓慢。

伴随着“同治中兴”而诞生的官书局在度过了一段十余年的兴盛时光后，它们逐渐走向没落。从“西学东渐”的角度来看，“传教士携带新技术东渐而来，虽然也算新来的出版同行，但教会出版无论是传播内容还是服务对象，都无意于挤压传统出版物市场，因而并不构成对既有坊刻的威胁。只有当 19 世纪 80 年代外商办的石印书局大规模翻印传统图书，价格又大为便宜时，传统出版的命运才岌岌可危”①。到了 1908

①吴永贵：《民国出版史》，福建人民出版社 2011 年版，第 15 页。

年，崇文书局在经营上陷入困境：

湖北官书局因近年新学兴盛而生意大为减色，而总办以下各委员又坐食薪俸，月须赔款一千元。现在由高泽、畲文宗禀准鄂督顶替于巨绅李方伯绍棻、吴侍御兆泰承办，所有委员均饬令销差。①

虽然崇文书局最终由于产权归属问题而没有改为“绅办”，并一直维持到抗战前夕，但崇文书局在经营上再难有起色，这不是崇文书局一家的问题，而是当时官书局普遍面临的问题。一言以蔽之，官书局与其依附的封建制度已然落伍于时代。文化既要传承，更要创新，以崇文书局、金陵书局、江苏书局等为代表的晚清官书局在传统文化的传承方面起到过积极的作用，对遭受太平天国摧残的江南地区的文化重建工作出力甚多；然而时代的发展需要新质文化的注入，官书局在此方面作用甚微。于是，一个出版的新时代正逐渐拉开帷幕，而新时代的主角正是作为“启蒙运动生意人”的民营出版机构。

---

①《官书局顶归商办》，《申报》1908年第12期。

论胡凤丹及其对湖北文化的贡献

杜朝晖

一、胡凤丹其人

胡凤丹（1823—1890），字月樵，又字枫江、齐飞，以凤丹、月樵行（《清人别集总目》把胡月樵与胡凤丹误作两人[1](P1579)）。浙江永康（今属浙江金华）人。清末著名的刻书家和藏书家。咸丰六年，胡凤丹以贡生官兵部员外郎，同治五年出任湖北候补道。同治六年，受湖广总督兼湖北巡抚李瀚章之聘，主持湖北崇文书局。光绪元年署督粮道，光绪三年致仕归田，在杭州设退补斋书局，所刻精审，号称善本。

胡凤丹一生尤以辑刻《金华丛书》著于时。张舜徽《清人文集别录·退补斋文存》："（凤丹）尝以金华一郡撰述最盛，叠遭兵燹，散佚殆尽，因就《四库》采录自唐以来一百六十五种，釐为经、史、子、集，撰《金华文萃书目提要》八卷。先取所藏，设退补斋书局于杭州，以次开雕。仅刻成经部十五种、史部十一种、子部十三种、集部二十八种，名曰《金华丛书》。虽未及《文萃书目》所载之半，而凤丹竟以此获大名。"[2](P458)

胡凤丹性好聚书，颇究心流略之学，尤留意乡邦文献。致仕返里后，筑十万卷楼，搜求本郡古今散佚遗书甚勤。他所刊刻的《金华丛书》（一名《金华文萃》），搜藏了《四库书目》《存目》之书数十种。其后，胡凤丹将书板全部赠给浙江书局。杨立诚、金步瀛合编，俞运之校补的《中国藏书家考略》，收罗上起秦汉，下迄清末的藏书家凡八百七十四人，胡厕名其中。范凤书《中国私家藏书史》“清代的私家藏书”一章中，胡亦被列入“清代收藏万卷以上藏书家简表”[3](P269—271)。胡凤丹藏书有吴乃应编的《退补斋书目》行世。

胡凤丹著述、编撰、刊刻的书籍众多，《清史稿·艺文志》载有《大别山志》[4](P4297)、《黄鹄山志》[4](P4297)、《鹦鹉洲小志》[4](P4300)、《退补斋诗存》、《文存》[4](P4398)、《永康十孝廉诗钞》[4](p4412)等；《贩书偶记》除载有《退补斋诗存》《文存》外，还有《争坐位集字联》[5](P292)等多种。

胡凤丹虽是浙江人，但是自同治五年至光绪三年宦游湖北，前后达十二年，对湖北的地方文化做出了很大的贡献。这表现在三个方面：一、总领书局，刊刻图书，普及文化；二、走访古迹，搜罗旧文，撰成武汉地区的三种山水志：《大别山志》《黄鹄山志》《鹦鹉洲小志》；三、与过往武昌的文人墨客宴游唱和，并汇集成《鄂渚同声集》，为清末武汉的文坛活动留下珍贵的文献资料。

二、领官书局，普及文化

清朝末年，太平天国运动，南方战火连年，官私藏书损失严重，一般士子缺乏读本。为此，清政府先后在各省设立出版机构，名官书局。

湖北书局，又名湖北崇文书局，后称武昌崇文书局。同治六年(1867)，湖广总督兼湖北巡抚李瀚章，奏设湖北书局于武昌候补街正觉寺，不久又收并汉口的湖北崇文书局（又称楚北崇文书局)。由候补道张炳堃、补用道胡凤丹主持局务。书局经营宗旨是：“凡一切有用之载籍，补残而印，求善而刻，不惜乎度支之繁费也。”同治九年（1870)，李瀚章将官书局改建成带有商业性质的“绅督官佐制”式的武昌崇文书局。李瀚章遴选并奏请名士胡凤丹任书局编校兼主管经营。

湖北书局镌刻的书籍，据方志学家朱士嘉汇录的《官书局书目汇编》为300多种。而胡凤丹主持崇文书局期间，刻书已达237种。主要的出版物与其他官书局一样，多是面向大众的普通读本，为适合社会上的购买力，“价均从廉”在当时对普及文化起到很大的作用。胡凤丹私家刊刻的也有许多“经史读本，校定精审，出江浙诸局刻上，退补斋之名至今学子多能道之”（傅增湘《续金华丛书·序》）。

胡凤丹无论主持官私书局，事事亲力亲为，“丹黄铅椠，日不去手”（张之洞《鄂渚同声集正编·序》）。“每一书成，校勘精核，有诸本不一者，必加按语，衷于一是。”[6](彭序)由于精选精审，严加校勘，且镌刻精良，故经由胡丹凤之手编选、撰辑、校勘、刊刻的图书质量很好，流传较广。

目前普遍认为胡凤丹的《金华丛书》是其致仕以后在杭州刊刻的，但是我们翻查《金华丛书》的刊刻时间，多为同治八年至光绪三年间所刊，又以同治年间刻本居多，光绪三年以后的刻本仅有《泊宅编》十卷，宋方勺撰，光绪八年刊”和“《何北山先生遗集》三卷《附录》一卷，宋何基撰，光绪八年刊”两种。同治八年至光绪三年，胡凤丹在崇文书局任上。因此我们认为，虽然退补斋书局是胡氏致仕后在杭州设立运营，但是退补斋书局的刊刻工作却早已在湖北展开。这种公私兼顾的状况与后来张元济既经营自己的涉园藏书，又综理商务印书馆的涵芬楼颇有相似之处，而胡氏在这方面并未落下话柄，当与张元济一样有着公私分明的态度。另外，孙衣言的《逊学斋文钞》也是由胡凤丹在湖北的退补斋所刻。胡氏为《逊学斋文钞》作跋语曰：“君诗十卷已梓行，兹复嘱刻是集，因得尽读其文。”末题“同治癸酉二月永康胡凤丹跋于鄂垣之退补斋”。

胡凤丹刻书藏书活动大部分在湖北完成，其从事出版的工作性质和为人“以培植后进为己任”[7](P142)的态度，为湖北的文化普及做出了突出的贡献。1925 年任崇文书局经理的黄嗣艾在《湖北公藏版刻提要》中记述：“相传初时民间购读官本者，门无停轨，今尚可想见承平之风焉。”

三、访古搜遗，撰写方志

武昌、汉阳自古山川秀美，古迹殊多，蛇山与黄鹤楼、龟山与晴川阁是迄今为止武汉的著名古迹，鹦鹉洲也因为东汉名士祢衡和唐代崔颢“芳草萋萋鹦鹉洲”的诗句而在历史上名声大噪。但是这些名胜由于时移世易而几经沧桑，致使后人难觅真迹。

胡凤丹综理崇文书局期间，督校之暇，常常游历山水，询访故老遗民，深感“古迹久湮”[8](胡序)，“真面遂晦”[6](胡序)。譬如黄鹄山曾名高冠、长春、石城，今俚俗因其山势蜿蜒曲折而称之为蛇山，“而黄鹄初阜远阻城外，有若高人逸士跄伏乡塾，不求人知而人之知者亦尠，盖其名湮没久矣。……今之洪山实则黄鹄山初阜，宋末初被今名，非其朔也”[6](胡序)。又如大别山一名鲁山，一名翼际，俗名龟山，其地理位置历来众说纷纭，东汉郑玄引班固《汉书·地理志》：“《禹贡》之大别在庐江安丰。”庐江安丰今在安徽霍山县西南。而晋杜预《春秋解》则云：“定公四年，吴师伐郢，楚子常济汉而陈，自小别至于大别。二别近汉之名，无缘乃在安丰也。”主郑说与主杜说者各执一端，互不相让，以致别风淮雨，真假莫辨。再如鹦鹉洲以祢衡《鹦鹉赋》得名，后来祢衡被江夏太守黄祖害于洲上，此为江夏鹦鹉洲。明嘉靖时，长江改道，鹦鹉洲被冲没。清嘉庆年间，汉阳县令裘行恕申报将汉阳南纪门外的荒洲命名为鹦鹉洲，此为汉阳鹦鹉洲。后来即便当地居民也不知汉阳鹦鹉洲与江夏鹦鹉洲有别矣。

为了“数千百年名区胜迹所留遗，迁客骚人所题咏”，避免“湮灭不传”[6](张序)，胡凤丹于同治十三年（1874）“爰检古人纪载之书，吟咏之什”[8](胡序)，编纂了《大别山志》《黄鹄山志》《鹦鹉洲小志》。这三种地方山水志有如下特点：一、搜罗丰富。胡凤丹是一个藏书家，除了大力收集其乡邦文献外，“在鄂期间对有关于湖北山川人物者，尤所留心”[6](彭序)。因此他汇录的三种山水志，凡涉兹山兹水堪资考证者，悉加采录，因而引书较为丰富。《大别山志》引书 174 种，《黄鹄山志》引书 237 种，《鹦鹉洲小志》引书 117 种。二、考证精审。胡凤丹综理崇文书局以校勘考证见长。他认为：“考证宜确也，不确则贻羞。”[9](P346) 所以，他的山水志虽为汇编性质，但是“遇有传写之讹、附会之谬，必博稽群书，确有依据而悉衷于至当”[6](题序)。翻检其书，屡见案语，多是考证之辞。对于古迹本身的考证，胡凤丹也用力甚多。这三种山水志的自序，实际上都是考证文章，对于名胜古迹由于时间久远、地理位置变化和众说纷纭而造成的隐晦一一辨明。《鹦鹉洲小志》中还有胡凤丹撰写的单篇考证文章——《辩裘慎甫行恕大令鹦鹉洲考》。

由于胡凤丹的山水志搜罗较全，考证亦精，因此有着较高的价值，后世研究地方志的学者亦多有沿用。比如对于江夏鹦鹉洲的消失和汉阳鹦鹉洲来历的研究基本采用了胡凤丹的说法；再如龟山等诸处名胜相关景点的各种宣传册和有关这些古迹历代文人吟咏的诗文汇注也大量采用了《大别山志》和《黄鹄山志》的材料。胡凤丹撰成的湖北山水志，使得当时湖北的文人颇为汗颜。江夏张凯嵩说："（胡凤丹）能著成此书，其精审为生长是邦者所未逮，既服观察之勤，亦以益余之愧也。"[6](序)江夏彭崧毓说："予生于是，长于是，黄鹄山日在目前，或叩以山中，所有十不能五对，读是编能无汗颜?"[6](序)

四、文人交游，共谱佳话

胡凤丹"性伉爽"，"凡朋友婚丧之事，知无不为，为无不当。且拮据之家，设法代筹。无不为之尽礼。凡此为人谋者不遗余力十年"[9](P344)。由于交游很广，"士大夫官京朝往往多月樵相识"[9](P139)。其友朋之中择其要者有孙衣言、张炳堃、何璟、彭崧毓、王柏心、伍肇龄等。

孙衣言，字劭闻，号琴西，浙江瑞安（今属浙江温州）人。著名学者孙诒让的父亲。道光庚戌年进士，咸丰初，由翰林入直上书房，擢侍讲。出知安庆府，历官安徽按察使、湖北布政使。复内召为太仆寺卿。衣言端雅好学，喜谈经济，搜辑其乡文献甚勤，汇刻《永嘉丛书》，又辑录《瓯海轶闻》。与子诒让搜求古籍珍藏达八九万卷，筑玉海楼藏之。有《逊学斋诗钞》《逊学斋文钞》等。

胡凤丹与孙衣言虽然乡土毗连，但是迟至咸丰五年才在京师相见。咸丰六年（1856），胡氏"供职兵曹"，官兵部员外郎，得与衣言"朝夕过从，质疑问难”。这种密切的联系一直保持到同治三年（1864）孙衣言从安庆知府任上“奉讳旋里”，此后“不相闻者殆将十年”。同治十一年冬，二人在“白下”（今南京）重又聚首，“剪烛话旧，倒樽论文，夜恒至午弗休”[10](胡跋)。同治十二年，衣言嘱凤丹刻《逊学斋文钞》。

胡凤丹说他与衣言的关系是“友而兼师”，二人相互影响。傅增湘《续金华丛书·序》曾云：“嗣是（按指《金华丛书》）杭州则有丁氏《武林往哲遗著》《掌故丛编》，嘉兴则有孙氏《槜李遗书》，湖州则有《陆氏丛书》，绍兴则有《徐氏先正遗书》，温州则有孙氏《永嘉丛书》（着重号为作者所加），江宁则有傅氏《金陵丛刻》，常州则有《盛氏先哲遗书》，皆踵《金华（丛书）》而起。又若畿辅、湖北并有丛书，推及尤广，六十年来，溯其始事之功，先生庶克当之。”[11](序)翻检上述丛书刊刻时间，可知傅氏“始事之功”的评价不虚。张之洞《书目答问·劝刻书说》：“凡有力好事之人，若自揣德业学问不足过人，而欲求不朽者，莫如刊布古书一法。……其书终古不废，则刻书之人终古不泯。如歙之鲍、吴之黄、南海之伍、金山之钱，可决其五百年中必不泯灭，岂不胜于自著书、自刻集者乎？”[12](P301)观此所言，凤丹辑刻丛书当是风气使然，而凤丹、衣言在藏书、刻书方面的相同志趣应是多年交往，相互影响的结果。

张炳堃，字鹤甫，号鹿仙，平湖人。道光丁未进士。由翰林官湖北候补道，署督粮道。著有《抱山楼诗词集》。张炳堃向有才名，胡凤丹《退补斋文存·祝张鹿仙都转六十寿序》：“鹿仙同怀五人皆世其业，以能文鸣，独鹿仙与其兄海门侍讲名最著。”[9](P338)

张炳堃和胡凤丹是同乡兼姻亲，都是“牡游京师，出官楚北”[9](P338)，张炳堃在鄂的主要职责是督理军需，同治六年起，又“兼持书局”[9](P338)，协助凤丹治理湖北崇文书局的事务。二人常有诗词唱和。

何璟，字小宋，广东香山人。道光丁未进士。由翰林官给事中，历任安徽、湖北布政使，山西、江苏巡抚，署两江总督。胡凤丹与何璟的交往始于同治三年胡凤丹游皖垣，“晤何小宋方伯及李恕皆、陈心泉、吴竹庄诸公，诗酒往还，殆无虚日”[9](P345)，胡凤丹将此次友朋间的唱和之诗“都为一集，名曰《皖江同声集》”。“其后小宋、月樵相继往鄂”[13](陈序)，同治四年至同治八年，何璟任湖北布政使[4](P12688)。

彭崧毓，字于蕃，号渔帆，江夏人。道光壬辰举人，乙未进士，改庶吉士散馆知县，拣发云南，官至永昌府署迪西道，乞归。著有《求是斋集》。胡凤丹与彭崧毓情好甚密，彭崧毓为胡凤丹《退补斋诗存》《黄鹄山志》作序，并为凤丹《退补斋诗存》《文存》点评。凤丹称渔帆为严师。原来渔帆为病中的凤丹送去医病养身的四句箴言，而“凡斯四箴，交疏者不敢言”[9](P347－348)也。

王柏心，字子寿，晚号蔼叟，监利人。道光甲辰进士，官刑部主事，以母老乞归。主讲荆南书院。著有《枢言》《漆室吟》等。王曾为胡凤丹整理《退补斋诗存》十六卷、《文存》十二卷，同治十二年刻于武昌。

伍肇龄，字嵩生，临邛人。道光丁未进士，翰林院编修。“淡于仕进，里居十余年”[13](陈序)。《贩书偶记》著录有伍肇龄编《尊经书院二集》八卷，光绪十七年尊经书局刻本。与凤丹有诗词唱和。

同治七年春五月，伍肇龄去金陵和杭州路过武昌，其进士同年何璟、张炳堃时任湖北布政使、督粮道，“好客，喜造请”的胡凤丹在晴川阁等诸处名胜举行了一次盛大的文人聚会。参与的人有张炳堃、陈仲耦、陈伯双。伍肇龄的兴致颇高，游览之中，不仅指点江山，竟夸家乡景色，在席间更是狂放豪饮，引吭高歌，以致喧宾夺主。何璟可能事务缠身没能参加这次聚会，伍肇龄把游览归来所作之诗拿给何璟看，何璟奉和一首，诗中尤能感受伍肇龄高涨的兴致。数年以后，陈濬为《鄂渚同声集初编》作序时，还追记了“诸君子一时之盛事”：“（嵩生）前岁浮江东行，由楚达吴，相遇于白下亭，为予道鄂游之乐。一时才人名士更唱迭和。”[13](陈序)此次聚会共有诗 22 首，胡凤丹将这些诗全部收入《鄂渚同声集初编》。

《鄂渚同声集》分初编、正编。初编 7 卷，收录胡凤丹自同治丙寅年至己巳年间与友朋的赠答之作，陈濬作序。正编 20 卷，是凤丹与崇文书局同事组成的诗会的诗文汇编。同治庚午年，凤丹与“同人约以月之朔望轮流直课”，“课日集崇文书局听经阁小叙，或限韵或不限韵，或作古今体诗或填词曲，各擅所长，不拘体格”[13](例言)。从暮春至大雪，数月以来，裒然成集，由张之洞作序。诗会原本六人，后又增加一人，凤丹曰“适得竹林人数”[13](例言)，可见胡氏对组织这次诗会颇为得意。

胡凤丹是同治光绪年间鄂省的社会名流，在士人阶层颇有声望。因为性格豪爽，他常常成为宴游唱和的组织者，在汉期间，胡凤丹与湖北及路过湖北的文人相偕出游，黄鹤楼、晴川阁、长春观、宝通寺、卓刀泉诸处名胜都有他们的足迹，并留下大量的吟咏诗文。难能可贵的是，他细心收集大家的诗文，又编入相应的诗集、文集和他所编撰的山水志中，为清末武汉的文坛活动留下了珍贵的文献资料。

参考文献

[1] 李灵年、杨忠主编：《清人别集总目》，安徽教育出版社2000年版。
[2] 张舜徽：《清人文集别录》，华中师范大学出版社2004年版。
[3] 范凤书：《中国私家藏书史》，大象出版社2001年版。
[4] 赵尔巽等：《清史稿》，中华书局1977年版。
[5] 孙殿起：《贩书偶记》，上海古籍出版社1982年版。
[6] 胡凤丹：《黄鹄山志》，清同治十三年退补斋刻本。
[7] 杨立诚、金步瀛编，俞运之校补：《中国藏书家考略》，上海古籍出版社1987年版。
[8] 胡凤丹：《鹦鹉洲小志》，清同治十三年退补斋刻本。
[9] 胡凤丹：《退补斋诗存》《退补斋文存》，《续修四库全书》第1552册，上海古籍出版社影印清同治十二年退补斋刻本。
[10] 孙衣言：《逊学斋文钞》，清同治十二年退补斋刻本。
[11] 胡宗楙：《续金华丛书》，民国十三年永康胡氏梦选楼刻本。
[12] 张之洞著，范希曾编：《书目答问补正》，江苏古籍出版社2000年版。
[13] 胡凤丹：《鄂渚同声集初编》《鄂渚同声集正编》，清同治九年退补斋刻本。

（原载《湖北大学学报：哲学社会科学版》2005年第5期）

湖北舆图总局筹办始末

徐孝宓

十九世纪六十年代初期，清统治集团中出现了主张学习“西技”“西艺”，筹办“夷务”的洋务派。他们对于洋务事务的认识，主要是受到西方殖民主义者的直接推动。明确提出“方今万国盟聘，事变日多，洋务最为当务之急”。积极展开了洋务建设，设立洋务局，延聘洋务人才，开矿山、办工厂、修铁路、创新军等等。在“西学”的思想影响下，感到开展这些洋务建设，都离不开舆图的详细与精确度。客观形势的要求，使清政府不得不决定进行一次全国性的测绘省图集的工作。并把绘制工作统一在《大清会典舆图》的计划之中。

清光绪十二年（1886）在北京建立了“会典馆”。会典馆在编制《大清会典舆图》时，拟定了一个测绘省图集的计划，先后向各省发了两个通知。第一个通知是在光绪十五年（1889）发出的，只是对主要图例和格式作了简单的规定。并要求限期一年，图成送会典馆。但是当时各省测绘人才十分缺乏，“各州县谙悉舆地之学者甚少，又无测绘仪，以故茫茫然无从下手”，工作处在筹备阶段。光绪十六年（1890）会典馆成立了“画图处”，专门负责地图的编制工作，画图处吸收了一部分熟悉制图工作的专家，对《大清会典舆图》的编制提出许多建设性的意见。光绪十七年（1891）会典馆又发出第二个通知。这在时间上已超过原定的一年限期。这次通知下达后，各省认为“续定章程五条，及表格一纸，精切详明，始获有新遵循”。故各地基本上都是按第二个通知的要求测绘制图。限期也从这时算起。然而事实上测绘任务完成的时间，有的是三年，有的是五年。如《湖北舆地记》是在光绪二十年（1894）出版的。《湖北舆图》则拖到十年以后，于光绪二十七年（1901）以“善后局”名义付梓。

湖北舆图总局是张之洞督鄂时，于光绪十七年（1891）五月在武昌设置的。同年四月二十八日，湖北省接到会典馆的第二次通知后，五月印设局专理此事。作为洋务派首领之一的张之洞，是非常重视舆图工作的。认为“舆图一门，关系重要，为用宏多。吏事军事，皆所取资，而军事尤为切于实用”。又从本省所处地理位置分析，“湖北地处上游，绾毂南北，形势最为重要”。“郧、宜、施三府，万山丛杂，界连川陕，伏莽易生，素为边防战守吃重之地。舆图工作，实于地方利害得失，所关匪细。”要求能“实测实量，以期详审精当”，所以即时设局专理此事。从遴选人员，购置测绘仪器，到筹备经费等等，无不考虑得十分周详。

关于遴选人才和仪器设备的准备工作。首先延请了舆图学家“补用知县邹代钧为总纂”。邹代钧之侄邹永暄当时也随同其叔参加了测绘制图工作。并“招致员绅、教授、学生以三十二人分为四路，每路八人共测一州县之地。复派员绅三人结局核定图稿。共计专门测绘者十六人”。可以说是组成了一个以专家为领导的测绘专业队伍。同时又转向外洋购买各种仪器，均经渐次购齐。一开始就从人力和器材两方面保证了以后测制工作的质量。对于人员的培训，也十分严格。如对仪器“通晓善用之人，必须转相教授。学习通晓之后，又须精练目力、手力。若持器稍有动，目力稍有模糊，在尺度如差一度，在地面即差二百里。事理精微，非仓猝所能娴熟”。深知测绘工作事体繁重，如要求精确实用，限期一年是难以完成的。为了保证工作质量，在光绪十七年十二月二十六日上奏：《为测舆图关系重要，请展限办理事》，特请自光绪十七年五月起，“展限两年，俾得详细测绘，以求精当”。由于张之洞的重视，又采取了一系列的有力措施，终于测制出比较完备的《湖北舆图》。因此，湖北的测制工作得到他省的赞誉，来湖北局借调测绘人员，绝不是偶然的。

关于舆图总局的经费问题。舆图总局不是常设机构，只是为清政府编制《大清舆地总图》而设。开始是“湖北藩司会同善后局司道分别拨款，遴员，设局开办”。当时又因“鄂省库储支绌，实无闲款可筹，又未便派累州县”，“即在善管局厘金项下动支，以应要需，总期于饷需不致贻误”。清代后期，在有战争的省份中，通常设有处理特殊事务的机构，称为“善管局”。督、抚可以不按常规，支款办事。这使得测制工作的顺利开展取到了经济上的保证。舆图总局既不是常设机构，测制工作任务完成以后，建制即废。然而各省绘制编写的舆图、图说，除呈交一份给会典馆外，还须刊刻上报，以供实用。在十年之后刊刻的《湖北舆图》的经费全出善管局，此时舆图总局已撤销，所以以“善管局”的名义付梓。

（原载《湖北出版史料》1987 年第 2 辑）

湖北刻书考略

陈方权

引　　言

唐代以前，湖北的古籍主要以竹简、木牍、帛书形式出现，并在全国占有重要的地位。这一点从近几十年来江陵、云梦、荆门等地大量出土的文物中得到了证明。据史料记载，从汉至南北朝，湖北的写抄书与书肆甚丰。至唐代，雕版印刷术开始流行并推广，武昌县当时就有“万卷书楼”，说明唐代的湖北就有了刻书作坊和书肆。经考，宋代湖北有刻书地点 170 多处，刻工百余人；元代，湖北出现了在全国乃至世界上第一部两色套印本图书；至明代，湖北的刻书已经普及，并有大批书籍随其他商品被运往菲律宾等国；在清代，湖北的刻书更是超越前代，一跃走在全国前列。

一、宋代刻书

雕板印刷术在唐代就已达到雕镂精湛的地步，特别是宋代，宋代是雕板印刷术的黄金时代。几乎是“无书不刻板，无处不刻板”。湖北刻书到底始于何时，无文字和实物可寻，故不得而知，现知最早的刻书是在宋代。《宋会要辑稿·刑法典》云：“宋徽宗三年（1104）四月十九日，中书省、尚书省勘会：近据廉州张寿之缴到无图之辈撰造《佛说末劫经》。言涉讹要，意要惑众，虽已降指挥今荆湖南北路（今湖北的大部分和湖南的小部分，笔者注）提点刑狱司，根究印撰之人，取勘具案闻奏。其民间所收本，限十日赴所在州县镇寨缴纳焚讫，所在具数申尚书省，窃虑上件文字亦有散在诸路州军，使良民乱行传诵，深为未便。诏令刑部实封下封府界及诸路州军，仔细告谕民间。如有上件文字。并仰依前项朝旨焚毁，讫其申尚书省。”这是目前已知湖北境内最早，且影响较大的一次刻书。由此可以推测，湖北的刻书历史应当比此更早。

宋代不仅有国子监刻书，而且地方政府、官吏、士大夫均也刻书，以刊印书籍谋生的刻工数以万计。据张秀明著《南宋刻书地域考》记载，南宋刻书地点有170余处，其中仅湖北就有20余处，知姓名刻工有百余人。这个数字在当时很是可观。

宋代，湖北的江陵、鄂州、黄州等地刻书事业最为发达，按地区简述如下：

江陵 南宋初，江陵刻晋郭象撰《南华真经注》，半页十行、行十五字。注文双行，行十三字，白口，左右双边。宋讳缺笔至构字。《中国板刻图录》（下称《图录》）云：“眉端有宋人手写校记，纸墨精莹，无一补板。”

宋绍兴十八年（1148），荆湖北路安抚使司刻递修本《建康实录》（即《六朝实录》）半页十行，行二十字、注文双行、行约二十字。白口，左右双边，《图录》云：“末有嘉祐三年（1805）江宁府校正官张庖民等衔名九行，绍兴十八年荆湖北路重雕校勘官韩轸等衔名九行”……“此书当刻于江陵、卷中补板‘构’字注太上御名，知孝宗朝又经修改。”又说“此为该书传世最古刻本”。

宋宝祐三年（1255），江陵先锋镃李安桧刻《大方广佛华严经》。《图录》云：“每半页五行、行十七字。开卷有宝祐三年十月《襄阳府荆湖北路江陵先锋镃李安桧募缘重开》咨文。知此经乃江陵府募刻单行本，字大如钱。”《藏园群书题记》又云：“每卷后附释音。其第七一卷首昭武邹诛刊小字十一行，各卷有题跋，皆捐资开经人所记也。”今存66册藏于国家图书馆。

鄂州 南宋初，刻《花间集》十卷。半页，十行，行十七、十八字不等。白口，左右双边。此书前人定为淳熙十四年（1187）鄂州公使库本。《图录》云：“恐不确，疑北宋本，中杂南宋补板。刻工余岩、吴永年、李浩他书亦无征。”若以此定论，此书为湖北现存最早刻书之实物。

《汉书》一百二十卷、《后汉书》一百二十卷。《增订四库简明目录标注》（下称《标注》）云：“绍熙二年（1191）湖北庾司刊本《汉书》十四行。行二十四字，有梅世昌诸人衔名，张孝曾跋。”又说：宋湖北提举常平茶盐司刊小字本、半页十四行，行二十六至二十九字不等，注三十三至三十五字不等，避讳至慎字，盖孝宗（1163—1173）时刊本。清徐康《前尘梦影录》云：此书（茶盐本）“纸薄而韧，极可爱玩”；杭氏《欣托斋藏书记》云：“宋刻两《汉书》，版缩而行密，字画活脱，注有遗落，可以补入。此真所谓宋字也。”归安陆氏在明庾司本上云，又有庆元间（1195－1200）刻本，查庆元刻本，得知是书与绍熙本相差5年，5年之间一地同书有两刻，值得怀疑。因此，笔者认为“标注”本和陆氏题识其中必有一刻为误。

宋嘉祐九年（1216），兴国军学（武昌）刻晋杜预撰《春秋经传集解》三十卷，附陆德明《音义》五卷，闻人模《经传识异》三卷。《图录》云：“半页八行，行十七字，白口，左右双边。”又说：原书卷后有“嘉定九年兴国军学教授闻人模后序并刻书负责人衔名”。《静嘉堂跋》云：“板心有大小字数及刻工姓名。宋讳‘慎’字缺笔。”现存二十二卷。

宋淳熙中鄂州刻宋罗愿撰《鄂州小集》六卷附二卷。《五十万卷楼藏书目录初编》（下称《初编》）云：“此集原书十卷。鄂人尝以刻板其州。”《锈谷亭书录》云：“宋淳熙中刘静春辑其文十卷刻于鄂。”

南宋后期（光宗后），鄂州鹄山书院刻龙爪本《资治通鉴》一百二十卷。《静嘉堂书影》云，每半页十行，每行大十九字，小字双行二十三字。白口，左右双边。板心有大小字数及刻工姓名。“卷六十八页有鄂州孟太师三安抚位刊梓于鹄山书院”一牌记。

黄州 宋绍兴（约1145）间，齐安郡（黄州）学刻夏竦撰《集古文韵》，又于隆兴元年（1163）刻《揲蓍古法》。

宋绍兴十七年（1147），黄州刻宋王禹偁撰《小畜集》三十卷。罗振常《善本书所见录》云："序后有雕板原起及册数板数，纸墨工料计数与校勘人姓名（八人），皆有全衔。"《标注》云："知府沈虞卿为后序，并开载工价计五百三十二板，一十六万三千八百四十八字。"《中国雕板源流考》云：该书"末记印书纸并付板四百四十八张，表背碧纸十一张，大纸八张。共钱二百六文足。赁板棕墨钱五百文足。装印工食钱四百三十文足。除印书纸外，共计钱一贯一千一百三十六文足。见成出卖，每部价钱五百文"。

南宋中期黄州还刻有宋苏轼《东坡先生集》《东坡先生外制集》等。

蕲州　宋淳熙三年（1176），蕲春郡庠刻王频著作《王先生集》八卷。于同年又刊《窦氏联珠集》。《图录》云：此书"半页九行，行十七字。白口，左右单边，宋讳缺笔至构字。末有淳熙三年知蕲州王松刻书跋文"。

安陆　宋淳熙丙申年（1176），安陆郡学刻郑獬《郧溪集》。

淳熙十三年（1187），士大夫秦焴啬公帑之用又刻《郧溪集》及赵善《易说》。

襄阳　宋绍熙改元（1190），襄阳郡斋吴琚刻《襄阳耆旧集》一卷。

沔阳　宋庆元丙辰（1196），沔阳郡斋刻《王缪续添是斋百一选方》二十卷。

罗田　宋庆元六年（1200），罗田县庠刻《离骚草木疏》。《图录》云，此本为读书初刻本，二十行、白口，左右双边。卷末载庆元年吴仁杰自序。并庆元六年方灿跋文称吴先生见属刊于罗田县庠，复列州学生张师尹等校正衔名三行。

阳新　宋嘉定间（约 1215），阳新刻朱熹《楚辞集注》。

竹溪　宋宝祐五年（1257），竹溪书院刻《方岳秋崖先生小稿》八十三卷。

崇阳　宋咸淳间（约 1269），崇阳县斋伊赓刻张咏《乖崖先生文集》十二卷，附录一卷。

随州 随州的刻书书名不详，从《宋会要辑稿》一六六册中得知刻有一些“禁书”。云：“嘉泰二年（1202）二月，新差权知随州赵彦卫言恭惟国家、祖功宗德，超冠百王，远谕前代，史板成书，有三朝国史，五朝国史，莫不命大臣以总提，邀鸿儒以撰辑，秘者金匮，传写有禁。近年来忽见有本朝通鉴长编、东都四略、九朝通略、丁未录，与夫语录、家传，品目类多。镂板盛行于世……”由此可窥见宋代随州刻书事业之一斑。

此外，尚有复州（天门）、归州（秭归）、荆门军、郢州（钟祥）等地也有刻书，总计宋代湖北所刻之书现存有 20 余种。可考刻工百余人，其中较著名的有周亮、俞邦、赵褒、邓亮、吴友成、余岩、吴永年、李浩、詹元、张彤、许和、余中、宋琳等。

二、元代刻书

元朝，少数民族入主中原，对于汉族及其文化十分歧视。之后为了统治需要，对其逐渐放宽政策，在中央成立兴文署，主持刻书事宜，各级政府也纷纷仿效，现知湖北元版书有：

元己卯十六年（1279），中兴路（江陵）儒学刻沈棐《春秋比事》二十卷。

元大德丙午十年（1306），湖广宫医提举刻《风科集验方》二十八卷。

皇庆二年（1313），武昌路儒学刻王申子《大易辑说》十卷。

元己卯五年（1339），中兴路刻沈文伯《春秋比事》二十卷。

元正癸未（1343），武昌刻《伊洛渊源录》。由苏天爵伯修在鄂刊于武昌郡庠。

元代从中央到地方政府，各路儒学，书院均提倡刻书，书肆尤为发达。除大刻史书外，通俗小说以及宗教迷信书也大量翻刻，出版数量有增无减，湖北也不例外。但由于受历代战争、自然灾害及其他原因的影响，流传到现在的图书只有“一鳞半爪”了。

值得一提的是元代湖北的套印术。一般专家学者一直认为，我国套印术发明于明万历年间（即十六、七世纪），其实不然。1941年在台湾发现了一部元顺帝至元六年（1340）湖北中兴路（江陵资福寺）刻的《无闻和尚金刚经注解》。是书经文和扉页的灵芝图是朱色，注语用墨色，这是世界上现存最早的木刻套色印本。它的发现，较套印术在明万历年间发明之说法，早了数百年。江陵套印书的出现。是自唐发明雕板印刷术后，经宋至元代长达几百年的不断实践之发展的必然结果。

自宋、元以来，江陵一直是湖北刻书的重要地方，这与它当时的历史和经济地位分不开。江陵是我国著名的文化名城，楚国在这里建都达400年之久。以后历代帝王在这里封王置府，建都立国。历代有许多著名文坛巨匠都到过这里，如晋代大诗人陶渊明，南北朝大文豪庾信，唐诗大家李白、杜甫，宋代著名诗人苏轼等都与江陵有不解之缘。552—554年，梁元帝萧绎曾在江陵宫聚古书14万余卷（亦说7万余卷）。

再从社会经济地位来看，特别是在宋、元，江陵的交通、农业、手工业、冶铸业相当发达。有“北客随南贾、吴樯间蜀船”（《苏东坡续集·荆州诗》）之说。因此，江陵在宋、元时期的刻书事业一直相当兴盛，从而导致套印术的出现，不是偶然的，而是完全可能的。

三、明代刻书

明代建朝后，为了尽快恢复经济以巩固政府的统治，采取了一系列发展经济的措施，诸如，奖励农民垦荒，组织兵士屯田，开凿水利工程，等等。由于社会生产力的不断发展，社会经济逐渐繁荣，出现了不少发达的工商业城市。因而刻书事业较前代更进步、更普及，刻书质量和形式也有了进一步地提高。其时的刻书技术不仅仅是木刻印刷，活字印刷（包括木活字、铜活字、铅活字等）也运时而生，套印技术已由元代的两色，发展到四色、五色了。武昌在明代是较发达的工商业城市，又是湖广首府、湖广布政司、按察司等重要机关所在地，加之交通十分发达，因而成了长江流域政治、经济、文化的中心。武昌当时所刻的书籍，不仅在国内，而且在国外尤其是在菲律宾也有相当大的影响。中国与菲律宾大约在10世纪左右就已航海通商，明洪武五年（1372），吕宋遣使来贡；永乐三年（1405）吕宋与猫里务又遣使贡方物；直至清雍正六年（1728）与苏禄国还保持藩属关系；1586年以前奥古斯派僧侣爱拉达（Herrada）与他的伙伴，把中国各地，尤其是武昌印的许多书籍带到菲律宾，其内容包括历史、地理、统计、法律、医学、宗教等。在明朝，菲律宾岛上有几万华侨，菲律宾的第一个印刷所是由中国人创办的，岛上的第一个闻名印工是中国教徒，名约翰维拉。约翰维拉当时为8位中国印工之领袖，可惜他原来的中国姓名已不可考了。（张秀明著《中国印刷术的发明及其影响》）这之后，才有菲律宾本地人参加印刷业。由此可知明代武昌刻书之多，内容之广，影响之远。

在明代，湖北刻书大致可分为以下几种情况：

1. 官刻

在明代，皇帝子孙分封到各地为王，他们中间有些人喜欢刻书，并大多以朝廷赏给他们的宋、元旧椠作为底本，故所刻之书较为精美。

楚藩，刻有汉刘向撰《说苑》大字本十卷，半页十行，行十九字。《初编》云："字大悦目与何良后互有得失，比程荣也差有异同。"

明嘉靖十九年（1540），刻郭勋撰《雍正乐府》二十卷二十册，今藏国家图书馆。

从麻城周弘祖撰《古今书刻》中得知，湖广布政司刻有《湖北通志》《齐民要术》《本草纂要》《伤寒全书》《地理书》《宋论》《舆地图》等；

按察司，刻有《五经集注》《四书集注》《六子白文》《太白山人诗》《吕氏春秋》《选诗》《杜诗》《国语》《二张诗》《高苏门集》等17种；

楚府，刻有《博物志》《独断》《新序》《说苑》《三体唐诗》等13种；

汉阳府，刻有《鲁斋文集》《愚花集》《咏物新题》《事物化原》等12种；

武昌府，刻有《杜诗苑语》《左传》《诗余图谱》《慎言集录》等；

黄州府，刻有《书经旁注》《四书管窥》《王梦泽集》《传习录》等；

德安府，刻有《德安府志》《初唐诗》《五朝衙诗》《随州志》《山陵赋》《应山县志》等；

襄阳府，刻有《府志》《后山诗集》等。

2. 纂修刊刻地方志

据《中国古今方志考》记载，宋元两朝所刻湖北方志不下30余种。按理这些方志应是湖北所刻，但已无传本，无法考证。明代湖北所刻志书流传尚多，今能够见到最早的是天顺三年（1459）的《襄阳府志》，正统十四年（1469）有黑口刻本《嘉鱼县志》，弘治九年（1496）刻《夷陵州志》。往后从正德年间开始方志刻本较多，特别是在嘉靖万历年间，“楚风益振”，湖北各州县几乎都刻地方志。笔者初步统计，现存明代湖北地方志有四十余种。这些方志保存了明代湖北的政治、经济、文化的发展变迁，是非常有价值的地方文化财富。

3. 家刻

从上述实例中可以看出，明代湖北刻书远超宋、元代。在诸藩王孙和地方政府大量刻书影响下，仕宦学者也以刻书为荣，有的搜访前代名著加以翻刻，有的热心地方历史的刻印，有的自著或辑付梓。尤其以明正德以后至嘉靖年间刻书较多：

正德年间（1506－1511），徐氏在湖广刻《水东日记》三十八卷。傅增湘《藏园群书题记》跋曰:“此书为近世通行之第一刻本。”

嘉靖乙酉年（1525），于沔阳郡斋，储巏自著自刻《储文懿集》十六卷。《初编》云：“读诗者不可不知有文懿也。”又曰：“此本久无传本。”

嘉靖庚寅年（1530），湖广参政黄焯刻汉刘安撰，明江夏刘绩补注《淮南鸿烈解》二十八卷；

嘉靖戊申年（1548），于武昌，王忬校刻《南丰先生元丰类稿》五十一卷。《初编》云：大黑口版，每半页十行，行二十字。每卷大题后第二行结衔称“明进士巡按湖广监察御史后学姑苏王忬校刻”。

嘉靖中咸宁许宗鲁刊宋武夷吴棫撰《韵补》五卷。《明代板刻图录》

云："许宗鲁正德十二年（1517）进士，嘉靖视湖广学政。以义倡仕，楚风益振。此书当时所刻者尚有《吕氏春秋》，此本少见，刻书字体多仿篆籀。"

嘉靖甲寅年（1544）。于襄阳，襄阳知府李容刊晋葛洪撰《肘后备急》；

嘉靖三十二年（1554）。于武昌，江夏黄贯曾浮玉山房自辑并刻《唐诗二十六家诗二十六种》，现藏国家图书馆；

嘉靖年间，武昌何诚重刻明高棅辑《唐诗正声》二十卷。现藏上海图书馆；

明万历年间及以后，家刻书籍也不在少数，仅目前笔者所收集的就有五十余种之多，不一一列举。

明代的湖北出了不少文化名人。如黄冈王庭陈、王一鸣，兴国（阳新）吴国伦，应山颜木，黄安瞿九思、耿定向，京山李维桢、王格、郝敬，公安"三袁"（袁宗道、袁宏道、袁中道），竟陵（天门）钟惺、谭元春等，这些文化名人大多数喜爱刻书。如吴国伦于万历年间在武昌刻《浮王山人文集》二册；"三袁"刻袁宗道《白苏斋类集》二十二卷、徐渭《徐文长文集》三十卷、袁中道《珂雪斋游居杮录》一十二卷等；郝敬刻有《礼记通解》二十二卷、《毛诗原解》三十六卷、《论语详解》二十卷、《孟子说解》十四卷、《六经正误》六卷等；钟惺刻有《通鉴直解》二十八卷、《苏长公尺牍选》二卷、《毛诗解》一十五种、《东西汉通俗演义》、《名媛诗归》、《秦汉文怀》二十卷等；谭元春刻有《庵订定谭子诗归》十卷、《新刻谭友夏合集》等。

京山郝氏，竟陵钟、谭，公安"三袁"等在万历、天启、崇祯年间刻书不少。他们给湖北的文化和刻书事业带来的影响是极其深远的。但是，这其中的有些人长期在外为官，因此有些书难以断定是否在湖北所刻，还有待查考。

四、清代刻书

清代后期，湖北刻书之风颇盛，在全国产生了较大的影响。据叶德辉《书林清话》云：“天下书板之善，仍推金陵、苏、杭。自学校一变，而书局并裁，刻书之风移于湘鄂……至是金陵、苏杭刻书之运终矣。”清代后期湖北的刻书事业在我国书籍出版史上占有光辉的一页。分官刻与家刻叙述如下：

1. 官刻

清代湖北各州府县衙署、地方官员、书院书宫刊刻书之风盛行，影响较大的来自三个方面。

各州府县署纂修刊刻地方志。从中国天文史料普查小组整编组编辑的《中国地方志联合目录》来看，清代湖北刊刻地方志的情况（非刻本不算其中）大致是：顺治年间刻有 7 种，康熙年间刻有 58 种，雍正、乾隆年间刻 6 种，嘉庆年间刻有 13 种，道光年间刻有 11 种，咸丰年间刻有 6 种，同治年间刻有 55 种，光绪年间刻有 52 种，宣统年间刻 2 种，总计 250 余种，远远超过湖北历代刊刻地方志的总和。基本上做到了各州有志、各府有志、各县有志。有的府、县志历经数朝修改增补、重刊，质量甚尤。

官书局（处）刻书。太平天国以后，清政府为了维护其统治，积极开办洋务，注重教育用书。于是，在全国各地先后成立官书局，大量发行书籍。据湖北官书处负责人黄嗣艾说，湖北省立官书处初名官书局。清同治六年（1867）十月十五日在武昌候补街正觉寺内开设，此时李瀚章为湖广总督兼湖北巡抚。胡凤丹任该局经理。成立后不久即将原“湖北绅耆之崇文局收并在内，为我楚右文之会”。从现存实物和有关记载中得知，湖北崇文书局所刻之书有 200 多种。湖北官书处成立后，首刻《四书》《十三经读本》《钦定七经》《御批通鉴》，续刻者《说文》《资治通鉴》和胡克家《文选》等。笔者初步统计，总共刻书 400 余种。其中经部书 50 余种、史部书 100 余种、子部书 170 余种、集部书 100 余种。所刻之书“以仿清代初期钞写本为多，以影宋本为尤多。至体质笨拙之元代本、明嘉靖后之重眉密行钩勒圈批今方局则俱无有”。湖北官书处之存在，一直延续到 20 世纪 30 年代中期，对其曾有“日有数百手民，缮刻刷印，颇具规模”之说。虽说之存在有好几十年的历史，但实以同治、光绪年间刻书最多，在这样短时间内其刻书如此之多，对于发扬湖北文化之功绩是值得称道的。

书院刻书。在学校未兴以前，各书院为研究学艺之所，因而刊刻书籍者甚多。清代湖北各州府县均有书院。经考，已知刻有书籍的书院有：湖北崇正书院，刻《西游笔略》等；江汉书院，刻《雨香书屋诗钞》《六是唐诗选》《湖北金石存佚考》等；甑山书院，刻《清风易注》《清风遗集》等；传经书院，刻《潜江县志》等；钟灵书院，刻《利川县志》等；经心书院，刻《兴山县志》等；紫阳书院，刻《诗韵析》《诗意折中》《书经诠义》等；麟山书院，刻《蕲州志》等；富川书院，刻《兴国州志》等；郧山书院，刻《郧阳志》等；康熙年间之武昌勺庭书院，刻《榕村藏书》，以及各种文科讲义。《勺庭书院记》云：“大学士安溪李公所著《榕村藏书》有裨后学，爰镌其版，以训大湖南北之士，争购无虚日。”又曰：“乃于城之东北，得废宅十余椽，以书价学金购之，为藏书所，以所刻书悉贮于是。”继曰“所刻书悉贮于是”。可见其藏板不只一种，唯不可得其全目为憾耳。两湖书院刻书较多，在全国有一定影响。如光绪年间，刻《劝学篇》《孝经六艺大道录》《春秋世族谱》《春秋经传日月考》《江楚会奏变法折》《兵法史略学》，还刊有木活字本《金正希年谱》等，目前尚存的有 10 余种之多。在众多书院中，两湖书院虽然是后起之书院，但“新刊之书为多，乃我国倡兴之前锋”之一。

2. 家刻

清代湖北家刻可考者，不下 40 余家。如江夏童氏、程氏、胡氏退补斋，宜都杨守敬，黄冈陶子麟，汉阳邱氏、叶氏，广济阮氏，荆州田氏，汉川田氏，沔阳卢氏兄弟，东湖饶氏，蕲州陈氏，监利王氏，等等。其中较为有影响的为以下几家：

江夏童和豫瓶花书屋，于道光年间刻有《瓶花书屋丛书十三种》《王洪绪先生证治金全集》《成方切用》等。又于咸、同年间，刊木活字版印明严衍《资治通鉴补》、宋袁枢《资治通鉴本末》、《宋史纪事本末》、《元史纪事本末》等多达500余卷。

清代藏书家大多喜爱刻书。他们既广汇善本、亲手校勘，又复摹刻精雕、以广流传之举蔚然成风，盛于前明。

清末民初著名学者杨守敬也曾刻印过一定数量的书籍。今存40余种，以《日本访书志》《留真谱》《水经注疏要删》《水经注图》为其代表作。

武昌柯逢时为湖北著名藏书家之一。柯氏于光绪年间至民国初年之建武昌医馆期间校刻书籍较多，刻有《经史证类大观本草》、《丹邱先生集》、《活幼心书》、重刊平轩本《伤寒补亡论》二十卷、《本草衍义》二十卷、《寿昌乘》等。所刻诸书，以医学书为多，颇具特色。

清代诸家刻书有一个特点，即多聘名人良手刊刻，至民国年间成为风气。黄冈陶子麟设刻书肆于武昌，以姓名为店号，以摹刻仿宋及软体字为特长而名于世，其规模之大在全国遥遥领先。所刻诸书均刻有“黄冈陶子麟镌”牌记，或作“武昌黄冈陶子霖（麟）镌”。当时我国不少学者和藏书家所刻诸书均出陶氏之手。如贵池刘世珩玉海堂之《影宋丛书》《金石契》，南浔刘承干嘉业堂之《四史》，武进董康之诸书，徐乃昌之《玉台新咏》《徐文公文集》《随庵丛书》，张均珩之《择是居丛书》，江阴缪荃孙之《对雨楼丛书》，以及常州盛氏等诸家所刻之书均出陶氏之手。其中以刘世珩所刻的宋小字本《五代史》和为徐乃昌所刻的《玉台新咏》为其代表作。

此外，汉阳叶氏、沔阳卢氏兄弟及其他家刻所刻之书，因种类广泛，刻者较多，故不再一一赘述。

3. 清代湖北刻书分析

清代湖北刻书事业之所以能超越前代，与清政府的所谓右文政策是分不开的。清政府自统治中国后积极实行笼络汉民族知识分子政策，既开科举之道（博学鸿词），又大量编书刻书，因而刻书之数量比历代都多。清政府不仅官刻书，还要求下面翻刻各种钦定、御定之书，如四部书等，以便统一读书人意志。清政府又规定各地每60年修志一次。凡此种种，都是形成湖北地方志和四部书籍能够得到广泛刊刻的主要原因。

湖北在清代刻书较为出名的另一个原因，是地方官员不仅在做官，也是学者或是有学術之人。如乾、嘉、同、光朝的总督毕沅、李瀚章、张之洞等，他们或嗜好“周秦诸子”（毕沅），或重“舆地历史”（李瀚章），至于张之洞则是官僚兼学者，他的办学精神在政府官员中是很少有的。他们这些人既讲暴力统治，又讲文治，大多结纳文人，为自己刻书效劳。如毕沅结纳著名文学家章学诚，为自己刻《湖北通志》（未定稿）；李瀚章结纳张炳堃、胡凤丹创办湖北官书局；张之洞结纳纪维矩、梁鼎芬办了大量的文教事业等。所有这些，也是清代湖北刻书事业得以超越前代和他省的一个原因。

清代湖北刻书走在全国前列的另一个原因，是湖北出了个著名刻工陶子麟。如前所述，他有一手好的镌刻本领。他刻书得心应手、刀法传神，能匠心独运，所刻诸书疏密匀称，这在全国当时来说是很少有的。由此，吸引了当时全国知名人士、著名藏书家不远千里征聘或亲自前往武昌（如江阴缪荃孙等），请他仿刻宋元秘本。其有功于古籍的传播，后来学者有口皆碑。

参考文献

[1] 叶德辉：《书林清话》，中华书局1957年版。

[2] 邵懿辰：《增订四库简明目录标注》，上海古籍出版社1919年版。

[3] 北京图书馆善本部编：《北京图书馆善本书目》，中华书局1959年版。

[4] 雷梦水：《贩书偶记续编》，上海古籍出版社1980年版。

[5] 罗振常：《善本书所见录》，商务印书馆 1958 年版。
[6] 张秀民：《中国印刷术的发明及其影响》，人民出版社 1958 年版。
[7] 湖北省图书馆编：《湖北省立图书馆目录》，湖北省图书馆 1935 年版。
[8] 留庵：《中国雕板源流考》，商务印书馆 1918 年版。

（原载《图书情报论坛》2008 年第 1、2 期）

晚清的官书局

梅宪华

前　言

晚清同治、光绪时期，官方大规模设置书局。晚清官书局包括了刊刻传统经史书籍的官书局与翻译西学书籍的译书局，其设置地区广泛，刻书种类繁多，影响与作用也较大。今日版本学上有所谓“局本”之名，即专指晚清官书局出版之书。本文力图发掘史料，对晚清官书局的设置状况、机构组织、刻书特点、发行方式等作一论述。

一、晚清官书局的设置

（一）早期的督抚设局刻书

晚清的官书局，首先由督抚创设于地方，其渊源可上溯至咸丰九年（1859）。曾受胡林翼礼聘，客游其幕中的方宗诚称：“东南文字，尽毁于贼，胡文忠在湖北，首开书局，刻《读史兵略》《弟子箴言》。”[①] 梅英杰编纂《胡文忠公年谱》亦称：“纂《读史兵略》，自订体例，开局武昌。”[②] 根据资料记载，胡氏书局，系为编刻《读史兵略》而设，其成

---

①方宗诚：《柏堂师友言行记》，第 72 页。

②梅英杰：《胡文忠公年谱》卷三。

员为胡氏手下幕僚。所刻书除《读史兵略》《弟子箴言》外，尚有《大清一统舆图》《练勇刍言》《水经注图》等。

就督抚设局刻书而言，胡氏为晚清之首创者。但以后各直省大规模设局之目的，在于为振兴封建文教而刊刻经史读本之类，在这方面，开风气之先者应是左宗棠。同治三年（1864），左宗棠驻军严州，时严州当兵燹之后，左宗棠“以乱后书籍板片多无存者，饬以此羡余刊刻《四书》”①。书局先设于宁波，杭州攻克后，迁至杭州，仍招宁波之工匠办理。

同治五年（1866），左宗棠复在福州创设正谊堂书局，刊刻《正谊堂全书》。《创设正谊堂书局告示》载有书局创设缘由：“昔者仪封张清恪公孝先（伯行）先生之抚闽也，与漳浦蔡文勤公闻之（世远）先生讲明正学，闽学大兴。清恪汇刻儒先遗书五十五种，扫异学之氛雾，入宋儒之堂奥。本爵部堂乡举以后，即得是刻残编，读之未睹全书为歉，兹来清恪旧治，亟询是本仅存四十四种，而鳌峰书院所藏版片则虫蛀无存矣。爰择省会文昌宫设正谊书局，饬司道筹款就所存本先付手民开雕……”②

胡林翼、左宗棠所设之书局，延续时间均较短。如左氏设于宁波之书局，仅刻一部书即结束，而正谊堂书局亦于同治六年改为正谊书院。故后世言版本者提及官书局，均称曾国藩首创。按曾国藩开设书局，系在同治三年（1864）四月。其日记该年四月初三日有“夜将书局章程核毕”，初六日有“傍夕欧阳晓岑来谈刻书之事”，又十三日有“至欧阳晓岑书局一坐”。③ 黎庶昌《曾国藩年谱》亦称：“（同治三年）四月初三日设立书局，定刊书章程。”④ 书局先设于安庆，同年金陵攻占后，迁往金陵。所刻书籍为《王船山遗书》，总理此事者为欧阳兆熊（字晓岑），参与担任校雠者有张文虎、刘毓崧等。同治四年（1865）该书刊

①陈其元：《庸闲斋笔记》卷三。
②《左宗棠全集·批札》卷四。
③《曾文正公手书日记》卷十九。
④黎庶昌：《曾国藩年谱》卷九。

成，曾国藩移督直隶，李鸿章继督两江，接管书局，开始刊刻经史读本。此书局即研究版本者所熟知之金陵书局，除首刻之《王船山遗书》因系曾国荃私人出资，未署局名外，同治间所刻各书均有“金陵书局”木记，至光绪初又改名江南书局。

从胡林翼所开书局到曾国藩所开之书局，可以说是官书局大规模兴起之前，晚清早期的官设书局。这一时期的书局与以后的书局比较，具有下列特点：

第一，设局刻书目的多种。如胡林翼开书局，是因为“忧时贤不谙军旅”，因而“修《读史兵略》，以教将材”。[①] 左宗棠设局宁波刊经书，是为了使“经史赖以不坠”[②]。根本目的则是为了恢复封建文教。而其设正谊堂书局刊《正谊堂全书》，则是因“以闽中理学之邦，思有以延其绪”[③]。曾国藩设局刻《王船山遗书》，乃是为了“表彰前哲”[④]。

第二，其机构不如以后正规。以后的官书局在管理方面多设有提调、总办、总校等职，而此时期的书局仅有一人负责刻书之事。如胡林翼刻《读史兵略》，系“以门人汪士铎总其事”[⑤]；左宗棠刻《正谊堂全书》，以侯官举人杨雪沧“总其事”[⑥]。

第三，督理局事者多为督抚之幕僚。如负责刻《读史兵略》之汪士铎，为胡林翼之幕僚；负责刻《王船山遗书》之欧阳晓岑，为曾国藩之幕僚。

此外，以后的书局系奉旨设置，而早期的书局均系督抚自行创设，这也是其特点之一。

（二）官书局的兴起

同治三年（1864）金陵被清军攻克，太平天国农民运动失败。为了重建封建统治秩序，统治阶级采取了一系列所谓“善后措施”，其中最

---

①严树森：《胡文忠公年谱》“咸丰九年”。

②陈其元：《庸闲斋笔记》卷三。

③罗正钧：《左宗棠年谱》卷四。

④曾国藩：《〈王船山遗书〉序》。

⑤《胡文忠公年谱》卷三。

⑥樊守执：《正谊堂书籍小纪》，载《中华图书馆协会会报》六卷一期，1931年。

重视的是“振兴文教”。金陵城攻克不久，同治帝即谕令曾国藩，鉴于“江南北现经荡平亟宜振兴文教”，让其修复贡院，以便“来岁特开一科，以免士子日久向隅”。① 次年又因御史汪朝棨奏“现在地方新复，亟宜兴建学宫”下令“各州县学宫，如有被贼焚毁者，自当次第兴修……以副朝廷振兴文教至意”。② 在朝廷的直接关心下，至同治六年(1867)初的短短二三年时间，一些遭受战乱破坏的地区，已纷纷恢复开设书院。

为了振兴封建文教，仅仅兴复书院学校是不够的，当时的一些官僚即提出：“欲兴文教，必先讲求实学，不仅整顿书院，尤须广集群书。”③ 但是，在太平天国农民运动的打击下，不仅学校书院以及其他官方机构之藏书“荡然无存”，连民间藏书也“悉成灰烬”，造成“士子有志读书而载籍艰于购觅”。④ 为了解决这一问题，同治六年江苏学政鲍源深上奏，除提出将殿板书籍照旧颁发各学，以及将旧存学中书籍设法购补外，并建议“筹措经费择书之尤要者循例重加刊刻”⑤。此建议得到同治帝的批准，同年五月初六日谕内阁：“着各直省督抚转饬所属，将旧存学中书籍广为购补，并将列圣御纂钦定经史各书，先行敬谨重刊，颁发各学……”⑥ 于是，以振兴封建文教为目的，刊刻经史读本的书局就在这样的背景下在各省陆续兴办起来。

从同治六年前后直至光绪中期以后，为官书局大规模兴起的时期，这一时期，先是湖北、江苏、浙江、江西、山东、四川、广东等地纷纷设置书局，此后，逐步扩大到山西、河北、广西、贵州、云南等地也设置了书局。⑦

考察官书局在各省的兴办情况，可以看到这样一些特征：

首先，书局设置年代的早晚是与这一地区遭受战乱破坏的程度相联

---

①《清实录·穆宗实录》卷一一三“三年八月”。

②《清实录·穆宗实录》，卷一三一“四年二月”。

③马新贻奏：《建复书院设局刊书以兴实学折》，《马端敏公奏议》卷五。

④⑤鲍源深：《请购刊经史疏》，载陈弢辑《同治中兴京外奏议约编》卷五。

⑥《清实录·穆宗实录》卷二〇二“六年五月”。

⑦见附录。

系的，越是战乱破坏严重的地区，设局刻书的时间越早。

其次，书局设置的发达程度是与这一地区的经济、文化发达程度相联系的。晚清各地为振兴封建文教、以刊刻经史书籍为主的官书局设置情况如下：江苏省四处，浙江省二处，广东省二处，湖南省二处，河北省二处，四川、湖北、江西、山东、山西、广西、贵州、云南各一处。① 官书局经费主要来源于公款，而江苏省的公款，仅厘金一项，自同治八年至光绪三十四年一直是各省之冠，② 这样就为官书局的兴办提供了经济实力。文化发达直接影响官书局者，一是本地区原有刻书业的发达，为官书局刻书活动提供刻印工人。江苏地区的刻书业，自明中期以后即逐渐兴盛起来，至清代乾嘉时期已十分盛行，卢文弨、鲍廷博、孙星衍、黄丕烈、张敦仁、秦恩复、顾广圻、阮元等诸家校刻之书，均出身南京刻工。二是文人学者的众多，为刻书提供校勘人员。江苏“向称人文极盛之地”，在各官书局中以金陵书局拥有学者最多，其中大部分为江苏人，亦可见江苏之出人才。③ 三是教育的发达，刺激官书局广泛设置，大量刻书，以满足士子需要。

第三，官书局的设置又与督抚对学问的爱好有关。有清一代，督抚而兼学者，从事著书、刻书者不乏其人，较著名如乾嘉时期的毕沅、谢启昆、阮元。创办官书局的督抚中，也有不少颇有学问者。仅以早期创办官书局诸人为例，如曾国藩，号称“精研百氏”，于义理、考据、词

①下列省份亦有设局刊刻经史书籍之记载，但尚需再考：

安徽省：刘声木《苌楚斋续笔》卷七转引曲江书局刊本《汪子遗书》李振英《序》称，曲江书局原为安徽省之官书局，移置常州府。

陕西省：陕西学政柯逢时曾仿照东南各省，于泾阳县设立书局校刊经史各书。（鹿传霖：《附陈乐捐书局赏给职衔片》，《宫中档光绪朝奏折》第六辑，第718页。）

新疆：据说左宗棠曾在迪化（今乌鲁木齐）设置书局，刻印供回民子弟诵读之书，书局延续时间颇长。（秦翰才：《左文襄公在西北》，第209页）

青海：西宁知府龙锡庆曾在西宁设尊经书局，刻印《四书》《五经》。（秦翰才：《左文襄公在西北》，第209页）

②罗玉东：《中国厘金史》第五章。

③先后在金陵书局担任校勘者：江宁汪士铎，仪征刘毓崧、刘寿曾，南汇张文虎，海宁李善兰、唐仁寿，德清戴望，宝应刘恭冕、成蓉镜、成肇麐，金坛冯煦，大部分为江苏人士。

章皆通，尤其诗文冠一时，在京服官时即名重于京师，为同时督抚中著名之有学问者。又如丁日昌，为近代之藏书家，其校雠学功夫在当时甚为知名。再如左宗棠，未官时即究心学问，于天文地理、历代典章无不考究，其后为骆秉章赏识，由幕僚而至总督，皆因“其学术志事素所蓄积者厚，故发之者宏远也”[①]。正是由于督抚本人爱好学问，关心文教，才能在战乱以后积极地设局刊书。

（三）翻译官书局的出现

晚清官书局的兴办，在1894年的甲午中日战争之后出现了变化，即由为刊刻经史读本之类而设置转向为译刻西学书籍而设置。

1894年甲午战争的结果，使中国面临被列强瓜分的民族危机，1895年，以康有为、梁启超为首的资产阶级改良派发起了变法维新运动。同年，在京师成立了强学会，以出版《中外纪闻》，翻译西方报刊及“西国格致有用之书”，探讨“万国强弱之原”为目的。[②] 强学会的活动遭到顽固派反对，不久被查禁。强学会被查禁后，御史胡孚宸上奏建议将强学会改为官书局，“选刻中西各种图籍任人纵观，随时购买，并将总署所购洋书选择印行，以广闻见”[③]。上奏由光绪帝谕令总理各国事务衙门会议，旋由总理衙门提出了一个官书局办理的基本方案：“拟援照八旗官学之例建立官书局，钦派大臣一二员管理，聘订通晓中西学问之洋人为教习，常川住局，专司选译书籍，各国新报及指受各种西学，并酌派司事、译官收掌书籍，印售各国新报，统由管理大臣总其成。”[④] 上奏得到光绪帝批准，并派吏部尚书孙家鼐为管理官书局大臣。晚清第一所由中央直接管辖的，“译刻各国书籍”的官书局终于在民族危机日益严重的情况下出现。

京师官书局的设置，为晚清官书局兴办史上转折之开始。其后设局译书之建议不断。如李端棻上奏建议开译书局：“广集西书之言政治者，论时局者，言学校农工商矿者，及新法新学近年所增者，分类译出，不

①徐世昌：《清儒学案小传》卷十八。

②《中外纪闻》语，转引自汤志钧《戊戌变法史》，第137页。

③④转引自总理衙门奏《复奏设立官书局折》，《皇朝经世文新编》卷五《学校上》。

厌详博，随时刻布。”[①] 陈炽建议：“专译有用之书……发各省官局，刊布颁行。”[②] 至 1898 年，杨深秀、李盛铎奏请设局译书，经总理各国事务衙门会议，复奏请以梁启超在上海所设大同译书局改为译书官局，由梁启超经理译书局事务，新设京师编译局亦归并其主持。议奏得到光绪帝批准，赐梁启超六品衔，负责办理译书局事务。[③]

1901 年，设局译书之呼声高涨，一年内先后有学部咨议张謇建议各省设局译书；[④] 贵州学政赵惟熙奏请设译书总局于京师，各省设分局；[⑤] 管学大臣张百熙奏请附设译书局于大学堂，[⑥] 又奏请于京师、津、沪、鄂、粤等处设译局。[⑦] 而翻译官书局即在这样的呼声下在一些地区出现。

与刊刻经史书籍的官书局相比，清政府在翻译官书局的设置上，表现是被动的。无论是京师还是地方译书局，都是在变法维新运动的推动下，在改良派的影响下，经过许多人的上奏建议才设置，而其设置地区也并不广泛。

二、官书局的机构与经营状况

（一）官书局机构

晚清官书局可分地方设置与中央设置，地方设置其设置者多为督抚，但也有例外。中央设置即京师官书局与译书局，由朝廷直接任命人员负责办理。

地方官书局人员包括：

---

①李端棻：《请推广学校建立译局报馆折》，载张静庐辑注《中国近代出版史料二编》，第 70 页。

②陈炽：《庸书》，转引自郑鹤声《八十年来官办编译事业之检讨》，《中国近代史论丛》第一辑第七册。

③总理衙门奏：《改译书局为译书官局折》，载张静庐辑注《中国出版史料补编》，第 50 页。

④《中国近代出版史料二编》第 32 页。

⑤《清实录·德宗实录》卷四九二“二十七年十二月”。

⑥《皇朝政典类纂》卷二二七《学校十五》。

⑦《中国近代出版史料二编》，第 31 页。

1. 负责局内事务者。有“提调”“总办”“总纂”“总校”等。“提调”一职，担任者以知府或候补知府、道员、候补道员居多。其他职务担任者既有官员也有士绅。晚清著名学者俞樾、缪荃孙等均担任过这类职务。

2. 校勘人员。有“正校”“襄校”“分校”“复校”等职，一般由督抚或提调聘请士绅担任。对于聘用校勘人员，书局有所要求，并往往订立章程加以规定。如五局合刻《二十四史》时，即在章程中明确规定，对其中天文、律历各志，必须“延请精于历算星学者一二人专校”①。即使看“不拘章程”的，也至少要求“既须文理明通”，“又须熟悉事务”即熟悉校勘者，方能入局。② 因而，从事书局校勘职务者中，不乏学者通才，有的书局甚至各种人才云集，任校勘者皆专家。如金陵书局，局中校勘人士刘毓崧、刘寿曾精于《左传》；戴望通公羊之学；唐仁寿究心于六书音训之学；张文虎精天算，尤长校勘；刘恭冕长于训诂考辨；莫友芝通许郑之学，又是版本家。此外如李善兰、成蓉镜等均是当时知名学者。

3. 工作人员。有所谓“文案”“支应”“书办”“帐房”“司门”等。

4. 写、刻工。

此外，译书局则有翻译、分纂等职。

书局机构内，有专供校勘群籍之所。如广雅书局，据说有“校书堂”六间。③ 有印书、订书房供刻印书籍；如崇文书局，其印书、订书房多至十间。又有庋藏书籍、板片之所，以及供校勘人士居住的房舍。甚至还有“设敞厅”以为“诸生读书之所”。④

官书局于同治年间首先在东南各省兴起，这些地区的官书局均为刻书机构，但是为销售所刻书籍，又设有售书处。至于光绪年间北方及边远地区开办之官书局，有不少初起时即具有售书机构之性质，是为“购

---

①俞樾：《春在堂随笔》卷二。

②曾国荃：《复葆芝帅》，《曾忠襄公书札》卷十六。

③徐绍棨：《广东藏书纪事诗》，第207页。

④[光绪]《临桂县志》卷十四《建置志》。

云南省官书”发售而开设的。①

京师官书局初起时由朝廷任命管理官书局大臣负责办理。其人员设置有“稽查诸员”“综理诸员”，又有“翻译、抄写书籍，典收文簿，登记帐目及工匠制造之人”。② 光绪二十四年（1898），京师大学堂开办后，官书局附入大学堂，由管学大臣负责，局内人员包括：提调、总管、校对、司事、书手、工匠及听差门丁等杂役。③

京师官书局成立之初，拟设：

1. 藏书院。庋藏各种书籍，“用备留心时事讲求学问入院借观，恢广学识”。

2. 刊书处。译刻各国书籍，“举凡律例、公法商务、农务、制造、测算之学，及武备、工程诸书”皆译成中文，“广为流布”。

3. 游艺院。广购各种机器及矿物、植物等异产陈列，使学者考验研求，“了然于目，晓然于心”，不致将来制造船只枪炮时受人蒙蔽。

4. 学堂。“延精通中外文理者一人为教习。凡京官年富力强者，子弟之姿性聪颖、安详端正者，如愿学语言文字及制造诸法，听其酌出学资入馆肄习。”④

但事实上，开办之后直至光绪二十三年（1897），除译印书报外，苦于经费不足，只能“略添仪器，订购铅机，搜求有用之图书，采摭各邦之邮电，俾都人士耳目见闻稍加开拓而已”⑤。学堂则并未建立。

中央设置之译书局，亦曾由朝廷委梁启超办理，光绪二十四年与京师官书局一并附入大学堂，除在大学堂有总局外，又在上海设有分局。译书局及上海分局人员包括总译、总办、分译、分校、笔述、司事及听差门丁等杂役。⑥

---

①张焘：《津门杂记》卷中《官书局》。

②④孙家鼐：《官书局奏开办章程疏》，《皇朝经世文三编》卷一《学术》。

③《学部档案・财经类》第174号。

⑤孙家鼐：《议复开办京师大学堂折》，《皇朝经世文新编》卷五《学校上》。

⑥《学部档案・财经类》第217号。

（二）官书局的经营状况

官书局活动经费包括刻书、购书成本，人员薪水等，主要来源于公款。此外有公款加官绅捐款，生息“以充常年经费”① 者；有全由捐款兴办者；② 也有设置之初由设置者本人出资，其后才取自公款者。③

官书局所用公款来源不同，款数各局亦不同，兹就所见资料罗列如下：

1. 取自厘金。其方法或由善后局酌提支放，或由藩司“设法匀拨”④。

2. 取自支应局或藩库。江南官书局每年在支应局领银四千两，在藩库领银三千两，直至光绪二十四年（1898）总督刘坤一下令停止支付。⑤

3. 取自道库。桂垣书局创设之后，每月在道库领银二十八两作为局员薪水及工役工食。光绪三十年（1904）由巡抚柯逢时拨银二万两生息刻书。⑥

4. 取自运库与海防支应局。光绪七年（1881）直隶总督李鸿章在天津设官书局，购运各省书籍发售、经运使如山在运库筹银五千两，海防支应局筹银五千两，作为购书成本。⑦

5. 取自书院余存经费。淮南书局初创之时，经费“于裁减成本项下开支”，同治九年（1870）署盐运使庞际云请于盐政马新贻，“添拨书

---

①广雅书局开办之初，除用公款外，又存总督张之洞捐银一万两，巡抚吴大澂捐银三千两，其他富商捐银三万余两，发商生息，以充书局常年经费。见张之洞《开设书局刊布经籍折》，载《张文襄公全集·奏议》二十三。

②山西书局全由捐款兴办，见［光绪］《山西通志》卷八十《公署略下》。

③金陵书局在开设初期系由曾国藩本人捐资，以后才取自公款。见朱孔彰《曾祠百咏》。

④江苏书局所用款项由善后局酌提厘金支放，见《光绪朝东华录》“二十一年十二月”。而江西书局则由藩司每年从厘金内设法匀拨，见刘坤一《设局刊修经籍片》，载《刘忠诚公遗集·奏疏》卷七。而江西书局则由藩司每年从厘金内设法匀拨，见刘坤一《设局刊修经籍片》，载《刘忠诚公遗集·奏疏》卷七。

⑤转引自柳诒徵《国学书局本末》，载《江苏省立国学图书馆第三年刊》，国学图书馆1930年版。

⑥［光绪］《临桂县志》卷十七《经政志》。

⑦［光绪］《天津府志》卷二十四《公廨》。

院余存经费以充局用”。①

6. 取自海关经费。广雅书局以海关经费提充书局经费刻书。②

7. 取自盐务工所。思贤书局由盐务工所“岁醵六百金”③ 用以刊书。

8. 取自户部库款。京师译书局光绪年间奏开，请每月拨款一千两，“由户部在筹拨大学堂常年经费项下，一并筹措”④。

9. 取自出使经费。京师强学会改官书局，所需经费由总理衙门奏于出使经费项下每月拨款一千两，“以备购置图籍、仪器、各国新闻纸及教习、司事、翻译薪水”⑤。又上海大同译书局改为官办，亦由总理衙门奏请，“知照南洋大臣暨札行江海关道，就在出使经费项下按月拨给该局译书经费银二千两”⑥。

书局全凭主要来源于公款之经费维持其活动。经费充裕，刻书亦多。如广雅书局，为当时刻书较多局之一，即因“书局款项充裕”⑦，粤海关每月例给书局之经费，至张之洞临离两广总督任时，与书院经费一起，已存五十余万两，⑧ 张之洞调离广东后，书局拨银十万两存店生息，并有充公屯田，“亩入岁约五六千金”⑨。而江南书局尽管创办颇早，延续时间也较长，又曾聚集有一批名人任校勘，其刻书并不多，盖因在曾国藩死后，书局已“经费支绌”，以致“应刻书籍亦苦无资”，直至范志希任提调，始“禀由藩库每年筹拨一千五百金”，尽管如此，“久涸之局，仍不能舒展”。⑩

---

①[光绪]《江都县续志》卷十六《学校考》。

②张之洞：《札运司开设书局》，《张文襄公全集·公牍》卷八。

③王先谦：《葵园自订年谱》卷中“光绪十六年”。

④总理衙门奏：《奏请京师译书局归并举人梁启超主持片》，载张静庐辑注《中国近代出版史料二编》，第9页。

⑤总理衙门奏：《复奏设立官书局折》，《皇朝经世文新编》卷五。

⑥总理衙门奏：《改译书局为译书官局折》，载张静庐辑注《中国出版史料补编》，第52页。

⑦⑨据屠寄致缪荃孙信中所称，时屠寄在广雅书局供职，见《艺风堂友朋书札（上）》，第478页。

⑧胡钧：《张文襄公年谱》卷二。

⑩冯煦：《上曾威毅书》，《蒿盦类稿》卷十三。

官书局人员薪水，光绪三十年（1904）京师大学堂官书局与译书局人员月薪分别如下：

官书局：

提调，五十两；总管，二十四两；校对，十二两；司事，八两；书手，六两；工匠，二十三元，合银十六两余。又有伙食银：提调，十五两；总管，十五两；校对，四两；司事，三两三钱；书手，三两；工匠，三两三钱；而听差、门丁等杂役，皆仅有“工食银”四两。[①]

译书局：

总译，三百两；分译，一百二十两或一百两；笔述，七十二两、六十两或四十两；书记，八两；听差、门丁“工食银”同官书局。[②]

地方官书局，各局、各时期薪水均有不同。

各书局之间独立经营，不唯经费不同，薪水不同，又兼刻书成本不同，故刻书销售价也有不同。例如：

《四书》六本，官堆纸

江南书局：五百六十文

湖北书局：六百六十六文

江西书局：六百二十文

《诗集传》五本，官堆纸

江南书局：四百四十文

湖北书局：四百七十七文

江西书局：四百七十文

《小学纂注》二本，连史纸

江苏书局：四百零八文

浙江书局：四百二十文[③]

但是总的说来，书局之目的系为普及教育、造就人才，其经费并不

①《学部档案·财经类》第 174 号。

②《学部档案·财经类》第 217 号。

③引自《直隶运售各省官刻书籍总目》。

追求赢利，售本局刻书是“平其值售之”①，转售其他局刻书亦“照本发售”②，至多“照原价酌加水脚薪水等费，并不格外取赢”，以“使书价较廉，多士易于购置”。③ 因此，与殿本或石印本比较，局刻书售价要便宜。例如，殿版《二十四史》，售价要数百金，局本则仅百余金。④ 光绪年间抱芳阁所售同文书局石印殿版《史记》洋十元，⑤ 而局本《史记》分别为九元二角七分，五元四角二分。⑥

三、“局书”的出版及内容特点

（一）“局书”的出版

局书的出版有两种情况，一为编译出版外国书籍，一为刊刻出版本国经史子集各种书籍。编译出版，方式似较简单。根据京师大学堂译书局章程来看，总译“总司译事”，“凡督率、分派、删润、印行及进退局员之事皆主之”。应译之书由总译择取外国通行本“察译者学问所长分派深浅专科，立限付译”。译员分住局与不住局二种，住局者译稿每十日交总译审阅，不住局者根据领译之书难易长短，限日交稿，其间亦需寄稿给总译审阅。翻译又分“译”“不译”，“译”者谓译其义；“不译”者则仅“传其言”。亦即前者为意译，后者为直译。⑦

刊刻出版本国经史各类书籍，由各地官书局担任，其方式较复杂，从决定刊刻一书到其刊刻方式、版本式样等各方面都有特点，分述如下。

各地官书局多由督抚设置，其刻书亦往往由督抚决定。甚至一书未

①《续纂江宁府志》卷六《实政》；又［光绪］《江都县续志》卷十六《学校考》。

②［光绪］《天津府志》卷二十四《公廨》。

③崧蕃：《动用公款设官书局由片》，《宫中档光绪朝奏折》第十二辑，第471页。

④佚名：《论聚珍板有功于文教》，《皇朝经世文四编》卷七《学术》。

⑤据《抱芳阁书目》。

⑥据朱士嘉编：《官书局书目汇编·江南书局书目》。

⑦邓实辑：《光绪壬寅政书通辑》卷四，《政艺丛书》下编。

成而督抚易人，新任督抚又有急刻之书，造成前书迟迟不能告成。[①] 除督抚外，其他官员也或将自己认为应刊之书令书局刊刻，如浙江书局刻本《小学考》《郑氏佚书》即系瞿鸿禨以学使身份视学浙江时，令浙江书局刊刻。[②] 洪汝奎任两淮盐运使时，不仅令淮南书局刊刻《四书》《东都事略》等，又以扬州久不雨，令书局刊印求雨文。[③]

各地书局所刻之书，多为前人著述已有刻本者。为讲究质量，每刻一书，必欲觅善本初印，用于校勘或作为底本。为此多有派员访书求书之举。如浙江书局刻子书时，巡抚杨昌濬即嘱书局总办俞樾访求子书善本。[④] 张之洞奏开广雅书局时，亦以其门人在京访求应刻之书。[⑤] 其时不少藏书家如浙江丁丙、陆心源、朱澂，上海郁松年等藏书藏版往往为书局所用。私家藏书藏版用于书局者又有多种情况，或赠送书局，或书局付款购买，或借与书局校勘、翻刻。如系翻刻，则刻成之书须送十部给出借者，此乃当时定例。[⑥] 除此之外，亦有就近觅书手抄写藏书带回局中付刊。[⑦]

书局据旧本刻书，其方式有重刻、仿刻、补刻、翻刻等，而以重刻为主。仿刻有仿宋本者如金陵书局刻《相台五经》，淮南书局刻《周易本义》等；有仿汲古阁本者如金陵书局刻《史记》《汉书》等；有仿殿本者如成都书局刊四史；甚至还有欲以当时刻本为仿刻对象者。[⑧] 补刻者如浙江书局刊《十三经古注》，系以明永怀堂本修补其漫漶阙漏再刊；江苏书局刊《续资治通鉴》，系以原版修补再刊。翻刻者如江苏书局刊《文选集评》《东雅堂韩集》；湖北书局据说也曾将《永嘉丛书》本《刘

①据俞樾致吴平斋信中所称。见《春在堂尺牍》卷五。

②见浙江书局刻本《小学考》卷首俞樾《序》。

③魏家骅重编：《泾舟老人年谱》卷三“光绪七年”。

④俞樾：《与杨石泉中丞》，《春在堂尺牍》卷五。

⑤《张文襄公年谱》卷二。

⑥吴云：《给冯林一宫允（桂芬）》，《两罍轩尺牍》卷二。

⑦见《径舟老人年谱》卷三。

⑧曾国荃奏开山西书局，刊《四书》《六经》，因其地觅不到善本，即拟仿丁宝桢在山东书局刊本，见曾国荃致阎丹初信，《曾忠襄公书札》卷十二。

给谏文集》《刘左史文集》翻刻。[①] 刊刻时为保证质量，一书往往分校校过又由总校细校一遍，至清本出后又复校一遍，始刊刻印行。除独立刊刻外，又有各书局会刻大部书之举。如湖北、浙江、金陵、江苏等局合刻《二十四史》。[②] 局中刻书事务虽有提调等人负责，督抚亦常过问，甚至字体、版式皆亲定之。[③]

各省大规模开设书局，目的为士子有书可读。为此，不仅要大量刻书，还需廉价发售，使一般人都能购买。书局在刻书方式上也就出现了与此相应的一些特点。例如，浙江书局刊刻清帝御纂诸经时，考虑到旧本卷帙阔大，刷印工价高，"寒士艰于购收"，即采取缩小版式，增多行数，以降低成本，便于寒士购求。[④] 四局合刻《二十四史》时，也提出照汲古阁版式而"行数、字数较各家所刻者为精密"[⑤]。何绍基在淮南书局倡刻大字《十三经注疏》，经文、注文固皆大字，即正义亦皆大字，以醒读者之目，俞樾即反对，认为"大字固便观览"，"纸墨之费必巨，寒士何能购取"，而"愿刻《十三经》小字本，既便取携亦易藏庋，寒士之家，皆得人置一编"。[⑥] 最终何氏仅刻成《毛诗注疏》一种。

（二）"局书"的内容特点

根据书目统计，晚清各官书局刻书共计千余种[⑦]，其内容上可见下列特点：

首先，有关封建教育必需之书，为各书局普遍刊刻。包括《御纂七经》、经书读本、《小学》、《近思录》等。这与设置书局的目的有关。

---

①刘声木：《苌楚斋三笔》卷二。

②合刻《二十四史》之举首先由李瀚章任浙江巡抚时建议，《清史稿・俞樾传》称俞樾建议，实误。（见《春在堂尺牍》卷二，俞樾致唐仁寿信）初由金陵、江苏、湖北、浙江四局合刻，后淮南书局分任《隋书》一部，成为五局合刻。

③如曾国藩在给金陵书局负责局中事务者周学浚信中即规定，刻书字体须兼"方、粗、清、匀"，并规定所刻《后汉书》每卷末须刻一戳记。见《曾国藩全集・书札四》。

④马新贻：《建复书院设局刊书以兴实学折》，《马端敏公奏议》卷五。

⑤李鸿章：《设局刊书折》，《李文忠公全集・奏稿》十五。

⑥俞樾：《照印〈十三经〉小字本序》，《春在堂杂文四编》六。

⑦据《官书局书目汇编》《直隶运售各省官刻书籍总目》《广西存书总目》等统计，其中天津书局、贵州书局等未见刻书。

其次，各书局普遍刊刻之书中，还有有关吏治之书。如《牧令书》《实政录》《图民录》《佐治药言》《学治臆说》等。书局刊刻这类书缘起于同治七年（1868），其目的为“端吏治而正人心”，使牧令各官“耳濡目染于经济政治之书，然后胸中确有把握，临政不致无所适从”。①

除以上两类书外，官书局刻书中，又多侧重具有实用价值的子部书籍。如农书、算学及兵书等，尤其医书，刊刻者最普遍，所以如此，即因“诸子之中其有益民生日用者莫切于医家”②。

学术著作在各书局刻书中也占有一定比例，尤其是广雅书局，所刻书籍主要为清人学术著作，普通教育用书几乎没有，显示了其独特性。这与当初设局目的有关。张之洞奏设局折中即称，自《皇清经解》之后六十余年来，“通人著述日出不穷，或有稿草遗编、家藏椠本，当时未见，近始流传，蓝应续辑刊行”，以“勉绍前规”。③

编译新教科书则成为译书局出版之重要内容。根据江楚编译局书目统计，全部70种书中，教科书即占近60种。④ 其他如京师大学堂译书局、河北译书局、南洋官书局等亦皆编译了一些教科书。

四、“局书”的发行

（一）销售

官书局虽非营利性机构，出版之书仍以销售为主，即所谓“平其值售之”。局书的销售，又有几种途径。

其一，书局自售。书局设有门市部售书。在销售方式上，当时是否已兼营零售与批发，尚无资料证明，但根据民国初年的书局购书章程所载，存在着这两种方式。此外据章程所记，书局对于不能直接来局购书

①丁日昌：《设立苏省书局疏》，《丁中丞政书·抚吴奏稿》。

②俞樾：《与刘中良中丞》，《春在堂尺牍》卷六。

③张之洞：《开设书局刊布经籍折》，《张文襄公全集·奏议》二十三。

④见《官书局书目汇编》。

的外埠人士，还代办邮寄业务。[①] 书局自售书，其销售量每年或“多至万元”[②]。除售本局书外，也售其他局出版的书。有的书局由于所处地理环境优越，聚集有各处出版书籍，犹如售书中心，以至相距较远地区也因此而专门派员前往购书。例如湖北官书局。[③] 也有书局由于客观条件限制，不易从事刻印书籍，初起时即以转售各地出版之书为目的。如天津官书局、云南官书局。[④] 还有书局初起时以刻印书籍为目的，以后则因经费不敷，暂停剞劂，专门采买各局刻书发售。如山西官书局等。[⑤] 晚清官书局设置地区广泛，各局出版之书通过其他局的转售，扩大了其流传范围。

其二，书肆销售。书肆普遍销售局书，仅从当时不少书肆销售书目（如苏州扫叶山房书目、上海抱芳阁书目）中均列有“局书”即可证明。不仅直接售局印书籍，由于当时官方允许书肆随时取官书版刷印出售，以广书籍流传，故书肆当亦有采取此法售“局书”者。[⑥]

“局书”除通过以上二种途径销售外，还通过一些书商销售，书商经销局书，或采取易地销售的方法，即将此地官书局所出书籍带至另一地出售。[⑦]

（二）官方调取

官书局兴办之后，官方出于各种需要，常有调取局书之举。大致而言，调取包括以下几种情况：

1. 颁发书院、学校。同治十年，江南盐巡道孙衣言以“江宁士子

①见《官书局书目汇编·附录》。

②据《浙江公立图书馆民国五年度详报情形文》所称，转引自《中国古代藏书与近代图书馆史料（春秋至五四前后）》，第329页。

③云南巡抚杜瑞联上奏称，因湖北官书局地处交通要道，汇集各处寄存善本，特派员前往购书。见《光绪朝东华录》“四年十二月”条。

④分别见：［光绪］《天津府志》卷二十四《公廨》；《宫中档光绪朝奏折》第十二辑，第471页。

⑤［光绪］《山西通志》卷八十《公署略下》。

⑥鲍源深奏请刊书折中称，所刊各书除颁发各学外，“并遵旧例听书贾印售，以广流传”。见《同治中兴京外奏议约编》卷五。

⑦见《汪康年师友书札》第三卷，第1423页。

寒畯，多难于得书”，请于总督曾国藩，取金陵、聚珍、江苏、湖北、浙江五局之书，每种四部，分藏惜阴书舍，“俾本籍士子之无书者得诣书院借读”。① 这是有关调取各局刻书颁发书院之较早记载。至光绪年间各省兴修书院，多有征求“局书”者。如光绪五年（1879）京师金台书院兴修，光绪九年（1883）江苏南菁书院兴建，光绪二十一年（1895）安徽于湖中江书院兴建，均曾有征求局书之举。② 此外，当时一些边远、落后地区如广西、甘肃等，为解决本地士子读书之需，亦曾调取各省局书收藏本地书院。③ 而一些官学及晚清改革教育时创办的新学堂，也往往奏请调取局书收藏，以供诸生研读。④

2. 其他机构收藏。主要有以下几种机构收藏。

其一，国子监收藏。光绪七年（1881），曾令金陵、江苏、淮南、浙江等书局选上色纸张装订“局书”，解赴国子监。⑤ 光绪二十年（1894），翰林院侍读王懿荣上奏，以各省书局“三十年来珍籍善本灿然大备”，请将各局刻书初印精槧者解交国子监，“充备肄业诸生传习”。⑥

其二，孔府收藏。光绪年间，孔府曾因保管不慎失火，旧藏图籍焚毁一空。王懿荣上奏建议将“局书”解交国子监的同时，又提出让各省书局将所刊各书解交山东巡抚转行曲阜孔府收藏，得到光绪帝批准，谕令山东巡抚咨行各省督抚遵照办理。⑦

其三，驻外使馆收藏。光绪初年曾纪泽出使英、法两国，专门行文调取江宁、江苏、湖北、浙江局刻书籍，分储两国使馆，“以备查考而

①《续纂江宁府志》卷六《实政》；又［同治］《上江两县志》卷十二《艺文上》，各处送到书目亦收其中。

②分别见：［光绪］《畿辅通志》卷一一四；《光绪朝东华录》“九年十二月”条；《安徽于湖中江书院尊经阁记》，转引自《中国古代藏书与近代图书馆史料（春秋至五四前后）》。

③马丕瑶：《分建书楼藏书并刊布经籍折》，《马中丞遗集》卷二；陶模：《咨取各处局印官书折》，《陶勤肃公奏议》卷七。

④分别见：［光绪］《顺天府志》卷九《官学》；载邓实辑《光绪壬寅政书通辑》卷一、卷七，《政艺丛书》下编。

⑤见《刘忠诚公遗集・书牍》卷八。

⑥⑦王懿荣：《重疏前请整理孔子耙田并请查地产疏》，《王文敏公遗集》卷三。

壮观瞻”[1]。

其四，各地藏书楼及图书馆收藏。各地藏书楼之藏书在太平天国农民运动时毁失，其后重建时亦曾请调“局书”收藏。如镇江文宗阁等。[2] 光绪二十二年（1896）李端棻奏请变法，提出新政建设凡五条，其中建议“自京师及十八行省省会，咸设大书楼，调殿板及各官书局所刻书籍，暨同文馆、制造局所译西书，按部分送各省实之”[3]。此为创办图书馆，以“局书”收藏之发声。其后各地筹建图书馆，多有调取“局书”之请。[4]

3. 进呈御览。京师译书局开办之后，孙家鼐曾以译书局编纂各书系为学堂所用，其“义理稍有偏歧”则“关乎学术人心者甚非浅鲜”，建议所编各书由管学大臣阅过进呈御览，“钦定发下然后颁行”。[5] 光绪二十九年（1903）光绪帝亦专门谕令江苏、江西、浙江、广东、湖北、四川各省督抚，将省内官书局刊刻书籍择要刷印进呈御览。[6]

五、官书局的影响与作用

晚清官书局从同治初年兴起后，即成为官方主要出版机构。各书局出版之书，涉及经、史、子、集及新学各方面，直至清末为止，“群籍之要未刻者甚少”[7]，因而，不仅国人赞为嘉惠士林之盛举，甚至海外也有人叹其为“文化设施之最良事业”[8]。虽然，清政府设置官书局的主观目的是为了振兴封建文教，但是在客观上，官书局作为出版机构，

---

①曾纪泽：《巴黎致总办论事七条》，《曾惠敏公文集》卷三。

②王仁堪：《拟建金山文宗阁上溥学使》，《王苏州遗书》卷九。

③张静庐辑注：《中国近代出版史料二编》，中华书局1957年版，第60页。

④李希泌、张椒华编：《中国古代藏书与近代图书馆史料（春秋至五四前后）》，第134、160、167页。

⑤孙家鼐：《译书局编纂各书宜由管学大臣进呈律览恭候钦定再行颁发折》，《皇朝政典类纂》卷二三〇《学校十八》。

⑥端方：《进呈书籍折》，《端忠敏公奏稿》卷三。

⑦《清朝续文献通考》卷二七三《经籍考十七》。

⑧刘声木《苌楚斋续笔》卷三称，日本人那波利贞《燕吴载笔》卷中有此说。

在保存与传播文化方面起到了一定作用。

首先，官书局重刊各书中，有不少由于以名家任校勘，质量之佳超过旧本，为当时人视为善本而争相索取。例如金陵书局所刻《史记》《汉书》《文选》《读书杂志》等，以张文虎任校勘；《穀梁传》《毛诗》《后汉书》等以戴望任校勘，“皆极矜慎”。尤其张文虎《史记集解索隐正义》考证精详。京中诸官以金陵局所刻之书“校刊之精突过殿本”①而纷纷向曾国藩索取；文人学者有得曾国藩赠书者，也认为其质量为旧本所不能及，“虽千镒之赐，不是过矣”②。又如浙江书局刻《二十二子》，选用明、清人校本而重校，由黄以周、王诒寿、杨文莹、董慎行等人任校勘，“海内称为善本”③。《续资治通鉴长编》除四库阁本七部外，原仅有张金吾刊活字本。浙江书局以文澜阁本校活字本，以黄以周等任校勘，匡正多处，雕板印行，此书遂有刻本。其书出版后，文人学者以为实乃“天壤间快事”④，人争取之，“一时为之纸贵”⑤。

其次，官书局重刊各书中，有不少原版已毁失，印本流传颇少，经官书局重刊后，得以流传于世。如《苏文忠公诗编注集成》，为道光年间仁和王文浩新注苏东坡诗集，其注远出旧注之上，不仅诗中故实略无遗漏，且于苏东坡一生事迹考订详明，卷首并载有苏氏年谱，内容之详几乎是为苏氏作日记，俞樾以“原版已毁，印本无存”建议浙江书局访求原书重刊之，遂使此书复流行于世。⑥ 再如李善兰与伟烈亚力合译《几何原本》，曾由松江韩中翰刻之，印行无几版毁于太平天国运动，李善兰入曾国藩幕后，以其书为“算学家不可少之书，失今不刻行复绝矣”⑦，建议曾国藩重刻，此书复通行。桂馥《说文义证》，杨尚文刻入《连筠簃丛书》未久，其版即毁，张之洞督鄂时，嘱湖北书局重刊之，

①见柳诒徵：《国学书局本末》。
②见《曾国藩往来函稿》。
③见《清史稿·俞樾传》。
④见《越缦堂日记》第四十四册“光绪十一年五月十四日”。
⑤《春在堂尺牍》卷六。
⑥张文虎：《〈几何原本〉序》，《舒艺室杂著甲编》卷上。
⑦缪荃孙：《桂氏〈说文义证〉原刻跋》，《艺风堂文漫存·癸甲稿》卷三。

“海内始得见桂氏之书”①。

第三，官书局所刊之书中，有一部分本为稿本，未经刊刻，通过官书局刊刻后，始流行于世。例如乾嘉时元和陈鹤撰《明纪》，向无刻本，为“海内所未见之书”②，俞樾建议江苏书局取稿本刊刻，此书始传播艺林。又如章宗源所撰《隋经籍志考证》，亦向无刊本，光绪年间湖北书局加以刊刻，被认为当时该局所刻诸书中最有功之举。而如广雅书局所刻史部诸书，则多名儒稿本及孤本，甚有助于保存文化，传播学术。

此外，官书局译刻了一些新学堂所用之教科书，虽然数量不多，大小学堂采用者亦较少，但对于新学或多或少总起到了一定作用。

晚清官书局的作用是多方面的。除了其新刊重刻大批书籍起到保存文化的作用外，对于当时来说，官书局书籍售价低廉，不仅富有的官绅，即使一般士子学生也能购买，因而在普及文化上起到了一定作用；而官书局采取多种发行方式，使“局书”通过各种渠道在全社会广泛流传，也甚有助于文化传播。

（原载《出版史料》1989年第3、4期合期）

---

①《春在堂尺牍》卷二。

②《越缦堂日记》第二十九册“光绪四年三月十三日”。

附录：

晚清官书局设置一览表

局名	地点	设置年代	创设人	备注
	武昌	咸丰九年（1859）	胡林翼	未见局名，为晚清官设书局之最早者，设置目的系为编《读史兵略》
	杭州	同治三年（1864）二月	左宗棠	未见局名，仅刻有《六经》。先是设局宁波，年代不详；同治三年二月迁设杭州
金陵书局	南京	同治三年（1864）四月	曾国藩	局先设安庆，未见其名。同治三年九月迁金陵（南京），后即用金陵书局名。光绪初年改名江南书局。光绪二十七年（1901）后为江楚编译官书局兼管
正谊堂书局	福州	同治五年（1866）三月	左宗棠	为刊《正谊堂全书》而设，次年（1867）改正谊书院
浙江书局	杭州	同治六年（1867）四月	马新贻等	宣统元年归并浙江图书馆，改名官书印行所

局名	地点	设置年代	创设人	备注
崇文书局	武昌	同治六年（1867）十月	李瀚章 曾国荃	即湖北官书局，光绪三年改为湖北官书处
聚珍书局	南京	同治六年（1867）	李鸿章	光绪五年裁撤
江苏书局	苏州	同治七年（1868）	丁日昌	［民国］《吴县志》卷三十亦有记载，但创办人、创办年代均误。光绪末年停止刊书
淮南书局	扬州	同治八年（1869）	方濬颐	光绪三十三年（1907）归并江楚编译官书局办理
江西书局	南昌	同治十一年（1872）	刘坤一	
成都书局	成都	同治年间	吴棠	光绪三十七年署四川总督锡良奏改官书局为官报书局，或即指此局（《德宗实录》卷五三七）
山东书局	济南	同治年间	丁宝桢	光绪二十年与通志局合并
广东书局	广州	同治年间	瑞麟等	或称“粤东书局”“羊城书局”。（见粤东书局刊本《通志堂经解》卷首。羊城书局刊本《牧令书》卷首）

局名	地点	设置年代	创设人	备注
湖南书局				设置人、设置年代不详，《郭嵩焘日记》中多处提及设立书局事，或即指该局（湖南人民出版社出版。第一卷第516、524页，第二卷第8、492页等）
濬文书局	太原	光绪五年（1879）	曾国荃	即山西官书局
天津官书局	天津	光绪七年（1881）	李鸿章	为专门发售南方各省官书局刻书而设，未见刻书
广雅书局	广州	光绪十二年（1886）	张之洞	光绪末年停办。所刻书多为清人学术著作。为各书局中有特色者
桂垣书局	桂林	光绪十五年（1889）	马丕瑶	
思贤书局	长沙	光绪十六年（1890）	王先谦等	
贵州官书局	贵阳	光绪二十二年（1896）	嵩崑	未见刻书
云南官书局	昆明	光绪二十四年（1898）	崧蕃	清末停办，书版归云南图书馆
保定官书局				刻书有《归钱尺牍》等，创设年月、设置者均不详

局名	地点	设置年代	创设人	备注
京师官书局	北京	光绪二十一年（1896）		为中央直接设置之官书局，孙家鼐为管理官书局大臣。光绪二十四年附设京师大学堂
京师编译局	北京	光绪二十四年（1898）		同年归并京师大学堂，光绪二十七年管学大臣张百熙奏请于京师大学堂附设译书局，据此该局或在二十四年后停办
大同译书局	上海			光绪二十三年梁启超创办，二十四年五月改为官办，八月停办
江楚编译官书局	南京	光绪二十七年（1901）	张之洞 刘坤一	初名江鄂，后改此名。金陵（江南）、淮南书局均曾归其管辖，宣统元年改为江苏通志局

清末地方官书局

汪家熔

我国一百多年的近代史是一部激烈的蜕变史，各领域都有过新旧的不断更新。图书出版事业也有几股新旧力量的交织和变化。其中如在同治、光绪年间活跃过一段时间的官书局。它是历史上官刻活动在一定条件下的发展，对后来新式出版事业的形成有着承上启下的作用。

历史上的官刻虽有过较长期的活动，但都是“奉敕”编书，没有主持者自己的选题思想。地方上的官刻都是临时性的，哪个衙门有余钱，首脑喜欢刻书，就刻一两部。作为非营利机构常年进行而又有自己的选题思想的，大概是从官书局开始。官书局聘请有学问的人担任编辑校勘，像张文虎、汪士铎在金陵书局；李慈铭、谭献等在浙江书局。他们对后来出版业注重质量有一定影响。官书局使出版发生最大变化的是发行的变化。历来的官刻，一个衙门刻一两种书；家刻，一家刻一两种书，难于流通。当然其意也不在流通。坊刻旨在射利，以翻刻畅销书为主，虽有流传之功，但出版质量一般不高。读书人或书贾要自备纸张，付“赁板钱”，请人现刷现订。官书局开始成批刷印装订后出售，并有自己的发售处，使质量较佳的书广泛流传成为可能。然而各省官书局因为是由曾国藩开始发动的，开始时集中在太平天国曾经活动、统治过的省份，所以近二三十年来对官书局的评价是极低的。

曾国藩等办官书局自然是为了弘扬封建文化，另一个原因是以“文治武功”相标榜，抬高自己“中兴名臣”的声望。这些也确实得到一些人的好评。

官书局的材料现已散失殆尽，详情多数不清楚。大致金陵书局最早，创始于同治三年（1864）；接着浙江书局成立（1867），极盛于光绪中叶。时移势转，西学逐渐兴起，官书局专刻的传统经典，故致衰败，或收歇，或合并，基本不再刻书。辛亥革命前后继续存在的已不多，多半和省图书馆合并。1930 年朱士嘉做过一次调查，还有 7 家在卖书。著名的官书局有六家，即被称为“五大官书局”的金陵、浙江、江苏、淮南、湖北崇文书局和后起的广雅书局。“五大官书局”除浙江外几乎都比不上广雅出书多。但因为他们五家联合刻过《二十四史》，即“五局合刻本”，因而获得“大”的美称。

我见识浅陋，除了浙江书局外，没有见过其他书局自己的目录，只见过一个 1881 年直隶省贩运书目，收“五大官书局”和江西局、江南制造局刻书，去除江南制造局部份是 454 种 511 个版本外，共 511 种 569 个版本（1 种书有几个局刻）。这个目录所著录的明显不全，但相差不多。另一个是中华图书馆协会 1933 年印的朱士嘉汇编的书目，收书 3500 种，但重复著录和非官刻书著录很多。以这些书目和其他材料看，大致可得到下述情况：

金陵书局　曾国藩驻安庆时就有这方面准备。从同治三年（1864）刻《船山遗书》以曾国荃名义刻的起算，刻完时曾国藩在山东镇压捻军，两江总督由江苏巡抚李鸿章署理，是为 1865 年。李鸿章和莫友芝、张文虎等人议刻经史各书，才成立正式的书局。书局的主要校勘是张文虎和戴望。它的刻书主要在同治年间。光绪初年改名江南书局。1901 年江楚编译局成立，并入江楚编译局，此时已无实质性的活动了。它刻书 60 多部，最下功夫的是校本《史记》，它是最可靠而实用的流传本子。1959 年中华书局标点《二十四史》，顾颉刚选用它作为底本。金陵所刻以经部、史部为主。五局合刻汲古阁本金陵担任前十四史，经部刻得晚些。1881 年后刻中兴将帅列传等新书 10 多种。

浙江书局　设于同治六年。由巡抚马新贻奏请设立。他在该年 10 月《建复书院设局刊书以兴实学折》里说：“浙省自遭兵燹，从前尊经阁、文澜阁所存书籍多毁失，士大夫家藏旧本，连年转徙亦成乌有。

……坊肆寥寥，断简残篇难资考究，无以嘉惠儒林。自应在省设局重刻，以兴文教。”浙江书局一开局就刻《御纂七经》。浙江共刻书在300种左右。其中翻刻明世德堂《二十二子》《玉海》《九通》等，以篇幅浩繁、校刻精细被人称道。宣统元年归并在浙江图书馆。浙江藏书家如丁丙、胡凤丹等等陆续将家刻板片捐赠该馆；后来又刻《章氏丛书》等。这些新刻和旧版重刷自然不能算浙江书局的活动了。

江苏书局 由江苏巡抚丁日昌在同治七年（1868）奏请设局。江苏巡抚驻苏州，所以书局又被称为“苏州书局”。江苏书局一开始就刻所谓“牧令书”。丁日昌设局奏折里说：“奏为苏省设局开刊书篇，拟刻牧令各书，以端吏治而正人心。”牧令书是当时官书局普遍注意的选题，如《牧令辑要》《佐治药言》《学治臆说》《学治一得》《庸吏庸言》《读律心得》《察吏六条》等等。这类书尤以湖北书局所刻为多。湖北书局还刻有《荆楚疏修指要》《蚕桑简明辑说》《蚕桑辑要》《荒政辑要》《救荒补遗》《筹济编》《捕蝗要诀》等等。这些书的出版至少说明太平天国运动打击了清朝统治，使那批“中兴大臣”不得不注意吏治，注意水利蚕桑，企图缓和阶级矛盾。

湖北崇文书局 习称湖北书局。创立年份不详。叶德辉说几和湖南书局同时。但在邵懿辰《增订四库全书简明目录标注》第81页中已著录该局《仪礼注疏》刻于同治七年（1868），当然不会太晚。当时巡抚先后有曾国荃、郭柏荫，由谁创办不详。湖北刻书多达300余种，其中《子书百家》丛书就占100种，《小学钩沉》即30多种，都属小种。它的总板片数远比浙江要少。品种既多，就容易有特点。除前面提到的牧令农桑书外，小学书有50多种，医学书有20多种，都是其他局所不及的。

淮南书局 在江苏扬州，因而也有人称它为扬州书局。叶德辉讲：“迨乎中兴，曾文正先于江宁设金陵书局，于扬州设淮南书局。同时杭州、江苏、武昌继之。”① 曾国藩虽首先倡刻书，但金陵书局都不是在

①叶德辉：《书林清话》卷九，中华书局1957年版，第253页。

他手上成立的。有人说淮南书局是两淮盐运使方浚颐创办，从时间上看比较合理，经费上也有来源。康熙时曹寅任两淮盐政，以盐税盈余刻《全唐诗》《御定全唐诗录》《御选宋金元明四朝诗》《佩文斋诗画谱》等10多种，书近3000卷，即所说扬州诗局。盐运有足够的钱，由盐运使办的可能较多。淮南书局参与合刻《二十四史》，它所刻《隋书》在1887年，成立时间当在此前。“五大官书局”中它刻书最少，相对偏重于扬州的书。如《扬州画舫录》《胜朝殉扬录》《两淮盐法志》《扬州水道记》等，因而也具特色。该局在光绪末结束，出版归于江南书局。

金陵、江苏、浙江、淮南书局的刻书，校勘、版刻质量相对高于其他书局，自然和这些地方历来刻书比较发达有关。

山东书局 也称皇华书局，但正式名称是山东书局。大致是丁宝桢任山东巡抚时（1867—1876）所办。他领衔校勘的《十三经读本》（同治十一年）有可能是第一本书。山东书局还出版有辑郑玄逸文的《通德遗书所见录》等书。1918年排印了新编的光绪《山东通志》。

江西书局 由巡抚刘坤一在同治十一年（1872）奏设：“现在省志稍有规模，应即遵旨设局开办。查藩司署内本藏有御纂、钦定各经等项书版，历年久远，残缺不全，难以刷印。臣现饬候补道缪德棻会同各司道仿照江苏、湖北等省办法，另立书局。”可见江西设局的缘由和金陵、浙江等大不一样，为刊刻新志和修补旧板片。同、光间有一些省修省志，这些志书有在民国才完工，如《山东通志》，大部在光绪间完成，所以通称“光绪通志”，有官书局的都由官书局刻印或排印。1934年，由于当时政府提倡修志，以激励建设，商务印书馆影印过一批省志，光绪通志全选入。江西刻书不多，大约40多种，外加《御纂七经》、阮元校《宋本十三经注疏》、《武英殿聚珍版丛书》。十三经注疏是修补阮刻府学本旧版。刻武英殿本更徒有其名，仅刻了18种，而且都没有附刻校记、拾遗。除《左传》《通鉴》，宋、元、明“五史纪事本末”外。没有太说得上的书。

思贤书局 习称湖南书局。叶德辉讲：“同、光之交，零陵艾作霖曾为曹镜初部郎耀湘校刻曾文正公遗书及释藏经典。撤局后，遂领思贤书局刻书事。主之者张雨山观察祖同、王葵园阁学先谦与吾三人。”①《曾国藩全集》完成于 1879 年，思贤书局或许在这时成立。曾集是以“传忠书局”名义刊刻的，“传忠”和“思贤”正好是一个对。思贤书局不是一个独立机构，附设于思贤讲舍，刻书不多，时间不长，这和经费有关。叶德辉说：张之洞“在粤督任内刻《广雅丛书》百数十种，自后移节两湖（1889 年始）几二十年。吾屡以续刻为请，公绝不措意。盖是时朝野上下争以舍旧图新、变法图强为媒进。……公亦不免随波逐流”②。有人误解叶德辉说艾作霖“遂领思贤书局刻书事”和“而吾三人之书，大半出其手刻”③。竟认为掌握校书的是艾作霖，王先谦的《汉书补注》和《后汉书集解》《湖南丛书》等都是思贤后期所刻，当然是大谬。艾作霖是著名刻工，长于影宋，领工而已，《汉书补注》等都是家刻本。

广雅书局　（1887 创）张之洞“督粤（1884—1889）首建广雅书院，复于城南南园之侧建广雅书局，校刊群籍”④。书局是吴大澂任广东巡抚（1886－1888）不久后张之洞等奏请开设的。奏折说：“道光年间，前督臣阮元校刊《皇清经解》一千四百余卷，藏版学海堂。……迨今六十余年，通人著述日出不穷，或有稿草遗编、家藏版木，当时未见，近始流传，亟应续辑刊行。……现经臣等公同筹度。……以为书局，名曰广雅。……饬两广盐运司综理局事。”张、吴两人捐银 13000 两，又有盐运司支持，所以刻书较多。书局由王秉恩主持，“充总校者为南海廖泽群。以经术名儒提挈一切，赞襄其间者，皆硕学鸿才。故四方珍本麇集纷来，复经诸通人鉴别，精选慎校，当世久有定评”。广雅书局所刻和其他官书局选题风格完全不同，着重汇辑清代学术成果，可以说是遵循《皇清经解》体例（收清代训诂成果）而有所扩展，包括清代小说、辑佚成果。广雅书局刻书的另一特点是不求自成体系。如阮元辑《皇清经解》、王先谦辑《皇清经解续编》等已辑书必不重刻。1899

①③叶德辉：《书林清话》卷九，中华书局 1957 年版，第 254 页。
②叶德辉：《书林清话》卷一，中华书局 1957 年版，第 4 页。
④张之洞：《书目答问》附录《劝刻书说》，中华书局 1963 年版。

年广雅书局刻《武英殿聚珍版书》，即四库馆臣从《永乐大典》辑得之佚书，也注意补入清代学者在《永乐大典》外辑得之材料，使几十种辑佚书更臻完整。该局以《广雅书局丛书》而闻名，但当初并无这个丛书名，都是散本。光绪末年广雅书局停摆，宣统二年将其藏书楼改为广东省图书馆，而将书局改名"广雅版片印行所"，附属于图书馆。辛亥革命后，徐绍棨主持图书馆，将这些版片进行清理，选择版式一律的150余种汇编重印，这才有《广雅书局丛书》。该丛书有史学书93种，有专就一史或各史而所作的考证、辨说、注疏、校勘，有补志、补表，以及别史、载记、礼书、编年等，是治史学必不可少的。又另外单行，称《史学丛书》，1935年被收入《丛书集成》。

此外有四川存古书局、山西浚文书局、河南官书局等。

《荣庆日记》中有两段关于光绪和官书局的记录。光绪二十年六月初一"入署（翰林院），小舫查旧书，饭后麟师召往，谕以昨日入对，上饬讽各省局刻新书"。六月十三日，光绪召荣庆，问："衙门（翰林院）书多少？"奏："从前修四库全书底本，旧书尚存千余种；各省局刻新书尚存三百余种。"这大概可算是我国最早的"呈缴本"了。

（原载《图书馆杂志》1990年第1、2期）

清季各省官书局考略

吴家驹

清同治年间，轰轰烈烈的太平天国农民运动被镇压以后，清政府为“重兴文化”，粉饰太平，加强对知识分子的思想禁锢，相继在各省设立官办书局，大量刊印书籍，形成清季官刻图书之中兴现象，在客观上对保存和流通文化典籍起到积极的作用。所刻书通称“局本”，成为印刷史与版本学上的一个组成部分。但由于岁月淹留，时至今日，各书局的资料多已不彰，乃至何局创于何年、何人之手亦不甚清楚。一些书籍和文章虽有所及，但往往说法不一，其中，颇多错讹。缘此，本文拟就五大官书局（金陵、浙江、江苏、淮南、湖北）以及江西，广雅诸局的设置与刊刻情况作一探索，还望共商于同好。

金陵书局

金陵书局成立于同治三年（1864），为两江总督曾国藩所创设，后各省设局刊书，实发轫于此。而考索书局设立之经过，则又可追溯到安庆曾氏的军中之局。况周颐《蕙风簃二笔》云：“咸丰十一年八月，曾文正克复安庆，部署粗定，命莫子偲大令采访遗书。既复江宁，开官书局于冶成山，此江南官书局之俶落也。”又《续纂江宁府志》云：“同治三年四月，总督曾文正公与公弟今山西巡抚威毅伯刊《船山遗书》，立局安庆。江宁收复，移局东下，初设于铁作坊，后移至江宁府学之飞霞阁。”（案：移局飞霞阁的时间，《国学书局本末》《版本通义》皆作同治七年，诸文沿袭是说，而《首都志·历代大事年表》则记载为同治四年五月。飞霞阁，在今朝天宫内。）至同治四年十月，《船山遗书》刻竣，凡二百八十八卷，较之道光间旧刻书版，内容颇多增益。此时曾国藩“北征”未还，李鸿章署理两江，因与独山莫友芝子偲、南汇张文虎啸山等议刻经史诸书，以其人其地而定名金陵书局。

书局“延请绅士一人督理局事，提调道府一人佐之，并延四方积学之士分任校勘”（见《续纂江宁府志》）。同治四年，监察御史乌程周学濬督理局事；七年，刑部主事丹徒韩弼元继之。六年，江宁知府六安涂宗瀛担任提调；八年，江苏候补道泾县洪汝奎继之（见《首都志》。案：洪汝奎，字琴西。《中国古籍印刷史》误作洪全奎）。分任校勘的有张文虎、戴望、刘毓崧、汪士铎、唐仁寿、李善兰、刘寿曾、刘恭冕等。同治年间是书局的鼎盛时期，飞霞阁内文人学士云集。刊本之著者，如《四书》、诸经、《史记》、《汉书》、《三国志》、《文选》、《渔洋山人古诗选》、《读书杂志》，皆文虎所手校；《毛诗》《春秋穀梁传》《后汉书》，则出自戴望之手，而《史记集解索隐正义》一书，文虎考索尤深。五局合刊《二十四史》，金陵分其前十五史，皆用毛氏汲古阁本。所刻书校勘精审，超过殿版，书成之后，又“平其值售之”，故盛销而不衰，以致京朝大官，纷纷索购。

光绪初年，金陵书局更名为江南书局（案：《中国古籍印刷史》误列江南、金陵为两局），由范志希提调局事，汪士铎、冯煦、成肇庆等分任校勘。至戊戌变法，刘坤一督两江，各省裁减局所，书局划归江宁府管辖，迁至夫子庙贡院街，而飞霞阁专储书板。光绪二十七年（1901）后，江南书局归江楚编译官书局兼管。宣统二年（1910）四月，改江楚书局为江苏通志局。辛亥革命后，通志局中辍，江南书局为江苏省长公署及教育厅接管，改称江苏省立江南官书局，所储书板后归国学图书馆（今南京图书馆）。

浙江书局

《中国古籍印刷史》云："浙江书局是浙江省布政使杨昌濬、按察使王凯泰二人为迎合曾氏，于同治三年呈准巡抚马新贻设立的。"而《浙江文献丛考》及《浙江官书局史料》又称该局成立于同治四年（1865）。其实，二说均误。杨昌濬、王凯泰直至同治五年（1866）方分任浙江布政使与按察使（见钱实甫《清代职官年表》），浙局设立时间应为同治六年（1867），根据是此年十月十二日马新贻《建复书院设局刊书以兴实学折》所云："浙省自遭兵燹，从前尊经阁、文澜阁所存书籍，均多毁失；士大夫家藏旧本，连年转徙，亦成乌有。……士子虽欲购求，无书可读，而坊肆寥寥断简残编，难资考究，无以嘉惠儒林。自应在省设局重刻，以兴文教。当经臣批饬迅速举办，即于四月二十六日开局。"又，钱塘丁申在《武林藏书录》中云："同治六年，抚浙使者马端敏（即马新贻，谥端敏——笔者注），加意文学，聘薛慰农观察时雨，孙琴西太仆衣言，首刊经史，兼及子集，奏开书局于篁庵……"丁申为同光时人，与弟丙同为八千卷楼主，浙省开设书局，多藉其家藏本以补校勘，故其说亦为一有力佐证。

浙局成立之初设于杭州小营报恩寺。光绪中，盛康提调局事，扩大书局规模，迁至正中巷三忠祠，而以报恩寺为官书坊。分任校勘的前后有杭州谭献、绍兴李慈铭、嘉定张鸣珂、定海黄以周以及张大昌、张颜、王治寿等。同治六年，首刊《钦定七经》《御批通鉴》《御选古文渊鉴》，后参加五局合刊《二十四史》，分其新、旧《唐书》《宋史》。至光绪乙酉（1885），凡二十年，刊书达二百余种，其著者如：《二十二子》，以各名家藏校本与明世德堂本为依据，是子书丛书中最完善的刻本。《续资治通鉴长编》，以爱日精庐本为底本，以文渊阁残本校之，局中高手杨文莹、戴兆春等参加校勘，"有一字之疑，必考之《宋史》，又参考于宋代记载之书及诸家文集，以求其是；俞太史樾复综核之"（见浙局本《续资治通鉴长编・序》）。他如《九通》《玉海》等，均精校密勘，在“局本”中首屈一指。至宣统元年（1909），书局归并浙江图书馆，改名为官书印售处，民国以后又改为浙江图书馆附设印行所，官书坊易名为发行所，移至大方伯街图书馆旁。此后所刻书籍有《章氏丛书》《温州经籍志》《蓬莱轩地理学丛书》《文澜阁书目》等，以浙江图书馆名义刊行。

江苏书局

江苏书局设局何处，本不应成其为问题，但根据目前情况，却大有澄清之必要，因总是有人凭主观想象而加以推断，如《中国近代出版史料二编·出版大事年表》云：“1869 年（同治八年），江宁、苏州、武昌相继设立官书局。”这里所谓设于江宁的书局，无疑是指江苏书局。《古籍基础知识问答》则明确说明，江苏书局，局址江宁；苏州书局，局址苏州。而笔者以为，江苏书局与苏州书局只是称呼不同，实为一局，一以省名冠之，一以地名冠之，局址江苏苏州，理由如次：

一、以设置言，清初设江南巡抚，驻苏州。康熙时改江南为江苏、安徽二省，江苏省署仍在苏州，而江宁为两江总督驻地，已设有金陵书局，江苏设局理应不在江宁。

二、江苏书局刊本《资治通鉴》丁日昌《序》云：“日昌奉命抚吴，幸处东南乱定之后，奏设书局，首刊《牧令书》。”这里所说的“吴”地，即苏州一带，代指江苏。

据此，江苏书局局址已明，其创办人也不像《官书局书目汇编·引言》所说的那样“大约江苏的官书局是成于曾国藩、曾国荃之手的”。至于江苏书局设立的时间，不是同治八年（1869）而应是同治七年（1868），有江苏巡抚丁日昌此年二月《设立苏省书局疏》为证：“奏为苏省设局开刊书籍，拟刻牧令各书，以端吏治而正人心……”《中国丛书综录》亦著录：《牧令全书》，江苏书局同治七年刊本。

江苏书局刻书有：《二十四史》中的《辽》、《金》、《元》三史，《春秋左传贾服注辑述》、《五礼通考》、《说文解字》、《小学纂注》、正续《资治通鉴》、《资治通鉴目录》、《明纪》、《碑传集》、《苏州府志》、《陆宣公集》、《东雅堂韩昌黎集注》、《唐文粹》、《宋文鉴》、《储选唐宋十大家全集录》等，其中，以翻宋本《资治通鉴目录》和翻刻鄱阳胡克家本《资治通鉴》为善。辛亥革命后，书局并入江苏省立第二图书馆（今苏州图书馆）。

淮南书局

淮南书局创于何人之手，笔者尚未见到第一手资料。叶德辉《书林清话》云："迨乎中兴，曾文正首先于江宁设金陵书局，于扬州设淮南书局。"《版本通论》则云："同治八年（1869）盐运使方济国倡立淮南书局于扬州琼花观街，初曰养贤馆，后名书局。"（案：此间两淮盐运使为方濬颐，字子箴，号梦园，是否又称"济国"，不详。）

淮南一局在五大书局中刻书较少，主要有《十三经注疏》《经籍纂诂》《毛诗注疏》《四书集注》《三国志》《隋书》《旧唐书》《两淮盐法志》《东都事略》《白虎通疏证》《述学》《南宋杂事传》《古微堂内外集》《初唐四杰文集》等，其中，以何绍基手校大字本《毛诗注疏》为佳。五局本《二十四史》中，分其《隋书》，由江都薛寿校勘，后附《考异》，极为精审。《三国志》将原小字双行改为大字单行，以木活字排印，爽朗悦目，据说为何绍基所创议。书局于光绪末年裁并江南书局，所储书板，后归国学图书馆（今南京图书馆）。见于《首都志》卷十五。

湖北书局

湖北书局又称崇文书局，局址武昌巡道岭。《中国古籍印刷史》云设立于同治末年，但根据书目记载，同治七年（1868）已刊有《仪礼注疏》（见邵懿辰《增订四库简明目录标注》）。可见至迟在同治七年已经设局。创办人不详，《官书局书目汇编·引言》云创于左宗棠之手，但纵观各省官书局之创始者，均为当地军政大员（总督、巡抚等），而左氏此间督陕甘（前推则督闽浙），为何去湖北设局，尚不解。湖北一局刻书二百余种，四部皆备，丛书有：《百子全书》、《崇文书局汇刻书》（一名《三十三种丛书》，《古籍基础知识问答》误作“刻有《百子》等三十多种丛书”）、《正觉楼丛刻》等；单刻本有：复刻张氏影宋抚州本《礼记正义》、黄本《仪礼注疏》、抱经堂校本《经典释文》、《说文义证》、《积古斋钟鼎彝器款识》、《史记》、新旧《五代史》、《明史》、《资治通鉴》、《明通鉴》、《读史方舆纪要》、《湖北通志》及《文选》、《龙川文集》、《乐府诗集》等。所刻以实用为主，校勘不精，但其中亦有佳者，如仿黄丕烈刻本《仪礼注疏》，仿明震泽王氏刻本《史记》及《百子全书》部分零种。

山东书局

山东书局亦称皇华书局，同治间设于济南，是各省官书局的分销处，藏书甚多，这一点可从《官书局书目汇编》中得到证实。所刻书有：《周易本义》《十三经读本》《孔丛伯说经五稿》《资治通鉴纲目四编合刻》《通德遗书所见录》《山东通志》《山东考古录》等。以山东巡抚丁宝桢等校勘的《十三经读本》为著。

江西书局

江西书局设于南昌。《中国古籍印刷史》云创设于同治二年（1863），而实际时间应为同治十一年（1872），根据是同治十一年四、五月间江西巡抚刘坤一《设局刊修经籍片》（此奏未具日期，前奏为同治十一年四月二十八日，后奏为同年五月二十八日）：“……先因纂修省志未能同时举行，现在省志稍有规模，应即遵旨设局开办。查藩司署内本藏有御纂钦定各经等项书版，历年久远，残缺不全，难以刷印。臣现饬候补道缪德棻会同各司道仿照江苏、湖北等省办法另设书局……”云云。

江西书局刻书有：《御纂七经》《十三经注疏》《纪事本末五种》《铧园医学六种》《武英殿聚珍版书》等。

广雅书局

广雅书局创于光绪十三年（1887），局址广州文明门外聚贤坊，即今文德路广东中山图书馆。由两广总督张之洞、广东巡抚吴大澂倡立。资料见于光绪十三年十月二十五日张之洞《开设书局刊布经籍折》：“道光年间，前督臣阮元校刊《皇清经解》一千四百余卷，藏板学海堂……迨今六十余年，通人著述，日出不穷，或有藁草遗编、家藏椠木，当时未见，近始流传，亟应续辑刊行……现经臣等公同筹度，即将省城内旧机器局重加修葺，以为书局，名曰‘广雅’。臣之洞捐银一万两，臣大澂捐银三千两……檄饬两广盐运司综理局事，博访文学之士，详审校勘。”

广雅书局由王秉恩提调局事，总校为廖泽群，担任校勘的有屠敬山、王仁俊、叶昌炽等。五院（学海堂、菊坡精舍、广雅书院、粤华书院、粤秀书院）选本均由广雅书局校刻，其中，多经史名著。光绪年间陆续刊行的《广雅书局丛书》，行格疏朗，校勘亦精当，对历史研究颇具参考价值。以后所刻《全唐文》《聚珍版丛书》，皆卷帙浩繁，虽不很精致，但切合实用。所刻以史部书籍为多。至民国，刻书总数逾三百种，藏版多至十五六万片，盖倡之者有力，而后来居上。宣统二年（1910），广雅书局藏书楼改为广东省立图书馆，书局附设于该馆，改称“广雅版片印行所”。民国间，馆长徐绍棨续其余绪，整理发掘，刊行有年。

江楚编译官书局

清光绪二十七年（1901），两江总督刘坤一、湖广总督张之洞奏设于江宁钟山书院。初名江鄂，后名江楚（见《首都志》卷十五。案：《金陵书局小考》误作光绪二十九年设局）。经费主要由江宁提供，即所谓“宁任费而鄂具名”。聘缪荃孙为总纂，陈作霖、姚佩珩等为分纂，

"编译新书，以开风气"。印行《说文通训定声》《国朝事略》《续碑传集》《江宁金石记》以及《万国史略》《江苏师范讲义》等新式教科书多种。宣统二年（1910）四月改为江苏通志局，所藏中西书籍归国学图书馆（今南京图书馆）。

这一时期设立，具有一定刻书规模的官书局还有：成都的四川书局（亦称存古书局）、长沙的湖南书局（亦称思贤书局）、太原的濬文书局（后称山西书局）以及福州的福建书局。其中，四川书局所刻《相台五经》、殿本"前四史"、《五代史》，湖南书局所刻王先谦、皮锡瑞、孙诒让、叶德辉等近人著述，福建书局所刻《聚珍版丛书》等，均有一定影响，限于篇幅与更新的资料，不复赘言。云南、贵州两省书局成立较晚，刻书甚少，影响不大。而分设于保定、北京、天津的直隶官书局主要寄售他省书局所刊之书以及商务印书馆、文明书局、李光明书庄编印的各种课本，间亦印有书籍，如《归钱尺牍》等，本文且不作讨论。

一孔之见，错误难免，盼请各方教正。

参考文献

[1]［光绪］《续纂江宁府志·实政》，光绪七年刊本。

[2] 柳诒徵：《国学书局本末》，载《江苏省立国学图书馆第三年刊》，国学图书馆 1930 年版。

[3] 钱基博：《版本通义》，上海古籍出版社 1957 年版。

[4] 叶楚伧、柳诒徵主编：《首都志》，正中书局 1935 年版。

[5] 魏隐儒：《中国古籍印刷史》，印刷工业出版社 1984 年版。

[6] 刘尚恒：《金陵书局小考》，《图书馆杂志》1987 年第 5 期。

[7] 洪焕椿：《浙江文献丛考》，浙江人民出版社 1983 年版。

[8] 夏定域：《浙江官书局史料》，《图书馆研究与工作》1980 年第 2 期。

[9] 马新贻：《马端敏公奏议》卷五。

[10] 张静庐辑注：《中国近代出版史料二编》，中华书局 1957 年版。

[11] 倪波、程德璋：《古籍基础知识问答》，书目文献出版社 1984 年版。

[12] 朱士嘉编：《官书局书目汇编》，中华图书馆协会 1933 年版。

[13] 丁日昌：《丁中丞政书·抚吴奏稿》卷一。

[14] 吴则虞：《版本通论》，《四川图书馆学报》1959年第3期。

[15] 刘坤一：《刘忠诚公遗集·奏疏》卷七。

[16] 张之洞：《张文襄公奏议》卷二十三。

（原载《文献》1989年第1期）

试论晚清官书局的创立

张宗友

晚清时期，各省督抚在内忧外患的形势下，纷纷开设书局，以刊刻经史子集，振兴封建文教。而向来学者，多以晚清官书局为曾国藩所创立。如近人刘声木《苌楚斋续笔》中说："同治年间，曾文正公国藩踵前代南监本、北监本之例，创立官书局。"① 况周颐《蕙风簃二笔》云："咸丰十一年（1861）八月，曾文正克服江南，部署粗定，命莫子偲大令采访遗书，既复江宁，开官书局于冶成山，此江南官书局之俶落也。"②（按：曾氏于冶成山开局，实在同治三年（1864）金陵攻克后）又《清史稿·艺文志一》称：

> 曾国藩督两江，倡设金陵、苏州、扬州、浙江、武昌官书局，张之洞督粤，设广雅书局，皆慎选通儒，审校群籍，广为刊厕，以惠士林，而私家校勘，精镂亦夥，丛书之富，曩代莫京。③

查曾国藩设局刊书，系始于夺取安庆之后，设局刊《王船山遗书》，后迁至金陵。《续纂江宁府志》谓："同治三年（1864）四月，总督曾文正公刊《王船山遗书》，立局安庆，江宁收复，移局东下，初设于铁作坊，后移江宁府学之飞霞阁。"④ 而柳诒徵先生《国学书局本末》则云：

---

①刘声木：《苌楚斋续笔》卷三，中华书局1998年版，第283－284页。

②净雨：《清代印刷史小记》，载张静庐辑注《中国近代出版史料二编》，中华书局1957年版，第342页。

③《清史稿·艺文志一》第15册145卷，中华书局1976年版，第4265页。

④柳诒徵：《国学书局本末》，载《江苏省立国学图书馆第三年刊》，国学图书馆1930年版，第3页。

“清同治二年，曾国藩为江督驻安庆，其弟曾国荃督兵围攻金陵，捐赀养士，刻《王夫之遗书》。军书旁午之时，文人学者，辐辏安庆，从事校刊。”[①] 又引闵萃祥《张先生（文虎）行状》云：“安庆克复，长江轮舶通行，遂具书李壬叔先生来招，属以内军械所事，而今制军威毅伯曾公，方刊其乡先辈王船山先生书，庀局（于）皖，即延先生及仪征刘伯山先生毓崧分任校雠。甲子大军克江宁，文正公移节之任，先生与偕，以书局自随。”[②]（按：湘军攻占金陵，时在同治三年六月十七日。）

关于曾氏设局安庆的日期，以上各说互不相同。《泾舟老人年谱》同治三年下载有：“四月初三日，曾文正公设书局于皖城，刊刻经史。”[③]日期非常具体明确。泾舟老人洪汝奎，字蓬舫，号琴西，曾任金陵书局提调一职多年，当谙熟书局历史。再与上引《江宁府志》所载相对照，那么这个日期应该是可信的。

也有的学者认为，安徽官书局——曲水书局（又名曲江书局）即由曾氏安庆之局发展而来，并认为“安徽官书局实为清末各省官书局的嚆矢”[④]。如此说来，那么曾氏安庆之局更成了各省官书局的源头。

实际上，在曾国藩于安庆、金陵设局刊书之前，当时的另一位督抚大员左宗棠已经开始了创设书局刊印书籍的活动。近人陈其元在《庸闲斋笔记》中称：

> 今各直省多设书局矣，而事则肇于左爵相，局则肇于宁波。爵相创军府于严州，严当兵燹之后，田畴荒芜，草木畅茂，遗民无所得食。爵帅于赈济之外，发银万两购买茶笋，俾百姓得采撷于深山穷谷以为资，茶笋制成，扎（札）发宁波变价，往返二次，归正款

①柳诒徵：《国学书局本末》，载《江苏省立国学图书馆第三年刊》，国学图书馆1930年版，第1页。又朱孔彰《曾祠百咏》注：“公捐廉俸三万金设书局，重刊经史，在安庆商之九弟沅圃方伯，刻《王船山遗书》。”

②柳诒徵：《国学书局本末》，《江苏省立国学图书馆第三年刊》，国学图书馆1930年版，第2页。

③陈作霖等编：《泾舟老人年谱》卷二，民国二十八年铅印本。

④徐学林：《曲江官书局是清末最早的官书局之一》，《出版史料》1989年第3、4合期，第57页。

外，得羡金数千两。爵相以乱后书籍板片多无存者，饬以此羡余刊刻四书五经。嗣杭城收复，复于省中设局办理，即以宁波之工匠从事焉。苏州、金陵、江西、湖北相继而起，经史赖以不坠，皆爵相之首创也。①

（按：太平军在英国殖民军队的武力进逼下于1862年5月撤出宁波；左宗棠于1863年1月袭取严州。）

明确将官书局首创之功，归于左氏。左宗棠自己也数次提到设局刊书之事：

不佞少贫嗜学，苦无钱买书，于家塾中得见桂林陈文恭公在湖南刊行《四书》大字本及《五种遗规》，又于亲戚书塾中得见仪封张清恪公正谊堂汇刻先儒各种书残缺本，辄欣然忘食。厥后抚浙，见歙鲍氏所刻《六经》，较文公大字本为精，遂取刻之。由宁波招致手民，期年告成，今所行之影刻本也。……②

照得陕、甘回变以来，古籍销之，诵习久废，《五经》《四子书》坊间素无善本，近并坊本亦购觅维艰。屡据汉、回士民禀求颁发书籍，虽经随时由西安购取散给，既属无多，且坊本讹舛相因，无从校正。因念本爵大臣同治三年戡定浙江时，曾捐廉觅匠影刊鲍刻《六经》，最为精好，亟应翻刻。此本散布各府厅州县书院乡塾，俾边隅士子于古籍销亡之后，复得善本，以资诵习，庶经正民兴，异时有望也。③

按左氏设局刊书，当在袭取严州之后，即始于同治二年（1863）。秦翰才《左宗棠年表》同治二年下记有“十二月……在宁波刻书”等语，次年（1864）下有“二月……复杭州省城……设书局刊刻经籍”等语。④ 盖左宗棠刊书之初，并无局名，手民（刻工）由宁波招致。从他

①陈其元：《庸闲斋笔记》卷三，中华书局1989年版，第59—60页。

②左宗棠：《翁藩司同爵呈赍各种书籍由》，载《左宗棠全集·批札·同治十年（辛未）》，岳麓书社1986年版，第244—245页。

③左宗棠：《札饬鄂粮台翻刻〈六经〉》，载《左宗棠全集·咨札·同治十年（辛未）》，岳麓书社1986年版，第491页。

④秦翰才：《左宗棠年表》，上海图书馆藏手稿本。

的刊书实践上来看，当略早于曾国藩。

根据现有资料，我们认为最早设书局刊书的，当推军政大员胡林翼。方宗诚《柏堂师友言行记》称："东南文字，尽毁于贼，胡文忠在湖北，首开书局，刻《读史兵略》《弟子箴言》。"① 胡林翼文武全才，向与曾国藩齐名，是镇压太平天国农民运动的一员干将。他痛心于清政府的武备松弛，认为："天下之治，常肇于忧勤。而其乱也，皆由于放(纵)逸乐。君子耽其禄而不忧其职，小人溺于俗而不忧其不可常。顾屑屑焉，上下偷薄，幸其苟且安乐，以没其世，此召祸之最巨者也。""是故激而为兵戎祸之燎原者矣，或营或竞，争踰其则；知巧迭构，强弱相贼，于是敌国外患纠纷侵夺。""然而转移气化之柄，则赖在上者有以防患于未萌。"把治乱的希望寄托在统治阶级身上。于是，他师法孔子作《春秋》、宋臣司马温公（光）编《资治通鉴》成例，遍览史籍，"因条取其言兵者汇编之，以朝夕循览，期牖顽钝"，使"庶几览斯编者，忧世风之日下，而思整武以豫为之防，以无悖于临事而惧，好谋而成之义云尔"，直接为清廷培养军事人才服务。② 这是他设局刊书的直接原因。

按：胡氏所编之书即为《读史兵略》。《胡文忠公年谱》咸丰九年(1859)下谓："纂《读史兵略》，自订体例，开局武昌，属门人汪士铎梅村总其事。独山莫友芝子偲、武昌张裕钊廉卿、长沙丁取忠果臣、张华理燮庵、汉阳胡北春等分任编校。"③ 该书于1862年春刻竣。

考察这一阶段官书局的创办情况，我们不难看出，最早设局刊书的，当属胡林翼；首开设局刊刻经籍风气的，应推左宗棠；而声名远播、影响最大的，则是曾国藩。这与曾氏位居"中兴名臣"之首的巨大威望有关。作为地方官刻的一种新现象，我们还可以看出这一阶段设局刊书的一些特点：

首先，书局创设于清政府镇压太平天国农民运动的炮火中。胡氏武

---

①方宗诚：《柏堂师友言行记》卷三，民国十五年京华印书局铅印本。

②胡林翼：《读史兵略序》，清咸丰十一年武昌刻本。

③梅英杰：《胡文忠公年谱》卷三，民国十八年宁乡梅氏抱冰堂刻本。

昌之局，左氏宁波、杭州之局，曾氏安庆之局，莫不如此。其次，设局目的各有不同。胡氏从军政着手，刊刻《读史兵略》，为统治阶级培养军事人才；左氏刻鲍氏《六经》，以其质好而为之，以期“经正民兴”“经史赖以不坠”；曾氏刻《王船山先生遗书》，因为王夫之是湖南乡贤名儒，声望威重，且与曾氏同乡。再次，各局无正式局名，机构亦不甚健全，而且刻书有限。胡氏刻了《读史兵略》《弟子箴言》《大清一统舆图》《练勇刍言》《水经注图》等有限几部书；左氏宁波之局刻鲍氏《六经》未竣，迁杭州后始成；曾氏于安庆刻《王船山遗书》，亦未刻竣，到同治四年才在金陵书局完工。此外，这几家书局的设立与清廷毫无关系，完全是几位督抚的自发行为。

但三位督抚以其“中兴名臣”的军功与威望，创设书局刻书的影响是深远的。这表明他们在内忧外患的境遇中特别是在镇压太平天国农民运动的过程中，认识到了设局刊书、恢复和加强封建文教的重要性。方宗诚《柏堂师友言行记》赞曰：

> 乌乎！粤寇之兴，天下云扰，曾、胡诸公左提右挈，卒夷大难，虽当时将帅攀附多汗马之劳，然所至郡县，即兴学校、讲文艺、崇儒重道，不数年间东南元气逐渐以复，此其纲维国本者，岂不伟邪！①

同治、光绪年间晚清官书局的大规模兴办，实发轫于此。

（原载《文献》1999 年第 4 期）

①方宗诚：《柏堂师友言行记序》，民国十五年京华印书局铅印本。

遵旨设局是清末创办官书局的主要原因

吴家驹

在近代出版史上，清末各省官书局的出版活动是不可或缺的一个内容。在同治中兴短短数年时间内，各地方政府纷纷组织人员，设局刊书，范围之广，影响之大，不仅在清朝绝无仅有，在地方官刻的历史上也无先例。那么，官书局为什么会在几乎同一时间内迅速崛起，遍及全国各大城市呢？对此，《清史稿·艺文志》记载："曾国藩倡设金陵、苏州、扬州、杭州、武昌官书局。"中央广播电视大学教材《中国书史》则说："清同治三年（1864），曾国藩进入安庆后，就组织人力创办官书局，先后创办了金陵书局、江苏书局、浙江书局、淮南书局。接着，又有福建、江西、河南、山西、山东书局以及广东的广雅书局和湖北的崇文书局相继成立。"根据上述文字，曾国藩俨然成了各地官书局的组织者与创始者，但从笔者接触到的一些资料来看，这一提法似欠妥当。

清季各省官书局的设立，是在轰轰烈烈的太平天国运动被镇压的背景下发生的。当时，经过战火，文献损失严重。统治阶级在显耀"武功"的同时，已深感"文治"的紧迫性。因为"王者虽以武功克敌，终须以文德致治"。因此，曾国藩在攻下安庆后，即在军中设立书局，首刊《王船山遗书》。不久，攻克金陵，又移局东下，设于飞霞阁（今南京朝天宫内），更名为金陵书局，此乃官书局之滥觞。作为首创者，曾国藩的影响自不待言，但官书局能在不长的时间内发展到全国各地，远至云贵、四川，却绝非曾氏一己之力所能及。事实上，各省设局刊书，是和清政府的提倡分不开的。这种提倡集中表现在朝廷的一道圣旨上，而这道圣旨又涉及另一个人物，那就是江苏学政鲍源深。

同治六年，鲍源深在巡学江苏各地以后，上了一道奏章《请购刊经史疏》。奏云："近年各省因经兵燹，书多散佚。臣视学江苏，按试所经，留心访察，如江苏松、常、镇、扬诸府，向称人文极盛之地，学校中旧藏书籍，荡然无存，藩署旧有恭刊钦定经史诸书版片，亦均毁失，民间藏书之家，卷帙悉成灰烬……以东南文明大省，士子竟无书可读，其何以兴学校而育人才?"因此奏请广刻书籍，并提到"现在江宁省城已设局（指金陵书局——笔者注）刊刻四书五经，惟所刊皆系学中读本，于经史大部书尚未遑及"，请旨敕下各抚藩先行敬谨重刊钦定、御纂之书，"其余各书，再行陆续刊刻"云云。（《同治中兴京外奏议约编》卷五）

这道奏折于同治六年五月戊午得到批复，全文如下："奉上谕鲍源深奏请刊刻书籍颁发各学一折。江苏等省自遭兵燹以后，各府州县学中旧藏书籍大半散佚，经史版片亦皆毁失无存，现在地方已就肃清，亟应振兴文教，士子有志读书而载籍艰于购觅，其何以资讲贯而惠艺林?着各直省督抚转饬所属，将旧存学中书籍广为购补，并将列圣御纂钦定经史各书先行敬谨重刊，颁发各学，并准书肆刷印，以广流传。俾各省士子得所研求，同敦实学，用副朝廷教育人才至意，钦此。"（《大清穆宗毅皇帝圣训》卷十三《文教》）

当然，当时同治皇帝年岁尚幼，大臣奏折由军机处处理，太后临朝听政，所以，这道圣旨应是经过慈禧之手的。

此谕转发各直省督抚，同治六年，浙江巡抚马新贻《建复书院设局刊书以兴实学折》折首就有"奉上谕鲍源深奏刊刻书籍颁发各学一折"等语。而同治十一年江西巡抚刘坤一《设局刊修经籍片》则说得更为明确："再前准礼部咨同治六年五月初六日奉上谕鲍源深奏请刊书籍颁发各学一折……先因纂修省志未能同时举行，现在省志稍有规模，应即遵旨设局开办。"山东书局则干脆将同治圣谕印在所刻书籍卷首（如山东书局本《周易》）。可见，设局刊书，乃是遵旨而行。从时间上看，除金陵书局之外，各书局均创设于这道圣旨之后，也从一个侧面说明了问题。

官书局大多由各地督抚等要员出面组织，聘请四方硕儒，建立机构，并奏报朝廷。如江苏书局（亦称苏州书局）奏设于江苏巡抚丁日昌，浙江书局（亦称杭州书局）奏设于浙江巡抚马新贻，江西书局奏设于江西巡抚刘坤一，广雅书局奏设于两广总督张之洞，皆有奏议可稽。所以，泛泛地说曾国藩倡设某某书局、某某书局，是欠准确的。

清政府创办官书局的初衷是为了“正人心”“维世道”。重建封建传统文化，但其产生的客观效果，却大大超出了统治阶级的主观藩篱，因为中国数千年的传统文化本身就是一个庞大芜杂的复合体，这里面既有封建性的糟粕，又有民主性的精华，即使是在同一部著作中，也往往是沙石与珠玉并存，而官书局通过大规模的刻书，保存了大量的文献典籍。从早期侧重于刊刻正经正史，到后来四部皆备；从开始时主要翻印古书，刊后期大量收录本朝人的著述（如《广雅书局丛书》所收清人学术专著），乃至如江楚编译局编译介绍西学，官书局的出版范围日趋广泛。在近代历史上，它的出现犹如一抹晚霞，为国势衰微中的清文化，平添了几分亮色，也在古籍出版史上，形成了一个小小的高潮。研究这一段历史，搞清楚其中的来龙去脉，给予客观的、科学的评介。是图书出版学界应做的工作。

（原载《编辑学刊》1997 年第 6 期）

晚清官书局三则问题考略

王晓霞

19世纪中叶，清政府施行积极的出版政策，在全国范围内创办了众多书局。这些机构分设于各地，刊刻传统经典。其出版量之大，品种之多，内容之丰富，为历代官方出版机构之最，在晚清出版史乃至文化史上具有重要意义。研究者们习惯称呼这些机构为“官书局”。从清末至今，学界关于官书局的研究涌现出一批研究成果，但关于官书局的含义、官书局第一人等问题仍存在着不同的观点。笔者利用相关资料对这些问题进行考析，以期进一步认清晚清官书局的原貌。

一、官书局的含义

关于“官书局”的含义，学界一直存有不同的观点，大致分为三种。第一种观点主要出现在民国时期的著作中，他们将同光时期设立的书局称为“官书局”，如朱士嘉在《官书局书目汇编》中称：“官书局创始于同治，极盛于光绪。”[①] 这种观点将同光时期地方督抚设立的书局以及清廷设立的“官书局”并称为“官书局”。第二种观点认为，“官书局”指的是19世纪60—90年代地方督抚设立的众多书局，称为“地方官书局”。第三种观点认为，“官书局”的研究对象应包括地方督抚在各

①朱士嘉编：《官书局书目汇编》，中华图书馆协会1933年版。

省设立的书局和清廷明令设立的“官书局”以及当时的译书局。这里的译书局只包括甲午之后清廷设立的编译书局，并不包括19世纪60年代设立的同文馆、江南制造总局翻译馆等机构。到底哪种观点能够更准确地表达“官书局”的内涵，这需要进一步明确“官书局”的含义。

“书局”一词最早出现在宋代。司马光在《进〈资治通鉴〉表》中说：“陛下俯从所欲，曲赐容养，差判西京，留司御史台。及提举嵩山崇福宫，前后六任，仍听以书局自随，给之禄秩，不责职业。”在此，书局指的是官府的编书机构。其实，官府编书有着悠久的历史。《易》曰：“观乎天文，以察时变；观乎人文，以化成天下。”自文字产生之日起，官方就注重“书写”对维护政权合法性的积极意义。当书籍成为儒家思想的主要载体时，官方更视经籍为正统之根本，认为：“夫经籍也者，机神之妙旨，圣哲之能事，所以经天地、纬阴阳、正纪纲、弘道德，显仁足以利物，藏用足以独善，学之者将殖焉，不学者将落焉。”①各个朝代都很重视经典的阐释、整理，并将之颁发到上层人群中以供阅读，但中国早期历史上并没有设立专门的编书机构，亦没有组织大规模的刊刻活动。

直到五代，冯道奏请国子监刊刻《九经三传》是官方刻书的嚆矢，但当时并未成立专门的机构，“编书”多为国子监的附属功能。宋代设立的书局，虽是官方设立的编书机构，却不是官方唯一的刻书机构。除此之外，中央各监、院，地方各路使司、州军县、公使库及州府郡县学、书院等均刊刻图书，构成了宋代庞大的官方出版体系。自此，“书局”一词作为官方编书机构的用法被沿用下来。

清代，康熙帝设立扬州书局编修图书，刊刻《全唐诗》，成为清前期重要的官方出版机构。至同光年间，各省督抚均以“兴文教”为急务，倡导设立书局，“将旧存学中书籍广为补购，并将列圣御纂钦定经

①李希泌、张椒华编：《中国古代藏书与近代图书馆史料》，中华书局1982年版，第2—3页。

史各书，先行敬谨重刊，颁发各学”[①]，其中较有影响的是广雅书局、金陵书局、浙江书局、淮南书局等。这时，书局已由单一的编书机构演变为编书、校书、发行的官方机构，但这些书局多属于地方建制，管理人员多是官阶较低的人员。

光绪二十一年（1895），胡孚宸的奏折中出现“官书局”一词。他提议“将强学书局改为官办……建立官书局，聘订通晓中西学问之洋人为教习，常川住局，专司选择书籍、各国新报及指授各种西学，并酌派司事译官收掌书籍，印售各国新报”[②]，并购藏“列朝圣训、钦定诸书及各衙门现行则例、各省通志、河漕、盐厘各项政书，并请准其咨取储存庋列，其古今经史子集，有关政学术业者，一切购置院中”[③]。从中可知，“官书局”被定义为集藏书、出版书籍报刊、翻译和传播西学于一体的官方综合性文化机构。清政府任命大臣孙家鼐管理“官书局”，将“官书局”的地位提升至清廷的“中央部门”。这预示着清政府对“官书局”的重视，及意欲加强对官方出版活动的控制，从而大大提升了“书局”的政治和社会地位。自此设立的书局多被冠以“官书局”的名号，例如直隶官书局等。

---

①宋原放主编：《中国出版史料（近代部分）》第一卷，湖北教育出版社、山东教育出版社2004年版，第408页。

②胡孚宸：《议复胡孚宸奏书局有益人才请饬筹议以裨时局折》，载朱寿朋编，张静庐等校点《光绪朝东华录》，中华书局1958年版，第3738—3739页。

③陈忠倚编：《皇朝经世文三编》，载沈云龙主编《近代中国史料丛刊》第七十六辑，文海出版社1972年版，第20页。

图 1 （清）朱彝尊：《经义考》，清光绪丁酉年（1897）仲秋浙江书局刊本

图 2 （清）顾栋高：《毛诗订诂》，清光绪丙申年（1896）江苏书局刊本

从“官书局”的含义来看，上述第一种观点将“官书局”限定于同光时期，缩小了“官书局”的研究范围。第二种说法并不确切，因为当时各地设立的书局，均未用“官书局”来命名，如金陵书局、浙江书局、广雅书局等。甲午之后，清廷倡导建立“官书局”，“官书局”的概念在社会上广泛流传，致使时人在记述的过程中仅将 19 世纪 60—90 年代各地所创立的书局命名为“官书局”。由此看来，如果将“官书局”界定为地方督抚建立的书局，定义过于狭窄，难免有所疏漏。第三种定义基本上涵盖了晚清“官书局”的研究范围，但仍不能完整地表达“官书局”的内涵，还需将清廷在 19 世纪 60 年代设立的译书局，如京师同文馆、上海广方言馆、广州同文馆、江南制造总局翻译馆等视为考察的对象。

因此，在对晚清时期官方出版机构进行研究的时候，在概念的表述上要有所区别。地方督抚们在各地设立的书局，称“晚清地方书局”可能更准确一些。而“官书局”的含义范围应更广泛，它包括 19 世纪中叶以来各地方督抚设立的地方书局，以及清政府设立的译书局。

二、地方书局之第一人

关于首设地方书局之人，学界一直有不同的看法。学者宋原放、李瑞良、梅宪华等认为，胡林翼为晚清地方书局第一人。在《近代出版大事记》中，宋原放认为：“1859 年（咸丰九年），湖北巡抚胡林翼在武昌

图 3　（清）顾炎武：《山东考古录》，清光绪八年（1882）七月山东书局重刊本

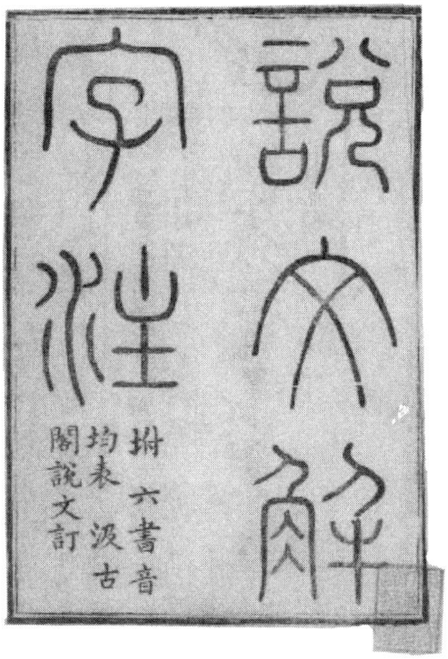

图 4　《说文解字注》封面，清同治壬申年（1872）三月湖北崇文书局刻本

设局刻书，汪其铎总其事，编刊《读史兵略》《大清一统舆图》等书。”① 依《柏堂师友言行记》记载：“胡文忠在湖北首开书局，刻《读史兵略》《弟子箴言》。”② 另有学者孙衣言指出：“今日粤贼之祸无异于安史，然自湘乡相国首以文学大儒倡义乡里，而胡文忠、江忠烈、罗忠节皆一时之儒者，左提右挈，卒夷大难。虽一时后先攀附类多汗马之

①宋原放主编：《中国出版史料（近代部分）》第一卷，湖北教育出版社、山东教育出版社 2004 年版，第 564 页。

②方宗诚：《柏堂师友言行记》卷三，民国十五年京华印书局铅印本。

劳，然每克复省城，则守土官即以兴学为事。天子复下诏风厉之，使求遗书、刻经籍，与学者更始。”① 从中可知，当时胡林翼对兴学非常重视，并不遗余力地寻求书籍，刊刻图书。

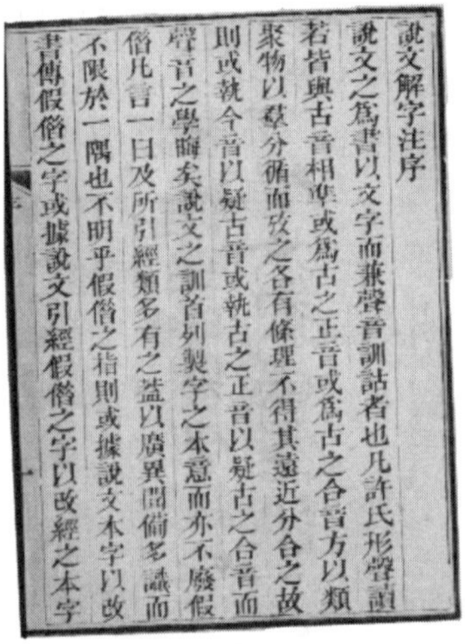

說文解字注序
說文之爲書以文字而兼聲音訓詁者也凡許氏形聲讀若皆與古音相準或爲古之正音或爲古之合音方以類聚物以羣分循而考之各有條理不得其遠近分合之故則或執今音以疑古音或執古之正音以疑古之合音而聲音之學晦矣說文之訓首列製字之本意而亦不廢假借凡言一曰及所引經類多有之蓋以廣異聞備多識而不限於一隅也不明乎假借之指則或據說文本字以改書傳假借之字或據說文引經假借之字以改經之本字

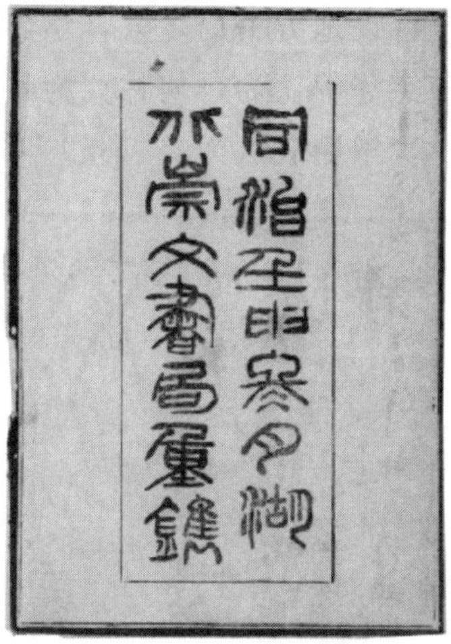

图 5 《说文解字注》封底及部分内容，清同治壬申年（1872）三月湖北崇文书局刻本

部分学者认为左宗棠是晚清地方书局的首创者。据《左文襄公年谱》载：“今各省多设书局，事肇于左爵相，局则肇于宁波。爵相立军府于严州，严当兵燹之后，田畴荒芜，遗民无所得食。爵相于赈抚外，发银万两购买茶笋，俾百姓得采撷于深山穷谷，以为资制成札，发宁波变价往返二次，归正款外，得羡金数千两，乃以乱后书籍板片无存，饬以此款刊刻六经，嗣杭城收复，复于杭城设局经理，移宁波工匠从事焉。苏州、江西、金陵、湖南、湖北相继而起，经史赖以不坠，皆爵相之首韧也，一时人心翕然。”②

王建辉则认为胡林翼、左宗棠说证据不足，他们设立的机构并无书局名称，且刻书种类过少、存在时间太短，因此不能称为真正的书局。况周颐在《蕙风簃二笔》中记载：“咸丰十一年（1861）八月，曾文正公克复安庆，部署初定，命莫子偲大令采访遗书。即复江宁，开官书局于

①孙衣言：《丁松生书库抱残图序》，《逊学斋文钞》卷八，清同治十二年刻本。

②罗正钧编：《左文襄公（宗棠）年谱》，载沈云龙主编《近代中国史料丛刊》第十五辑，文海出版社 1967 年版，第 209 页。

冶成山，此江南官书局之俶落也。”① 据此，他认为曾国藩首创晚清地方书局②。而在《中国出版通史·晚清卷》中，学者汪家熔认为李鸿章为官书局的“始作俑者”。他写道：“李鸿章同治四年四月署理两江，七月，就旧址召集人校刻必要的科举用书。次年，李鸿章开设金陵书局，刻六经和史书。”③

这四种说法各有依据，区别在于判断标准不同，或以书局的出版活动，或以冠以书局正式名称来判定。但问题的关键是，这些证据说明虽然早期地方书局并没有冠以正式名称，但刊刻书籍的活动确是客观存在的。研究晚清地方书局不应将眼光局限在以书局命名的官方机构，更应关注的是地方书局出版活动的事实。毫无疑问，曾国藩、李鸿章、左宗棠等地方督抚大员均是早期地方书局的积极倡办者。

但依收入《胡文忠公遗集》的《致罗淡村方伯》记载：“弟欲设书局，查兵事地理，应在省耶？抑于黄州设局耶？黄州设局，可以日月就将，先有取益。黄州只要有人布置永无可弃之理。昔年杨公不守黄州，其出兵广济之时，未曾于黄州设守，故也假令其时在黄州，先设防则兵败仍可复振。”④ 又据《胡文忠公遗集》中《复庄蕙生方伯》记载：“昨有王璞山《练勇刍言》一卷已寄书局。其营制与涤帅及鄙人大同小异，其书亦粗具规模，而不及方略。然军旅之事，能脚踏实地，便是奇谋。幸嘱果臣文若速刻之，不过费钱三十缗耳。”⑤ 可见，胡林翼设立的“书局”并不仅仅是编书、刻书的机构，更是管理战时兵事的机构。从刊刻的书籍来看，《读史兵略》《练勇刍言》等大都关涉武装兵事，可以说是应战时所需设立的临时刊刻机构。虽然没有正式的建置和完备的机构，但由地方督抚创办并延请汪士铎等人参与刊刻书籍活动，却是不争的事实。因此，可以说咸丰九年（1859）地方书局事实上已经设立，并开始了相应的刊书活动。胡林翼当属晚清地方书局第一人。

---

①况周颐：《蕙风簃二笔》，光绪三十三年刻本。

②王建辉：《曾国藩与近代中国出版》，《编辑学刊》1995 年第 5 期。

③汪家熔：《中国出版通史·晚清卷》（下），中国书籍出版社 2008 年版，第 70 页。

④胡林翼：《致罗淡村方伯》，《胡文忠公遗集》卷六十二，清同治六年刻本。

⑤胡林翼：《复庄蕙生方伯》，《胡文忠公遗集》卷七十一，清同治六年刻本。

三、晚清地方书局设立的原因

关于晚清地方书局设立的原因，学者们有不同的思考。清代叶德辉认为，书局设立的原因在于太平天国对儒家书籍的焚毁，士人无书可读。台湾学者吴瑞秀的《清末各省官书局之研究》认为，各省地方书局设立的原因在于振兴地方文教，“当时注重传统文化的中兴将帅，于领兵平乱后，附庸风雅，倡导设立书局，刊行图书，一时兴起，各省纷纷起应，广设书局，诚为乱后盛事”①。顾承甫认为，清末地方书局的产生“既是原有的封建文化在经过太平天国运动后再度复兴的需要，又是当时洋务运动在思想文化领域引进西方技术的舆论需要”②。汪家熔认为，地方书局产生的原因，除太平天国的焚毁外，还与晚清学术趣味转

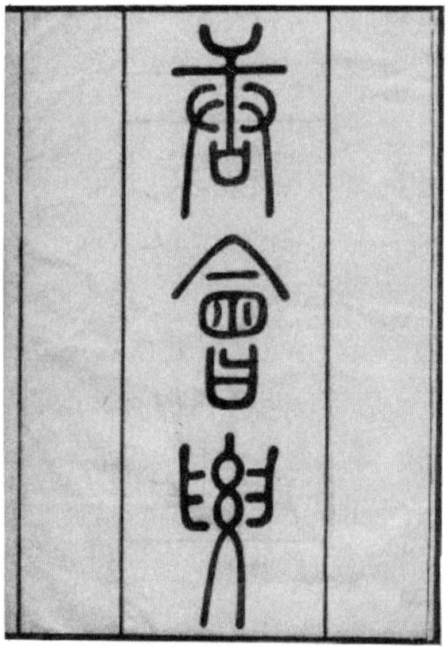

图 6 （宋）王溥：《唐会要》，清光绪甲申年（1884）江苏书局刻本

图 7 （清）黄遵宪：《日本国志》，清光绪二十四年（1898）浙江书局重刊本

---

①吴瑞秀：《清末各省官书局之研究》，花木兰文化出版社 2005 年版。

②顾承甫：《清末官书局二三事》，《出版史料》1989 年第 3 期。

向有密切的关系。程朱理学在晚清“复兴”，曾国藩等“中兴名臣”都是理学的积极提倡者，同时也是地方书局的倡办者和实践者[①]。

学者们从不同角度解读了地方书局设立的原因，但任何一种现象的出现都不是偶然的，是各种因素综合作用的产物。

第一，晚清地方书局的设立与清政府统治式微有直接的关系。1840年以来，清政府在对外作战中大多以失败告终，委曲求全签订合约，因此清政府的形象和尊严大打折扣，其统治的合法性遭到质疑。同时，国内矛盾日益尖锐，并最终导致太平天国农民运动的爆发。为宣传拜上帝教的教义和主张，洪秀全对传统儒家著作持完全否定的态度，严禁一切传统著作的流通，视传统著作为“妖书邪说”。他曾颁布法令焚毁儒家著作，“凡一切孔孟、诸子百家、妖书邪说者，尽行焚除，皆不准买、卖、藏、读也，否则问罪也”[②]。江南官方机构、各府州县学的书籍均遭到不同程度的毁坏，许多地方出现无书可读的状况，儒学的权威荡然无存。同治六年（1867），鲍源深记述了江苏省学府书籍被毁的情况：“近年各省因经兵燹，书多散佚。臣视学江苏，按试所经，留心访察。如江苏松、常、镇、扬诸府，向称人文极盛之地，学校中旧藏书籍荡然无存；藩署旧有恭刊钦定经史诸书，版片亦均毁失。……士子有志读书无从购觅。苏省如此，皖浙江右诸省情形谅亦相同。以东南文明大省，士子竟无书可读。”[③] 同时，私家藏书也未能幸免。孙树礼在《善本书室记》中写道：“礼幼丁庚辛（1860－1861）之劫，先世遗籍，悉付煨烬，省垣藏书家，亦不及见。”[④] 可以说，太平天国通过大量焚烧儒家经典著作，极力宣传拜上帝教的教义，试图肃清传统文化的影响。他们极大地破坏了各地的文化设施，文化领域混沌不堪，严重挑战了传统文化的权威，质疑着清廷统治的合法性。

---

①汪家熔：《地方官书局》，《图书馆建设》2002 年第 2 期。

②宋原放主编：《中国出版史料（近代部分）》第一卷，湖北教育出版社、山东教育出版社 2004 年版，第 330 页。

③陈弢辑：《同治中兴京外奏议约编》，载沈云龙主编《近代中国史料丛刊》第十三辑，文海出版社 1967 年版，第 373－376 页。

④李希泌、张椒华编：《中国古代藏书与近代图书馆史料》，中华书局 1982 年版，第 64 页。

图 8 （清）杭世骏：《续礼记集说一百卷》，清光绪三十年（1904）浙江书局刻本

图 9 （清）袁钧辑：《郑氏佚书》，清光绪十四年（1888）浙江书局刻本

第二，晚清地方书局的设立是清政府寻求统治合法性、恢复统治权威的重要举措。督抚大臣张之洞强调刊刻经典书籍的重要性："刊布经藉，乃兴学之要务，致用之本源。"① 鲍源深曾上奏要求各地刊刻书籍，以培养有用的人才："夫戡乱而整武为先，兴学则修文宜亟。……诚令学校经史重完，士子深于经者，窥圣学之原，深于史者，达政事之要，体用兼赅，樷卜人才蔚起，于以光列圣右文之治，广皇上教育之仁，岂非黼黻中兴之盛举哉。"② 在各地设立书局之时，清廷还下令禁止各种异端学说的传播，查禁各地的书籍，鼓励士人读经史著作，以净化士林风气，教化人心。同治七年（1868），丁日昌上谕禁止邪说传奇，查禁小说，以端正士习民心，"淫词小说，向干例禁；乃近来书贾射利，往往镂板流传，扬波扇焰，《水浒》《西厢》等书，几于家置一编，人怀一

①王树枏编：《张文襄公全集》，载沈云龙主编《近代中国史料丛刊》第四十九辑，文海出版社 1970 年版，第 423 页。

②陈弢辑：《同治中兴京外奏议约编》，载沈云龙主编《近代中国史料丛刊》第十三辑，文海出版社 1967 年版，第 373—376 页。

箧。原其著造之始，大率少年浮薄，以绮腻为风流，乡曲武豪，借放纵为任侠，而愚民鲜识，遂以犯上作乱为事，视为寻常。地方官漠不经心，方以为盗案奸情，纷歧迭出。殊不知忠孝廉节之事，千百人教之而未见为功，奸盗诈伪之书，一二人导之而立萌其祸，风俗与人心相为表里。近来兵戈浩劫，未尝非此等逾闲荡检之说，默酿其殃。若不严行禁毁，流毒伊于胡底。本部院前在藩司任内，曾通饬所属，宣讲《圣谕》，并颁发《小学》各书，饬令认真劝解，俾城乡士民，得以目染耳濡，纳身轨物。"① 同治十年（1871），御史刘瑞祺曾上奏销毁小说书板："坊本小说，例禁綦严。近来各省书肆，竟敢违禁刊刻，公然售卖，于风俗人心，殊有关系，亟应严行查禁。著各省督抚府尹饬属查明，应禁各书，严切晓示，将书版全行收毁，不准再行编造刊印，亦不得任听吏胥借端搜查，致涉骚扰。"② 可以说，清廷及官员们对异端思想的传播保持着十分警惕的态度，希望能够肃清任何危及清廷正统思想的言论或书籍。清廷还严厉查禁各地传播经过删节的经书，要求各地督抚认真执行，保证经书内容的纯正，确保文本的权威和标准性。据《查禁删节经书奏折》载："兹据各属具结，详报，自查销之后，节经认真严禁，各士子均不敢传习删本经书。各坊肆因无处出售，不禁自绝。臣等复密派委员于书肆中严加访察，实无删本经书。仍督率各属，实力严禁，断不敢视为具文。以期仰副圣主敦崇经学，整饬士风至意。"③

从上可知，无论是设立书局大量刊刻传统经典著作，还是查禁淫词小说、传奇、戏文，抑或是删改经书，都反映了清廷的意图：希望传播正统的价值观，肃清异端文化的影响，向读书人渗透忠孝仁义的传统观念，重新树立清廷的统治权威。因此，可以说，晚清地方书局的设立是清廷统治式微情况下试图通过刊刻书籍，传播传统价值观念，重新整合统治理念，重建统治权威的产物。

（原载《中国国家博物馆馆刊》2014 年第 11 期）

①丁日昌：《江苏巡抚查禁淫词小说谕》，载宋原放主编《中国出版史料（近代部分）》第三卷，湖北教育出版社、山东教育出版社 2004 年版，第 540 页。

②中国第一历史档案馆编：《咸丰同治两朝上谕档》第 21 册，广西师范大学出版社 1998 年版，第 176 页。

③中国第一历史档案馆编：《光绪朝朱批奏折》第 104 辑，中华书局 1995 年版，第 546 页。

清末官书局二三事

顾承甫

在我国近代出版史上，“局刻本”即“局本”常有提到，但对于其出版机构——官书局，则鲜见论及。清末同治光绪年间，“局本”有着重要的地位，它成为清末时期的主要官刻本。当时，全国各省设书局之多，特别南方各省，几乎每省都有官书局，而且从官书局出现后的出版事实来看，其出书数量之大、品类之多，令人瞩目。有的官书局一直延续到民国时期。经历了近半个世纪之久的官书局，从原先着重出版清代皇帝钦定、御纂的书，到后来大量刻印各种经史子集，目的当然是复兴封建文化，再后来，到光绪后期，官书局的刻印出版书籍中，也有西学刻书。因此说，清末官书局的产生，既是原有的封建文化在经过太平天国革命运动后再度复兴的需要，又是当时洋务运动在思想文化领域引进西方技术的舆论需要。由于长期来对于官书局的出版情况、特点及其作用等问题谈得较少，所以一时难以究明其原委底细。本文只是概述清末官书局的一些事实，希望引起对官书局出版史料的重视。

一

清朝同治三年（1864），曾国藩所部攻下太平天国军事重镇安庆之后，就开始着手组织人员督办创设官书局的事情。清末湖南宦绅叶德辉后来曾经谈道：“湘乡曾文正督师戡乱，不废弦歌。每克一名城，即补秋闱，创书局，礼名士。至今大江南北，祀之瞽宗，名以精舍。”

同年，曾国藩在南京创设金陵书局，接着不久，在扬州又设立了淮南官书局。此后，各州相继仿效，先后奏设官书局。同治、光绪年间，南北各地有许多官书局纷纷成立。

南方，有苏州的江苏官书局、杭州的浙江官书局、武昌的崇文官书局、长沙的思贤官书局、福州的福州官书局、广州的广雅官书局、成都的存古官书局和昆明的云南官书局等。北方，有北京的直隶官书局、济南的山东皇华官书局、太原的山西官书局、西安的陕西官书局等等。在南京，除了最早由曾国藩创设的金陵书局之外，还有江楚编译官书局的设置。金陵书局后来改名为江南书局。江南书局曾刻印“四书”“前四史”、《文选》和《船山遗书》等重要古籍，都很有名。

由江南书局、江楚编译官书局、淮南官书局、浙江官书局和崇文官书局五家分工合刻的五局合刻本“二十四史”，斐然可观。

同治四年（1865）创设于杭州小官巷的浙江官书局，刻印书籍数量多，质量也好。因为浙江官书局有丁氏八千卷楼善本书室等著名藏书家所藏的珍贵善本，所以在刻印古籍时选择底本方面有着良好条件。

浙局刻印有章太炎的《章氏丛书》初编，另有研究西北地理的一些书籍。此外，还刻有大部头的政书、类书，如《十通》、《玉海》等。《二十二子》的浙局刻本，大多选用名家校本和明代“世德堂”的刻本作的底本，所以是子书丛刻中最好的本子。上海古籍出版社近年影印《二十二子》，就是用的浙局刻印本。浙江官书局后来并入到浙江省图书馆，大量明清板片仍保存在湖州南浔勤业楼，也还有重印的可能。这是比较早的官书局在刻印古籍方面取得成绩的例子。

官书局成立较迟的，如长沙的思贤官书局，时间在光绪十六年（1890），北京的直隶官书局时间在光绪二十二年（1896），等等。思贤官书局容下文再谈。直隶官书局，系就查封强学会的强学书局之后改组成立的。它由孙家鼐负责管理，主要翻译印刷国外的政法、经济、工程等方面内容的各种书籍，是当时有力的翻译出版机构之一。

二

曾国藩创设金陵书局后，实际事务由其得力幕僚莫友芝主持。莫友芝出身封建官僚家庭之中，其父莫与俦，字犹人，贵州独山人，嘉庆年间进士，曾任四川盐源县知县、贵州遵义府教授等职。莫友芝本人自幼喜集书籍，道光年间中举，研究六经名物制度，旁及金石目录家言，对于诗也很有研习，在书法上，真行篆隶也都样样来得。他是深得曾国藩信任的一位幕僚人物。

在《曾国藩全集·家书》咸丰十一年九月二十四日，有给曾纪泽的信中提到莫友芝，曾国藩写道："莫君知友芝，字子偲，号郘亭，贵州辛卯举人，学问淹雅。丁未年在琉璃厂与余相见，心敬其人。七月来营，复得畅谈。其学于考据、词章二者皆有本原，义理亦践修不苟。"

莫友芝的著述，除与贵州郑珍同撰的《遵义府志》外，另有《声韵考略》《郘亭诗钞》《唐本〈说文〉木部笺异》《过庭碎录》等，还辑有《黔诗纪略》。又记录所知所见古籍各种版本，分经史子集四部，编成《郘亭知见传本书目》。

这部《郘亭知见传本书目》颇具功力，和清乾隆时的《四库全书》比较，经部有十八种，书为《四库全书》未收的。史部有二百十种、子部有一百九十八种、集部有一百二十一种，也均未收于《四库全书》。共计有五百四十七种为《四库全书》未收之书，加上见收于《四库全书》的，每一书都详记所见或所知各种版本，确是查考古籍版本的重要书目之一。

由这样的人选担任金陵书局实际主事者的职务，曾国藩当然是既信任又满意的。从曾国藩写给儿子曾纪泽的信里，可以不止一次地看到他对莫友芝的敬重，有时候，曾国藩还同意让金陵书局代为刊刻一些诗家专集。例如，山阳丁俭卿撰著的《曹集诠评》，就是叫曾纪泽送去金陵书局刊刻的。

曾国藩原是一个正统的封建理学家，他继承了朱熹"理一元论"的宇宙观，认为反映封建社会君臣父子关系的仁敬孝慈以及纲维五伦的道德规范是“性”“命”所决定的。随着太平天国革命运动影响的扩大，清政府统治危机的日益加深，他开始重视西方情况。后来，他更重视西方武器在战争中的作用和引进西方技术的活动。同治四年（1805）曾国藩关照金陵书局刷印一百部《几何原本》，就跟他在这方面的考虑有关。可见，官书局在主要刊刻印刷出版封建传统经典的同时，也随着洋务运动的开展和不断升级，印刷出版了一部分西学新书。后来，北洋官书局有铅排印刷的新学译著等，也反映了官书局在当时历史条件下适应新潮流的一种变革。

三

湖南长沙的思贤书局，在清末官书局系列中，不失为有力的代表之一。这和思贤书局的主持人王先谦的名气学问极有关系。在王先谦创设思贤书局之前，长沙有湖南官书局，曾经刊刻过湖南贤哲王夫之的《王船山遗书》等。清光绪十六年（1890），长沙的思贤官书局宣告成立。关于这点，王先谦在自定年谱中写：“光绪十六年庚寅，四十九岁。主讲思贤讲舍。先是淮南北盐局以曾文正公规复淮纲，湘人受惠者尤多，相与鸠资，建祠于省城小吴门正街。前任兵部侍郎郭嵩焘筠仙前辈，建议于祠旁为思贤讲舍，聚徒课学，申景行之慕，兼祀王夫之船山先生木主其中。侍郎主讲数年，及余归，乃固以相让，余勉应之。因商定于鹾务公所，岁醵六百金，就讲舍设局刊书，是为湘省思贤书局之始。”

王先谦（1842－1917），字益吾，湖南长沙人。同治进士，曾任国子监祭酒，江苏学政，后主讲湖南岳麓书院、城南书院等。他在光绪十年（1884）提督江苏学政时，仿照《皇清经解》体例，收集清人经学著作，在江阴南菁书院设局刊刻。这部《皇清经解续编》于光绪十四年（1888）刊印问世。它和正编一起，集合成为清代经学著作的大观。因为在主持思贤书局刊刻印刷事务之前，已经有过这方面大部头著作刊刻印制的经验，所以，思贤书局从一开始起，路子就是宽厚而有力的。

光绪十六年（1890），思贤书局成立的当年，就刊刻孙鼎臣、周寿昌、李洽、王时运、张祖同、杜贵墀的《六家词钞》六卷。

后来，思贤书局在王先谦主持下刊刻印行的孙诒让的《墨子间诂》《周礼正义》等著名学术专著，也都比较切合时用，至今还见有流传的。

王先谦本人的二十多种著作，大都也是务实之学，有用之书。如考究掌故的，有《东华录》二百卷、《东华续录》四百三十卷，还有校刊钦定《天禄琳琅书目前、后编》三十卷。在参订考释经史方面，有《尚书孔传参正》《汉书补注》《后汉书集解》等。在参订诸子古传记方面，则有《荀子集解》《校正盐铁论》《校训世说新语》《合校水经注》以及《郡斋读书志・附志》等。其撰集艺文，则有《续古文辞类纂》和《骈文类纂》等。此外，也还有不少地区乡邦文献。

由王先谦著述考释校订的这些重要书籍，绝大部分是在思贤书局刊刻印行的。这都是些研究古代经典作品时必须参考的重要出版物。因此，思贤书局不失为清末官书局中的有力代表之一。另外，思贤书局在光绪二十八年（1902）刊刻成《日本源流考》二十二卷，在光绪三十一年（1905）始编辑《外国通鉴》三十三卷，以及《五洲地理图志略》等书。有的书如《五洲地理图志略》到宣统二年（1910）方告刊成。可见，思贤书局在近代出版史的后期，仍是有力的出版单位之一。

（原载《出版史料》1989 年第 3、4 期合期）

晚清官书局大事记略

梅宪华

晚清同、光时期，各省纷设书局。百余年来，史料湮没，论者多限金陵、浙江、湖北、江苏诸书局，对其余各省书局的设置及活动等涉及较少。本文就所见史料，将各省书局设置过程及机构人员、书籍刊刻等事进行编年，以公诸同好。

咸丰九年（1859）　湖北巡抚胡林翼开书局于武昌，取《左传》《通鉴》《明史》等书之有关军事部分纂《读史兵略》，门人汪士铎总其事，莫友芝、张裕钊、丁取忠、张华理、胡兆春分任编校。是年，先刊汪士铎《水经注图》。

十年（1860）　《读史兵略》辑成。胡林翼复嘱汪士铎作《大清一统中外舆图》。

十一年（1861）　正月，胡氏书局刊王珍《练勇刍言》。春，刊《读史兵略》。

同治二年（1863）　曾国荃捐资，拟于安庆设局刊《船山遗书》。

三年（1864）　二月，浙江巡抚左宗棠攻克杭州，捐廉设局影刊鲍氏刻本《六经》。（先是，设局宁波。杭州攻陷后，复设杭州，迁宁波工匠于此）。是月，《大清一统中外舆图》刊成进呈御览。

四月，两江总督曾国藩设立书局安庆，定刊书章程，延请汪士铎、莫友芝、刘毓崧、张文虎、李善兰等分任校勘。九月，书局移金陵城内铁作坊，即后之金陵书局。

四年（1865）　《船山遗书》刊竣，曾国藩移督直隶，李鸿章继督两江，接管金陵书局，开始刊刻经史读本之类，以周学浚总其事。

五年（1866）　闽浙总督左宗棠设正谊堂书局于福州，刊《正谊堂全书》。

六年（1867）　正月，船政大臣沈葆桢等请将正谊堂书局改为正谊书院。春，金陵书局刊成《朱子本义》《四书集注》等；曾国藩回任，接刊《史记》《汉书》《三国志》等。江宁知府涂宗瀛提调局事。

三月，浙江布政使杨昌浚、按察使王凯泰建议设局重刊经史各书，以兴文教。

四月，浙江巡抚马新贻开浙江书局于杭州，首刊《钦定七经》《御批通鉴辑览》《御选古文渊鉴》，其余有关学问经济讲诵所需者亦拟随时访取善本陆续发刊，先后在书局供职者有俞樾、李慈铭、黄以周等。

五月，江苏学政鲍源深奏，以"各省经兵燹书多散佚"，士子有志读书无从购觅，建议重刊经书各书，并以"士子读书以穷经为本，经义以钦定为宗"，建议先刊钦定诸经。① 同治帝谕令："现在地方已就肃清，至应振兴文教。……著各直省督抚转饬所属，将旧存学中书籍广为购补，并将列圣御纂钦定经史各书，先行敬谨重刊，颁发各学，并准书肆刷印，以广流传，俾各省士子得所研求，同敦实学。"（《穆宗实录》卷二〇二）

十月，湖广总督李瀚章、湖北巡抚曾国荃开设崇文书局于武昌，先刊《四书》《十三经读本》，委派候补道张炳堃、补用道胡凤丹经理其事。

是年，署两江总督李鸿章开聚珍书局于金陵。以江苏题补道桂嵩庆主局事。

七年（1868）　金陵书局迁于城内冶城山飞霞阁。韩弼元任书局总校，曾国藩调督直隶，马新贻任两江总督。是年，江苏巡抚丁日昌上奏，以"治敦吏治必先选牧令，欲选牧令必先使耳濡目染于经济政治之

①鲍源深：《请购刊经史疏》，载陈弢辑《同治中兴京外奏议约编》卷五，上海书店出版社1985年影印清光绪刻本。

书，然后胸中确有把握，临政不致无所适从”[①]，开设江苏书局于苏州，编辑徐栋《牧令全书》重刊。同治帝谕令：“州县为亲民之官，地方之安危系之。丁日昌现拟编刊牧令各书，颁发所属，即著实力举行，俾各州县得所效法，其小学、经史等编有裨学校者，并著陆续刊刻，广为流布。”（《穆宗实录》卷二二六）曾在江苏书局任事者有俞樾、吴云等。

八年（1869）　春，浙江巡抚李瀚章倡议浙江、江苏、金陵等局合刻《二十四史》。

五月，湖广总督李鸿章奏报朝廷湖北书局开设情形：“除《四书》《十三经读本》为童蒙肄习之书，业经刊刻颁行各学外……《钦定七经》《御批通鉴辑览》经史之大成，尤为士林圭臬，其余《说文》、《文选》、牧令、政治等书亦皆切于日用，节经访觅善本次弟开雕。现在浙江、江宁、苏州、湖北四省公议合刻《二十四史》，照汲古阁《十七史》版式、行数、字数较各家所刻者为精密，拟即分任校刊，选派朴学员绅悉心校勘，添募工匠陆续付梓，一切经费酌提本省闲款助用，勿使稍有靡费，俟各书刻成之日，颁发各学书院，并准穷乡寒儒书肆贾人随时印刷，以广流传。”[②]

是年，曾国藩致函两江总督马新贻，委托其筹款以备金陵书局刊刻分任各史，并提议委江苏候补道洪汝奎任金陵书局提调。

六月，洪汝奎上任。是年，两淮盐运使方浚颐开淮南书局于扬州，“整理旧存盐法志及各种官书残版，刊布江淮间耆旧著述”[③]。何绍基、莫绳孙曾在书局任职。

九年（1870）　御史吴凤藻上奏，以明儒吕坤所著《实政录》“最为吏治针砭”。请饬各省书局刊刻。同治帝谕令：“着各该省抚于刊刻经史之余，即刻吕坤《实政录》广为流布，俾收实效而饬官方。”[④] 又令已开书局各省督抚刊刻朱熹《小学》，“以广流传而资诵习”（《清朝续文

①丁日昌：《设立苏省书局疏》，《丁中丞政书·抚吴奏稿》。
②李鸿章：《设局刊书折》（同治八年五月二十日），载《李鸿章全集》卷十五。
③[光绪]《江都县续志·学校考》。
④《清朝续文献通考》卷一〇一，又《光绪朝东华录》卷八十八。

献通考》卷一百一）。

是年，署两淮盐运使庞际云请于马新贻，由淮南书局分刊金陵书局任刊各史中之《隋书》，因而成为五局合刻《二十四史》。

十年（1871）　四月，四川总督吴棠开设的成都书局摹刊殿本《四史》，任校勘者有缪荃孙等。

是年，两广总督瑞麟开设于广州的广东书局重刊殿本《十三经注疏》，任校勘者有陈沣、桂文灿等。

是年，江南盐巡道孙衣言以"江宁士子寒畯，多难于得书"（《续纂江宁府志·实政》）请于总督曾国藩，调取金陵、聚珍、江苏、浙江、湖北五书局新刊经籍每种四部，收藏惜阴书院，俾本籍士子借读其中。

十一年（1872）　山东巡抚丁宝桢开设于济南的山东书局刊《十三经读本》，任校勘者有陈介祺等。

是年，江西巡抚刘坤一以"江西各属屡遭兵燹，不但各学藏书散失无存，即民间经史子集善本版片亦俱焚毁殆尽，士子诵习无资，实于文教大有关系"，奏设书局于南昌，"遴选积学之士，雇募精熟匠人，先将藩署旧存书版逐加查看，分别补修，此外经史有用之书为他省所未刻者亦即择要校刊"。[①]

十二年（1873）　两广盐运使钟谦钧在广东书局，以《通志堂经解》印本流传渐少，请于两广总督瑞麟重刊之。又按《四库全书总目》所收录，除《十三经注疏》及"总目"定为伪作者、《通志堂经解》已刻者、已收入《皇清经解》者外，将唐以前之著择善本尽刻之，题名为《古经解汇函》，欲使经部之书"不待蒐求而毕备"[②]。

是年，金陵书局校勘人士戴望病逝于书局，提调洪汝奎为办丧事。张文虎以衰老辞退。

十三年（1874）　金陵、浙江书局完成分任史书之校刊，金陵书局又刊《大学衍义》《读史镜古编》；浙江书局谋刻诸子书，以总办俞樾访

①刘坤一：《设局刊修经籍片》，《刘忠诚公（坤一）遗集·奏疏》卷七。

②钟谦钧：《〈古经解汇函〉序》，粤东书局刻本。

求子书善本。俞樾在致浙抚杨昌浚信中，提出刊书方法及选择种类："惟诸子之书讹脱较甚，议者或谓宜访求宋本影写而精刻之，然亦有难者：影写之功既非容易，雕刻之费亦必倍常。且宋本疏密大小每不一例，宜于单行不宜于汇刻。又其存者今亦无多。局中既欲汇刻诸子，不精固不足言善本，不博亦不足成巨编。窃谓宜博求周秦两汉之书，汰除其伪托者尚可二十余种，如管、晏、老、列、庄、墨、商、韩、荀、孙、吴、吕，陆贾《新语》、贾谊《新书》、董子《春秋繁露》、《淮南·内篇》、桓宽《盐铁论》、刘向《新序》、《说苑》、扬雄《法言》、《太玄》、班固《白虎通义》、王充《论衡》、王符《潜夫论》、荀悦《申鉴》、应劭《风俗通义》、徐幹《中论》、蔡邕《独断》之类，购藏旧本，写样校刊，亦艺林一盛举矣。"① 后浙江书局据其所选，刊成《二十二子》。

光绪元年（1875） 安徽布政使孙衣言为敬敷书院征调淮南、金陵等官书局书籍收藏。金陵书局提调洪汝奎与寓居金陵皖绅公同捐购局刊经史，并商之刘铭传，捐购《通志堂经解》等书赠送敬敷书院。方浚颐亦寄上淮南书局所刻书籍。

是年，张之洞以四川学政之身份，扩充吴棠所设成都书局，刊行经史诸书。

二年（1876） 金陵书局校勘人士唐仁寿卒。唐仁寿自同治四年入局，曾在书局分校《晋书》《南齐书》，复校《后汉书》各志，并与张文虎同校《史记集解》。自曾国藩死后，金陵书局校勘人士或死或散，及唐仁寿死，"文采风流尽矣"②。

三年（1877） 湖北书局以时势艰难，库款支绌，为节省经费，改为经理官书处。

四年（1878） 曾纪泽奉命出使英、法两国，行文江宁、江苏、湖北、浙江等处，调取局刻官书分储驻英、法两国使馆，以"备查考而壮观瞻"③。各局均派专人解交书籍。

---

①俞樾：《与杨石泉中丞》，《春在堂尺牍》卷四。

②张裕钊：《唐端甫墓志铭》，《碑传集三编》卷三十二。

③曾纪泽：《巴黎致总办论事七条》，《曾惠敏公文集》卷三。

五年（1879） 三月，山西巡抚曾国荃以山西“既无刊印官书，即南省已刻之书，又因道路艰险，无人贩运到晋。凡市肆所售者，率皆伪误不堪卒读”，奏于太原设立浚文书局，酌定章程，选派通晓经史各员，将《四书》《六经》《小学》《近思录》《呻吟语》《牧令全书》《五种遗规》《荒政辑要》各书悉心雠校，招匠刊刻。

是年，周家楣、毕道远合奏，请以“江苏、江宁各省城及扬州府、浙江、湖北、江西、四川、广东各省城书局刊印之书每种一部，收存京师金台书院，用备诸生研精致用之具”（［光绪］《畿辅通志·经政》）。

是年，聚珍书局裁撤。

六年（1880） 金陵书局提调洪汝奎调任两淮盐运使，道员范志熙接任提调。洪氏后在淮南书局刊刻经史子集四部善本多种。范氏在任中亦采取了一系列措施以重振金陵书局。

七年（1881） 直隶总督李鸿章在天津设官书局，购运各种官书局刻书照原价发售，“俾北方寒士增广学识”（［光绪］《天津府志·公廨》）。

是年，两江总督刘坤一檄饬金陵、江苏、淮南、江西各书局，将局刻书籍选上色纸张装订解赴国子监。

八年（1882） 六月，新修京师金台书院完成，征南省各书局书籍。

九年（1883） 十二月，两江总督左宗棠以江阴创建南菁书院将成，奏请咨会凡有书局各省，将局刻官书一部解发书院存储，供士子阅览。

十年（1884） 因刘铭传等奏请设局译刻西学各书，光绪帝谕令：“西学各书，精粗不一，当择其至精者译刻采用，着总理各国事务衙门即行知照出使各国大臣，将西洋各书及舆地图说，分别选择，咨送该衙门酌量汇刻，颁发各省。”（《德宗实录》卷一九二）

十二年（1886） 两广总督张之洞开设广雅书局于广州。以候补知府方功惠提调局事，李文田为总纂，廖廷相、梁鼎芬、陶福祥为总校。公牍称：“刊布经籍，乃兴学之要务，致用之本原。近年江浙楚蜀诸省各设书局刊行甚多，广东岭海名区，人文荟萃，此举未备，殊为阙如，且自前督部堂阮文达公创立学堂，辑成《皇清经解》，迄今已六十年，或前贤稿本渐获流传，或后起学人继有述作，亟应蒐辑续刊，以昭圣代经学之盛。”①

是年，江苏学政王先谦奏刊《皇清经解续编》于南菁书院，商之江苏书局分刊数种。

是年瞿鸿禨视学浙江，命书局刊《郑氏佚书》《小学考》。

十三年（1887）　张之洞奏报广雅书局开设事。

十五年（1889）　广西巡抚马丕瑶以广西兵燹后人士流离，藏书悉毁，旧刊板片无存，“无以为续古培才之助”，奏设桂垣书局于桂林，“先刊六经读本，续刻有关实学诸书”，并请饬江南、浙江、广东、湖南、湖北、四川等省书局，将局刻经史诸书每种十部，分藏于广西境内梧州、柳州等十处书院，使士子借阅。

是年，翰林院编修王懿荣奏请将清朝儒臣注疏《十三经》之著分咨各省书局详细校勘，刊刻出版，板片汇送国子监存储，以便陆续刷印。颁行各学，使士子得资讲习。光绪帝谕令：“俟会典告成后由翰林院奏明请旨。”（《王文敏公遗集》卷一）

十六年（1890）　王先谦主讲湖南思贤讲舍，商之前任主讲郭嵩焘，就讲舍设思贤书局，由盐务工所岁出六百金用以刊书。其致缪荃孙信中称：“昨与郭筠仙前辈创议开一小书局，每岁可刻千金书籍，既以表章先哲，亦为敝省夙罕精善之本，有此一举，庶士林得所嘉惠。”又称：“局刻先取流通，有书好而卷数少者望觅示。”（《艺风堂友朋书札》上）

十七年（1891）　陕西学政柯逢时以陕西藏书既少，版本无多，寒士苦于难得书籍，仿照东南各省设官书局例，奏于味经书院刊书。以书院山长刘光蕡总理其事。调肄业诸生通晓六书留心古籍者分司校勘。

二十年（1894）　八月，山东巡抚李秉衡上奏，以筹办海防需款，

①张之洞：《札运司开设书局》，《张之洞全集·公牍》八。

裁并各局节省开支，将山东书局与通志局合并，委汤聘珍为总办。

十一月，翰林院侍读王懿荣上奏，以孔府保管不慎失火，旧藏图籍焚毁一空，请将各省书局刻书除一分解送翰林院备皇帝御览，一分解交国子监供诸生传习外，再备一分解交山东巡抚转行曲阜孔府储藏。光绪帝谕令："着山东巡抚咨行各省督抚遵照办理。"（《王文敏公遗集》卷二）

二十一年（1895）　十月，康有为、梁启超在京设强学会。又称强学书局，出版《中外经闻》，发售西学书籍。

十二月，御史杨崇伊上奏，以强学会"函索外省大员，以毁誉为要挟"（《德宗实录》卷三八一）为由，请饬严禁。御史胡孚宸上奏，以书局有益人才，请将强学会改为官书局。光绪帝谕令，"着总理各国事务衙门议奏"，旋由总理各国事务衙门奏："拟照八旗官学之例建立官书局。特派大臣管理，聘订通晓中西学问之人，专司选译书籍。各国新报，及指授各种西学。"（《皇朝经世文新编》卷五）

是年秋，安徽于湖中江书院尊经阁建成，代理两江总督张之洞批牒颁金陵、江苏等局刻书储藏，供士子研习。

二十二年（1896）　正月，孙家鼐奉命为管理官书局大臣，提出官书局开办章程，包括藏书籍、刊书籍、备仪器、广教肄、筹经费、分职掌、刊印信等七条。此外"至印送各路电报，只选择有用者照原文抄录，不加议论。凡有关涉时政、臧否人物者概不登载"①。

二月，贵州巡抚嵩崑奏于贵阳设书局，请饬江南等省书局刷寄所刊经史子集各书每种十部以为式样。准之。

五月，刑部侍郎李端棻上奏，建议推广学堂，开设译局报馆等。

二十三年（1867）　四月，陕甘总督陶模以甘肃地处边缴，士子见闻狭隘，奏请咨取京都官书局同文馆及各省书局官书并翻译外洋书籍送甘肃，供士子观览，以扩才智，开风气。准之。

二十四年（1898）　总理衙门奏请将梁启超在上海开设大同译书局

---

①孙家鼐：《官书局奏开办章程疏》，《皇朝经世文三编》卷一。

改为译书官局，官督商办，先译各国政治法律史传诸书，再及兵治医学农矿等书，以收实用。又奏京师编译局归并梁启超主持。

五月，京师大学堂设立，光绪帝谕令："所有原设官书局及新设之译书局，均着并入大学堂，由管学大臣督率办理。……赏举人梁启超六品衔，办理译书局事务。"①

八月，大同译书局被官封闭。

是年，管学大臣孙家鼐以译书局编纂各书"关乎学术人心者甚非浅鲜"。奏请由管学大臣阅过："进呈御览，钦定发下，然后颁行。"②

是年，康有为上奏建议在京师设译书局，专选日本政治书之佳者翻译。

是年，云贵总督崧蕃以云南地瘠民贫，世家既少藏书，坊间亦无善本，奏请由各省采买经史子集等有裨时务实学诸书，在昆明设立官书局，按原价出售。以为造就人才之一助。准之。

是年，两江总督刘坤一奏裁并局所，金陵、淮南两书局裁员，分别由江宁府及两淮运司管理。

二十七年（1901）　两江总督刘坤一、湖广总督张之洞设编译官书局于金陵。局初名江鄂，后改江楚。刘世珩任总办，缪荃孙任总纂，陈作霖、姚佩珩、柳诒徵等任分纂。罗振玉、王国维曾在局中担任翻译日本书事。

是年，学部谘议张謇著《变法评议》，主张各省设译书局，就江南、江西、湖北、湖南、广东等处原有书局经费，各认数种书分别译出。又管学大臣张百熙以"求才莫先于教学，教学莫先于译书"，上奏建议于京师、津、沪、鄂、粤等处设书局，而以上海为总局，进行译书。又贵州学政赵惟熙上奏建议设译书总局于京师，分局于各省，同时译书，以开风气而广见闻。又江苏巡抚聂缉椝上奏报知江苏省改设学堂，增置译书局等机构。又张百熙奏请于京师大学堂附设译书局，同时于上海设分

---

①总理衙门奏：《改译书局为译书官局折》，载张静庐辑注《中国出版史料补编》第50页。

②孙家鼐：《译书局编纂各书宜由管学大臣进呈御览，恭候钦定再行颁发折》，载席裕福、沈师徐辑《皇朝政典类纂》卷二三〇。

局，将日文书籍在上海随译随印。

二十八年（1902） 管学大臣张百熙奏请调取各官书局书籍，供京师大学堂及八旗学堂所用。又奏请在上海译书局附设印书局，准之。

二十九年（1903） 五月，光绪帝谕令：“江苏、江西、浙江、湖北、广东、四川各省刊刻书籍，着各该督抚择要刷印进呈。”

六月，湖广总督端方奏呈湖北书局所刻书籍共一百十六种。

九月，江苏巡抚恩寿奏呈江苏书局刻书共二十二种，浙江巡抚翁曾桂奏呈浙江书局刻书。

十月，两江总督魏光焘奏呈江南、江楚、淮南书局刻书。

三十年（1904） 十一月，四川总督锡良奏，以川省民情锢蔽，最易传讹，将官书局改为官报书局，派员创办官报，分发各州县，以端风气而息谣惑。同月，代理两江总督端方奏裁江楚编译局闲员，并移设于原织造司库衙门，延聘通儒审译教科书，备学堂用。

三十三年（1907） 淮南书局归并江楚编译局兼管。

三十四年（1908） 奉天总督徐世昌奏设黑龙江图书馆，请咨各省官书局刻书储藏。

宣统元年（1909） 云南图书馆筹办，请调各省官书局书籍收藏。学部奏筹设京师图书馆，请调各省官书局刻书。

是年，浙江巡抚增韫奏建浙江图书馆，书局归并改名官书印行所。

是年，两江总督张人骏以江楚编译局成书寥寥，靡费鲜功，奏请将编译局裁撤改为通志局。

（原载《文献》1992 年第 1 期）

清代官书局刻书述略

孔　毅

官书局是清末同治、光绪时期各省奉旨建立的一批刻书机构，倡导者为曾国藩、曾国荃、左宗棠、李瀚章、马新贻、丁日昌等一批地方大员，他们互相关联，声援标榜，刻书种类繁、数量多，一时声势浩大，即如穷乡僻壤、村学书院，无不有之。

书局经过洋务运动、戊戌变法和筹备立宪，刻书宗旨、管理人员诸方面都相继产生了一些变化，同时也对这些运动产生过一些不可忽视的影响。沿至光绪、宣统之际，各省纷纷建立图书馆，方将书局人员、板片、藏书裁减归并——前后四十多年。这些书局所刻印的书籍，称为局本，其中许多校刻精审，有些史料丰富，今天仍为文史研究者、古籍整理者所常用。

对于官书局的研究，值得提出的有柳诒徵先生的《国学书局始末》。他曾临其境，所以对金陵、淮南、江南及江楚编译局的分合本末描述极为详细；朱士嘉先生又集诸局售书目，印成《官书局书目汇编》，为后人积累了可贵的资料，日本大西宽有《清代官书局的设置》，发表于《长泽先生古稀纪念图书学论集》，不久前《文献》杂志又发表了吴家驹《清季各省官书局考略》。

本文以文集、古志为材料，试图对这一事物进行横向的解析，其中有不当之处，敬请行家指正。

一、书局的组织管理

同治中，书局始设，督抚大员莫不视为盛事。曾国藩在军中校阅《王船山遗书》，江督马新贻、鄂督李瀚章、苏抚丁日昌等反复商讨《二十四史》合刻之分工，都是一时佳话。他们举贤任事，甚至亲自挂名，不但视作应圣旨之表示，也实看为风雅的机会。可惜同治中兴如过眼烟云，清末政局江河日下，书局刻书遂无暇顾及，管理机构几经归并，呈现逐渐下放的趋势。光绪时，多次裁并局所，始则如山东、山西之官书局与通志局合为一处，继则如金陵书局由两江总督划归江宁府管辖，最后如崇文书局降为管理官书处，江苏官书局之合并官书坊，以守成印售为事，边远书局当然更是名存实亡了。

与各省通志局类似，书局业务负责为总纂（或总校），事务总管为提调。正谊书局规定：总校的职责是将已校毕之书加意检点，定别字画，参订互异字句，商榷凡例，督促复校官发书收书。提调的职责则是总理支放款目，汇报请示，收书发书（此事较繁，又从复校官中择一人帮办），监督刊刻。此二职人选多由督抚亲自从幕僚、名士中选择有学术地位而又具办事能力的人担任。如金陵书局提调洪汝奎，刻书、办差，颇得曾国藩赏识，遂竭力向马新贻推荐："至经理此局内行而耐烦者，目下以洪琴西为最，以后视为一件官事，责成提调则书可速成，而款不虚糜之。"金陵书局初期的成功是与洪氏的努力分不开的。为了罗致名人，督抚们还常常亲自出面，千里相邀，丁宝桢督四川，延王闿运主讲尊经书院，兼掌书局；张之洞督湖广则邀李慈铭（未去），都是明证。

下属校勘又有复校、分校二职，主要由当地候补官、无职儒生充任，崇文书局所刻《明史》，前有参校名单，计开候补州县官十二名，省、州县各级学校的训导、教谕、学正六人，举人、拔贡生，附生各一人，阵容相当整齐，江浙诸局当然更为强大。这些校勘有的由著名人士推荐，如浙江书局黄以周、潘鸿出为俞樾举荐，见俞氏《春在堂尺牍》，有的是从有功名的儒生中考试录取，如正谊书局诸人，见《正谊堂全书》，前附左宗棠函。

书局创始都有章程，金陵书局有章程八条、训手民四条；正谊书局有章程十二条；浙江书局也设有章程十二条。金陵书局章程出曾国藩手，山西书局章程出曾国荃手，皆深思熟虑，各有所长，规划筹措，因事制宜。如《正谊书局章程》规定："延聘总校一人，遴派提调一人，考取分校百人，内择十人为复校，分以两班，日五人，五日更代；余分三班，日三十人，亦五日更代，轮流周始，有事先期报明某事，将次班换上，原应值者，仍按阙日补校，以免旷功。""复校、分校值日必到局，不得顶替，日读二十页，校一千字方为中程；其有才力过人，有增无减，记勤一次；年力就衰者，分校字数多少随时酌定，不到者记惰一次。勤惰不相抵，记惰十次者出局，顶替者即日出局，均停膏火，每日提调设立课功勤惰册，以画课程。""举贡等束身名教，当知自爱，如有饮博流荡，沾染恶习，结交非人者，出局。尤不得出入衙门，干预公事。值日之外，在家当以经史儒先诸书，时时搜诵，按日作日记一则，某日读某书若干，就中载明，月终缮清，缴局以端品学。"其余如纸张油蜡，由官酌给，刻印司阍，亦有安排，各局多同，无庸赘述。

同治五年底，正谊书局成立不久，就改为正谊书院，所刻《正谊堂全书》扉页就署"正谊书院藏板"，与此类似，官办的尊经书院、存古学堂附设的书局取代了成都书局，湖南思贤讲舍附设的思贤书局，也成为省里最大的官书局，设在陕西泾阳的味经书院，在学政主持下成立刊书处，代行省局职权。——附设于书院中的书局，是书局发展中的一种普遍现象。

独立书局与当地书院关系也非常密切。如浙江开局伊始，即定章以紫阳、崇文二书院院长兼书局总办，当时为孙衣言与薛慰农，总、分校各员也都聘二书院师生担任，书局还曾借紫阳书院为办事处所。

立局刻书，财源是关键。一般省立书局，经费多来自厘金。厘金是清政府筹措军饷以镇压太平天国的一种捐税，名目繁多，数量甚大。至此战争略息，而抽厘仍旧，其中"余额"遂常拨作刻书、修志之用。江苏学政鲍源深在同治六年《请购刊经史疏》中说："或疑现在经费支绌，筹饷艰难，似购书刊无暇遽及。夫戡乱则整武为先，兴学则修丈宜亟，况购书刊书，经费每年不过筹饷中百之二三，筹捐尚易。"得旨允许，浙江、江西、福建诸局均用此法。

地方官僚、乡绅的捐助也是书局财政的重要来源。广雅书局创立，张之洞率先捐银一万两，吴大澂继捐三千两，地方富绅随之，共得开办费四万三千两。（《广州近百年教育史料》）陕西味经、山西浚文、湖北崇文均用此法。当然，也时有督抚为购书，购板、修建而拨出专款的，如张之洞曾为崇文书局拨银四千两，从赵尚辅手中购得《湖北丛书》板片即是一例。

清末国力衰竭，地方财政更不充裕，书局非要害部门，有限的款项亦常被挪用。光绪五年，山西遭灾，御史梁俊奏请"将该省书局捐款项派员分赴陕西、河南采买麦石，以备秋后散放麦种"。再加上局书的互相赠送，大量征用，书局往往收支不符，寅吃卯粮。俞樾、李慈铭、桂皓亭等学者，充任总纂，也只有二三十两月入，时发不足救贫之叹，一般校勘收入就更为有限。正谊书局举人、贡生充任复校、分校，每月只有膏火银五两。较之咸同战时，湘军"将五百人则岁入三千，统万人岁入六万金，尤廉将也"（《湘军志》卷十八）。真形同天壤。

二、局本的刊刻

（一）底本来源

1. 翻刻殿本。同治以前，武英殿修书处已有颁发到省、允许重刊的成例，同治六年鲍源深上疏，又援此先例，提议择尤要的御纂钦定诸经史"依例重刊"，同治帝也颁"先刊列圣御纂钦定经史之书"的谕旨。这一唱一和推动了书局的设置，也造成了大量翻刻殿本中这类内容的现象。仅江苏书局就有《御注孝经》《御纂周易折中》《钦定书经春秋三经传说汇纂》《御注批通鉴纲目》等十多种，这是局本中最具封建色彩的部分之一。

翻刻其余殿本。部头较大的有江西书局的《聚珍版丛书》五十四种，浙江书局的《九通》，广雅书局的《聚珍版丛书》一百四十八种，《全唐文》等。

2. 古籍善本。经理书局诸人毕竟都是读书人，他们生于乾嘉之后，深知底本的重要，于是千方百计搜集善本，翻刻流传。光绪初年，金陵书局洪汝奎曾先后委其从子子彬、次子恩嘉遍访江浙藏书家，“遇有经史善本及海内稀有之书，足以辅翼经传，嘉惠后学者，即就近妥觅书手抄缮副本，悉心校对，携带回局，以便随时酌定，分别刊传”。俞樾任职浙局，为讨论校刊底本，也不烦书信往复，如称《内经》马元台注本，于古义未通，当以王冰注，宋林亿、孙奇、高保衡校正者为最善，确为经验之谈。浙局重视底本选择，刻出了一批好书。

3. 清人稿本和流传不多的刊本。这是局本中数量较多，价值较高的部分。浙局《二十二子》就大多采用了清人的新校本，如《孔子集语》为孙星衍辑本，其自刊《平津馆丛书》已收入。俞樾认为，他将“古书中所载孔子之言无句不搜，一一注明出处”（《春在堂尺牍》卷五），视薛氏（宋薛据）之书奚啻倍蓰，允宜刊刻，以广其传。此外如《晏子春秋》《孙子十家注》也是孙氏校本，《吕氏春秋》《山海经》《墨子》用毕沅校本，都是今胜于古。先师吕贞白先生曾说：“浙局刻《二十二子》，选用底本、翻刻，均极精审，翻刻时校对亦谨严，原刻本不易得，得此翻刻本，亦可依据。”对其传播之功评价甚高。崇文书局刻《正觉楼丛书》，广雅书局刻《广雅丛书》，则收入了很多稿本，也有很高的价值。

4. 江南局本。山西、云贵等偏远书局，虽然亦以征集善本相号召，而力多未逮，遂多以江南局本为底本进行翻刻。

5. 利用官刊旧板，收买私人板片。乾嘉时各地官府刻书较为普遍，所存板片自然为书局所用。江西书局创立，“查藩司署内本藏有御纂钦定各经等项书版，历年久远，残缺不全，难以刷印”。遂“先将藩署旧存书板，逐加整看，分别修补”（《刘忠诚公遗书·奏疏》卷七）。

收买私人板片。江苏书局相继觅得《通鉴》《续通鉴》《明通鉴》诸板，珠联璧合，并以此为基础，刊成《资治通鉴汇刻》八种。

（二）校勘整理

江南诸局都聘著名学者为总校，网罗各方专家以充校勘。校勘时也大多有固定的分工和适当的程序。《正谊书局章程》规定：总校一人主要是制定体例，解决疑难；复校、分校各执其事。程序为：分校者按卷先读一遍，校一过，将副本及别刊本再校一过。破蛀者补缀完善，讹错者随笔粘条。书中引用语偶错，或原文字与别刊本互异，亦标记之，破体俗字，签明改正，再送复校一审，汇缴总校二审，然后发缮。缮毕如前遽校付刊，刊后刷出校样，如前遽校付修，校出异文别以色笔标于本书之上，盖校勘者名印，以示谨慎。

篇幅较巨之书，更为慎重。为了确定五局合刻《二十四史》的分工，统一其体例、版式，曾国藩、马新贻、李瀚章、丁日昌以及俞樾、李慈铭等人信函往复，互相辩议。俞樾甚至在任教的诂经精舍以汇刻全史章程命题，肄业生潘鸿拟八条进，备受俞樾赏识。其中有：殿版、汲古阁版、南北监版等应作校记附末；应备《两汉刊误补遗》《三国志考证》等书参考，《天文》《律历》诸志应请专家校勘等，都很有眼光。

《二十四史》中，后人评价较高的多出金陵书局，其中《汉书》由刘毓崧亲纂凡例，列对校、本校、他校诸书，网罗前人成果，分校各责专成。（刘毓崧《通义堂文集》卷五）可称无懈可击，体现了该局的水平。

当然，并非各局都有这样的条件，由于经费、学力等方面的原因，崇文书局的虽校而未善，江西、山西的无力详校，正谊书局的刻书甚少，也带有一定的普遍性。再加上局本年代稍近，得之容易，所以多不为今人所重。

（三）刻印

清代兴盛的地方刻书业为书局准备了充足的技术人才。浙江书局刻工常达一百多名，（洪焕春《浙江文献丛考》）崇文书局盛时更有数百手民缮刻印刷，二局刻成的板片都在十万片上下。

曾国藩定有训手民四条，刻字又有“方粗清匀”四项要求。他“请局中诸友，常常执此四端，与工匠讲求，殷勤训奖，严切董戒，甚至朴责、议罚俱不可少，自然渐有长进，或者写手略分甲乙，上下其食”。他还建议：“工匠之殿最赏罚，亦可酌议条规，即度板、开刷等事均立章程，以便遵守。”

正谊书局的工人，“总有限状，日刻一万字，不得迟延”。

除自刻以外，有些书局似还将校本发往书坊刊刻。卢前《书林别话》说：“近百年刻书业则始于洪杨事变（按：即太平天国运动）之后，随曾、左而起者曰李光明，江南官书局所刻皆出李氏，其后则有姜氏。”李光明庄在南京秦状元巷，所刻书存世很多，诸经刊本前各有牌记，述其设肆、校勘诸事。未见为江南代刻事，姑录以待考。

局本注重普及、价廉，对纸张、装潢不甚重视，只有进呈御览、上交国子监等数种间作特别加工，这些本子存世太少，不易见到。

三、局本的发行

同光之际，书局四起，印本极多，遍及城乡，其发行渠道略有以下数端：

（一）颁发、咨取。清代前期殿本已有赏赐、颁发、出售诸例，官书局仿之。每书刻成，上缴翰林院、国子监二处，光绪二十年又增曲阜衍圣公府一处。由于先前衍圣公府失火，旧藏书籍图录焚毁一空，王懿荣就上疏要求各省官书局：“除以初印精椠一份解送翰林院敬备皇上取进御览，一份解交国子监充备肄业诸生传习外，可否恳恩饬下各直省督抚有书局者，无论新旧诸刻本，亦以一份解交山东巡抚，转行曲阜作为恩赐衍圣公孔令贻敬谨储藏，以为诵法之资，遇有新刻，陆续咨解。”得到光绪的同意。这些上缴本的纸张、装潢都比较讲究，刘坤一在寄左宗棠函中谈道：“金陵、苏门、维扬、章口各局官书，业经檄饬，务选上色纸张，订送敝署，以便汇交转运局，解赴国子监验收。另二处当亦相同。”

清雍乾年间，朝廷常将武英殿所刊书籍颁至各省大书院，亦准督抚购买十三经、二十四史等书颁发各学。仿此，局本也很快成为本省各级学校的基本藏书。最著名的是南京的劝学官书局，这是同治十年江南盐巡道孙衣言“请于总督曾文正公取江宁、江苏、浙江、湖北四书局新刊经籍，每部四分，藏于惜阴书院，凡本籍士子得诣书院借读，事领于官而簿钥、出纳则绅士掌之”。这个设于学校面对当地的“书局”，已开了中国公共图书馆的先河。

边远省市创立书局常咨取作为刻书样本、校勘底本，无力多刻则又报请朝廷转发局书，陶模光绪二十三年《奏为甘肃书籍缺乏，拟恳圣恩准臣咨取各处局官书，免其缴值以惠士林恭折》要求调书备览，可证。（《陶勤肃公遗稿》卷七）光绪二十八年十月，京师大学堂设立藏书楼，由管学大臣咨行各省官书局，调取各种经史子集及时务新书，书款由各书局项下报销。（《北京大学校史》）以后各省成立图书馆，也多咨取局本全份充藏。

（二）交换。各书局间，书局与朝廷诸部之有印书者，各以书籍相交换，书局的藏书楼遂得以逐渐充实。北洋军阀统治时期，外交部也试行此法。

（三）赠送。朝廷、地方大吏向书局主事索书者颇多，俞樾就曾致函李瀚章，索取鄂局所刊《国语》《经典释文》等书。光绪元年，金陵书局提调洪汝奎捐购局书，储于敬敷书院之类，则是赠书的特例。

就书局内部而言，凡参与校勘的按例可得印书一部。向书局提供善本者，翻刻以后，也可以得到初印数部。这些规定和现代出版社已相差无几。

（四）销售。各局都在省城设店售书，为了扩大销量，很多书都用不同纸张，如连史、赛连、毛边印刷；又按装订、不装订，十二裁、八裁、六裁，规定出不同的价格，以应付各种不同的需要。他们还印有书目，廉价出售，或者随书附寄。

各局间也互相沟通，并和各地主要书店、学堂挂钩，互相代办业务。这以设在济南城内后宰门的山东书局最为突出，从售书目录可见，其门售书籍达一千多种，同种书籍又有不同版本可供选择，如诸经合刻本就有广东书局仿武英殿本，江西、湖南、苏州的阮元校勘本，山东、江南和李光明庄的《十一经》《十三经读本》，湖北、浙江的《御纂七经》，还有未署局名的《相台五经》《十三经古注》。丛书部分则罗列了从《汉魏丛书》到江杏溪《聚珍丛书》，共近百种，几乎囊括了晚清的大部分名刻。精刻名钞部分还列出了明南监本、汲古阁本、武英殿聚珍本等三百多种，真是琳琅满目。

书局利用省城设肆的优势，还为私人代销书籍，书名也一并刻入书目，江苏、浙江、江西等省书局均如此。

四、局本的内容

清末的中国，儒家学术仍占主导地位，但随着殖民主义势力的入侵，外来文化的影响也越来越大。这种复杂的背景导致在官书局以外，又逐渐出现各种译书局，专事翻译书的出版；反应敏锐的民营书局，编印应时新书，生意日益兴隆；官书局刻书内容也不断有所变化。

试依经、史、子、集四部简析局本内容如下：经史是局刻的重点，仅《御纂七经》就有浙江、江西、崇文、江南四种刻本，各种本义、要义、读本、注疏，更是名目繁多。较之殿本，局本增加了许多乾嘉学者校经、解经的著作，学术性较强。《十三经注疏附校勘记》是以朱本为底本精心校勘而成的较好的本子，嘉庆时阮元任江西巡抚时所刊，板藏南昌学堂，江西书局成立，取原板修补刷印，广东书局、湖南书局也仿阮本刊印，江苏书局则抽注疏单刻，影响很大，且至今没有能取代它的新校本。又如湖南善化皮锡瑞是近代经学大师，历主龙潭、经训等书院，所著《经学通论》《经学历史》等书，思贤书局陆续刊刻，后编成《皮氏经学丛书》（或称《皮氏八种》）。

史部照例刻印了《御批通鉴纲目》等御纂钦定之书外，较有价值的是五局合刻的《二十四史》，江苏书局的《资治通鉴汇刻》《历朝会要》，江西、广雅书局的历朝纪事本末，浙江书局的《九通》等。

在设立书局的同时，各省还开始编纂地方志，有些通志局在光绪初，因裁减局所，而与书局合并，他们编出的志书当然也由书局刊刻。书局利用引进的石印术印刻了大量地图，如江西书局印的《东三省铁路图》《悉别利铁路图》等多种。此外吏治之书数量也颇不少，流传较广的有丁日昌辑集的《牧令全书八种》、崇文书局的《牧令书四种》、浙江书局所刊张廷骧辑集的《入幕须知五种》。各省鉴于涉外事务的增多，命书局刊刻了一些法律、条约的汇编。江西书局就曾刊印了《辛丑各国和约》《各国通商行船条约》《约章成案汇览》《乙巳交涉要览》《大中小学堂章程》等。（《江西书局价目》）

子部中遍刻诸子的有浙江书局的《二十二子》、崇文书局的《百子全书》，前者精校精刻，质量甚高；后者勘刻均逊，虽收罗较广，但不为人所重。其余以儒家著作、笔记小说和医籍为多。徐大椿是清代名医，各科俱通，亦精本草，江西书局光绪九年刊成的《铧园医书六种》，崇文书局同治十二年的《徐氏医书六种》都收辑了他的著作。

集部书籍数量略少，而重点在《文选》《唐文粹》《正续古文辞类纂》之类总集和清人文集。以乾嘉以来学者文集为主，也包括一些局人师友的文稿，如曾国藩同治十一年去世，传忠书局二年中就刊印了他的诗集四卷，文集四卷（均编年本）和诸种诗钞、杂钞、《经史百家简编》等；光绪以后，又陆续整理出诗集、文集的分体本、日记、批牍、杂著、书信，集成较完善的《曾文正公全集》，现在看来，这些著作都很有价值。

书局后期还编印了各种类型的教科书，如初等小学图书教科书等，内容固然比较浅显，但已表现出对外来文化的兴趣，其中以江楚等译书局编集的为多。

局本从内容上看有以下特点：

（一）刻书前后期重点不同。各局始建，为适应书院教育和科举的需要，多刻御纂钦定经史、五经四书各种读本。力量充实后，转刻大部头经史，有分量的丛书。后期受新学影响，还编译了一些自然科学书籍和教科书。

（二）继承殿本，带有强烈的封建色彩。同、光二帝对书局的选书、刊刻曾作过一系列指示，表明对钦定经史、五经四书的重视，还专门推荐吕坤《实政录》、朱子《小学》等书，命书局刊行。（《清朝续文献通考》卷一〇一）主持者地方大吏、封建宿儒对此当然无不踊跃。刊书同时，他们又对书坊刊刻“有违风化”的小说、戏剧和《警世钟》《猛回头》等“逆书”严加查禁，视同洪水猛兽。

（三）相比殿本，具有较高的学术性。这集中表现在大量刊刻清人著作上。张之洞是书局的重要人物，他认为：“大抵征实之学，今胜于古。即前代经史子集，苟其书流传自古，确有实用者，国朝必为表章疏释，精校重刊，凡诸先正未言及者，百年来无校刊精本者，皆其书有可议者也。”中肯地评价了乾嘉以后的版刻，也充分揭示了书局诸人的出版思想。

（四）各具地方特色。以中小书局为最明显，不仅方志、地图，而且学术著作、文集也都如此。如《王船山遗书》《曾文正公全集》《皮氏八种》以及《庄子集释》《庄子集解》《释名疏证补》《墨子笺》等书都是湖南官书局所刊的湘人著作；山西书局印书不及百种，除《山西通志》外，也印行了《山右金石记》《山右石刻丛编》《山西沿革图》《晋阳明备录》等本省文献。

五、局本的版刻特点

官书局分布甚广，情况复杂，因此其版式、装潢、字体都不如殿版整齐；财力、人力不能尽如人意，因此对形式、外观不如殿版讲究。约略言之，可成系统者有以下数端。

（一）局本以横细竖粗的扁体字为主，最典型的是五局合刻本《二十四史》和金陵书局所刻书，都是行字稍密，字体略扁而横细直粗，用墨较黑，后人多嗤之不美观。岂知，这在当年却是有意为之。曾国藩最喜欢结体方正，笔画粗重的印本，他认为：“近日刻板精雅者，宋体字如阮宫保《揅经室集》，仿汲古阁《乐府解题》《六十种曲》等样子，画精线粗，最为耐久，元体如黄尧圃、秦恩复、胡果泉影宋诸刻亦贵，字画粗重，而增之以锋棱。”因此对金陵书局同治中所刻前、后《汉书》也提出方、粗、清、匀四项要求：“方以结体方整言，而好手写之则笔画多棱角，是不仅在体，而并在画中见之；粗则耐于多刷，最忌一横之中太小，一撇之尾太尖等弊；清则此字不与彼字相混，字边不与直线拂；匀者字之大小匀，布白之疏密匀。”可见他完全是从美观和耐用的角度来选择字体的。他还建议书局“将宋体字书刻之精者，如汲古阁《乐府诗集》《揅经室集》之类，须觅一二初印存于局中以做榜样，吾辈留心物室可也”。

前、后《汉书》在五局《二十四史》中刊刻最早，用汲古阁体，以后各史都仿此为之。俞樾主持浙局，曾函致两江总督马新贻：“尊意全史格式，宜求一律，请将金陵新刻前、后《汉书》样本寄一二本来，俾各局知所法守，幸甚。”又函云：“顷杨石泉方伯（指杨昌濬）交到前、后《汉书》各一部……其字体工整，格式大方，洵为海内善本，即函告浙局诸人，新旧唐书照此刊刻，使成一律，亦艺苑之巨观也。”（俞樾《春在堂尺牍》卷二、卷三）

金陵书局史书得到诸局的认可，奉为圭臬，王闿运致邓某函云：“局刻辽、金、宋三史均仿南北史款式。”（王闿运《湘绮楼笺启》卷四）南，北史正金陵书局所刻。光绪初，《二十四史》全部竣工，更扩大了影响，经史子集照以写板，诸局多同。

（二）局本中仿殿版字体、版式的也为数不少。前述各局初创都以翻刻殿本御纂钦定之书为急务是其原因。淮南书局拟刻大字本《十三经注疏》，曾国藩主张“仿殿本写刻，如有翦裁订正之处，则别为校勘记，附于每卷之末”。殿本字体典雅，书写工致，为书局仿刻所不及，但笔划板滞、缺乏生动则同。有些书局因欲减少成本，特将版式缩小，行数增加，进行翻刻，这种翻本虽然保存了字句，但显然已失去了原来的风格。

（三）各局沿袭其历史传统，而表现出地方特色。金陵书局板框宽大，字体稍扁，在局本中最有代表性；浙江、江苏、淮南都用通行的方体字，板框略小，属于秀丽的一派，是局本中的上乘；江西、山西的一些刻本，版式如金陵而字体更为宽扁，纸墨较为低劣，不为人所重；崇文书局《明史》横细直粗，刷墨甚黑，与金陵局本一般无二，而《明通鉴》等书却是端丽的仿宋字，与之大相径庭；思贤书局所印字方而墨黑，与湘中其余书同。贵州书局光绪中成立，巡抚嵩岷奏称："请饬江南等省书局，刷寄所刊经、史、子、集，每种十部，以作式样。"得旨允准。这些边远书局的刻本往往可以在江南局本中找到版式的来源。

（四）活字、石印、套色。较早使用活字的有金陵、崇文等局。同治六年两江总督李鸿章在金陵设聚珍书局，这是一个专营活字印刷的书局，以道员一人掌之，排印了《硃批谕旨》《两汉刊误补遗》《三国志》等书，光绪五年裁撤并入金陵书局。

活字起用虽早而进展缓慢，石印很快就盛极一时，从《江西书局价目》看来，宣统时石印书已经占了很大比例，不但用以印刷厚薄不等的书籍、章程，而且广泛用来印刷各种地图，《省城街道图》印了大小二种规格，《中外舆地全图》每部英洋二元。书局已经成功地在地图上使用了套色技术，《绫表设色统省全图》也售到每套钱三千六百文，这在我国地图印刷史上也是值得一提的。

光绪时，江苏书局印售了影刻的《古逸丛书》比乾嘉时的仿宋刻本更为逼真，但这书的板子却是黎昌庶出使东瀛访求古本，用日人所刻，后板送江苏书局，故需当别论。

最后顺便提一下局本的纸张。为了减低成本，诸局多用连史、赛连、毛边、毛太等名种。同时他们还常用一种官堆纸，更为粗糙、厚重，却比较坚硬。山西书局成立时，巡抚曾国荃曾托闽浙总督何璟到上海购买，并香墨等物，由轮船运至天津，转解去晋。云贵两省多用皮纸，而广雅书局则用南扣纸、本槽纸，这些都是当地所产，因此与其余局本不同。

道光以后，中国社会进入动荡阶段，频繁的战争使"公私藏书荡然无存，未刻的著述稿本，散亡的更不少"（梁启超《中国近三百年学术史》）。同治中期，出现了一个短暂的"复苏"，各地官书局的建立，就是在文化领域的一个振作，它们利用官府的力量，聚集了许多学者、刻工，大量整理刻印书籍，在一定程度上缓解了危机，并有力地促进了科举和书院的恢复。光绪后期，更为各地图书馆的建立提供了藏书和基地，做出很大的贡献。

官书局刻书在中国近代文化史上有着非常重要的地位。

（原载《文献》1992年第1期）

旧籍新刊与文化传衍——以晚清官书局为中心的考察

李志茗

19世纪中叶爆发的太平天国运动在初期掀起反传统的高潮，所到之处，践踏学宫，砸烂木主，甚至连佛寺道院、城隍社坛也不放过；对于图书典籍，更是目为妖书，尽行付之一炬。面对这种曾国藩所称礼义人伦、诗书典则扫地荡尽的现状，以他为首的一批湖湘书生“赫然奋怒”，起兵镇压。他们在统师征剿的同时，也设局刊书，致力于文化秩序的恢复与重建。兵燹甫息，湘军将帅这种自行其是的做法得到朝廷的肯定和认可，并作为战后振兴文教的重要举措予以推广。于是，各省纷纷设立官书局。官书局的肇兴是自下而上推动的，堪称晚清时期一项非常重要而又富有成效的制度创新，不仅为清代官刻重造出最后一派声光与尊严，而且普及教育，传播文化，嘉惠后学。

一、斯文之运一大厄

清代是中国古代最后一个王朝，但也是文化最为繁荣的一个王朝。清前期的几位帝王重视文教，修经史，纂图书，稽古右文，润色鸿业，海内彬彬向风，“学术斯昌，文治之隆，汉、唐以来所未逮也”[①]。其突出表现就是图书出版事业长足发展，达到中国古代的顶峰。我国古代图

①《清史稿》第15册，中华书局1977年版，第4219、4220页。

书出版有官方出版和民间出版之分。凡是中央和地方政府主持或出资的，属于官方出版，称官刻：而由个人主持或出资的，便是民间出版，包括坊刻和私刻等。清代图书出版之繁盛发达得益于当时官刻、坊刻、私刻的全面兴盛。

清代官刻始自宫廷刻书。早在入关前，清宫内已设立机构刊行译书。到了康熙年间，则在内务府下成立武英殿修书处掌监刊书籍。自此之后，这里成为清代宫廷刻书的中心，举凡经书史籍、典章制度、以及御纂、御批、钦定之书等均交由刊刻。这一方面有利于殿本的流传，另一方面也促进了坊刻和私刻的发展。坊刻和私刻在江南地区尤为盛行。清代江南不仅刻书业发达，藏书业也在全国遥遥领先。《四库全书》修成，乾隆皇帝在内廷建四阁各藏一部，又命再缮三份，分藏江南文汇、文宗、文澜三阁。此外，江南官署、书院、学宫等官方机构藏书也相当丰富。至于私家藏书，江南士人素有好学嗜书的传统，人数之多、藏书之丰富更是首屈一指。其中著名的有天一阁、拜经楼、振绮堂、寿松堂、抱经楼、知不足斋、百宋一廛、千元十驾等。

总之，在清前期帝王的倡导下，19 世纪中叶前清代文化已经超过历代，非常繁荣，再现盛世景象。而作为人文渊薮的江南更是文教昌明，图书事业得到空前发展，累积了大量的文化典籍。然而，这一切在太平天国到来之后便完全改变。太平天国反对一切偶像和权威。孔子被尊为至圣先师，儒家学说是中国的正统学说，因此成为太平天国排斥和打击的对象。刚开始，洪秀全毁弃孔子的牌位，编撰孔子被上帝鞭挞的故事，只是为了折损孔子的权威。后来则采取更激烈的手段，任意作践学宫，将之改为堆放军火、椎牛屠狗之所，并恨屋及乌，采取野蛮的文化专制政策。视孔孟之书为妖书，禁止阅读，进而宣布“凡一切孔孟诸子百家妖书邪说者尽行焚除，皆不准买卖藏读也，否则问罪也”①。于

①中国史学会主编：《太平天国》（三），上海人民出版社、上海书店出版社 2000 年版，第 326—327 页。

是，太平军所到之处，“敢将孔孟横称妖，经史文章尽日烧”①，对经籍大加焚毁。

1853年，太平军入主江南，这里人文荟萃，公私藏书丰富，更是激起了太平军的破坏欲望。他们制定了“凡一切妖书如有敢念诵教习者，一概皆斩”② 的法令，掀起了搜书和毁书的热潮，时人多有诗文记述其事。江南琅嬛福地，牙签万轴，经太平军这么一冲击，公私藏书损毁惨重。“江苏松、常、镇、扬诸府，向称人文极盛之地，学校中旧藏书籍荡然无存，藩署旧有恭刊钦定经史诸书版片亦均毁失，民间藏书之家卷帙悉成灰烬”，“浙省自遭兵燹，从前尊经阁、文渊阁所存书籍均多毁失，士大夫家藏旧本连年转徙亦成乌有”。③ 简言之，江南“二三百年藏书之精华，扫地尽矣”④，由此造成了士子有志读书却无书可购、无书可读的局面。面对及此，江南士人痛心疾首，悲叹为“二百年来斯文之运一大厄焉”⑤。

二、所至搜文粹，梓成有用书

太平军制造的文化劫难令湘军将帅无比愤怒和憎恨。他们惊呼太平军糟践学宫和毁弃书籍是“举中国数千年礼义人伦、诗书典则，一旦扫地荡尽，此岂独我大清之变，乃开辟以来名教之奇变”⑥，激起了他们恢复文教、卫护传统文化的强烈愿望。因此，他们一边率兵与太平军鏖战，一边则着手重建文化秩序，所至除兴学育才、推贤进士外，就是设立书局，刊刻书籍，正所谓“曾左命世英，所至搜文粹”⑦。

---

①太平天国历史博物馆编：《太平天国史料丛编简辑》第6册，中华书局1963年版，第386页。

②中国史学会主编：《太平天国》（三），上海人民出版社、上海书店出版社2000年版，第232页。

③陈弢辑：《同治中兴京外奏议约编》卷五，上海书店1985年影印清光绪刻本，第5、4页。

④叶德辉：《书林清话》，辽宁教育出版社1998年版，第212页。

⑤刘寿曾：《传雅堂文集》卷二，《送曾相国移督畿辅序》，民国二十六年刊本，第25页。

⑥《曾国藩全集》第14册，岳麓书社1994年版，第232页。

⑦叶德辉：《书林清话》，辽宁教育出版社1998年版，第215页。

曾国藩、左宗棠这种搜文粹以付诸枣梨的自觉意识，在清人笔记中多有反映。据记载，他们开幕府刻书始于同治二年。但在此前，已有另一位湘军将帅设局刊书，他就是胡林翼。其幕僚方宗诚记述此事说："东南文字尽毁于贼，胡文忠在湖北，首开书局，刻《读史兵略》《弟子箴言》。"① 据胡林翼《读史兵略自序》："是书经始于九年二月朔日，蒇事于十年十二月十二日。编辑者：及门江宁汪孝廉士铎；分辑者：汉阳孝廉胡君兆春、武昌孝廉张君裕钊、独山孝廉莫君友芝、长沙明经丁君取忠、长沙布衣张君华理也。"② 可知胡林翼于咸丰九年（1859）年初开设书局，比曾国藩、左宗棠早四年，校书人员有汪士铎、胡兆春、张裕钊、莫友芝、丁取忠、张华理等。又据胡兆春上胡林翼书，"晤文若，传公谕，令春与汪、张两孝廉编书。《左传》属之汪君，《通鉴》则令春与张君分任其事，即日襆被入节署多桂园矣"③，则校书人员均为胡林翼幕僚，书局设在巡抚衙署中的多桂园。提调局务者为文若，即在胡林翼幕中主饷糈的蒋照④，当时胡林翼率兵驻扎黄州，书局在武昌，蒋照不断写信向他汇报编书的进展，胡林翼也时有指示。他曾致信蒋照说："刻本亦须大雅，不可以坊间俗本为式（大致须如大板《日知录》成样），字画须细筋入骨，铁画银钩。如武昌无好手，可在湘潭、长沙觅之。此则专属之文若矣。"⑤ 可见胡林翼很重视这个书局，对书的版式及写刻质量，有很高的要求。

然而书局成立仅两年多，就因胡林翼于咸丰十一年（1861）患病去世而解散了，所刻书除《读史兵略》《弟子箴言》外，只有《大清一统舆图》《练勇刍言》《水经注图》等几种。⑥ 所以有学者便否认了其存在

①方宗诚：《柏堂师友言行记》，文海出版社 1968 年影印本，第 72 页。

②《胡林翼集》第 3 册，岳麓书社 1999 年版，第 2 页。

③梅英杰等：《湘军人物年谱》（一），岳麓书社 1987 年版，第 282 页。

④蒋照，江苏甘泉（今扬州市）人，为胡林翼道光二十年（1840）典江南乡试时所取中举人，系其门生，历官崇阳、蕲水知县，咸丰六年入幕，深受胡氏信任。见《汪梅村先生集》卷十一，文海出版社 1967 年影印本，第 449—454 页。

⑤《胡林翼集》第 2 册，岳麓书社 1999 年版，第 302 页。

⑥梅宪华：《晚清的官书局》，《出版史料》1989 年第 3、4 期合刊。

的意义和价值，认为该书局与左宗棠书局一样没有名称、刻书很少、存在时间短，并不成其为书局，对后来官书局的兴起也几乎没有产生影响，就此而言曾国藩才是官书局的首创者。① 应该说这样的说法是站不住脚的。因为如果以有无局名、刻书多少及存在长短来衡量一个书局，那么曾国藩所开书局刚开始也没有局名，并且刻书无多，主要是一部《船山遗书》，它也不应该算是一个书局啊。事实上，判定一个书局的标准，看它是否存在过，有无刻书的业务即可。胡林翼所开书局是个实体，有场所，有管理者和校书人员，也有具体的刻书计划和活动，更重要的是不以坊刻为式，有自己的组织管理章程，因此不能说它不是个书局。同理，左宗棠刻书的具体过程虽因缺乏材料难以知晓，但其所开书局也是个不折不扣的书局。既然湘军将帅都开的是书局，那可以按照时间先后来排序：最早设局刊书的是胡林翼，其次为曾国藩和左宗棠。

厘清了湘军将帅设局刊书的情况，遂可以探讨晚清官书局的兴起问题。官书局是同光年间各地设立的刻书机构的统称。作为地方官刻，其刻书取代业已式微的中央官刻，在清代出版史上占有重要的一席之地。有学者认为官书局的大规模兴起是各地遵旨设局的结果，与胡林翼等湘军将帅无关。清代实行严格的中央集权制度，设机构必须事先奏报皇帝，因没有查到湘军将帅有请设书局的奏疏，所以他们不是官书局的创始者。② 这个观点言之成理，产生较大影响，但失之偏颇。的确，在清朝前中期，中央高度集权，“事权之一，纲纪之肃，推校往古，无有伦比”③，凡事都必须奏报朝廷，可到了后期，曾经的盛世不再，中央权威日渐削弱。尤其在十九世纪中叶，面对太平天国的强劲冲击，清朝中央无兵可调，无饷可拨，只好听任地方督抚自募军队，自筹军饷，原来属于中央的军权、财权乃至用人权遂逐渐下移，于是地方上的许多重大

①王建辉：《曾国藩与近代中国出版》，《编辑学刊》1995年第5期。此文观点得到了一些学者的赞同，产生一定的影响。

②吴家驹：《遵旨设局是清末创办官书局的主要原因》，《编辑学刊》1997年第6期；汪家熔：《地方官书局》，《图书馆建设》2002年第2期。

③梅曾亮：《柏枧山房诗文集》，上海古籍出版社2005年版，第19页。

事情都不是奉旨而作，而是事后奏报。湘军将帅所办书局是他们因见各处藏书荡然无存，基于卫道卫教的使命感，自搜文粹，自定选题，在幕府中设局刊刻，表达的是他们各自的兴趣和关切，无关乎军事、财政和人事等重大事项，本来就没有必要向朝廷汇报。只是太平天国扑灭以后，急于重建社会秩序的朝廷从江苏学政鲍源深的奏折中得知“江宁省城已设局刊刻四书五经”①，觉得地方设局刊书这种创新形式有利于敦崇正学，振兴文教，便于同治六年（1867）五月初六日下旨予以推广。在这种情况下，各地为响应朝廷号召，才纷纷奏设书局。官书局的大规模兴办肇始于此。

鲍源深所谓的江宁省城书局指的就是曾国藩所创办的金陵书局。如前所述，曾国藩是为刊刻《船山遗书》而于同治二年在安庆开设书局的。次年六月金陵克复，曾国藩将两江总督治所迁回至金陵，书局因《船山遗书》未刻竣而随曾国藩移局东下。不久，曾国藩奉命北上剿捻。接任江督的李鸿章“悯乱后书籍残毁，坊刻经书多误文俗字”，“欲重刻五经、四书以为童子读本”，② 便利用该书局刻书。《周易本义》为书局所刊诸经读本的第一种书，用的牌记为“同治四年金陵书局开雕”，说明李鸿章已为曾国藩所开书局起名“金陵书局”。同治五年十一月，曾国藩因剿捻无功，回任江督，接受了金陵书局这一名称。③ 同时他认识到书局刊书有助于战后江南文化的复兴，便将之当作一项重要的政务来从事：首先，根据李鸿章的刻书计划，接刊史部书籍。在给何绍基的信

---

①陈弢辑：《同治中兴京外奏议约编》卷五，上海书店 1985 年影印清光绪刻本，第 5 页。

②张文虎：《覆瓿集·舒艺室尺牍偶存》，清光绪十五年刻本，第 33 页；陈大康整理：《张文虎日记》，上海书店出版社 2001 年版，第 52 页。

③曾国藩于同治六年三月初六日入住金陵督署，二十三日，就在回复朱兰的信中说：“金陵书局暂不议撤。”（《曾国藩全集·书信九》，第 6283 页）可见，他接受了李鸿章代起的金陵书局这一名称。拙作《金陵书局考辨——以晚清同光时期为中心》（载《史林》2011 年第 6 期）对此作了专门的论述，可参看。唯文中“三月初六日，在回复朋友的信中，他第一次使用金陵书局这一名称”一句，“三月初六日”应为“三月二十三日”，系误植，但笔者在文章修改及刊发的过程中，未发现此误，特此致歉，并予以更正。

中，他提及此事说："李帅饬局刻诸经读本，国藩回任后继刻'三史'。"① 其次，移书局于城西冶城山飞霞阁。据张文虎同治六年日记，三月十四日，"与缦老、壬叔往看飞霞阁，以节相命迁局于此故也"；十七日，即"迁局飞霞阁"。② 第三，调整人事，完善组织机构。指派幕府中的学者承担书局工作，周学濬任提调，张文虎、李善兰、汪士铎、唐仁寿、刘毓崧和刘恭冕六人为校书人员，经费则由江宁知府涂宗瀛负责，"以为久计"③。由此不难看出曾国藩对金陵书局的整顿与先前胡林翼所开书局有些类似，如果说当时胡林翼的首创尚有不完善的话，那么此时曾国藩则赋予金陵书局更多的内涵，使之朝规范化、制度化的方向发展。正因为有他们二人前驱先路的探索，这种由地方自行设立的书局才有比较成熟的经营模式，所以一经鲍源深奏报，即为朝廷所接受，并在全国范围内推广。于是，引发了同光年间设立官书局的风潮，时间绵延二三十年，范围波及边远省份。

不仅如此，作为学问家，曾国藩在金陵书局的经营方面也作出了很好的榜样和示范。他刊刻《船山遗书》时，曾动用各种关系搜访船山遗书稿本，使其成为历史上第一部较为系统全面的船山著作汇编。而当朝廷敕令各地设局刊书的谕旨颁布之后，他更为书局的长远发展着想，不断出台新的举措。如派人出去访书，为书局购置《周礼》《尔雅》等经书板片，同书局中人商量刊书章程，欲刊《仪礼》《穀梁传》《孝经》《三国志》《文选》等书。又为书局引进刘寿曾、戴望、周世澄等人才。④ 尤为重要的是他注重以制度立局，要求提调周学濬订立一系列规

---

①《曾国藩全集·书信九》，岳麓书社 1994 年版，第 6620 页。另张文虎同治六年致函曾国荃，也说："今春经书甫竣，而节相回任，接刊《史记》、班、范三书。"见张文虎《覆瓿集·舒艺室尺牍偶存》，第 35 页。

②陈大康整理：《张文虎日记》，上海书店出版社 2009 年版，第 85 页。书局迁移飞霞阁的时间一般都作同治七年，据吴家驹《清季各省官书局考略》（《文献》1989 年第 1 期）云柳诒徵《国学书局本末》、钱基博《版本通义》是始作俑者。以后诸文均沿袭是说。尽管吴氏已指出问题，并有所怀疑，但亦不能解决，当是与诸家一样未读到《张文虎日记》使然。

③陈大康整理：《张文虎日记》，上海书店出版社 2009 年版，第 87 页。

④陈大康整理：《张文虎日记》，上海书店出版社 2009 年版，第 117、139、116 页。

章制度，并产生了通过重刊经典来创立金陵书局品牌的思路。同治六年十二月，他致信周学濬说："前此面商，前、后《汉书》每卷之末一叶刻一戳记，云'金陵书局仿汲古阁式刻'。昨见局版尚未添刻，请即饬令以后各卷皆须增刻。以前各卷可补者补之，不可补者听之。"① 两《汉书》是这年四月责成刘毓崧、刘恭冕分校的，8个月之后，他要求每卷卷末都刻上金陵书局戳记，未刻的须增刻，可补的也要添补，说明他的思路不是瞬间形成，而是有个过程，一旦确定，坚决执行。这是后来金陵书局能够以校勘著称、享有盛名的重要原因。

叶德辉曾揭示清朝有个怪现象，不仅坊刻和私刻不大愿意刻经史书籍，就是官刻也如此，像毕沅、阮元等有学问的封疆大吏，"性喜校刻古书，而独不及诸经正史"②。但金陵书局在曾国藩等的主持下，刊刻了不少经史书籍。其中既有李鸿章继梓的经书，也有马新贻倡刻的《二十四史》，但更多的是曾国藩与书局同人商刊的书，内容广泛，题材多样，有程朱理学著作，也有天文历算及西学书；有学中读本，亦有经典史籍；还有诗文集以及考订类书籍等，不仅为士子读书应试所必需，而且弥补了此前清代刻书的不足，正如何绍基在书局初迁金陵所寄言的那样，"谓宜刊罢船山集，遍梓人间有用书"③。

三、纲维国本，传承学术

据统计，同光年间所创办的官书局有二三十家，刻书一千多种。④这些书在版本学上被称为"局本"。不少学者认为其中的四书五经，尤

①《曾国藩全集·书信九》，岳麓书社1994年版，第6513页。

②叶德辉：《书林清话》，辽宁教育出版社1998年版，第204页。

③何绍基：《东洲草堂诗钞》卷二十六，清同治六年刊本，第16页。

④梅宪华：《晚清的官书局》，《出版史料》1989年第3、4期合刊；叶再生：《中国近代现代出版通史》第1卷，华文出版社2002年版，第321－362页。其中，梅宪华将京师官书局、京师编译局、大同译书局也列为官书局，窃以为不妥。所谓官书局应是指同光年间地方大员所创办的刻书机构，这从官书局所刻书在版本学上被称为"局本"也可见一斑。因此，凡不是地方大员所创办的书局，尽管有官书局之称，也不应视为官书局。

其是御纂、钦定类书籍封建色彩很浓，并且各地重复出版，造成出版资源的浪费。其实这些都是以今衡古，并不符合当时的实际情况。众所周知，清代尊崇程朱理学，奉之为官方意识形态。清初诸帝不仅要求臣下沉潜往复，讲明切究，而且以身作则，博览经史，亲为裁定，刊版通行。有一个大臣评论说："臣伏读世祖章皇帝御注《孝经》；圣祖仁皇帝御纂《周易折中》，钦定《书》《诗》《春秋》三经《传说汇纂》；世宗宪皇帝御纂《孝经集注》；高宗纯皇帝御纂《周易述义》《诗义折中》《春秋直解》《钦定三礼义疏》，皆阐发精微，权衡至当，足使穷经之士不淆于众说，得所指归。"① 这些钦定、御纂书"特为士子学习有益而制"，"欲士子人人诵习，以广教泽"，所以都颁行各省，听其刊布。当时的地方官刻主要是奉敕刊刻御纂诸书，并保存书板。

但随着乾隆中后期起学风的转变及清朝国势的衰落，程朱理学不再受到重视，中央官刻也日渐式微，致使御纂诸书很少刊刻，相应的理学著作也难觅踪迹。生活于乾嘉年间的昭梿曾以亲历者的身份述及此事："自于、和当权后，朝士习为奔竞，弃置正道。黠者诟詈正人，以文己过，迂者株守考订，訾议宋儒，遂将濂、洛、关、闽之书，束之高阁，无读之者。余尝购求薛文清《读书记》及胡居仁《居业录》诸书于书坊中，贾者云：'近二十余年，坊中久不贮此种书，恐其无人市易，徒伤资本耳！'"听闻此语，昭梿不禁慨叹："伤哉是言，主文衡者可不省欤？"② 不久，包括主文衡者在内的很多人都发现并反思这个问题。嘉道年间，百年盛世已经过去，中国社会"四海变秋气"，危机重重，不少学宗程朱的士人将之归因于理学长期受冷遇，从而"人心惯于泰侈，风俗习于游荡"所致。③ 为了挽救危局，他们呼吁加强教化，重振程朱理学，得到朝廷的支持。于是，在朝廷的扶植和理学士人自身的努力下，嘉道年间出现了理学复兴的迹象。

到了咸同时期，起于边远地区的太平天国"窃外夷之绪，崇天主之

①陈弢辑：《同治中兴京外奏议约编》卷五，上海书店 1985 年影印清光绪刻本，第 6 页。

②昭梿：《啸亭杂录》，中华书局 1980 年版，第 317—318 页。

③《龚自珍全集》，上海人民出版社 1975 年版，第 485、106 页。

教”，居然能够号令群众，横行中原，令朝廷和理学士人在恐慌和痛恨之余，意识到扶持名教以挽救人心、对抗异教的迫切性和重要性。理学由此迎来了全面复兴的契机。理学士人高举卫道旗帜，重申名教“敦叙人伦，君臣父子，上下尊卑，秩然如冠履之不可倒置”①，朝廷则命令各地加强理学教育，以昌明正学，改善士习士风。如咸丰皇帝甫登基就下谕书院、家塾教授生徒，必须“以《御纂性理精义》《圣谕广训》为课读讲习之要，使之家喻户晓，礼义廉耻油然自生，斯邪教不禁而自化，经正民兴，庶收实效”。而同治皇帝萧规曹随，继位之初，也敕令各直省学政“凡校阅试艺，固宜恪遵功令，悉以程朱讲义为宗，尤应将性理诸书随时阐扬，使躬列胶庠者成知探濂、洛、关、闽之渊源，以格致诚正为本务，身体力行，务求实践，不徒以空语灵明，流为伪学”。同治四年，即太平天国被扑灭后的第二年，他又下谕说：“现在江南地方已臻底定，各州县学宫如有被贼焚毁者自当次第兴修……以副朝廷振兴文教至意。”②

然文化的重建并非一纸诏书就能奏效。同治六年，视学江苏的鲍源深发现这个东南文明大省仍未从兵燹中恢复过来，旧藏书籍荡然无存，士子有志于书却无从购觅，他惊呼“苏省如此，皖、浙、江右诸省情形谅亦相同”，遂上《请购刊经史疏》，建议重刊经史俾士子有书可读，以兴学校而育人才。这一奏疏所反映的情况是深宫里的皇帝所不了解的，可提出的建议符合皇帝历来的旨意，所以引起高度重视。很快同治帝谕令各省督抚“将列圣御纂钦定经史各书先行敬谨重刊……俾各省士子得所研求，同敦实学，用副朝廷教育人才至意”③。皇帝下旨，各省设局出版御纂、钦定诸书，一方面自然是奉旨行事，另一方面也是遵照“祖

---

①《曾国藩全集·诗文》，岳麓书社 1994 年版，第 232 页。

②《清实录·文宗实录》(一)，中华书局 1986 年版，第 335 页；《清实录·穆宗实录》(一)，中华书局 1986 年版，第 609 页；《清实录·穆宗实录》(四)，第 97—98 页。需要指出的是，同治帝继位时尚年幼。不可能自行处理政务，但谕旨都是以他的名义发布的。为行文方便，下面的论述仍以同治为主体。

③《清实录·穆宗实录》(五)，中华书局 1986 年版，第 604 页。

宗成法”。另外，当时没有批量出书的技术条件，也没有形成全国统一的出版市场，所以不能说是造成出版资源的浪费。而康雍乾“列圣”所纂述的程朱理学经义，以躬行实践者教天下，在后来的君臣眼里，是“绍前圣之心法，集先儒之大成”①，足以正人心、厉风俗、兴教化、致太平。所以官书局重刊这些书，于乱后亟需社会重建的同治朝而言，是崇儒重道以恢复元气之举，“此其纲维国本者，岂不伟邪”②；即使对今天来说，这些书也不存在封建色彩很浓的问题，因为可以将之作为史料，了解清前期的社会情状及各帝王的统治思想。

就此说来，御纂、钦定类书籍的刊刻并非毫无价值。更重要的是，除了这些书之外，晚清官书局还刊刻了不少经史子集以及牧令、政治等切于日用的书，保存了大量的文献典籍。光绪十五年（1889），广西巡抚马丕瑶为开设书局，奏调江南、浙江、广东、湖南、湖北、四川各省局刊经史作为择刊样书，朝廷允如所请。各省局书陆续送到后，他非常兴奋，奏称：“裒集群籍，蔚为大观。其中，经史巨帙凡艺林承学之士所当家弦户诵者，固已灿然美备，即名物象数、专门撰述亦颇并蓄兼收……发捻之乱，烽火遍诸行省，海内藏书毁失不少。荡平以后，曾国藩、李鸿章、左宗棠等皆孳孳以此为务，所至辄设局刊书。二十余年，网罗散佚，渐复旧观。”③ 在各省藏书毁失十之八九的情况下，晚清官书局设立20多年，已刊书籍便灿然美备，渐复旧观，可见其成效显著。另外，一些官书局的校书人员多为博雅之儒，他们学有所长，又非常敬业。往往广求诸本，精心雠校，编校质量世所公认。因此，官书局所产生的影响非常深远，一方面局书售价低廉，尽人可购，有裨诵习，起到兴学育才的作用，促成了当时所谓的中兴之治；另一方面精刊精校的局

①朱克敬：《儒林琐记·雨窗消意录》，岳麓书社1983年版，第52页；素尔讷等纂修，霍有明、郭海文校注《钦定学政全书校注》，武汉大学出版社2009年版，第20页。

②慕玄父：《柏堂师友言行记序》，载沈云龙主编《近代中国史料丛刊》第二十二辑，文海出版社1972年版，第4页。

③马吉森、马吉樟编：《马中丞（丕瑶）遗集》，载沈云龙主编《近代中国史料丛刊》第五十八辑，文海出版社1972年版，第91—93、207—211页。

书广泛流传，客观上整理和保存了经史典籍，有助于学术文化的流播和传承。

结　论

“古来斯文有厄运，兰台典册何人收。”① 自古以来，我国图书文献命运多舛，历经劫难，有五厄、十厄，甚至十五厄之说。② 尽管屡遭厄运，令人扼腕，但兰台典册有人收。在历朝学人的努力下，总能网罗散佚，并达到新的高度，因此我国文化绵延不绝，未曾中断，而所留传的载籍也汗牛充栋，浩如烟海。19世纪中叶，太平天国崛起东南，“劫历红羊失五车”③，惨烈的书厄再次上演。而这次率先发起收兰台典册的是湘军将帅，“中兴将帅，每克复一省一郡，汲汲然设书局，复书院，建书楼”④。其中最早在幕府中设局刊书的是胡林翼，而最为知名、影响最大的则是曾国藩幕府刻书。所以晚清官书局实由胡林翼创开先声，而曾国藩则在促成官书局的广泛兴办方面起了很大作用。

各地官书局虽然存在时间长短不一，刻书质量也良莠不齐，但都以广集群书、振兴文教为己任，刊刻可供士子诵读研习的经史著作。经过一番努力，“古今中外有用之书，官书局有刻本者居十之七八”。这些书“官价无多，尽人可购，故海内之士多有枕经葄史，博览群书，堪为世用者”⑤。可见，官书局除了重刻旧籍，还新刊“古今中外有用之书”，继承了历朝书厄后裒集群籍的优良传统，使晚清时期官方的图书出版事业赖以不坠。不仅如此，官书局皆慎选通儒，审校群籍，所刻书以校勘

①太平天国历史博物馆编：《太平天国史料丛编简辑》第6册，中华书局1963年版，第456页。

②祝文白：《两千年来图书之厄运》，《东方杂志》1945年第41卷第19期。

③朱孔彰：《题江南曾文正公祠百咏》，载王澧华校点《曾国藩诗文集》，上海古籍出版社2005年版，第546页。

④夏东元编：《郑观应集》（上），上海人民出版社1982年版，第304页。

⑤朱寿朋编纂：《光绪朝东华录》（四），中华书局1958年版，第3793页；夏东元编《郑观应集》（上），第304页。

精审、版本可靠著称。凡此种种，不仅足以衣被庠序，造就人才，而且其遗泽余韵亦可嘉惠来学，传诸后世。

果然，到 20 世纪 30 年代，学者朱士嘉因研究需要，无意中涉及官书局所刻的书。经过调查，他认为局书既合实用，价又低廉，含有普及性，遂将官书局比拟为“一位传布文化、普及教育的无名英雄”，“少数珍藏秘笈，经它一来，便可人手一册；通常‘洛阳纸贵’的，经它一来，便‘价均从廉’了。而且，那里的书籍，都经过通人达士的校勘，讲起版本来，也很可靠”①。朱士嘉所言洵非过誉。1949 年后，中华书局、上海古籍出版社等专业出版社都曾点校或影印官书局刊刻的《史记》《二十二子》等书，原因就是版本完善、雠校精审。此时官书局早已化作历史的云烟，但它就像驿外断桥边的梅花一样，尽管零落成泥碾作尘，只有香如故。

（原载《福建论坛：人文社会科学版》2015 年第 2 期）

①朱士嘉：《官书局书目汇编・引言》，中华图书馆协会 1933 年版。

五书局合刻《二十四史》

邓文锋

太平天国运动后，曾国藩鉴于“公私储籍灰灭，寒畯艰于得书”的现实，首设金陵书局，刊刻经史古籍并廉价发售，开晚清官书局之滥觞。其后，风气所及之处，各省督抚纷纷仿行，多有设局刊书之举。

作为官方的图书出版机构，各省官书局并不以追逐商业利益为目的，故其所刻书以数量巨大、版本精良、雠校审慎、售价低廉而著称，被海内誉为“局本书”，深受读者欢迎，在保存古籍、传播文化知识等方面功不可没。为了缩短出版周期，加快资金运转，保证所刊书籍的精勘精校，各书局之间更能通力合作，共同刊刻了卷帙浩繁的《二十四史》，开我国近代图书出版业合作刻书之先河。

《二十四史》即我国二十四部纪传体史书的总称，始于《史记》，止于《明史》，完整、系统地记录了明亡以前中国数千年的历史，是研究中国历史的最全面、最权威的著述，具有极高的史料价值和文学价值。同治八年（1869），金陵、浙江、湖北、江苏、淮南五书局谋求合刻《二十四史》。据俞樾《与王甫兄》称：

> 今春（即同治八年春），李筱泉中丞（即李瀚章）谋合各省会书局刻《二十四史》，属弟商之江南督抚，因先与丁禹翁（即丁日昌）商量，许刻辽、金、明三史。嗣于三月中，得马穀翁（即马新贻）回书，金陵书局从《史》《汉》起，直任至《隋书》而止。遂携书与筱翁面议，浙江刻新、旧《唐书》及《宋史》而止，而以两五代及元史请少荃伯相（即李鸿章）于湖北刻之，三四年后，全史

告成，一巨观也。弟忝书局总办，实则总而不办，深愧素餐。惟此事稍有赞助之功。（《春在堂尺牍二》）

据此可知，合刻史书之事由时任浙江巡抚的李瀚章（旋署湖广总督）首倡其议，俞樾则从中多方斡旋，先后联络两江总督马新贻、江苏巡抚丁日昌、湖广总督李鸿章，往来函商，终于玉成此事。

俞樾，字荫甫，号曲园，道光三十年（1850）进士，保和殿复试时因诗中有“华落春仍在”一句，为曾国藩所激赏，得置第一。自咸丰七年（1857）从河南学使任上以事罢归后，俞氏便寄寓苏州，潜心著述讲学。太平天国运动后，浙江奏设书局，其时俞樾正主讲杭州诂经精舍，遂被延聘为书局总办。俞氏原本出自曾国藩门下，故与当时出任江南各省督抚的湘淮军大员极称稔熟。合刻史书的建议甫被提出，便得到各省督抚的大力支持。由于书局之间合作刻书为先前所未有，故各省督抚均极为重视，若曾国藩、丁日昌、李鸿章、李瀚章、马新贻等人，皆亲自过问此事。同治八年（1869），清廷亦奏准五书局合刻《二十四史》称：“再浙江、江宁、苏州、湖北四省，公议合刻《二十四史》，照汲古阁《十七史》板式、行数、字数，较各家所刻者为精密……俟各书刻成之日，颁发各学书院，并准穷乡寒儒、书肆贾人随时刷印，以广流传。”①

“一部《二十四史》，不知从何说起。”对于这样一部卷帙浩繁的史书，各省官书局进行合刻，不失为一种有益的尝试。其可取之处在于：其一，可以大大缩短出版周期。一部《二十四史》共三千余卷，约四千万字，如果由某一个书局采用传统雕版方式刊刻，非数年、十数年不能完成。各书局分任数部，则众力易举，成书迅速。其二，容易筹措刻书经费。刊刻一部数千卷的巨帙，先期经费投入必然十分巨大，考虑到晚清地方各省财政状况的日益恶化，其投入远非一省、一所书局所能独任，各书局分任数部，则可以化多为少，经费易筹。其三，有利于精审校勘。作为官方的图书出版机构，各省官书局均有一批长于小学、精于校勘的名家学者，然道术庞杂，学业纷繁，有所长必有所短，工于此或绌于彼，故校书贵在得人，这样才能用其所长。

---

①《清会典事例》卷三八八《礼部九九·学校》，文海出版社 1992 年版。

校勘古籍，需备众本。备众本包括两方面内容：其一，宜广储副本，以便多本对照，抉择去取。古书流传至今，有多种刻本，而各本之间又往往会有差异，两相比较，便可订其是非。五书局合刻《二十四史》，便备有多种副本以备校勘。俞樾在诂经精舍曾以《会刻全史章程》命题，令士子作文，肄业生潘鸿拟章程八条以进，其中一条即规定：

> 《二十四史》除殿版外，有汲古阁《十七史》本、明南北监版《二十一史》本。其单行本之佳者，《史记》、两《汉书》、《新五代史》有明汪氏本，《史记》《汉书》有凌氏评林本，《后汉书》有元刻本，南、北《史》，新、旧《唐书》各有合钞本，《旧唐书》有明闻人诠本。其间异同不一，应作校勘记附末。（《春在堂随笔三》）

由以上可知，为了保证刊书质量，各书局均准备了多种副本以备校雠，五书局合刻《二十四史》，或以殿本作底本，或以汲古阁本作底本，皆能择善而从。

其二，广储众本以资对所校书籍进行考订。校书首贵广罗异本，其次莫若博采相类之书，将本书文字与他书互见者，两相勘比，根据他书以校正本书文句原始的讹误。为了保证所刊史书质量，各书局不仅备有多种副本，而且准备了众多“足资考订”之书。“其他如《通典》、《通考》、《通鉴》、《续通鉴》、《弘简录》、《宋史新编》、《东都事略》、李焘《长编》、《历代名臣奏议》、《宋元学案》、王鸿绪《明史稿》、吴任臣《十国春秋》、厉鹗《辽史拾遗》之类，凡足资考订者，皆宜购备。”①上述所列各书，多为有关典章制度考订以及各种拾遗补阙之书，对正史的研究皆有补苴罅漏之功。他山之石，可以攻玉。利用这些相关书籍，可以更好地对《二十四史》的相关内容进行考证。

校勘古籍，必极审慎。古书流传日久，辗转翻刻，鲁鱼亥豕之例，多所不免。书籍之精，实由于校，正其讹夺，补其脱落，而后得成善本。五书局合刻《二十四史》，其中《史记》一书由金陵书局的张文虎、唐仁寿负责。由于张氏“妄冀会合诸家，参补未备，求胜旧本，乃三年

---

①俞樾：《春在堂随笔三》，江苏人民出版社 1984 年版，第 40 页。

荏苒，刻鹄未成，人言实多，无以自解"[①]，时任直隶总督的曾国藩在得知此种情况后，遂致函张文虎云："《史记》旧少善本，此次会合诸家，斟酌体例，当可度越诸本，即成功稍迟，自不必以局外之讥评介意也。"[②] 对张文虎的认真负责态度给予理解和支持。在另一封致张文虎、唐仁寿的信函中，曾国藩表达了同样的意思："《史记》十表，尚未刊就，又有四五卷须重刻者，自难迅速竣工。鄙意但求校雠之精审，不问成书之迟速。"[③] 此言一出，"但求校雠之精审，不问成书之迟速"不仅成为五书局合刻《二十四史》的原则，而且亦被晚清各省官书局奉为刻书圭臬。

校勘古籍，贵任专才。《二十四史》是一部包罗万象、贯通古今的"百科全书"式资料宝库。各史本纪部分连贯起来就是一部中国编年史，历代食货志就是一部中国社会经济史，历代经籍志、艺文志就是一部中国学术史，历代本纪中的有关内容和民族传可以编成中国民族发展史，历代外国传是编写中外关系史的重要资料，天文、五行、祥符等志是研究历代灾异、地震等自然灾害的珍贵资料。校勘贵任专才，特别是对于无所不包的正史更是如此。"闻道有先后，术业有专攻"，对于上述这些知识领域而言，校勘之人贵专不贵博。在潘鸿拟定的刻书章程中，其中一条即规定："天文、律历等志，非平时所专习者不能订其讹夺，每局应延请精于历算、星学者一二人专校天文各志。"[④] 不但天文、律历需要专才，其他如礼乐、五行、地理、食货、经籍、职官等志，必先得其人而后能成。

五书局合刻《二十四史》，为中国刻书史上前所未有之事。为了统一全书版式，俞樾曾致函两江总督马新贻云："尊意全史格式宜求一律，请将金陵新刻前、后《汉书》样本寄来一二本来，俾各局知所法守，幸甚。"[⑤] 在收到金陵书局所刻样书后，俞樾致函马新贻云："顷，杨石泉方伯（即杨昌濬）交到前、后《汉书》各一部……略一展玩，其字体工

①张文虎：《舒艺室尺牍偶存·复湘乡相侯》，《覆瓿集》，清同治至光绪年间刻本。
②③《洪汝奎等书札》，国家图书馆藏稿本。
④俞樾：《春在堂随笔三》，江苏人民出版社 1984 年版，第 40 页。
⑤俞樾：《与马榖山制府》，《春在堂尺牍二》，文海出版社 1973 年版。

整，格式大方，洵为海内善本。即函告浙局诸同人，新、旧《唐书》照此刊刻，使成一律，亦艺苑之巨观也。”① 就此次合作刻书的结果来看，全书版式最终虽并未完全统一，但基本上大同小异：各书左右双边（崇文书局所刻三种是四周双边），白口，单鱼尾，半页十二行，行二十五字。在论及此次五书局合刻《二十四史》时，李致忠说：“五省官书局能通力合作，按统一款式，共刻一部大书，这在中国历史上是缺乏前例的……此则共同刊布，至今世上仍不罕传。这也可以算是清代地方官刻书中的一件壮举吧。”②

正是由于上述诸多原因，故五书局合刻的《二十四史》一经刊行，便以其底本精良、校雠审慎而深受士子欢迎，被誉为“局本《二十四史》”。新中国成立后，中华书局陆续推出标点本《二十四史》，其中就大量参考了官书局合刻的史书，或以之作底本（如《史记》），或以之作参校本（如《汉书》《后汉书》等）。更难能可贵的是，五书局在刻书过程中的分工合作、精审校勘、统一体例等经验，均为我们当前的古籍整理和出版工作提供了宝贵的借鉴。

附表如下：

书局名称	所刻史书
金陵书局	《史记》《汉书》《后汉书》《三国志》《魏书》《晋书》《宋书》《南齐书》《梁书》《陈书》《北齐书》《周书》《南史》《北史》
淮南书局	《隋书》
浙江书局	《新唐书》《旧唐书》《宋史》
江苏书局	《辽史》《金史》《元史》
湖北书局	《旧五代史》《新五代史》《明史》

（原载《出版史料》2010 年第 2 期）

①俞樾：《与马穀山制府》，《春在堂尺牍三》，文海出版社 1973 年版。

②李致忠：《古籍版本知识 500 问》，北京图书馆出版社 2001 年版，第 158—159 页。

五局合刻《二十四史》考述

马学良

《十三经》及其注疏、《二十四史》是中国古籍的主干，是中国古代文化的主要载体。因此，对于正经、正史的校勘整理、传抄雕印，从来都是文化上的大事。[①]清同光时期由金陵、淮南、浙江、崇文、江苏五大地方官书局联合刊刻《二十四史》，即是清代地方官府刻书的绝唱之作，也是清代雕版印刷史上的大事，对《二十四史》在晚清民国间的流传与普及起到了不可忽视的作用。

关于五局合刻《二十四史》事，已有张宗友、吴瑞秀、吴家驹、江凌、邓文锋、马志立等多位文献学、出版史领域的学者零星论及，但是作为清末乃至中国雕版印刷史上的一件盛事，迄今尚未见全面系统的梳理。今年适逢湖北崇文书局设局150周年，故在各家研究基础上，通过梳理晚清五大官书局联合刊刻《二十四史》这一盛举的前后原委，彰明其在出版史、版本学史上应有的地位，同时也是对参与此事并最终承担全部书版管理与刷印任务的崇文书局的纪念。

一、五局合刻《二十四史》的背景

有清一代的出版事业，前承宋、元、明三代刻书余绪，同时不断采

---

①杜泽逊：《影印乾隆武英殿本〈十三经注疏〉序》，载宫晓卫主编《藏书家》第19辑，齐鲁书社2015年版，第91—94页。

用新的印刷技术，开创了我国封建社会出版史上最为辉煌的局面。清代前、中期，官府刻书以清内府武英殿刻书最为卓著，清中期以后武英殿刻书渐趋衰微，各地官书局刊书之风蔚然而起，刊印了大量经史图籍。其中，江南五局联合刊刻《二十四史》这样一大套图书，绝非偶然为之，而是其所处特殊时代背景的必然产物。

（一）中央官府出版衰落，地方官府成为晚清出版主力

清代处于封建社会末期，但在雕版印刷事业上却登上了历史顶峰。特别是康雍乾时期，社会相对安定，经济繁荣，国力强盛，统治者一方面为了昭示"稽古右文，以彰千古同文之盛"，另一方面也为了笼络汉族知识分子，大兴刻书之风，并构筑了从中央到地方全方位、立体化的官府刻书体系。除了武英殿刻书，中央官府刻书机构还有中央各部、院刻书，如户部、礼部、国子监、钦天监等机构的刻书。其中，中央刻书以内府刻书为主，而内府刻书主要集中于武英殿修书处，故清内府本又往往被称作"殿本"。清代内府刻书出于政治统治与思想钳制需要，刊刻了大量儒家经典、敕纂修图书和御制、御纂图书。据《清代内府刻书目录解题》著录，清代内府刻书多达 1310 种①。无论是从刻书数量，还是刻书覆盖范围，清代内府所刻之书都远迈宋、元、明三代中央官府刻书。中央官府刻书的兴盛，虽然主观上是为了宣扬维护封建统治思想，但是客观上也丰富了图书出版的种类，为天下士子读书提供了一定的便利。

但是，随着封建社会的没落、西方列强入侵，社会开始动荡不安，积贫积弱的中央朝廷再无昔日雄厚的财力用以刻书。尤其是嘉庆以后，中央官府刻书步入渐消渐亡的衰败期。② 从这个角度来说，中央官府在文化事业上的力不从心，急需地方官府在文化出版事业上形成补充力量，这是晚晴官书局兴起且刻书活动频繁的主要原因之一。

---

①辽宁省图书馆、故宫博物院合编：《清代内府刻书目录解题》，紫禁城出版社 1992 年版。

②翁连溪：《清代内府刻书研究》，故宫出版社 2013 年版，第 22 页。

（二）恢复封建文化秩序促使对图书的现实需求

清朝末年，中国社会进入了动荡与变革并存的时期，内忧外患纷至沓来。尤其是道光年间的太平天国农民运动，因为披着拜上帝教的外衣，对传统文化予以排斥，对传统典籍冠以“妖书妖说”一概予以焚毁，甚至出现了“敢将孔孟横称妖，经史文章尽日烧”的惨烈局面，导致大量民间藏书被破坏焚毁，公私典藏几尽荡于战火，其中尤以江南地区图籍损毁最为严重。祝文白在《两千年来中国图书之厄运》一文中说：

> 太平天国之乱，江浙两省，如苏、松、常、镇、扬、杭、嘉、湖、宁、绍等旧府署，先后沦陷。所有东南藏书，如常熟毛氏汲古阁、鄞县范氏天一阁、昆山徐氏传是楼、桐乡鲍氏知不足斋、阳湖孙氏平津馆、海宁吴氏拜经楼，多有散失，尤以天一阁为甚。①

清末藏书家国英也曾记载当时的社会情形道：

> 时值发、捻、回各逆滋扰半天下，版籍多毁于火，书价大昂，藏书家秘不示人，而寒儒又苦无书可读。②

太平天国运动被镇压后，以湖北巡抚胡林翼、两江总督曾国藩、湖北巡抚曾国荃、浙江巡抚左宗棠、继任者马新贻、李瀚章为首的一批主政一方的地方大员意识到农民起义不但给地方政治、经济造成了沉重的打击，也对社会风气造成了极坏的影响，人心不古，风俗败坏。因此，欲重建封建王朝社会统治，恢复封建文化秩序，首要任务就是要敬教劝学，讲明正学，“扫异学之氛雾，入宋儒之堂奥”③，培育具备传统道统意识的封建人才。而培育人才首要任务在于刊刻经史图籍，让读书人有书可读，以获“经正民兴”“经史赖以不坠”之功。一时间各地方官书局纷纷把儒家经典和史部要籍列为重点刊刻对象。

---

①祝文白：《两千年来中国图书之厄运》，《东方杂志》第四十一卷，1945 年第十九期。

②国英：《共读楼书目序》，载李希泌、张树华编《中国古代藏书与近代图书馆史料》，中华书局 1982 年版，第 59 页。

③左宗棠：《创设正宜书局告示》，载宋原放主编《中国出版史料（近代部分）》第一卷，湖北教育出版社、山东教育出版社 2004 年版，第 446 页。

在上述两重历史背景下，地方官书局的刻书事业开始兴起并迅速发展壮大起来。

二、五局合刻《二十四史》的缘起与过程

（一）五局合刻《二十四史》之前的官刻正史

中国自古以来就有修史的传统，历史典籍极为丰富。正史之名，始见于《隋书·经籍志》之“世有著述，皆拟班、马，以为正史”。“二十四史”作为中国古代正史总称，其形成是一个逐渐的过程。魏晋时期有“三史”之称，即指《史记》《汉书》《东观汉记》；《隋书·经籍志》以《史记》《汉书》《后汉书》《三国志》合称“四史”，后人又称之为“前四史”；《旧唐书·经籍志》又增列《晋书》《宋书》《南齐书》《梁书》《陈书》《魏书》《北齐书》《周书》以及《隋书》，合为“十三史”；至宋朝，又加上《南史》《北史》《新唐书》《新五代史》，称为“十七史”；明代复增以《宋史》《辽史》《金史》《元史》，总为“二十一史”；清乾隆年间修成《明史》，又增《旧唐书》《旧五代史》，终成“二十四史”之名。

在五局合刻《二十四史》之前，官方与私家对正史的刊刻自宋迄清始终绵延不绝，主要有宋代的《眉山七史》本，元九路儒学所刻《十七史》①，明代南、北国子监本《二十一史》和汲古阁毛氏本《二十一史》，清武英殿本《二十四史》。

（二）五局合刻《二十四史》的组织过程与分工

清中期以后，各省纷纷创设书局，而各省督抚又彼此熟悉，互有往来。同治八年（1869）正月，时任浙江书局总办的著名学者俞樾向时任

---

①按，据李致忠先生考证，所谓元九路儒学刻《十七史》，“路即无九路，史也未刻《十七史》……总共是七路刻印了《十史》，其余诸史均未付梓”。但这次刻史，确属有元一代官府大规模刊刻正史之举。详见李致忠《历代刻书考述》，巴蜀书社1989年版，第189—190页。

浙江巡抚李瀚章①提出了联合各书局合刻《二十四史》的计划，他向李瀚章上书道：

> 前得书局同人书，知《周官》业已告成，想今年七经可毕矣。金陵拟接刊《三国志》，苏局谋开雕《明史》。吾浙七经毕工后，未知刊刻何书，已有定见否？或与金陵、吴门合成全史，或竟将《十三经注疏》刊行，经经纬史，各成巨观，洵士林之幸也。率尔布及，未知尊意有当否？②

可见，在五局合刻《二十四史》之前，江南各书局已经开始了正经正史的刊刻工作，俞樾在各书局均有刊刻正史计划而又未形成定局前提出了联合各书局分工完成一部"全史"的宏大计划。这一计划很快得到了李瀚章的支持，计划的落实方案也渐趋明朗。同年春，俞樾在给其家兄俞林的信中说：

> 今春李筱泉中丞谋合各省会书局刻《二十四史》，属弟商之江南督抚。因先与丁禹翁③商量，许刻《辽》《金》《明》三史；嗣于三月中得马穀翁④回书，金陵书局从《史》《汉》起，直任至《隋书》而止。遂携书与筱翁面议，浙江刻新、旧《唐书》及《宋史》，而以两《五代》及《元史》请少荃⑤伯相于湖北刻之。三四年后，全史告成，一巨观也。⑥

可见，发起时是由江苏、金陵、浙江、崇文四个书局分任刊刻任务。

但是，当俞樾将拟请江苏书局刊刻《辽》《金》《明》三史的想法与

---

①李瀚章（1821—1899），字筱荃，一作筱泉、小泉，晚年自号钝叟，安徽合肥人。李鸿章之兄。道光二十九年（1849）以拔贡朝考出曾国藩门下，时任两广总督。

②俞樾著，张燕婴整理：《俞樾函札辑证》，载《中国近现代稀见史料丛刊》第一辑，凤凰出版社 2014 年版，第 149 页。

③丁日昌（1823—1882），自禹生，一作雨生，号持静，广东丰顺人。时任江苏巡抚。

④马新贻（1821—1870），字穀山，号燕方、铁舫，山东菏泽人。道光二十七年（1847）进士，时任闽浙总督。

⑤李鸿章（1823—1901），字少荃，安徽合肥人。道光二十七年（1847）进士，授编修。时任湖广总督。

⑥俞樾著，张燕婴整理：《俞樾函札辑证》，载《中国近现代稀见史料丛刊》第一辑，凤凰出版社 2014 年版，第 598 页。

丁日昌沟通时，丁并不想参与此事，但是在俞樾的劝说下，还是答应了分担《辽》《金》《明》三部史书的刊刻任务。

> 李筱荃中丞书谋合江宁、苏州、杭州三书局合刻《二十四史》，属余谋之江南诸当事……以告苏抚丁雨生中丞。中丞稍难之曰："苏局已刻《资治通鉴》，应敏斋廉访又购得毕氏《续通鉴》，版归局中，则自明以前事迹具矣！吾再刻一《明史》，而三千年往事灿然在目，何事《二十四史》为？"
>
> 余曰："固也。然公并《明史》不刻则已耳，既刻《明史》，则一大部也，何不更刻一二种，以成此美举乎？"中丞首肯，乃以刻《辽》《金》《明》三史自任。①

俞樾与湖北书局李鸿章商议让其承担《五代史》和《元史》之事时，李却一心想刻《明史》，而不愿承接《元史》，这样就出现了两局争刻一史的局面。于是俞樾只好再次写信给丁日昌沟通此事：

> 昨在吴平斋观察处见陈稽亭②先生《明纪》一书，共六十卷，起自洪武，讫于福王、唐王、桂王，仿温公《通鉴》之例，首尾完全，详略有法，颇擅史才。尊议欲刻《明史》，补毕氏《通鉴》所未及，使学者不必读《二十四史》而数千年事犂然大备，此意甚盛。但《明史》与《通鉴》体非一律，若刻陈氏此书，则与《通鉴》体例相同，合成全璧，洵可于《二十四史》外别张一帜。且向来并无刻本，为海内所未见之书。若及此时付之梨枣，会见不胫而走，传播艺林，未始非吾局之光也。③

俞樾站在江苏书局的立场上，通过设身处地地为丁日昌分析，最终使丁氏接受了放弃《明史》、接受《元史》的建议。如此，四局合刻《二十四史》之事终于议定。

四局达成合刻意向后不久，两江总督马新贻意识到由金陵书局独任

---

①俞樾：《春在堂尺随笔三》，《春在堂全书》，清同治十年刻本。

②陈鹤，生卒年不详，字鹤龄，号稽亭，江苏元和人。

③俞樾著，张燕婴整理：《俞樾函札辑证》，载《中国近现代稀见史料丛刊》第一辑，凤凰出版社 2014 年版，第 55—56 页。

十五史，任务过重，恐耽误全史刊刻进度，于是提出最好能由其他书局分担一二种。同治八年四月，俞樾给李瀚章的信札也曾谈及此事：

越中之行，于月初返棹。连日霖雨，未克趋奉教言，怅甚。昨得马榖翁书，言自晋至隋，尚有八百余卷，不拘何局，剞劂先成，请分刻一二种，以冀早日毕工。此意闻已函达台端，将来自可通融，此时亦无庸预计也。少荃前辈有信来否？刻史之举，以为如何？①

最后，经过沟通，淮南书局分担了金陵书局承担的《隋书》：

九年，署运史庞际云请于盐政马端敏公，分刊江宁书局《隋书》。惟最初金陵书局所任刊印之十五史，于同治九年（1870），分其《隋书》给与其相辅翼之淮南书局，则最后《二十四史》，实分由五所书局刻印而成。②

这样，晚清最后一次由官府主持的大规模刊刻正史活动就由四局合刻最终变成了五局合刻之实。刊刻分工详如下表：

①俞樾著，张燕婴整理：《俞樾函札辑证》，载《中国近现代稀见史料丛刊》第一辑，凤凰出版社2014年版，第151页。

②谢延庚修，刘寿曾等纂：[光绪]《江都县续志》，《中国方志丛书》，成文出版社1974年版，第901页。

五局合刻《二十四史》详表

书局	书名	成书时间	依据版本	册数
金陵书局（14种）	史记	同治五年至九年	汲古阁本	16册
金陵书局（14种）	汉书	同治八年	汲古阁本	32册
金陵书局（14种）	后汉书	同治八年	汲古阁本	32册
金陵书局（14种）	三国志	同治九年	汲古阁本	8册
金陵书局（14种）	晋书	同治十年	汲古阁本	20册
金陵书局（14种）	宋书	同治十一年	汲古阁本	16册
金陵书局（14种）	南齐书	同治十二年	汲古阁本	4册
金陵书局（14种）	梁书	同治十三年	汲古阁本	4册
金陵书局（14种）	陈书	同治十一年	汲古阁本	4册
金陵书局（14种）	魏书	同治十一年	汲古阁本	20册
金陵书局（14种）	北齐书	同治十三年	汲古阁本	6册
金陵书局（14种）	周书	同治十三年	汲古阁本	6册
金陵书局（14种）	南史	同治十一年	汲古阁本	32册
金陵书局（14种）	北史	同治十一年	汲古阁本	32册
淮南书局（1种）	隋书	同治十年	汲古阁本	12册
浙江书局（3种）	旧唐书	同治十一年	江都岑氏懼盈斋本	40册
浙江书局（3种）	新唐书	同治十二年	汲古阁本	40册
浙江书局（3种）	宋史	光绪元年	武英殿本	100册
崇文书局（3种）	旧五代史	同治十一年	武英殿本	16册
崇文书局（3种）	新五代史	同治十一年	汲古阁本	8册
崇文书局（3种）	明史	光绪三年	武英殿本	80册
江苏书局（3种）	辽史	同治十二年	武英殿本	12册
江苏书局（3种）	金史	同治十三年	武英殿本	20册
江苏书局（3种）	元史	同治十三年	武英殿本	40册

（三）五局合刻《二十四史》的过程管理

俞樾不但在发动各局合刻的计划之初积极斡旋，而且对参与此事的各官书局刻书动态也极为关注。他不时借机推动，最终促成此事，可谓尽心竭力。

同治九年（1870）五月，俞樾大病初愈，就立即给李瀚章写信，表达了对五局合刻《二十四史》进展情况的关切之情：

> 樾于五月十九日还吴下寓庐，廿二日即患大病，卧床月余。至今尚未能出房，每日在房中扶杖而行。《礼》云“五十杖于家”，洵不虚矣。拙刻六种，遇便当寄呈清政。鄂局所刻《国语》及《经典释文》甚佳，便中寄惠各一部为感。浙局见刻《通鉴辑览》，杨石翁云，俟毕工后再刻《唐书》《宋史》。苏局见刻《明纪》，所派各史，亦俟毕工再刻。而丁雨翁又有津门之行，未知如何？伏思会刻全史之议发自台端，未知何日观成，以副嘉惠后学之盛心耳。①

同治九年（1870）正月，俞樾再次致函李瀚章云：

> 浙局刻《旧唐书》之举，台旌行后，想必仍如前议也。鄂局得大君子主持，妙甚矣。②

正是因为有了这位执着于刻书事业的俞樾先生，积极谋划、适时推动五局合刻《二十四史》，才使此事得以顺利完成。

（四）五局合刻《二十四史》的板片管理与汇印

五局合刻《二十四史》自同治八年（1869）动议，至光绪三年（1878）完成，前后历时 8 年，完成了全部二十四部正史的刊刻任务。工程竣工后，全部书板运往湖北，由崇文书局汇印后分销全国各地③。这就是中国出版史上有名的“五局合刻本《二十四史》”，世人亦称“局本《二十四史》”。

至于五局合刻之书，为何会最后汇集于承担刻书任务并不算多的崇

---

①②俞樾著，张燕婴整理：《俞樾函札辑证》，载《中国近现代稀见史料丛刊》第一辑，凤凰出版社 2014 年版，第 155－156 页。

③李鸿章：《设局合刊二十四史折》，载宋原放主编《中国出版史料（近代部分）》第一卷，湖北教育出版社、山东教育出版社 2004 年版，第 418 页。

文书局呢？光绪四年（1878）云南巡抚杜瑞联在其《滇省拟设局刊书疏》中称："稔知鄂省设局最久，刊书较多。其地水陆交冲，四通八达，故各省寄存善本卷帙尤为浩繁。"[①] 可见崇文书局所在的武昌地处水陆交通要塞，地理位置四通八达，便于图书销售和流通是决定最后由其来承担板片管理与汇印任务的根本原因。[②]

（五）五局合刻《二十四史》的流通与营销

法国学者马尔坦说："书籍史总归是构成传播与交流史的一个侧面。"从这个角度来说，图书的书写、出版本身就是为了满足文化交流和信息传播。雕版印刷术广泛应用于图书出版后，书籍的商业化出版也就随之诞生了。明清以降，随着商品经济的兴起，图书的商业化出版也逐渐兴盛起来。

作为地方官方专门的图书出版机构，虽然晚清官书局刻书并不以射利为首要目的，商业色彩相对单薄。[③] 但是为了收回出版成本并尽量扩大所出版图书的影响力，晚清官书局与其他出版机构一样参与激烈的书业竞争，想尽办法不断拓展所出版图书的销售渠道。五局合刻《二十四史》除了由湖北崇文书局汇印之后在本地批量发售外，还与其他地方官书局建立图书代销业务，以扩大局本《二十四史》的发售范围。如直隶通志编纂局、山东皇华书局均曾代售该书。[④]

三、五局合刻《二十四史》的版本特征及其成因

（一）五局合刻《二十四史》的版式特征

五局合刻《二十四史》即为统一行动，自当要求各史之间开本、版式、行款、字体等外观特征方面统一标准，以保证不同书局刻出各史汇集后能够保持统一风格。最早注意到这一点的是马新贻，《袖中书》收

---

①杜瑞联：《滇省拟设局刊书疏》，载宋原放主编《中国出版史料（近代部分）》第一卷，湖北教育出版社、山东教育出版社2004年版，第419页。

②④江凌：《试论崇文书局的刻书事业》，《孝感学院学报》2009年第2期，第76—81页。

③邓文锋：《晚清官书局述论稿》，中国书籍出版社2011年版，第195页。

录了马新贻信札两通，其一称："此间校刊具照汲古阁本，苏、浙局中亦能仿照，则将来全史一律，庶成巨观。"① 可知在刻书倡议阶段，马氏就已提出各局在刊刻过程中应注意保持版式划一。俞樾在复信中表示赞同：

> 尊意全史格式宜求一律，请将金陵新刻前、后《汉书》样本寄一二本来，俾各局知所守法，幸甚。②

因此，五局合刻本《二十四史》在版本特征上基本保持了一致，除崇文书局承担的《旧五代史》《新五代史》《明史》为四周双边外，其余各史均为左右双边，白口、单鱼尾，每半叶12行、行25字；全史均采用字体扁宽、横细竖粗的毛氏汲古阁体；卷端内页均有一长方形双行刻书牌记，如《汉书》《后汉书》内页有"光绪丁亥季冬金陵书局重刊"牌记，《隋书》内页有"同治辛未四月淮南书局刊成"牌记，《旧五代史》内页有"同治十一年湖北崇文书局重雕"，《明史》内页有"光绪三年三月湖北崇文书局开雕"，《辽史》内页有"同治癸酉九月江苏书局刊版"。

（二）五局合刻《二十四史》的字体特征

五局合刻本《二十四史》使用的是毛晋汲古阁刻书惯用的字体，这种字体的特征是字体扁方、横细竖粗，所刻之书用墨较黑，后人多以为并不美观。但是这在五局合刻《二十四史》中却是有意为之的。其首要原因就是因为这次翻刻所采用的底本大多是使用的毛氏汲古阁本，这一点从上文所列"五局合刻《二十四史》详表"即可看出。

第二，当时参与其事的人认为这种字体"结体方整"，用这种字体刻出的书版不但结实耐用，且因循汲古阁风格，代表着"版刻之精"。曾国藩在《致周缦云》书札中说：

> 前此面商前、后《汉书》每卷之末一叶刻一戳记云"金陵书仿汲古阁式刻"。昨见局板尚未添刻，请即饬令以后各卷皆需增刻，

①俞樾：《袖中书》卷二，《春在堂全书》，清同治十年刻本。

②俞樾著，张燕婴整理：《俞樾函札辑证》，载《中国近现代稀见史料丛刊》第一辑，凤凰出版社2014年版，第214—215页。

以前各卷可补者补之，不可补者听之。仆常论版刻之精者，须兼方、粗、清、匀四字之长。方，以结体方整言，而好手写之，则笔画多有棱角，是不仅在体，而并在画中见之；粗，则耐于多刷，最忌一横之中太小，一撇之尾太尖等弊；清，则此字不与彼字相混，字边不与直线相拂；匀者，字之大小匀，画之粗细匀，布白之疏密匀。即系长远之局，须请局中诸友，常常执此四端与工匠讲求，殷勤训奖，严切董戒，甚至朴责议罚，俱不可少，自然渐有长进。①

俞樾在收到马新贻所赠前、后《汉书》样书后，认为这种字体工整，格式大方，于是建议各局以后所刻诸史统一采用这一字体。

第三，五局合刻《二十四史》采用这种字体也是出于降低刻书成本考虑，使普通读书人能够接受所刻图书的价格。五局合刻《二十四史》本身就是为了适应当时社会动荡初定后南方士子无书可读的社会现实，因而所刻之书主要是满足社会需求、振兴文教、造就人才，图书造价不宜过昂。而这种字体结构紧密，还有利于使版式更为紧凑。五局合刻《二十四史》照汲古阁本刊刻，全部仅为 536 册，比武英殿版减少了将近 200 册，从而大大降低了刻书与印刷成本。所以五局合刻本《二十四史》仅售百余金，远远比殿版的数百金便宜。②

四、五局合刻《二十四史》的价值与意义

五大书局联合刊刻《二十四史》，作为晚清地方官府自觉组织的一项文化出版工程，迄今已有近 150 年的历史。由于时间距离尚不算久远，五局合刻本《二十四史》尚未引起版本学界的特别重视，但是其价值却不能因此被忽略。

一方面，五局合刻《二十四史》为满足当时社会需求作出了巨大贡献。此举目的在于满足当时读书人的基本需求，从而振兴文教。书成之

①屈万里、昌彼得撰，潘美月增订：《图书版本学要略》，中国文化大学出版部 1986 年版，第 153 页。

②江凌：《试论崇文书局的刻书事业》，《孝感学院学报》2009 年第 2 期，第 76—81 页。

后也确实因为校勘精审、定价合理、易于获取等因素，在当时受到了社会上读书人的普遍欢迎。[①] 柳诒徵《国学书局本末》称："当时京朝大官索局刻书者纷起。盖以其校刊之精突，过殿本也。"[②] 诚如朱士嘉在《官书局书目汇编》序言中评价当时官书局刻书所言：它（官书局刻书）确是一位传布文化、普及教育的无名英雄，少数珍藏秘笈，经他一来，便可人手一册；通常"洛阳纸贵"的，经他一来，便"价均从廉"了。

也正因为质优价廉的特点，五局合刻本一经问世便迅速占有了当时的市场，很大程度上解决了当时的"书荒"困境，成为士子们争相购阅的基本典籍。今天的古籍收藏单位，大都藏有五局合刻《二十四史》，古籍流通市场上也常常能够见到其身影，足可窥见其发行量之大。五局合刻本《二十四史》大面积的流布传播，也为弘扬传统文化、普及正史作出了巨大贡献。

另一方面，五局合刻《二十四史》对整理保存文献具有重要意义。其在刊印之前不但慎重选择底本，参与各局还均对各自承担的部分进行了校勘工作。如金陵书局所刻《史记》《汉书》《三国志》等为著名学者张文虎所校，《史记》《晋书》《南齐书》则为唐仁寿所校，其中《汉书》由刘毓崧亲纂凡例，详细开列对校、本校、他校诸书，网罗前人成果极尽所能；淮南书局虽在五局中承担任务最少，仍不肯放松要求，聘请薛寿、凌兆熊、唐人鉴、赵煜等分任校勘工作，且书后附有薛寿《隋书考异》。这些参与校勘的人员均是当时硕学俊彦，校书态度极为认真，从而保证了这次合刻《二十四史》的质量，无怪乎柳诒徵认为它甚至超越了武英殿本。五局合刻本质优价廉，在社会上普及程度很高，俨然成了与武英殿本并行于世的另一大版本系统，直至民国间商务印书馆编印的百衲本《二十四史》问世之后，五局合刻本才逐渐淡出人们视野。

但是，当时五局合刊《二十四史》所做的校勘整理工作不但没有被学术界遗忘，而且始终被文史工作者作为重要参考资料在运用。20世

①吴家驹：《局本〈二十四史〉述略》，《图书馆理论与实践》2007年第5期，第128—129页。

②柳诒徵：《国学书局本末》，载宋原放主编《中国出版史料（近代部分）》第一卷，湖北教育出版社、山东教育出版社2004年版，第446页。

纪 50 年代中华书局组织整理出版标点本《二十四史》，其中《晋书》的底本选用的就是五局合刻本，而其他各史的点校工作，也均以五局合刻本作为重要参校本，其当年的校勘成果被吸收进了中华书局点校本。2007 年，中华书局牵头承担的国家出版项目“点校本《二十四史》及《清史稿》修订工作”正式启动，其中《史记》《汉书》两部重要史书均以五局合刻本作为底本。这两项文化工程虽然仅是两个个例，但是学术界对五局合刻本的重视程度可见一斑。

晚清官书局的图书发行

张宗文

十九世纪中叶，西方列强用坚船利炮打开了中国闭关自守的大门，太平天国等农民运动严重动摇了封建统治的根基，晚清政府处于内忧外患之中。以曾国藩为首的一批督抚大员从维护封建统治、振兴封建文教出发，创设地方官书局，刊印经史子集，标榜其文治武功。[①] 地方大员亦陈情上奏，具言设局之必要性，此举自然得到清廷的大力支持。

于是各省纷设书局，蔚为风气。仅江苏一省就先后有金陵官书局（南京）、江苏官书局（苏州）、淮南官书局（扬州）、江楚编译局（南京）等。官书局集中在长江中下游和东南各省，这里是清代经济文化最繁荣的地区，也是遭受兵燹之灾最严重的地方。边远省份，如云南、四川，也都设有官书局。

晚清官书局是地方官刻机构，因此，它有着私刻（家刻和坊刻）所没有的人力、物力、财力上的优势。各省督抚大员无不为之择辟专地，如金陵官书局之于飞霞阁，崇文书局之于正觉寺；捐措巨资，如光绪十三年（1887）广雅书局成立时，两广总督张之洞捐银一万两，广东巡抚

---

①净雨：《清代印刷史小记》："红羊之后，各省官书局先后创立。""红羊"，谓太平天国。又况周颐《蕙风簃二笔》："咸丰十一年八月，曾文正克服江南，部署拍定，命莫子偲大令采访遗书，既复江宁，开官书局于冶成山，此江南官书局之傲落也。"见张静庐辑注《中国近代出版史料二编》。

吴大澂捐银三千两，并“檄饬两广盐运司综理局事”[①]，以为后盾。同时延请名士，担任各书局的编纂、校勘等职，如崇文胡凤丹、金陵张文虎，他们有着严谨的治学态度和敬业精神。各书局之间也互通声气，以备有无。最显著的例子是五局（指金陵、崇文、江苏、浙江、江西五大官书局）合刻本，有“校勘精审，超过殿板”之誉。

晚清官书局出书有着自己鲜明的选题思想，那就是在国门洞开、外来思想涌入和太平天国大扫荡之后，重新恢复封建正统思想的一统天下，正人心、端民风，以振文教。所以各省刻书，以传统经史子集为主，而“列圣御纂钦定经史各书”，自当“先行敬谨重刊”了。故其出书不以赢利为目的，而以流通为本，这是晚清官书局出书不同于以往刻书的地方。因为历来官刻鲜以流通为目标；家刻以传学问，坊刻旨在射利，都不可能做到像晚清官书局这样。江浙一带又历来是刻书业发达地区，拥有优秀的刻工，因而官书局的书能够精雕细刻，质优价廉，大受欢迎。在版本学史上，局本有很高的地位。

以广泛流通、广兴文教为目标，以强大的人力、物力、财力作后盾，同时又有优秀刻工的技术保证和官方的大力扶持，这为局本在发行上的成功奠定了坚实的基础。

晚清官书局的图书发行有着自己鲜明的特色。和以前的图书发行、销售相比，官书局最大的特色是发行渠道多样化，几乎集中利用了当时所有力所能及的发行手段。就发行途径而言，主要有以下几种。

（一）从官方的角度，有进呈、咨调、颁送等。

1. 进呈。主要是进呈中央机关和御览。官书局每书刻成，即上缴翰林院、国子监二处，以后又增加曲阜孔府一处。1894 年，翰林院侍读王懿荣上奏，以孔府不慎失火，请将各省书局刻书一份解送翰林院备皇帝御览，一份解交国子监供诸生传习，一份交曲阜孔府备藏，得到光绪帝的允许。[②] 光绪帝亦专门谕令江苏、江西、浙江、广东、湖北、四

---

①张之洞：《开设书局刊布经籍折》，《张文襄公奏稿》卷十六，载宋原放主编《中国出版史料（近代部分）》第一卷，湖北教育出版社、山东教育出版社 2004 年版，第 427 页。

②王懿荣：《王文敏公遗集》卷二，宣统辛亥年江宁铅印本。

川等省，将省内官书局刊刻书籍择要刷印进呈御览。[1] 光绪二十七年(1901)，礼部以变通科举为由，“开单咨取江南、浙江、湖北、两广各督抚，查照现已译成之书，有关乡会试闱中备查者，择要开单，一并咨送到部”[2]。

2. 咨调。主要在各地官府和各官书局之间进行。1871 年，江南盐道孙衣言以“江宁士子寒畯，多难于得书”，请于总督曾国藩，调取金陵、聚珍、江苏、浙江、湖北五书局新刊经籍每种四部，收藏惜阴书院，“凡本籍士子得诣书院借读，事领于官而簿钥、出纳则绅士掌之”[3]。

李端棻奏设藏书楼，“调殿版及各官书局所刻书籍，暨同文馆、制造局所译西书，按部分送各省以实之”，“其费至省，其事至顺，一奉明诏，事即立办。而饷遗学者，增益人才，其益盖非浅鲜也”。[4]

3. 颁送。各官书局所刻书，广泛地颁送本地书院、学校。

(二) 从非官方的角度，主要是销售。有书局自售、寄售和书肆代售等。

1. 书局自售和寄售。各书局都有出售自己所刻书的。山东书局是各省官书局的分销处，经销本局书有经部 28 种、史部 94 种、子部 3 种、集部 8 种。1881 年，直隶总督李鸿章在天津设官书局，购运各种官书局刻书并照原价发售，“俾北方寒士增广学识”[5]。山西官书局因经费不足而暂停刻书，专门购销其他书局刻书。

2. 书肆代售。官书局所刻书以其质量好、刊刻精细，又“平其值以售之”，因此销路很好，书商均愿经销。孙殿起在北京就经销过官书局的图书，其他机构也有代售的。张之洞说上海强学书局：“其各省书

---

①端方：《端忠敏公奏稿》卷三，民国七年铅印本。

②礼部政务处：《会奏变通科举章程》，载张静庐辑注《中国近代出版史料二编》，中华书局 1957 年版。

③《续纂江宁府志・实政》。

④李端棻：《奏请推广学校设立译局报馆折》，载张静庐辑注《中国近代出版史料二编》，中华书局 1957 年版。

⑤《天津府志・公廨》，《文献》1992 年第 1 期。

局之书，皆存局代售。”①

3. 批发。如广雅书局的书，“惟政府（备正式公文）咨调，坊间批发，九折计算”②。

以上仅就发行渠道而言，此外如私人购买并相互转赠、传抄、借阅等，使局本有了更广泛的传播。

晚清官书局充分考虑到不同读者的需要，采取灵活多变的经营策略。一方面以质量取胜，一方面以价格取胜。为了扩大销量，在装订、用纸、售价上都有所变化。同一种书，有六裁、八裁、十二裁的；有用官堆纸、连史纸、赛连纸、毛边纸的。开本、纸质不同，价格也随之不同。为扩大销售，有的书局还出台了一些优惠措施，进行打折或颁发优待证。如山东书局销售章程所载：“凡持有长期优待证者，一律按定价八折。如购书书价超过二百元者，即无优待证，亦照八折。满一千元者，折扣随时商定。”③许多书局还将本书书目低价售出或免费随书附寄，也有利于扩大影响。更难能可贵的是，各书局还举行书市展销，大张旗鼓进行宣传。光绪八年（1882），总理海防支应总局在天津问津书院主办过一次书市，对各省局本广而告之：

> 总理海防支应总局奉爵阁督宪札饬筹备成本，购运南省官书来直，原价发售，以惠士林。现择问津书院设局发卖，已将各省官书局书籍一律运齐安放，并于局内悬挂总书目、售书章程，又留存刊就总书目一本，所有价值照南省十足制钱划一不二，定于二月九日开售。士子欲买购，到本局查阅书目。照章付钱取书无误。其各府州县尚未由地方官运书发卖者，各士子亦可转托亲友赴津照买。④

这在中国出版史上，尚不多见。

当时长江中下游和东南沿海诸省，由于遭受战争破坏，士子几陷入无书可读的困境；而清政府奉行的是八股取士制度，科举仍是读书人必

①张之洞：《上海强学分会序》（1895年），载张静庐辑注《中国近代出版史料初编》，中华书局1957年版。

②③朱士嘉：《官书局书目汇编·附录》，中华图书馆协会1933年版。

④张焘：《津门杂记》，清光绪十年钱塘张氏刊本。

由的升迁之路。发行渠道多样、经营策略灵活，加上质优价廉，局本的发行完全找到了与需求市场的契合点。现存《直隶运售各省官刻书籍总目》共收各地局本462种，其中经部73种、史部123种、子部225种、集部41种，涉及的书局有江南局（40种）、江西局（30种）、江苏局（71种）、浙江局（63种）、湖北局（195种）、淮南局（44种）和上海局（65种）。子部书多，是因为上海局翻译出版了大量西学书籍，如《轮船布阵》《水师章程》《井矿工程》等。1930年，朱士嘉将江南、淮南、江楚、江苏、浙江、山东、湖北、广雅等局书目辑成《官书局书目汇编》，共收录2934种，其中由山东书局经销的局本即有1290种。孙殿起在北京经营通学斋书店，贩卖古籍数十年，所著《贩书偶记》记载了他所目睹手经书册，基本上是有清以来的著述总目。

晚清官书局局本发行的成功，对近代中国产生了深远的影响。李端棻声称："古今中外有用之书，官书局有刻本者，居十之七八。"[①] 可以想见局本流通之广与影响之大。局本以传统的经史子集为主，在客观上整理和保存了中国古代丰富的文化典籍。清代学者以考据见长，学风严谨、踏实，言必有据，而官书局则汇集了一大批饱学之士，他们在编纂、校勘古籍时也融入了自己的学术见解，这对保存有清一代学术成果起了积极作用。1986年3月，上海古籍出版社影印出版了浙局本《二十二子》，在"出版说明"中说："清光绪初年由浙江官书局辑印的《二十二子》，注重吸收历代学者，尤其是清代诸家整理和研究诸子书的成果，汇编了历代刊本中较有代表性的精校、精注本。……选目精当，刻印尤善，在这一时期所出版的诸子书汇刻本中，堪称上乘之作。"[②] 为我们今天研究、利用古籍都提供了方便。随着时代的发展，晚清官书局后来开始刊刻一些翻译书籍和新学书籍，对洋务运动和维新运动起了一定的推动作用。灵活多变的经营策略和多种多样的发行方式使局本能在大范围内传播，并使更多的人接受了教育，在开启民智方面更具积极意

---

①李端棻：《奏请推广学校设立译局报馆折》，载张静庐辑注《中国近代出版史料二编》，中华书局1957年版。

②《二十二子·出版说明》，上海古籍出版社1986年版。

义。朱士嘉以为局本“既合实用，价又低廉，含有普及性”，称赞官书局是“传布文化、普及教育的无名英雄”,[①] 洵非过誉。盛宣怀在《奏请设立译书院片》中说：“译成之书，次第付刻；倘出书日多，即送苏、浙各局分任刊印，以广流传。”[②] 借重的就是官书局的图书流通发行功能。

（原载《编辑学刊》1999 年第 3 期）

---

①朱士嘉：《官书局书目汇编·引言》，中华图书馆协会 1933 年版。

②盛宣怀：《奏请设立译书院片》，载张静庐辑注《中国近代出版史料初编》，中华书局 1957 年版。

附　录

晚清官书局及湖北刻书资料与研究论著目录

范　军　辑录

晚清官书局部分

畿辅通志局编：《直隶运售各省官刻书籍总目》，光绪七年（1881）畿辅通志局刻本。

天津海防支应局编：《直隶津局运售各省书籍总目》，光绪九年（1883）刻本。

《江南书局书目》，光绪十六年（1890）江南书局刻本。

《浙江官书局书目》，光绪十八年（1892）浙江官书局刻本。

《直隶官书局运售各省书籍总目》，光绪二十八年（1902）直隶省城官书局刻本。

《广东广雅书局书目》，宣统元年（1909）广雅书局刻本。

柳诒徵：《国学书局本末》，《江苏省立国学图书馆第三年刊》，国学图书馆 1930 年辑印。收入宋原放主编《中国出版史料（近代部分）》第一卷，湖北教育出版社、山东教育出版社 2004 年版。

朱士嘉编：《官书局书目汇编》，中华图书馆协会 1933 年版。收入周振鹤编《晚清营业书目》，上海书店出版社 2005 年版。

孙光鼐：《官书局开设缘由——一八九六（光绪二十年）》，张静庐辑注《中国近代出版史料初编》，上杂出版社 1953 年版。

《官书局奏开办章程——一八九六（光绪二十年）》，张静庐辑注《中国近代出版史料初编》，上杂出版社 1953 年版。

李俨：《味经官书局刻本中算书》，《中算史论丛》，科学出版社 1955 年版。

夏定域：《浙江官书局史料》，《图书馆研究与工作》1980 年第 2 期。

周汉光：《张之洞与广雅书院》，（台湾）中国文化大学出版部 1983 年版。

《官刻本》，此为魏隐儒编著《中国古籍印刷史》第十四章第一节，其中有对晚清官书局金陵书局、浙江官书局、广雅书局、湖北官书局、湖南官书局、江西书局、山西书局、直隶官书局的介绍。印刷工业出版社 1984 年版。

王余光：《近代前期我国出版机构略考》，《四川图书馆学报》1985 年第 5 期。

于今：《广东书局等所刻书》，《艺林丛录》第三编，台北谷风出版社 1986 年版。

刘尚恒：《金陵书局小考——〈中国古籍印刷史〉补正》，《图书馆杂志》1987 年第 5 期。

孔毅：《丁日昌与江苏书局》，《江苏图书馆学报》1988 年第 3 期。

赵钟云、陈善元：《山东书局与尚志堂》，《山东出版志资料》第六辑，山东省出版总社出版志编辑部编印，1988 年 9 月。

滇梓：《云南官印局》，《云南出版史志资料》第一辑，云南省新闻出版局出版志编纂委员会编印，1988 年。

吴瑞秀：《清末各省官书局之研究》，（台湾）中国文化大学硕士学位论文，1988 年。

吴家驹：《清季各省官书局考略》，《文献》1989 年第 1 期。

柳定生：《江楚编译书局》，《江苏出版史志》1989 年第 1 期。

江澄波：《晚清江苏的三大官书局——金陵、江苏、淮南书局刻书概述》，《江苏出版史志》1989 年第 2 期。

刘志盛：《湖南思贤书局刻书纪略》，《图书馆》1989 年第 3 期。

胡道静：《关于官书局的按语》，《出版史料》1989 年第 3、4 期合刊。

徐学林：《曲江官书局是清末最早的官书局之一》，《出版史料》1989 年第 3、4 期合刊。

梅宪华：《晚清的官书局》，《出版史料》1989 年第 3、4 期合刊。

顾承甫：《清末官书局二三事》，《出版史料》1989 年第 3、4 期合刊。

蔡贵华：《扬州地方志对淮南书局的记载》，《文献》1989 年第 4 期。

张其中：《四川官书局考略》，《四川图书馆学报》1989 年第 5 期。

顾志兴、蒋德闲：《浙江书局始末及所刊书籍》，《浙江出版史料》第三辑，浙江出版史编委会编印，1989 年 8 月。

《山东书局》，此为《济南出版志》编纂委员会编《济南出版志》第一章的部分内容。济南出版社 1989 年版。

《局刻本》，此为张秀民著《中国印刷史》第一章的部分内容。上海人民出版社 1989 年版。

顾志兴：《浙江书局始末及其所刊书》，《文献》1990 年第 1 期。

杨长春：《江楚编译书局史事小议》，《江苏出版史志》1990 年第 1 期。

叶农：《广雅书局始末及刻书考》，《出版史料》1990 年第 2 期。

徐苏：《聚珍书局——江宁第二官书局》，《江苏出版史志》1990 年第 2 期。

侯黎晓：《山西浚文书局设立缘起及出书简述》，《晋图学刊》1990 年第 3 期。

徐苏：《江苏官书局考辨》，《图书馆杂志》1990 年第 5 期。

徐学林：《鲜为人知的曲水书局》，《出版工作》1990 年第 11 期。

顾志兴、蒋德闲：《浙江书局始末及所刊书籍初探》，中国近现代出版史编纂组编《中国近现代出版史学术讨论会文集》，中国书籍出版社 1990 年版。

杨长春：《清末走向世界声中的江苏官立书局》，中国近现代出版史编纂组编《中国近现代出版史学术讨论会文集》，中国书籍出版社 1990 年版。

刘泱泱：《思贤讲舍、思贤书局小考》，中国近现代出版史编纂组编《中国近现代出版史学术讨论会文集》，中国书籍出版社 1990 年版。

李致忠：《清代地方官刻书》，《历代刻书考述》，巴蜀书社 1990 年版。
潘猛补：《浙江书局史略》，《图书馆研究与工作》1991 年第 1 期。
王玲：《金陵书局移飞霞阁时间补正》，《文献》1991 年第 1 期。
汪家熔：《清末地方官书局》（上、下），《图书馆杂志》1991 年第 1、2 期。
胡昭熔：《湖南书局、传忠书局、思贤书局考辨》，《出版史料》1991 年第 2 期。
《官刻》，此为湖南省地方志编纂委员会编《湖南省志·新闻出版志·出版》第一篇第一章的部分内容，有对湖南书局、传忠书局、思贤书局的介绍。湖南出版社 1991 年版。
《复兴封建文化的官书局的建立与出版》，此为吉少甫主编《中国出版简史》第二编第一章第三节。学林出版社 1991 年版。
梅宪华：《晚清官书局大事记略》，《文献》1992 年第 1 期。
孔毅：《清代官书局刻书述略》，《文献》1992 年第 1 期。
徐苏：《试论江苏晚清官书局的特点》，《江苏出版史志》1992 年第 1 期。
李绪柏：《广东书局及其刻书》，《广东出版史料》第三辑，广东省新闻出版局、《广东出版史料》编辑部编印，1992 年 6 月。
李默：《广雅书局及其刻书》，《广东出版史料》第三辑，同上。
叶农：《广雅书局的校勘工作》，《广东出版史料》第三辑，同上。
吴家驹：《广雅书局与〈广雅书局丛书〉》，《广东出版史料》第三辑，同上。
金炳亮：《广雅板片历劫记》，《广东出版史料》第三辑，同上。
汪家熔：《“直隶官书局”与湖南书局》，《出版史料》1993 年第 1 期。
陈红涛：《浅述江西官书局刻书》，《江西图书馆学刊》1993 年第 2 期。
李国庆：《桂林书局刻书一例》，《文献》1993 年第 4 期。
刘泳唐：《严修创办贵州官书局》，《贵州文史丛刊》1993 年第 5 期。
李共水：《江西官书局》，《江西出版史志》1993 年第 3 期。
罗树宝：《清代的地方政府印刷》，此为作者《中国古代印刷史》第十一章第二节的部分内容，涉及晚清的地方官书局。印刷工业出版社1993年版。
陈相因：《广西官书局始末》，《广西地方志》1994年第1期。
汪家熔：《金陵淮南两书局裁撤奏折》，《江苏出版史志》1994年第2期。
《甘肃官报局和甘肃公报局、甘肃省政府印刷局》《甘肃官报书局》《陇右乐善书局》，甘肃省地方志编纂委员会编《甘肃省志·新闻出版志·出版》，甘肃人民出版社1994年版。
《官府刻书》，此为张煜明编著《中国出版史》第八章第一节部分内容，其中有对官书局的简要介绍。武汉出版社1994年版。
《晚清江苏四大书局的图书编辑》，此为钱文华著《江苏图书编辑史》第四章第三节的部分内容。江苏人民出版社1994年版。
江澄波：《晚清江苏三大官书局刻书》，叶再生主编《出版史研究》第二辑，中国书籍出版社1994年版。又收入《江苏出版史志》1989年第2期。
潘猛补：《〈浙江书局始末及所刊书籍〉补正》，《浙江出版史料》第16辑，浙江出版史编委会编印，1994年。
雷梦辰：《直隶书局创办始末考》，《天津出版史料》第七辑，百花文艺出版社1994年版。
李培文：《洋务运动与晚清的官书局》，《江苏出版史志》1995年第2期。
张惠民：《清末陕西著名的出版机构——味经书局》，《编辑学刊》1995年第4期。
王建辉：《曾国藩与近代中国出版》，《编辑学刊》1995年第5期。
江澄波：《晚清江苏三大官书局刻书（续）》，叶再生主编《出版史研究》第三辑，中国书籍出版社1995年版。
《官书局》，此为范慕韩主编《中国印刷近代史初稿》第四章第一节的部分内容。印刷工业出版社1995年版。
《主要刻书机构》，见河北省新闻出版局出版史志编委会编《河北省出版志》第五章，其中有对莲池书局（畿辅通志局）的介绍。河北人民出版社 1996 年版。

《官书局刻书》，此为陈力著《中国图书史》第九章第四节的部分内容。台北文津出版社 1996 年版。

吴家驹：《遵旨设局是清末创办官书局的主要原因》，《编辑学刊》1997 年第 6 期。

吴荣：《清末湖南的三大书局》，《湖南出版史料》第 3 辑，1997 年 8 月。

李瑞良：《在刻印大型图书中显示力量——清代福建的官刻》，此为作者《福建出版史话》中之一节，此节涉及晚清官办的正谊书局。福建人民出版社 1997 年版。

《官刻》，此为广东省地方志编纂委员会编《广东省志·出版志》中第一章第二节，其中清代部分涉及学海堂、广东书局、广雅书局等内容。广东人民出版社 1997 年版。

《官书局》《曲水书局》，此为安徽省地方志编纂委员会编《安徽省志·出版志》第一章第二节的部分内容，方志出版社 1998 年版。

《官办出版机构》，此为成都市地方志编纂委员会编纂《成都市志·图书出版志》第二章第一节，其中论述了四川官书局等。四川辞书出版社 1998 年版。

张宗文：《晚清官书局的图书发行》，《编辑学刊》1999 年第 3 期。

张宗友：《试论晚清官书局的创立》，《文献》1999 年第 4 期。

《广西官书局印本》，此为广西壮族自治区方志编纂委员会编《广西通志·出版志》第一章第七节，广西人民出版社 1999 年版。

《山西浚文书局》，此为陕西省史志研究院编《山西通志·新闻出版志·出版篇》第一章。中华书局 1999 年版。

《金陵书局》《江苏书局》《聚珍书局》《淮南书局》《江楚编译书局》，此为江苏省地方志编纂委员会编《江苏省志·出版志》第一章中的部分内容，江苏人民出版社 1999 年版。

《云南官书局刻书》，此为云南省新闻出版局编《云南省志·出版志》第一章中的部分内容，云南人民出版社 2000 年版。
张磊：《官书局刻书考略》，《图书馆》2001 年第 2 期。
李志茗：《曾国荃与晚清官书局刻书》，《厦门大学学报》（哲学社会科学版）2001 年第 5 期。
《官府刻书》，见四川省地方志编纂委员会编纂《四川省志·出版志》第一篇，其中有关于晚清时期成都书局（又称四川书局）、四川官书局的简要介绍。四川人民出版社 2001 年版。
张文虎：《张文虎日记》，上海书店出版社 2001 年版。
汪家熔：《地方官书局》，《图书馆建设》2002 年第 2 期。
陈邦祥：《金陵书局刻书考》，（台湾）东吴大学硕士学位论文，2002 年。
叶再生：《官书局的创办》，《中国近代现代出版通史》，华文出版社 2002 年版。
邓文锋：《张文虎与金陵书局本〈史记〉》，《中国编辑》2003 年第 4 期。
张雪琴：《从浚文书局到山西书局——近代至民国时期的山西图书出版业》，《新闻出版交流》2003 年第 5 期。
邓文锋：《晚清官书局研究》，中国人民大学博士学位论文，2003 年。
张磊：《张之洞与广雅书局》，《图书情报工作》2004 年第 5 期。
左宗棠：《创设正谊书局告示》，宋原放主编《中国出版史料（近代部分）》第一卷，湖北教育出版社、山东教育出版社 2004 年版。
马新贻：《建复书院设局刊书以兴实学折》，宋原放主编《中国出版史料（近代部分）》第一卷，湖北教育出版社、山东教育出版社 2004 年版。
丁日昌：《苏省设局刊书疏》，宋原放主编《中国出版史料（近代部分）》第一卷，湖北教育出版社、山东教育出版社 2004 年版。
李鸿章：《设局刊书合刊二十四史折》，宋原放主编《中国出版史料（近代部分）》第一卷，湖北教育出版社、山东教育出版社 2004 年版。
杜瑞联：《滇省拟设局刊书疏》，宋原放主编《中国出版史料（近代部分）》第一卷，湖北教育出版社、山东教育出版社 2004 年版。
许振祎：《奏设味经书院疏》，宋原放主编《中国出版史料（近代部分）》第一卷，湖北教育出版社、山东教育出版社 2004 年版。

张之洞：《札运司开设书局》，宋原放主编《中国出版史料（近代部分）》第一卷，湖北教育出版社、山东教育出版社 2004 年版。

张之洞、吴大澂：《设广雅书局奏明立案折》，宋原放主编《中国出版史料（近代部分）》第一卷，湖北教育出版社、山东教育出版社 2004 年版。

张之洞：《开设书局刊布经籍折》，宋原放主编《中国出版史料（近代部分）》第一卷，湖北教育出版社、山东教育出版社 2004 年版。

王先谦：《南菁书院设局汇刻经解折》，宋原放主编《中国出版史料（近代部分）》第一卷，湖北教育出版社、山东教育出版社 2004 年版。

鹿传霖：《泾阳县设立书局校刊经史片》，宋原放主编《中国出版史料（近代部分）》第一卷，湖北教育出版社、山东教育出版社 2004 年版。

崧蕃：《奏云南整顿书院并设书局片》，宋原放主编《中国出版史料（近代部分）》第一卷，湖北教育出版社、山东教育出版社 2004 年版。

《贵州拟设书局片》，宋原放主编《中国出版史料（近代部分）》第一卷，湖北教育出版社、山东教育出版社 2004 年版。

锡良：《四川官书局改四川官报书局折》，宋原放主编《中国出版史料（近代部分）》第一卷，湖北教育出版社、山东教育出版社 2004 年版。

刘坤一：《金陵淮南两书局裁撤折》，宋原放主编《中国出版史料（近代部分）》第一卷，湖北教育出版社、山东教育出版社 2004 年版。

吴瑞秀：《清末各省官书局之研究》，（台湾）花木兰文化出版社 2005 年版。

曹红军：《曹寅与扬州诗局、扬州书局刻书活动考辨》，《南京师范大学学报》（社会科学版）2005 年第 6 期。

柳爱群：《晚清官书局刻书研究》，北京师范大学硕士学位论文，2006 年。

郭平兴：《近代早期（1840—1919）湖南图书出版业研究》，湖南师范大学硕士学位论文，2007 年。

熊小明：《清末官书局刻书》，《中国古籍版刻图志》，湖北人民出版社 2007 年版。

《官办机构刊书》，《浙江省出版志》编纂委员会编《浙江省出版志》，浙江人民出版社 2007 年版。
《近代前期（1841—1911 年）官刻机构》，福建省地方志编纂委员会编《福建省志》，福建人民出版社 2008 年版。
李明杰：《清代地方官刻》，吴永贵主编《中国出版史（上册）》，湖南大学出版社 2008 年版。
汪家熔：《地方官书局》，《中国出版通史（清代卷）》，中国书籍出版社 2008 年版。
江凌：《清代两湖地区的出版业》，华中师范大学博士学位论文，2008 年。
方向东：《中华本〈史记〉与金陵书局本再勘》，《浙江师范大学学报》（社会科学版）2009 年第 2 期。
曹凤祥：《曾国藩与金陵书局》，《出版发行研究》2009 年第 2 期。此为该系列论文（一），该刊连载此文至 2011 年第 6 期（二十九），总计刊登了 29 篇。
郭平兴、彭艳华：《近代早期（1840—1919）湖南图书发行业研究》，《图书馆》2009 年第 3 期。
郑士德：《各省督抚相继设立的官书局》，《中国图书发行史》（增订版），中国时代经济出版社 2009 年版。
苏晓君：《从国图馆藏看金陵书局所刻书》，《中国典籍与文化》2010 年第 1 期。
彭大成：《船山后裔与船山遗著的刊刻传播》，《船山学刊》2010 年第 1 期。
邓文锋：《五书局合刻〈二十四史〉》，《出版史料》2010 年第 2 期。
李立民：《清末民初书业目录的初兴及其史学价值》，《信阳师范学院学报》（哲学社会科学版）2010 年第 4 期。
程水龙、姜新建：《清末〈近思录〉官书局本比较研究》，《图书馆理论与实践》2010 年第 7 期。
宋立：《浙江官书局研究》，河南大学硕士学位论文，2010 年。

胡学彦：《清末杭州的浙江官书局》，《出版史料》2011 年第 2 期。
王连浩：《云南官书局考略》，《兰台世界》2011 年第 2 期。
李志茗：《曾国荃与晚清官书局刻书》，《厦门大学学报》（哲学社会科学版）2011 年第 5 期。
李志茗：《金陵书局考辨——以晚清同光时期为中心》，《史林》2011 年第 6 期。
王晓霞：《晚清官书局研究综述》，《大庆师范学院学报》（社会科学版）2011 年第 2 期。
王晓霞：《晚清官书局之研究》，南开大学博士学位论文，2011 年。
唐桂艳：《清代山东刻书史》，山东大学博士学位论文，2011 年。
邓文锋：《晚清官书局述论稿》，中国书籍出版社 2011 年版。
元青等：《官书局的设立》，《中国近代出版史稿》，南开大学出版社 2011 年版。
顾志兴：《官办浙江书局及出版物》，此为作者《浙江印刷出版史》第六章第三节，杭州出版社 2011 年版。
项真：《浙江官书局和浙江图书馆的刻书出版活动考评》，《图书馆工作与研究》2012 年第 1 期。
李世琦：《总结近代出版史的一个方面——读邓文峰〈晚清官书局述论稿〉》，《出版参考》2012 年 1 月（下）。
陈矩弘：《晚清浙江书局刻书述略》，《图书馆理论与实践》2012 年第 2 期。
寻霖：《清代湖南官书局刻书》，《图书馆》2012 年第 2 期。
余群：《马丕瑶与桂垣书局》，《广西地方志》2012 年第 6 期。
王大忠：《清末官书局经费来源考述》，《神州》2012 年第 33 期。
张宗友：《晚清官书局与近代文献传承》，《古典文献研究》2012 年第 15 辑。
《官书局》，此为万启盈编著《中国近代印刷工业史》第五章第一节部分内容。上海人民出版社 2012 年版。
隗静秋、董强：《“顺势而行”的晚清官书局创置与衍变——以浙江官书局为中心的考察》，《中国出版》2013 年第 12 期。
寻霖：《清代湖南官书局刻书》，此为作者《湖南刻书史》第五章之一节，岳麓书社 2013 年版。
《官书局刻书》，此为曲德森主编《中国印刷史图鉴》（下）第七章第二节的部分内容。山西教育出版社 2013 年版。
王永吉：《〈张文虎日记〉中所记金陵书局本〈史记〉之刊刻》，《南京师范大学文学院学报》2014 年第 2 期。
武翰：《广雅书局与〈广雅丛书〉》，《出版史料》2014 年第 2 辑。
毛丽娟：《晚清云南官书局考》，《理论界》2014 年第 6 期。
王晓霞：《晚清官书局三则问题考略》，《中国国家博物馆馆刊》2014 年第 11 期。
林振岳：《学海堂、广雅书局书版之归宿》，《书屋》2014 年第 11 期。
郎文行：《阮元校刻〈礼记注疏〉江西书局本版本考述》，《语文学刊》2014 年第 14 期。
胡卫平：《曾国藩的藏书与刻书》，岳麓书社 2014 年版。
徐琼：《广雅书局研究》，华中师范大学硕士学位论文，2014 年。
梁春芳等：《官刊书——浙江书局独领风骚》，此为作者所著《浙江近代图书出版史研究》第二章第一节，学习出版社 2014 年版。
曹莉：《试析清末官书局刻本的特色与影响》，《故宫学刊》2015 年第 1 期。
朱炜：《俞樾与浙江官书局》，《图书馆研究与工作》2015 年第 1 期。
李志茗：《旧籍新刊与文化传衍——以晚清官书局为中心的考察》，《福建论坛》（人文社会科学版）2015 年第 2 期。
李莺莺：《〈广雅丛书〉的成书研究》，《卷宗》2015 年第 3 期。
丁玲：《广雅书局据稿本刊刻书籍述论》，《图书馆界》2015 年第 5 期。
李紫若：《何健助印的传忠书局的〈曾文正公全集〉递修本》，《湖南科技学院学报》（社会科学版）2015 年第 5 期。
郭平兴：《论晚清官书局文献史料价值及其搜集整理》，《图书馆论坛》2015 年第 7 期。

侯丽媛:《论浙江官书局之编校及刊书》,《传播与版权》2015 年第 9 期。
曹凤祥:《曾国藩与金陵书局》第一卷,中国书籍出版社 2015 年版。
宋献科:《晚清陕西刻书研究》,陕西师范大学硕士学位论文,2015 年。
王勇则:《津门创设官书局》,《今晚报》(今晚网),2015 年 4 月 23 日。
汪家熔:《官书局六题》,《勤耕雨读集:出版史札记》,人民出版社 2015 年版。
汤霞、宋以丰:《晚清政府与官书局的西学翻译》,《石家庄铁道大学学报》(社会科学版)2016 年第 2 期。
雷慧杰、王鹏飞:《曾国藩重刻〈船山遗书〉与官书局的出现》,《中国出版史研究》2016 年第 3 期。
黄妙贤:《试析〈广雅丛书〉的编纂特色》,《图书馆学刊》2016 年第 4 期。
张守慧:《晚清出版史不应被忽视的一隅——〈晚清官书局述论稿〉》,《出版广角》2016 年第 5 期。
韩晗:《论中国现代官办文化产业的命运及其启示——以晚清“官书局”为研究中心》,《贵州大学学报》(社会科学版)2016 年第 6 期。
李素华:《贵州官书局述略》,《兰台世界》2016 年第 14 期。
张娟:《江苏官书局研究》,河南大学硕士学位论文,2016 年。
丰志宣:《“昙花一现”的曲江书局》,《江淮时报》2016 年 8 月 5 日。
刘晓伟:《晚清著名官书局广雅书局出版事业的兴衰》,《今传媒》2017 年第 3 期。

崇文书局资料及研究部分

《湖北官书局(处)》,《武汉市志·文化(武汉的书店)》,武汉市文化局史志办公室编印,1984 年 10 月。
邹昌盛:《湖北最早的官书局》,湖北省出版局出版志编辑组编《湖北出版史料》第 2 辑,1987 年 9 月。(该《史料》第 1 辑署编辑室,其他

3辑皆署编辑组，下同）

徐孝宓：《湖北舆图总局筹办始末》，《湖北出版史料》第2辑，1987年9月。

邹昌盛：《清季湖北出书述略》，《湖北出版史料》第3辑，1988年12月。

张笃勤：《湖北官书局书目》，《湖北出版史料》第3辑，1988年12月。

《湖北官书局》，此为《武汉市志·文化志》“社会文化”的部分内容。武汉大学出版社1988年版。

刘汉忠：《崇文书局的创设及其他》，《图书情报论坛》1990年第3期。

邹昌盛：《湖北官书局建立时间考及其它》，《湖北出版史料》第4辑，1990年4月。

刘汉忠：《晚清官书局的开端——湖北巡抚署书局》，《图书情报论坛》1991年第2期。

方振益：《湖北官书局（崇文书局）考略》，《出版史料》1993年第1期。收入宋原放主编《中国出版史料（近代部分）》第一卷，湖北教育出版社、山东教育出版社2004年版。同时收入阳海清、汤旭岩主编《湖北官书局版刻图录》，湖北教育出版社2014年版。

刘汉忠：《〈崇文书局的创设及其他〉补考》，《图书情报论坛》1993年第3期。

叶再生：《湖北书局和湖北舆图总局》，此为作者《中国近代现代出版通史》第一卷第四篇第七章第三节，华文出版社2002年版。

吴家驹：《崇文书局与崇文书局刻书》，《图书馆杂志》2004年第6期。

方振益：《湖北官书局（崇文书局）考略》，宋原放主编《中国出版史料（近代部分）》，湖北教育出版社2004年版。

杜朝晖：《论胡凤丹及其对湖北文化的贡献》，《湖北大学学报》（哲学社会科学版）2005年第5期。

《湖北官书处》，周振鹤编《晚清营业书目》，上海书店出版社2005年版。内含《湖北官书处章程》和《湖北官书处书目》。

江凌：《试论湖北崇文书局的刻书业》，《孝感学院学报》（哲学社会科学版）2009 年第 2 期。
汤旭岩、马志立：《缘起百年前湖北出版物的一段佳话》，《图书情报论坛》2010 年第 3 期。收入阳海清、汤旭岩主编《湖北官书局版刻图录》，湖北教育出版社 2014 年版。
那拓祺、李尔钢：《访书偶记：晚清崇文书局版〈战国策〉》，《出版科学》2011 年第 1 期。
《湖北官书处书目》，宋原放主编，汪家熔辑注《中国出版史料（近代部分·补卷）》上册，湖北教育出版社、山东教育出版社 2011 年版。注释：湖北官书处即崇文书局，习称湖北官书局，同治六年十月由李瀚章、曾国荃创办，光绪三年改为湖北官书处。
《湖北官书处书目》，宋原放主编，汪家熔辑注《中国出版史料（近代部分·补卷）》上册，湖北教育出版社、山东教育出版社 2011 年版。注释：此目晚于前目，与前面“湖北官书局”目不同。
王晓清：《湖北崇文书局的沧桑》，《武汉文史资料》2014 年第 12 期。
阳海清、汤旭岩主编：《湖北官书局版刻图录》，湖北教育出版社 2014 年版。内容包括“书影”“资料”“书目”三部分。其中，“书影”选收有代表性的图书 150 余种，每书选录书页一至数帧。“资料”包括史料选摘、旧目选录和论文选辑三类。“书目”为新编《湖北官书局刻印图书总目》，共收录“知”“见”之书 539 种。
《湖北官书处之盛况》，原载《最近湖北教育·社会教育》，收入阳海清、汤旭岩主编《湖北官书局版刻图录》，湖北教育出版社 2014 年版。
黄嗣艾：《湖北省立官书处本末记》，原载《湖北公藏版刻提要》，收入阳海清、汤旭岩主编《湖北官书局版刻图录》，湖北教育出版社 2014 年版。
湖北官书处：《湖北官书处购书章程》，原载《官书局书目汇编》，收入阳海清、汤旭岩主编《湖北官书局版刻图录》，湖北教育出版社 2014 年版。
马志立：《湖北崇文书局版刻概述》，《图书情报论坛》2015 年第 1 期。
阳海清：《〈湖北官书局版刻图录〉前言》，《图书情报论坛》2015 年第 1

期。
朱琳、吴永贵：《新旧之际的湖北官书局刻书》，《出版科学》2017年第1期。

附：湖北近代出版研究部分

傅钧烈：《孙诒让〈周礼正义〉与“笛湖精舍本”——武汉近代刻书拾鳞》，《湖北出版史料》第2辑，1987年9月。
杨长凤：《解放前武汉的“文化街”》，《湖北出版史料》第2辑，1987年9月。
张涌泉：《出版家胡凤丹传略》，《浙江学刊》1988年第1期。
郭敬：《武汉时期的通俗读物编刊社》，《湖北出版史料》第3辑，1988年12月。
舒兴文：《汉口交通路文化街书店略史》，《湖北出版史料》第3辑，1988年12月。
舒兴文：《武昌文化街概况》，《湖北出版史料》第3辑，1988年12月。
杜昕生：《晚清湖北的期刊》，《湖北出版史料》第3辑，1988年12月。
陈方权：《湖北刻书考略》，《湖北出版史料》第3辑，1988年12月。
徐明庭：《武汉近代现代丛书简目（初稿）》，《湖北出版史料》第3辑，1988年12月。
桂光莹：《清至民国时期襄樊地区图书发行业》，《湖北出版史料》第3辑，1988年12月。
张笃勤：《〈湖北学生界〉所刊湖北留日学生著译书目》，《湖北出版史料》第3辑，1988年12月。
振翼：《张之洞与刻书》，《湖北出版史料》第3辑，1988年12月。
杜撰：《清末武汉的几家书店》，《湖北出版史料》第3辑，1988年12月。
方振益：《“五四”前后武汉的革命出版活动》，中国近现代出版史编纂组编《中国近现代出版史学术讨论会文集》，中国书籍出版社1990

年版。
杜昕生：《清末民初基督教在湖北的出版活动》，中国近现代出版史编纂组编《中国近现代出版史学术讨论会文集》，中国书籍出版社 1990 年版。
邓恩庆：《“中华信义会书报部”简介》，《湖北出版史料》第 4 辑，1990 年 4 月。
章义平：《太平天国在两湖地区刻书出版述略》，《湖北出版史料》第 4 辑，1990 年 4 月。
刘望龄：《黑血·金鼓——辛亥前后湖北报刊史事长编》，湖北人民出版社 1991 年版。
湖北省地方志编纂委员会编：《湖北省志·新闻出版》（上、下），湖北人民出版社 1995 年版。书中（下）有专节论述“清代的湖北出版”，附录部分有《清末湖北出版刊物一览表》《清末至五四时期武汉地区书店一览表》等。
刘望龄：《张之洞与湖北报刊》，《近代史研究》1996 年第 2 期。
任定华：《1886—1949 年湖北省的中文期刊知多少》，《出版科学》1998 年第 2 期。
杨铎：《辛亥革命前后武汉新闻报刊杂忆》，中国人民政治协商会议全国委员会文史资料委员会编《文史资料存稿选编（文化）》，中国文史出版社 2002 年版。
刘孝平：《近代湖北出版家甘鹏云刻书考略》，《高校图书情报论坛》2005 年第 2 期。
李华：《湖北近代第一次报刊热潮特点及成因浅析》，《华中师范大学研究生学报》2006 年第 3 期。（内部资料）
宁圣红：《藏书家杨守敬及其对近代图书事业的贡献》，《江西图书馆学刊》2006 年第 4 期。
周光明、邹文平：《论张之洞与近代报刊》，《武汉大学学报》（人文科学版）2007 年第 5 期。
王海刚：《近代黄冈陶氏刻书考略》，《出版科学》2007 年第 6 期。

陈方权：《湖北刻书考略》（上、下），《图书情报论坛》2008年第1、2期。此文原载内部资料《湖北出版史料》第3辑，1988年12月。
江凌：《清末民初武昌陶子麟书坊刻书业考略》，《长江论坛》2008年第4期。
江凌：《试论清代两湖地区私家刻书的特点及兴盛原因》，《武陵学刊》2008年第4期。又载《湖南文理学院学报》（社会科学版）2008年第4期。
江凌：《试论清代两湖地区书院刻书业及其兴盛原因》，《三峡大学学报》（人文社会科学版）2008年第5期。
江凌：《两湖地区太平天国的出版业》，《湖北社会科学》2008年第5期。
江凌：《晚清时期武昌舆地学会的舆图出版及其经营特色》，《湖北经济学院学报》2008年第5期。
江凌：《试论清代两湖地区书院刻书业的特点及其社会作用》，《湖北第二师范学院学报》2008年第6期。
江凌：《清代两湖地区坊刻业的特点及其文化贡献》，《吉首大学学报》（社会科学版）2008年第6期。
江凌：《试论近代编译书局的兴起对湖北教育近代化的影响》，《湖北第二师范学院学报》2008年第11期。
姜元庶：《试论近代编译书局的兴起对湖北教育近代化的影响》，《鄂州大学学报》2009年第1期。
施新：《胡丹凤父子的目录学成就》，《浙江师范大学学报》（社会科学版）2009年第1期。
江凌：《试论近代西方传教士在两湖地区的出版活动》，《华中科技大学学报》（社会科学版）2009年第2期。
江凌：《试论清代两湖地区私家刻书群体特点及其文化贡献》，《湖南大学学报》（社会科学版）2009年第6期。
江凌：《试论清代两湖地区造纸业》，《出版科学》2009年第6期。
江凌：《城市化移民、人口集聚与区域城市近代报刊的兴起——以近代两湖地区城市报刊业的兴起为例》，《国际新闻界》2010 年第 4 期。
江凌：《两湖地区近代新闻史百年述评》，《新闻与传播研究》2010 年增刊。
施新：《试论胡凤丹父子的文献学成就》，《社会科学战线》2011 年第 1 期。
江凌：《试论近代两湖地区城市文化与报刊媒体的发展》，《上海交通大学学报》（哲学社会科学版）2011 年第 2 期。
江凌：《城市阶层、市民社会与近代汉口报刊媒体的兴起》，《新闻与传播研究》2011 年第 6 期。
郎菁：《许宗鲁刻书考略》，《图书馆杂志》2011 年第 6 期。
江凌：《清代两湖地区的出版业》，中国书籍出版社 2011 年版。
宋徽：《张之洞督鄂与晚清湖北出版》，《湖北大学学报》（社会科学版）2012 年第 4 期。
唐惠虎、朱英主编：《武汉近代新闻史》（上、下），武汉出版社 2012 年版。
周俊博：《晚清“湖北译书局”的译介活动》，《郑州航空工业管理学院学报》（社会科学版）2013 年第 5 期。
邓涛：《〈湖北官报〉：清末最具影响力的地方官报》，《武汉文史资料》2013 年第 7 期。
周俊博：《晚清“湖北译书局”译介活动研究评析》，《长春师范学院学报》2013 年第 11 期。
胡晓：《晚清民国时期湖北大学学术期刊出版考》，《武汉大学学报》（人文科学版）2015 年第 3 期。
郭娅、汪婉：《晚清〈湖北教育官报〉的创办及其史料价值》，《课程教育研究：新教师教学》2015 年第 24 期。
付登舟：《清末民初武汉报刊研究》，武汉出版社 2015 年版。
毛本栋：《卢靖的读书与刻书》，《文汇读书周报》（网络版），2017 年 2 月 6 日。

后 记

按照学术界比较一致的看法，崇文书局（湖北官书局）成立于1867年（清同治六年）。作为那个时期有着较大影响和重要地位的崇文书局，以其刻书种类多、数量大、编校精、流通广而令人瞩目，泽被后世。晚清民国的崇文书局存世达70年，也是当时众多官书局中延续时间最长的刻书机构之一。它因此而跻身于所谓“五大官书局”之列，并在中国近现代出版史和湖北地方刻书史上占有自己重要的一席之地。

当今隶属于湖北长江出版传媒集团（股份）有限公司的崇文书局（由湖北辞书出版社更名而来），恢复旧名，也正是为了不忘历史，赓续前贤，继承荆楚悠久的出版文化，弘扬先辈的文化精神。2017年恰逢晚清崇文书局诞辰150周年，新崇文人为了纪念这个有意义的历史节点，在股份公司领导大力倡导和支持下，策划了一系列的活动，编辑刊行这本研究性文集是其中的重要一项。文集能够如期编就面世，多亏了韩敏社长的信任与支持、刘水清编辑的敬业与督促。

从出版史研究角度看，官书局不是热门和焦点，既往的成果并不是很多。而对于崇文书局的探究虽说发表过一些回忆性、概述性，或研究性文章，也有部分资料性书籍梓行，但总体上还是比较薄弱。加之时间仓促、资料所限、研究者难觅，编辑一本有高度、有厚度、有创新的专题论集并不容易。贸然接受任务后，才知有点自不量力。好在有出版史学界、图书馆学界朋友的众人拾柴，尽力帮扶；我之所谓“主编”，很有自知之明地定位为“联络员”。本人通过电邮、电话、书信，还有学术会议，特别是微信群的出版史朋友圈等等，多方约稿，广为号召。这项艰巨而有意义的工作终于得到了一些图书馆学知名学者和中青年专家如阳海清、汤旭岩、马学良、周迪等先生/女士的鼓励和帮助，得到了吴平、吴永贵、李明杰、孙金荣、章雪峰、杜朝晖等出版史学界实力派学人和行家的策应和配合，更让我们高兴的是江凌、向敏、朱琳、曾建辉、欧阳敏多位博士（博士后）以出版史学新秀的身份加盟其中。可说是作者队伍新老结合，学术事业薪火相传。

关于崇文书局既有的研究成果，我们仔细搜索，全面梳理，力求“一网打尽”。其中篇章，或着眼宏观审视与历史考辨，如方振益先生的《湖北官书局（崇文书局）考略》、邹昌盛先生的《湖北最早的官书局》、王晓清先生的《湖北崇文书局的沧桑》、马志立先生的《湖北崇文书局版刻概述》，或聚焦一件事、深究一种书、突出一个人，如汤旭岩、马志立先生的《缘起百年前湖北出版物的一段佳话》，那拓祺、李尔钢先生的《访书偶记：晚清崇文书局版〈战国策〉》，杜朝晖女士的《论胡凤丹及其对湖北文化的贡献》。至于徐孝宓先生的《湖北舆图总局筹办始末》、陈方权先生的《湖北刻书考略》因与崇文书局有着或直接或间接的关联，我们也收入集中。

为了便于读者把崇文书局置于晚清民国特殊的历史背景下审视，也便于考察其在同类出版机构中的特色与地位，进而确立其在中国近现代出版史上的意义与价值，本文集的后半部分编选了十多篇侧重于宏观和整体研究晚清官书局的学术论文。这里面除了马学良先生的《五局合刻〈二十四史〉考述》是新撰写的，其他均为刊物上的旧作。这些角度各异、史料扎实、论析深入的论文是我们从众多相关文章中精心挑选的；它们是我们观察和理解崇文书局（湖北官书局）的重要参照与坐标。

文集末尾，笔者做了一个附录《晚清官书局及湖北刻书资料与研究论著目录》，意在为出版史学界提供一点资料线索方面的帮助，也有助于一般读者特别是有兴趣者对崇文书局、晚清官书局的进一步了解。最后还需要说明的是，文集选入的论文有些年代已较久远，甚至作者也已去世，少数作者多方查找没能联系上。因此，对于此类文章，我们没有严格按照当今的学术规范对其原有的体例进行改动，仅在本篇内进行了统一。我们希望，这本不成熟的集子能对崇文书局乃至晚清官书局研究有所裨益，也恳望得到方家批评指正。

范 军

2017 年 6 月 18 日于武昌桂子山南麓

图书在版编目（CIP）数据

崇文书局及晚清官书局研究论集 / 范军主编．
—武汉 ：崇文书局，2017.12
ISBN 978-7-5403-4739-0
Ⅰ．①崇…
Ⅱ．①范…
Ⅲ．①出版发行机构－研究－湖北－清后期
Ⅳ．① G239.295.2

中国版本图书馆 CIP 数据核字（2017）第 238378 号

崇文书局及晚清官书局研究论集

责任编辑　刘水清
封面设计　徐　慧
责任印制　田伟根
出版发行　长江出版传媒｜崇文书局
地　　址　武汉市雄楚大街 268 号 C 座 11 层
电　　话　（027）87293001　邮政编码　430070
印　　刷　湖北恒泰印务有限公司
开　　本　787mm×1092mm　　1/16
印　　张　24.75
字　　数　310 千字
版　　次　2017 年 12 月第 1 版
印　　次　2017 年 12 月第 1 次印刷
定　　价　128.00 元

（如发现印装质量问题，影响阅读，请与承印厂调换）

ISBN 978-7-5403-4739-0

9 787540 347390